ALONZO T. JONES

Boletín de la Conferencia General 1895

El mensaje del tercer ángel

Boletín

de la

Conferencia

General

1895

por

Alonzo T. Jones

© 2020

ISBN: 978-0-9945585-4-1

Contenido

Prefacio 7
1. La imagen del papado 11
2. El papado 23
3. Embajadores de Cristo 36
4. La iglesia de Cristo debe ser separada del mundo en el corazón 46
5. Representando la jurisdicción de Cristo ante los reinos de este mundo ... 54
6. Separación de la iglesia y el estado 62
7. Una voz del Cielo 70
8. Separados del mundo 80
9. Vacíos completamente 89
10. Huye de la enemistad que hay en ti mismo 101
11. Cristo abolió la enemistad que entre Dios y el hombre 110
12. Cristo y los ángeles 119
13. Emmanuel, Dios con nosotros - parte 1: Cristo fue yo mismo 129
14. Emmanuel, Dios con nosotros - parte 2: Cristo fue nosotros 137
15. Emmanuel, Dios con nosotros - parte 3: Cristo fue completamente nosotros mismos 146
16. Emmanuel, Dios con nosotros - parte 4: Cristo se vació y se convirtio en nosotros 157
17. Fuera de mí y en Cristo 164
18. Con Cristo estoy juntamente crucificado; y ya no vivo yo, más vive Cristo en mí 177
19. Resucitado con Él y sentado en lugares celestiales 187
20. El misterio de piedad: La gloria de Dios manifestada en carne pecaminosa 197
21. Promesas y privilegios para el cristiano en Cristo 209
22. El poder en Cristo 218
23. El principio que gobierna el universo: La abnegación de Cristo 227
24. Nuestro más sublime llamamiento: Predicar el evangelio al mundo 237
25. Quitando el velo de incredulidad; ceguera espiritual 248
24. El pecado no se enseñoreará de vosotros; pues no estáis bajo la ley, sino bajo la gracia 264

Prefacio

Los siguientes 26 sermones fueron dados por Alonzo T. Jones en la sesión de la Conferencia General Adventista del Séptimo Día de 1895 y presentados a los ministros allí reunidos, según consta en los Boletines de la Conferencia General.

Este material ha sido formateado, pero no reeditado. La ortografía, la puntuación y la gramática permanecen sin cambios con respecto a la presentación original dada por Jones. Se añadieron títulos a los capítulos con el propósito de proporcionar un breve resumen de cada sermón. Sin embargo, tenga en cuenta que cada discurso individual profundiza más la verdad de los que se captura en el título del capítulo.

Los primeros siete sermones presentan la justicia de Cristo en el contexto de la libertad religiosa. Para proporcionar algunos antecedentes contextuales, en 1888 la libertad religiosa de Estados Unidos se vio amenazada con la introducción del proyecto de ley Blair. La intención del proyecto de dicha ley era reconocer el cristianismo como la religión de los Estados Unidos de América y el domingo como el día de reposo. Un estudiante devoto de la Biblia, Alonzo T. Jones, astutamente identificó esto como un paso importante hacia la unión de la iglesia y el estado en el cumplimiento directo de Apocalipsis 13:15 en la profecía bíblica. Jones comentó que "cuando esto se haga, su influencia en favor del papado será inestimable".

Aunque el proyecto de ley Blair no fue aprobado oficialmente en el Congreso, la decisión en el caso de la Feria Mundial de Comercio, organizada en Chicago en el año 1893, sin embargo, apuntó a un precedente irreversible que puso al Gobierno de los Estados Unidos de América en manos de las iglesias. Los estadounidenses concienzudos se preocuparon al ver cómo el marco protector de la 1ª Enmienda se corroía.

Jones traza un interesante paralelismo entre el asedio romano de Jerusalén en el año 67 d.C. y el asedio espiritual de América en 1892 a través de la Feria Mundial de Comercio. Identificó que, aunque el asedio romano de Jerusalén disminuyó por un tiempo, los ejércitos regresaron con una mayor venganza y que esto es representativo a la experiencia con la que el mundo se reunirá cuando las libertades religiosas de los Estados Unidos sean nuevamente sitiadas por las denominaciones protestantes.

El pueblo de Dios ciertamente vive en el tiempo profético más emocionante de la historia de la tierra. Y antes de que puedan salir a la batalla en acción, primero se debe permitir que el mensaje de la justicia de Cristo haga su obra en el corazón de los hombres y mujeres a quienes Dios está llamando a dar el fuerte pregón del tercer ángel. Ninguno de nosotros puede llevar el mensaje final al mundo hasta que nosotros mismos hayamos sido sellados con la marca del Dios viviente en nuestras frentes.

¿Cómo podemos recibir esta marca? No por vivir una vida perfecta, sino por recibir una vida perfecta. Dios envió a su propio Hijo para que la humanidad pudiera ser creada de nuevo. Al reconocer y aceptar la unión de Cristo con nosotros, somos partícipes de su muerte y de su resurrección; en Él nacemos a una nueva vida. Nos convertimos en nuevas criaturas: las cosas viejas pasaron "he aquí todas son hechas nuevas". Hasta que no hayamos experimentado este nuevo nacimiento, nunca podremos dar el llamado a salir de Babilonia, porque salir de Babilonia es más que salir de una religión falsa – es salir de nuestro propio "yo". Esto puede parecer un concepto extraño para algunos, pero en estos sermones Jones profundiza este hecho.

Los vientos de lucha no se soltarán hasta que Cristo haya realizado esta obra restauradora, redentora y recreativa en su pueblo. Cuando esta obra sea hecha, su pueblo podrá salir y dar el último mensaje de misericordia, esa revelación final del amor de Dios a un mundo moribundo; porque no son ellos mismos los que se revelan en sus vidas, sino Cristo, porque ellos están permaneciendo en Él y Él en ellos.

Si bien la fe de Jesús es un ingrediente vital de la salvación, que muchos de nosotros lamentablemente carecemos, no se puede entender fuera de la expiación – ayuntamiento. El "misterio de la divinidad" –Cristo convirtiéndose en uno con la humanidad en todos los sentidos de la palabra– esa es la verdad central en la cual todas las otras verdaderas a su alrededor se agrupan.

En los siguientes sermones, Alonzo Jones profundiza la realidad de la íntima unión de Cristo con la humanidad. Así también como su colega Ellet J. Waggoner identificó. Nuestro gran error es que separamos a Cristo demasiado lejos de nosotros – pensamos de Cristo nada más como un ejemplo y sustituto. Pero en las sesiones de la Conferencia General de 1893 y 1895, Jones nos hace voltear nuestra mirada nuevamente a la Biblia y nos muestra las maravillosas verdades que podemos encontrar allí, si nos acercamos a la palabra de Dios como niños pequeños, dispuestos a dejar atrás nuestras propias opiniones preconcebidas y a ser enseñados por el gran Maestro. Nunca debemos estar satisfechos con los preceptos y las ideas del hombre, sino siempre procurar beber más profundamente de la fuente de la vida.

Elena de White declaró explícitamente que Alonzo Jones y Ellet Waggoner fueron levantados por Dios para traernos un mensaje que prepararía a un pueblo para estar de pie en el día oscuro que está justo delante de nosotros (1888 Materials, p. 1814). También ella dijo que Dios nos ha mandado a proclamar ese mensaje al mundo (Testimonio a los ministros, pág. 91). Entonces, ahora permitamos abordar estos sermones con una mente abierta y la voluntad de recibir cualquier luz que Dios desee impartirnos a través de estas presentaciones.

Nunca debemos tener miedo de admitir que el Evangelio con el que muchos de nosotros fuimos educados no está funcionando. Incluso los representantes del mundo evangélico ahora están admitiendo públicamente que su propio evangelio ha dejado sus almas secas y sin dirección. Todos hemos hecho todo lo posible para copiar la vida perfecta de Cristo, pero sin éxito; Ahora es tiempo de que "lo dejemos ir y permitamos que Dios" obre su propia justicia dentro de nosotros a través de la impartición de la vida de su Hijo.

- - - - -

Hemos elegido volver a publicar este libro debido al impacto que estos sermones han tenido en nuestras propias vidas. Las verdades contenidas en ellas nos han abierto los ojos con asombro a lo grande que es realmente el amor de Dios por nosotros. Hemos obtenido respuestas por las que nuestras almas anhelaban; la paz, que es tan rara en este mundo roto; y la esperanza, que se eleva cada vez más como la estrella de Belén en la oscuridad de la iniquidad y la desesperación con la que estamos rodeados en este mundo.

Les suplicamos a que lean las páginas de este libro sin temor, porque nuestro amoroso Padre ha puesto en ellas algo especial sólo para ustedes. Él conoce vuestros miedos y confusiones, y anhelas sinceramente que inicies una nueva experiencia con Él – empezar de nuevo, pero esta vez sobre una base correcta. Entonces antes de leer inicia siempre orando, si realmente estás buscando conocer la verdad, la encontraras. Sin embargo, hay una advertencia: el amor de Dios es mucho mayor de lo que podrías imaginar, y puedes sentirte tentado a pensar, que es demasiado difícil para ti creerlo. Pero como el mismo John Bunyan dijo, hablando desde su propia experiencia: "tienes que creer, aunque sea muy difícil".

LOS PUBLICADORES

Capítulo 1

La imagen de la bestia

Sin duda comprendemos bien que toda enseñanza, sin importar quién la presente, ha de formar parte del mensaje del tercer ángel. A mí se me ha asignado presentar esta particular faceta del mensaje del tercer ángel que se relaciona específicamente con las profecías relativas a la bestia y a su imagen, así como a la obra que van a realizar. Esta noche comenzaremos el tema, que continuará en las lecciones sucesivas. En el estudio de hoy todo cuanto pretendo es exponer la situación, presentar la evidencia; las argumentaciones vendrán después, una vez establecida la evidencia del caso. En el tiempo asignado para esta noche no será posible exponerlo de forma abarcante, sino solamente lo que se relaciona con el asunto de la imagen de la bestia. En la próxima lección prestaremos atención a lo relativo al propio papado: a la bestia.

No es preciso que me esmere en dar una definición detallada de en qué consiste la imagen de la bestia; todos sabemos bien que es el poder de la iglesia recurriendo al gobierno, al poder civil, a fin de conseguir los propósitos de la iglesia. Lo dicho es suficiente para refrescar el tema en la memoria de todos. Lo que voy a presentar esta tarde es simplemente un resumen de lo que están haciendo los profesos protestantes de este país. Y no se trata de acciones circunstanciales: se presenta ante el país sin dejar dudas de que quienes están llevando adelante las medidas pretenden que sea algo permanente.

Me voy a circunscribir al año 1894. Hacia mediados de ese año se dio el caso Cedarquist en la armada regular de Omaha.

Cedarquist se había negado a participar en los ejercicios de tiro a la diana en domingo. Fue encausado judicialmente ante un tribunal militar por desobedecer órdenes, y tengo entendido que se lo sentenció a seis meses de prisión. No vamos a analizar la pertinencia del caso en su contexto militar. Prestaremos atención al uso que se hizo del incidente en aquella ocasión. Muchos están familiarizados sin duda con los hechos; yo llamo la atención ahora a lo ocurrido por ser uno de los elementos que esclarece la situación general ante nosotros. Tan pronto como sucedió lo descrito y se publicó el expediente, el secretario y director principal de la Alianza Dominical de América, el reverendo Edwar Thompson, de Columbus, O., envió un mensaje al presidente de

Estados Unidos, del cual os voy a leer la parte relevante. Está en "The Sunday Reform Leaflets" (folletos de la reforma dominical) Vol. 1, nº 8, septiembre 1894:

> Oficina de la Alianza Dominical de América, Columbus, O., 21 julio 1894. A su excelencia, Grover Cleveland, presidente de los Estados Unidos y comandante en jefe de la armada de Estados Unidos:
>
> Distinguido señor: Le ruego se me permita solicitar a su excelencia, en nombre de más de cien mil votantes de Estados Unidos a quienes tengo el honor de representar oficialmente, el perdón para el soldado Charles O. Cedarquist, de Co. C, Segunda Compañía de Infantería del Ejército de Estados Unidos, quien hemos sabido que está ahora encarcelado en régimen de trabajos forzados en Omaha, condenado a dos meses, según requerimiento anexo de penalidad de "prisión y trabajos forzados", además de la "deducción de 10 dólares de su paga mensual".
>
> La razón por la que solicitamos ese perdón es porque Cedarquist fue castigado por negarse a "la práctica del tiro a la diana" en domingo, y que su negativa se debió a que dicha práctica constituía una violación de las leyes de Nebraska, de donde él es; constituía una violación de sus convicciones religiosas personales; una violación de los principios de la civilización cristiana y de las leyes de casi todos los Estados de la Unión. Dado que la corte suprema de los Estados Unidos decidió en el caso de la "Santa Trinidad", el 29 de febrero del 1892, que "esta es una nación cristiana", y dijo que el soldado Cedarquist tenía derecho a esperar que no hubiera reglamentos o disposiciones en el ejército de esta nación que no armonizaran con las leyes y usos generales propios de este tipo de cristianismo que nuestra historia ha ilustrado…"

A continuación, se refiere a la constitución y a la exención del domingo en relación con el tiempo asignado al presidente para la firma de proyectos de ley. El resultado fue que el soldado fue perdonado, mientras que el oficial que había ordenado a Cedarquist que practicara ejercicios de tiro en domingo fue llevado ante la justicia militar, si bien sus compañeros oficiales lo absolvieron.

Lo anterior demuestra que la combinación representada en esa particular forma de organización empleó al gobierno para sus propósitos, y se propone hacerlo en la fuerza de "más de cien mil votantes de Estados Unidos" a quienes el director general tiene "el honor de representar oficialmente".

Al poco tiempo de esos hechos, el administrador general de correos de Chicago, que es un oficial de Estados Unidos, propuso realizar una inspección entre los carteros de la ciudad de Chicago en domingo, y se dieron las directivas al efecto de que se sintiera en libertad de no comparecer cualquiera entre ellos que tuviera convicciones contrarias a una obra o servicio tal en domingo. Aun así, finalmente no se permitió dicha comparecencia, ya que las iglesias de Chicago se unieron y escenificaron una protesta tal ante Washington, el presidente y su gabinete, que se prohibió al administrador general que planteara esa actividad en domingo.

De igual forma, durante dos o tres años se ha estado presentando ante todo el país la campaña en contra del gobierno municipal, dirigida por el Dr. Parkhurst, de la ciudad de Nueva York. Culminó en las elecciones del pasado noviembre, en las que prevaleció ese elemento de "reforma" política. Dicho triunfo esparció la fama e influencia del líder de ese movimiento por toda la nación, y otras ciudades que con anterioridad habían seguido el mismo curso de acción que en Nueva York le han venido invitando desde entonces para que los instruya en cuanto a la mejor forma de llevar adelante su campaña en la misma línea de acción. Tras las elecciones, Chicago ha sido la primera en hacer tal cosa. Hace unos dos años la ciudad de Washington, junto a algunos de los senadores de Estados Unidos, lo invitaron aquí. Él acudió y dio varias charlas en las que les enseñó cómo administrar el gobierno.

Recientemente estuvo en Chicago por invitación de cierto club en esa ciudad. He traído aquí su discurso y citaré algunas de sus partes a fin de ilustrar cuál es el espíritu que hay detrás de ese movimiento, y para que podáis ver exactamente de qué se trata: no es algo simplemente político, sino político-*religioso*. Se pretende que la iglesia se entrometa… No: no simplemente que se entrometa, sino que *gestione*, *controle* y *dirija* al gobierno, de acuerdo con sus dictados y según su interpretación de la moralidad, de las Escrituras, y tal como afirman, de los diez mandamientos.

Y algo que también vais a observar mientras os lea las evidencias, no sólo en ese discurso, sino en algunos otros que compartiré con vosotros, es la relevancia que se da a los diez mandamientos.

Desde el principio nuestra obra ha consistido en defender la integridad de los diez mandamientos y señalar su importancia, y hemos esperado que este tema, de los diez mandamientos, cobre relevancia en algún momento a nivel nacional. Una de las cosas que quiero destacar ante vosotros es que por toda evidencia está muy próximo el tiempo, si es que no ha llegado ya, en que los diez mandamientos van a ser objeto de interés general, un tema a debate público, y que va a ocupar un lugar en los asuntos nacionales.

Es cierto que esos elementos político-religiosos dan prominencia nacional a los diez mandamientos según una luz falsa y que se los utiliza con falsedad todo el tiempo, pero eso nada cambia. Cuando el enemigo presenta los diez mandamientos y los pervierte empleándolos de forma fraudulenta, no está en realidad haciendo más que dar a la verdad del Señor y a su causa la oportunidad para ser presentados tal como Dios los dio, en su verdadero significado. Y eso abre el camino para que el mensaje del tercer ángel tenga aún mayor prominencia y efectúe una obra mayor, que de otra forma no habría podido realizar. Así pues, todas esas cosas no hemos de verlas necesariamente como antagónicas con el mensaje del tercer ángel. Por supuesto, la intención es esa, pero como ya dije una vez ante vosotros, pienso que todo eso es la *otra cara* del mensaje, y todas las cosas ayudan a bien para el avance del mensaje.

Leeré primeramente tres o cuatro declaraciones que hizo el Dr. Parkhurst en su comparecencia en Chicago, a fin de que podáis discernir el *modus operandi* de quien es su líder indiscutible, y comprendáis cuáles son los sentimientos a los que se da prominencia y cuáles los sentimientos representativos del movimiento.

Esta es una de sus expresiones: "Cuadrilla detestable de sabuesos administrativos". Esta es otra de ellas: "Una banda de mentirosos, perjuros y libidinosos empapados de ron". Otra: "Purgatorio para los políticos y crucifixión crónica para los jefes". Otra: "'No matarás'; 'No cometerás adulterio'; 'No robarás'... Todo eso son consideraciones éticas, pero olvidan Tammany".*

Todo lo anterior no fue dicho en el acaloramiento de una discusión enconada, sino en un ensayo escrito con toda la calma y frialdad de un despacho, según el manuscrito del que ahora estoy leyendo.

Para entenderlo mejor serán de ayuda algunas otras expresiones. Leo de su discurso, tal como aparece publicado en *Inter Ocean* de Chicago, el 24 de enero de 1895:

> No se debe desanimar a la gente, pero afrontar con franqueza la situación es siempre una práctica saludable. Recurro a una ilustración que he empleado muchas veces en mi tierra: a fin de conseguirlo que valga realmente la pena y justifique el trabajo que requiere su cumplimiento, habréis de "regenerar" vuestra ciudad. He tomado esa palabra de una cita teológica presbiteriana, pero se aplica muy bien aquí.
>
> Y dado que todo eso ha contado con la aprobación y respaldo del propio presbiterio de Nueva York, y teniendo en cuenta que se trata de teología presbiteriana según el presbiterio de Nueva York, es con redoblado énfasis como puede citar a partir de teología presbiteriana –en todo caso, según el presbiterio de Nueva York–.
>
> Significa más que reforma. Reforma implica sólo un cambio en la forma. Regeneración conlleva un cambio de corazón: la inauguración de una nueva categoría de motivos e impulsos en el municipio. Si objetáis que eso es idealismo, os diré que, en efecto, tiene que ver con un ideal. ¿Qué proponéis en lugar de eso? No vais a vencer, excepto bajo el influjo de un entusiasmo desbordante, y nunca vais a concitar la pasión popular mediante esfuerzos que se queden a medio camino.

Estas son otras expresiones suyas:

> Me pregunto cuántos hay en esta gran ciudad dispuestos a quitarse el abrigo y no volver a ponérselo hasta que mueran, o bien hasta que Chicago sea *redimida*. Eso, y sólo eso, es lo que va a conseguirlo. Tenéis que tomar el control de vuestra vida, vuestro confort y vuestra conveniencia, y ganar la victoria paso a paso. En esta obra no hay lugar para el fanático, ni para el engreído. Hay infinidad de clubes reformacionistas que cuentan con gran cantidad de seguidores, pero de alguna forma fracasan en salvar su ciudad. No hay

---

*Nota: Tammany era una organización influyente dentro del Partido Demócrata, notable por su corrupción. Se había fundado en 1789 como una sociedad fraternal de benevolencia, llegando a dominar la vida política en el siglo XIX y comienzos del XX, antes que Franklin D. Roosevelt acotara su poder en la temprana década de 1930.

atajos para la *salvación* municipal. No se la puede lograr mediante el prestigio o riqueza de las organizaciones en pro de la reforma, alianzas municipales, clubes cívicos, o cualquiera sea el nombre que ostenten. No funcionará, excepto que impliquéis vuestra personalidad con todo lo que conlleva, empeñándola decididamente contra la marea del mal que se avecina, incluso a riesgo de resultar encharcados o inundados por ella. Si este lenguaje os resulta demasiado crudo, sólo tenéis que culparos a vosotros mismos por ello, puesto que yo acudí aquí por vuestra iniciativa; no por la mía. Si en vuestra vida hay algo más importante que la redención de Chicago, mi consejo es que os mantengáis al margen de la obra de regeneración municipal.

Jesucristo dijo: "Mas buscad primeramente el reino de Dios". Ese sistema dice: "Buscad primeramente –dad la máxima prioridad– al gobierno de las ciudades y reinos de este mundo".

No obstante, simplemente estoy leyendo estas cosas de forma sucinta. Sigue así:

En los diez mandamientos no hay ni republicanos ni demócratas... De acuerdo con ello, nuestro movimiento no ha sido partidista ni sectario. Un hombre auténtico es mayor que cualquier partido, y el decálogo es tan amplio como el protestantismo, el catolicismo y el judaísmo juntos...

Sin menospreciar la responsabilidad del laicado, el papel que ha desempeñar el clérigo en una crisis como la vuestra aquí, o como la nuestra en Nueva York, no tiene parangón ni es comparable a nada en el pasado. Al predicador viviente que sepa alejarse lo suficiente de su estudio y de su Biblia a fin de conocer el mundo y lo que sucede en él, le resultará imposible seguir los pasos del profeta-estadista que decidió el destino del pueblo de Israel hace tres mil años, sin sentir que la revelación que inspiró al hombre de Dios *no se da nunca con el propósito* exclusivo de equipar al hombre para que se retrotraiga respetablemente del mundo y viva beatíficamente *en el mundo por venir*. El Señor nos enseñó a orar así: "Sea hecha tu voluntad en la tierra". Para vosotros, eso significa, antes que nada: "Sea hecha tu voluntad en Chicago". Y para hacer resonar eficazmente esa máxima no hay un lugar más apropiado que vuestros púlpitos. Es animador saber que está creciendo el sentimiento de que la fidelidad cristiana significa *patriotismo* tanto como *piedad*, lo que implica ser un buen ciudadano tanto como un buen miembro de iglesia, y que "Star Spangled Banner" (el himno nacional) es tan cristiano como "Más cerca oh Dios de ti" en boca de cualquier seguidor de Cristo.

Os estoy leyendo esto a fin de que comprendáis cuál es la situación, y cuál la determinación con la que se están imponiendo esas cosas.

Este movimiento comenzó *en una iglesia*, y el llamado ha sido siempre a aquello que *representan la iglesia y la sinagoga*. La fortaleza ha radicado siempre en la respuesta del hombre ante la autoridad de los diez mandamientos.

En toda la historia antigua registrada en la Biblia no hay nada que rivalice en cuestión de *santidad* con *la obra de regenerar Chicago*, y no hubo situación alguna en que las condiciones fueran más favorables que aquí para que eleve su voz algún

Elías local, y cuantos más haya, mejor. El auténtico asunto que debéis afrontar es una cuestión de justicia versus iniquidad, honestidad versus traición, pureza versus inmundicia; y si el clero es incapaz de salir *en masa* e implicarse plenamente en el duelo, ¿de qué sirve entonces tener clero?

Una cita más:

> Existe un liderazgo moral que corresponde ejercer al clero, y cuya dejación equivale a delito reprobable. El reconocimiento y la visión de las realidades eternas que enriquecen el presente contribuyen en buena parte a la genialidad del estadista; es precisamente el reconocimiento lo que distingue al predicador: si lo posee, es porque fue agraciado con ese don divino. En los antiguos días de Israel el estadista era el profeta y el profeta el estadista; y dentro de ciertos límites, aún hoy, en la intención de la naturaleza y de Dios está el *que ambos oficios coincidan*, y que el mismo hombre que conoce los secretos de Dios moldee los propósitos morales e inspire los concilios morales y las actividades de su *ciudad* y de su *tiempo*. Y me atrevo a decir a mis hermanos en el ministerio cristiano que hablo con la seguridad de un definido conocimiento, cuando afirmo que no hay influencia que vaya a operar con mayor presteza para traer de regreso el mundo a la iglesia, que el que la iglesia y sus modernos profetas regresen al mundo y cumplan en él su misión de autoridad amigable y gobernanza moral.

Lo anterior basta para presentar la escena ante vosotros a fin de que observéis cómo los términos que se relacionan sólo con la salvación del alma en justicia, términos que se usan de ese modo en la Biblia y que corresponde exclusivamente a la iglesia emplear de ese modo, son utilizados para asuntos totalmente seculares, de forma que la totalidad del plan de la salvación y de la obra de la iglesia queda reducida al nivel de este mundo, y viene a significar la preservación de las cosas tal como son en este mundo. Veis también que la aplicación que hacen de los diez mandamientos lo es sólo al hombre exterior, y ha de consistir en la misma vieja iniquidad de siempre: límpiese el exterior del recipiente, y su interior permanecerá como era común entre los fariseos.

Hace algún tiempo leísteis en *Sentinel* la declaración del Dr. John L. Scudder, de la ciudad de Jersey, N.J., relativa a la posición y la obra de Young People's Society of Christian Endeavor (sociedad de acción cristiana juvenil). Os leeré uno o dos párrafos de ella, para llamar posteriormente vuestra atención a otra declaración de hace una o dos semanas, hecha por un representante de uno de los directores del movimiento Young People's Society of Christian Endeavor. Para introducir el tema leeré algunas declaraciones del Dr. Scudder tal como aparecen publicadas en *Sun*, de Nueva York, el 5 de noviembre de 1894:

> Casi cada iglesia en América tiene su Young People's Society of Christian Endeavor, y esas sociedades, llegando hasta la última aldea en esta tierra, han manifestado su intención de implicarse en la política. Ese es un hecho significativo teniendo en cuenta que dichas organizaciones reúnen a varios cientos de millones de seguidores, y están compuestos

> por jóvenes llenos de entusiasmo y energía. Eso significa que la iglesia está entrando en la política, y lo está haciendo para quedarse. Significa también que la iglesia va a ser un potente actor político, ya que en esas sociedades tiene una organización perfecta y permanente que se extiende a cada provincia, estado y nación, y que va a actuar como una unidad en toda cuestión moral relevante.
>
> Eso para mí no significa que las iglesias vayan a formar un partido político separado; al contrario, van a permanecer al margen de todo partido político, pero van a cooperar, y como organización prodigiosa que es, va a plantear sus demandas a los partidos existentes, viendo cumplidos sus deseos. Antes de las elecciones, cada unidad local asumirá de forma temporal el formato de una convención política, ratificando solamente a los candidatos que se comprometan con los deseos de tan respetable parte de la comunidad. Se asegurarán de obtener compromisos por escrito de los candidatos y les reclamarán lo pactado, y si dejan de cumplir sus compromisos, esos políticos particulares se habrán condenado.
>
> Anticipo con alegría ese día memorable en la historia de la iglesia. Por fin se van a dar cuenta los políticos de que nosotros, los cristianos, no somos un atajo de locos, sino que sabemos cooperar hasta donde sea necesario, convocar a varios millones de votantes y lanzar nuestras fuerzas combinadas contra los enemigos de la justicia, la ley y el orden… Cuando los cristianos se suman y mantienen un equilibrio de poder consistente, cuando juntos empujen y rehúsen como cuerpo votar por cualquier hombre que no implemente sus principios, entonces, y sólo entonces, serán respetados y serán políticamente poderosos. ¿Por qué no hay mítines cristianos, de igual forma en que hay mítines Tammany? ¿Qué tiene de objetable una asamblea electoral santificada? ¿Por qué no mover la maquinaria en pro del reino de Dios? Si los pecadores se unen y protegen sus intereses, ¿por qué no debieran los santos hacer eso mismo y expulsar al viejo Satanás?

Aquí está lo último de Christian Endeavor Department (departamento de acción cristiana), según *Christian Statesman* (el estadista cristiano). Lo dirige un oficial de Christian Endeavor, y la particular serie de lecciones que se está ahora enseñando y estudiando versa sobre "Christian Endeavor Good Citizenship" (acción cristiana buena ciudadanía). Leo sólo algunas frases:

> El movimiento Christian Endeavor está luchando para que haya políticos cristianos, y si son políticos de un partido, que sean políticos de un partido cristiano. Eso lo hemos de ver como formando parte de la vida cristiana, siendo otras de sus partes la vida social, las actividades comerciales, los deberes familiares y las actividades concretas de la iglesia. A la política, en tanto en cuanto deber cristiano, se le debe dar la mayor consideración, junto a los deberes sociales, laborales y familiares. En la política el cristianismo ocupa un terreno idéntico. La iglesia no tiene derecho a decidir entre dos buenos candidatos, pero prodúzcanse tremendas protestas desde los púlpitos contra los candidatos que tengan de lado los diez mandamientos.

Eso puede ser una mala impresión para "dejar" los diez mandamientos en el otro lado; pero comprendéis la idea. ¿En qué sentido es menos apropiada para el púlpito la discusión de una política cristiana, que el comercio cristiano, los asuntos sociales o los deberes domésticos? La política tiene sus tentaciones particulares, y es indispensable el espíritu cristiano. Aunque sólo sea para salvar a una multitud de jóvenes varones que ingresan en ella cada año, procedentes de la ruina moral, tenemos el deber de purificarla. Pero también el de salvar al país y a nuestras sagradas instituciones americanas.

Así pues, ¿cuál es el alcance de su salvación? ¿A qué está referido exclusivamente su plan de salvación? Sólo a este mundo, a las cosas de este mundo, y tal como están en este mundo. No va más allá. El pastor debe comprender, si es "capaz de alejarse lo suficiente de su… Biblia" –y esa es una frase esclarecedora–, que no debe ocuparse de que la gente deje este mundo de forma respetable para disfrutar de felicidad en el otro mundo; [al contrario], se espera que se centre en su propio pueblo y su propia ciudad, en su propio estado y nación a fin de redimirlos, de salvarlos, de regenerarlos a todos ellos. Tal es la situación. Leo más:

> Los Demócrata-cristianos encontrarán grandes tareas en las votaciones y en las organizaciones de partidos, que van más allá y son más abarcantes que cualquier detalle o movimiento de partido. Con su actitud conservadora ante cualquier cambio, tienen un lugar importante en la civilización cristiana. Permitámosles, como buenos y verdaderos hombres que son, que estudien su deber y que lo cumplan plenamente con sus rostros vueltos hacia el día del juicio. Lo mismo con sus compañeros en el partido Republicano, con su diferente actitud en las políticas gubernamentales, y no obstante ambos igualmente dispuestos a asumir las exaltadas responsabilidades, el patriotismo cristiano y el desarrollo moral consistente de la nación. Aquí habría una unión fácil y natural entre ciudadanos cristianos.
>
> La iglesia es el mejor lugar para agitar en pro del bien moral y espiritual, y esa unión entre los ciudadanos cristianos de toda iglesia, con representaciones en la estructura más afín de cada partido, hará promoción de la forma más eficaz allí donde esas pequeñas células sean más influyentes, que es en su propio partido. Dejando aparte todos los detalles de la acción de partido, o confiándolos a la asamblea general en aras de la conveniencia de todos en cada una de las secciones del partido designado que sea, conseguiremos la actividad ciudadana saludable que toda iglesia pueda sabiamente asumir. Eso es lo único que va a lograr algún bien. Ha llegado el momento de implementar planes más concretos en Christian Endeavor. No podemos seguir simplemente dando charlas y haciendo reuniones sin hacer nada práctico más allá de eso. De acuerdo con los principios de Christian Endeavor y en línea con su esencia, urgimos a que se lleven a cabo planes interpartidistas. *El espíritu cristiano ha de tener un lugar en la política*, los diez mandamientos, y el sermón del monte debe regir.

La Federación Civil de Chicago, moldeada según la filosofía de Parkhurst, está siguiendo hasta donde le es posible el mismo curso que aquel en Nueva York. Y disponemos de un informe del director de esa federación, el reverendo Dr. Clarke, de Chicago. Su informe oficial se publicó en *Interior*. Tenía una copia de él, pero se extravió.

Quizá pueda encontrarla antes de que dejemos este tema, y podamos leer también algunas de sus declaraciones. Una de ellas en particular sigue la misma línea que la precedente: se refiere a la relación del cristiano con el estado, a la relación del cristiano con la política, al papel del cristiano en moldear, dar forma y reformar el estado. Y uno de los principios fundamentales de la política subyacente en la que se sustenta es la decisión del Tribunal Supremo del 29 de febrero de 1892: "Esta es una nación cristiana". Y dado que es una nación cristiana, preguntan de forma expectante: ¿Qué es lo que se espera que haga un cristiano para actuar de acuerdo con esa idea, llevando a cabo los principios de esta nación cristiana según métodos cristianos, moldeándola y dándole forma según los planteamientos del cristianismo?

Aquí tenéis todos esos elementos implementando los planes para asegurarse el control de la ley y el poder para legislar.

A continuación, reproduzco un párrafo del discurso de Parkhurst que he reservado para el final, y que abre un escenario que es digno de nuestra consideración y atento seguimiento, desde este día hasta el final:

> Las cuestiones que están agitando más profundamente las mentes este año, y que continuarán haciéndolo probablemente muchos más años en el futuro, no son de orden nacional sino municipal. Hemos llegado a un período que podríamos calificar como "el renacimiento de la ciudad". La notable concentración de la población en centros urbanos [es decir, en ciudades] ha tenido como resultado enfatizar lo municipal. Dicha concentración ha alcanzado proporciones tales, y hasta tal punto están operando los recursos materiales y las energías intelectuales a ese nivel, que casi podríamos afirmar que es en esos núcleos donde late la vida real de la nación, y que la nación va a ser cada vez más lo que nuestros municipios determinen y la hagan ser.

Este es el argumento: la gran concentración de gente en las ciudades y la gran cantidad de ciudades en la importante posición que ocupan, son determinantes para el curso de la nación, habiendo dejado de serlo los habitantes del campo, los que están fuera de las ciudades. Tal como vayan las ciudades, así va la nación. La nación se amolda según lo marquen las ciudades. Incluso dejando aparte la religión, sea cual sea el impulso político que mueva al país, emana de sus grandes ciudades. Estos líderes políticos han comprendido el hecho, y en consecuencia se han puesto a la obra de controlar las ciudades, esparciéndose por ellas y alcanzando puestos de poder, para de esa forma llegar a regir la nación.

Veis todo el tiempo que cada una de esas declaraciones que acabo de leer es simplemente la reedición una y otra vez del sistema que creó el papado, y que lo ha caracterizado desde el primer paso que dio la iglesia en los días de Constantino hasta ahora. Cualquiera que conozca esa historia sabe que cada una de las declaraciones que acabo de leer es exactamente una repetición de lo mismo. ¿Ha tenido alguno, de los que están familiarizados con la historia del papado, dificultad alguna para reconocer la imagen del papado en la situación tal como ha quedado aquí expuesta según las declaraciones de su propia voz que os he leído? –Ninguna dificultad. Nadie que haya estudiado la historia del papado puede dejar de ver ahora su imagen, obrando precisamente de la forma que le es propia, y con el preciso propósito con que lo hizo el papado. Tenemos ante nosotros la imagen plenamente configurada.

Por consiguiente, ¿cómo podría alguno de nosotros dejar de reconocer que estamos ante la imagen de la bestia plenamente formada, por así decirlo, en nuestro país hoy, y obrando con todo su poder intrigante? No todavía con todo el poder de la ley –aún no lo tiene plenamente en sus manos– pero con toda su política intrigante, y mediante todas esas injerencias poco a poco tomando posesión aquí, invadiendo silenciosamente allí, con el fin de tomar el control de los órganos que rigen la nación, y entonces moldear y dar forma a la misma.

Observad otro aspecto del asunto que delata también la imagen. Todo el que haya leído la historia del papado y de su forma de proceder, de la bestia y de cómo actúa, sabe que toda lucha y toda batalla del papado fueron disputadas en las ciudades: Roma. Alejandría, Constantinopla, Antioquía, Jerusalén, Cartago, Corinto, etc. Las ciudades principales fueron el terreno de batalla y el escenario donde peleó sus batallas el papado, donde ganó el control del Imperio Romano, y donde anidó y medró siempre. La gente del campo… iba a decir que se la trataba como siendo de *segunda* clase, pero es aún peor; prácticamente no se le prestaba consideración alguna. El obispo de un medio rural tenía un rango muy inferior a su homólogo en la ciudad. La gradación del obispado escalaba según la magnitud de la ciudad. Y el obispo de la ciudad principal, que era Roma, vino a convertirse en el poder rector. Allí, y a través de ella, podía controlar mejor los elementos necesarios para afirmar el poder del papado. Es de esa forma como Roma llegó a ser la sede –y su obispo la cabeza– del papado: la bestia.

Podéis ver un paralelismo exacto recorriendo el mismo camino en este país, procurando asegurar el control de sus grandes ciudades: Nueva York, Chicago, Filadelfia, Boston, San Luis, Cincinnati, San Francisco, etc. Todas ellas tienen elementos comunes: las alianzas municipales y el clérigo a la cabeza de todas ellas, obrando para controlar las ciudades, para tomarlas en sus riendas y controlar así la nación.

¿Acaso no están aquí obrando esos mismos principios que operaron cuando se originó la bestia? ¿Podemos cerrar nuestros ojos a esa realidad y no darnos cuenta de que estamos ante la presencia y obra de ese asunto malvado? ¿No ha llegado acaso el tiempo de hacer que resuene el mensaje de advertencia contra la bestia y su imagen con toda la fuerza que puede dar el poder de Dios?

Leeré una declaración más. Está en *Herald and Presbyter* de Cincinnati, 3 enero 1895. El objeto último, lo principal, lo más grande, lo que está por encima de cualquier otra cosa, lo que se proponen hacer una vez hayan logrado moldear esos gobiernos municipales, resulta ser *la imposición del domingo*.

Así se titula el artículo del que leo: "Imponer la ley".

> La ley es una norma que regula la acción o conducta humana. La ley moral es esa perfecta revelación de la voluntad divina que rige como obligación perpetua y universal sobre todo hombre. Por lo tanto, es vinculante para la conciencia y no debiera requerir mayor imposición legislativa para el cristiano. Pero en el proceso de gobernar esta sociedad resulta que no todos los hombres van a obedecer los mandamientos –que son de aplicación universal–, por lo tanto, se ha hecho necesario implementar castigos y penas, y prever su imposición mediante el recurso al poderoso brazo del gobierno civil.

Esa es, como todos pueden ver, la precisa posición, enseñanza y filosofía del papado.

Tendremos la ocasión de leer algunas otras cosas similares cuando analicemos la siguiente fase del proceso en la próxima presentación.

> Uno de los diez mandamientos, que cuenta con el apoyo de nuestros legisladores y que se ha incorporado a la legislación nacional de casi todos los Estados, es el que se refiere a la apropiada observancia del Sabbath. Nuestros legisladores consideraron una necesidad poner freno a los malhechores y a quienes violen la santidad del día santo de Dios, mediante prohibiciones y penas por su violación. En nuestra ciudad la abierta violación de esa ley ha sido tan habitual y flagrante como para despertar a los cristianos a un sentido de su obligación respecto al Estado, organizándose la Alianza para la Reforma Municipal.

La "reforma municipal", es decir, la reforma ciudadana, es la finalidad con la que están comprometidas la "Federación civil" de Chicago y la "Sociedad para la prevención del crimen" de Nueva York. Están comprometidas con *un mismo fin*, aun sin tener el mismo nombre en todas las ciudades. Pero ¿qué fue lo que determinó que se organizaran en Cincinnati? –La falta de respeto al domingo. ¿Cuál fue el asunto principal en Chicago? –La falta de respeto al domingo.

> La primera acción fue asegurar que se cerrasen los teatros en el Sabbath. Al respecto, bastó con la fuerza de la ley. Las fuerzas del orden hicieron cumplir la ley, pero resultó haber un hombre más poderoso que la ley, que la fuerza policial o que los elementos de reforma en esta ciudad: el alcalde. Eran tantos los violadores de la ley, que de llevar cada caso a los tribunales habría resultado imposible juzgar a los infractores. Los juzgados estaban bloqueados y hubo obstrucción a la justicia.
>
> La Alianza acudió en ayuda de la corte judicial con el respaldo de la ley, proponiendo que se instruyera a la policía para que detuviera a quienes encontraran en el acto de violar las leyes del Sabbath. Eso habría dado fuerza a la ley, haciendo que cerraran los teatros incluso si los infractores no recibían la plena penalidad. El alcalde vino entonces en auxilio de los teatros y prohibió a los funcionarios que practicaran detenciones hasta que *se consumara* la ofensa y hubiera concluido la obra de teatro.

> La Alianza apeló entonces a los comisarios policiales, alegando que los agentes no están obligados a obedecer órdenes ilegales. [Pero] una mayoría entre los comisarios decidió que los funcionarios deben obediencia a todas las órdenes del alcalde; que la disciplina así lo exigía. Bien; entonces, ¿qué tienen que hacer los ciudadanos respetuosos con la ley? Se les está diciendo que Cincinnati está mejor gobernada que cualquier otra ciudad de similar magnitud en el país; sin embargo, Boston, Nueva York, Filadelfia y Baltimore son capaces de cerrar sus teatros en domingo. Se oye un cierto discurso de impugnación hacia el alcalde, mientras que otros abogan por exigir al gobernador el cese de los comisarios de policía y la solicitud de una votación respecto a si el principal magistrado de una ciudad puede pisotear los estatutos de Dios y de los hombres, y desafiar el sentimiento moral de la sociedad.

Podéis ver qué prioridad se da a la demanda por imponer leyes dominicales. En caso de no ver satisfecha su demanda, exigen una "reforma municipal". La ciudad está abocada a la ruina, por lo tanto, se impone introducir un elemento distinto para salvarla. Ahora bien, ¿con qué propósito pretenden salvar la ciudad? A fin de imponer las leyes dominicales, de modo que se pueda salvar al domingo y de esa forma la nación. ¿Podéis apreciar que el gran objetivo al que apuntan todos esos movimientos es la imposición del domingo? Y sabemos que eso es la formación de la imagen de la bestia y la imposición de la marca de la bestia.

Por consiguiente, a partir de la evidencia expuesta resulta perfectamente claro que el país se encuentra ahora ante la presencia activa y viviente de la imagen de la bestia, y ante un esfuerzo por imponer su marca.

Capítulo 2

El papado

NUESTRO tema hoy es el estudio del papado, de igual forma en que ayer estudiamos la imagen del papado. Una vez más, todo cuanto pretendo hoy es presentar la evidencia, exponer la situación; los argumentos vendrán más plenamente una vez hayamos visto la base sobre la que descansan. Todas las declaraciones que voy a leer esta noche proceden de autoridades católicas: de sus predicaciones y de sus escritos.

Primeramente, leeré a partir de algunas predicaciones católicas dadas en el Congreso Católico de Chicago el año 1893, según aparecen impresas en *Herald* de Chicago, del 5, 6 y 7 de septiembre. Se trata fundamentalmente de afirmaciones similares a las que leí en la presentación precedente, pero viniendo del otro poder, o más bien de la otra cara del mismo poder. Al reunirlas, tal como hicimos con las procedentes de la imagen, y al relacionarlas con aquellas, no será difícil observar el paralelismo, en algunos casos casi verbal, y ver que son *idénticas* en *principio* y *propósito*.

Leeré primeramente a partir de una predicación que dio Walter George Smith en el Congreso Católico de Chicago el 4 de septiembre, relativa a la "Influencia de los ciudadanos católicos", tal como la publica *Herald* de Chicago del 5 de septiembre de 1893:

> La iglesia y el estado, en tanto en cuanto corporaciones y cuerpos exteriores de gobierno, están ciertamente separados en sus esferas respectivas, y la iglesia no absorbe al estado ni el estado a la iglesia, pero ambos proceden de Dios y ambos buscan los mismos fines, y cuando ambos son correctamente comprendidos no hay antítesis o antagonismo entre ellos. El hombre *sirve a Dios al servir al estado*, tan directamente como al *servir a la iglesia*. El que muere en el campo de batalla luchando por su país, se cuenta junto al que muere en la hoguera por su fe. Las virtudes cívicas son en ellas mismas virtudes religiosas, puesto que nadie que deje de amar a su hermano, ama –o puede amar– a Dios.

Si recordáis bien, lo leído va en la misma línea de lo que leímos ayer a propósito de que "Más cerca, oh Dios de ti" y "Star Spangled Banner" (el himno nacional americano) son ambos "himnos cristianos" para quien tiene esa comprensión. Podéis ver que eso convierte al gobierno en enteramente religioso, poniéndolo al mismo nivel que la iglesia.

Este es otro fragmento de la misma predicación:

> La iglesia [se refiere a la iglesia católica] ha sido en todas las edades la más democrática de todas las organizaciones; sólo ella ha enseñado la verdadera teoría de la fraternidad e igualdad de todos los hombres ante Dios, y en sus preceptos ha de encontrar la humanidad el fundamento de sus medidas de alivio para las actuales amenazas.

Aquí se está refiriendo a los peligros actuales en los asuntos sociales, al trabajo contrapuesto al capital y a las controversias que son comunes en nuestros días en los Estados Unidos.

El mismo diario, el *Herald* de Chicago, en su número del 5 de septiembre de 1893, publica otra predicación, esta vez a cargo de Edgar H. Gans, titulada: "La iglesia católica en América". Hablando sobre el espíritu de libertad que ejemplifican los Estados Unidos, y en una afirmación relativa a dicho espíritu de libertad, el ponente declara citando a Webster:

> La Iglesia Católica da la bienvenida a ese espíritu fresco y bello, y lo acoge en su seno, puesto que *es su madre adoptiva*. Lo ha alimentado por siglos con una tierna devoción. Lo ha rescatado una y otra vez de las manos atrevidas e impías de déspotas, sean estos reyes, emperadores o una mayoría popular elevada al trono. En la iglesia de Dios se encuentra el *único verdadero soberano* y la fuente de todo poder. De él deriva la soberanía del pueblo como legado sagrado, y se lo debe emplear para el bien común.

A partir de la encíclica papal podemos ver que él, en el lugar de Dios, es el guardián y fuente de esa soberanía. Leemos ahora la afirmación con la que concluye la ponencia del señor Gans. Es idéntica a una de las que leímos anoche:

> Tenemos entre nosotros a nuestros profetas de Israel, comisionados divinamente –tal como lo fueron los santos hombres de antaño– para guiar, instruir, ennoblecer y *elevar a la nación*; y el *pueblo americano* habrá alcanzado su mayor gloria cuando busque las palabras de sabiduría y verdad de sus labios –*cuando se someta voluntariamente a las ministraciones amigables de los sacerdotes y obispos de la santa Iglesia Católica*.

Las declaraciones precedentes no precisan mayor comentario. Bastará con que examinéis la recopilación de lo leído anoche para que reconozcáis la conexión.

Leemos ahora fragmentos de una predicación del obispo John A. Waterson, de Columbus, en el congreso católico. Se publicó en *Herald* de Chicago del 6 de noviembre. Su disertación versa sobre León [XIII, el papa desde 1878 hasta 1903] y Satolli [(1893-1910), cardenal y teólogo católico italiano, fue el primer delegado apostólico en Estados Unidos] y dice lo siguiente respecto a León:

> Debido a su dignidad y bondad personal, a la sabiduría práctica de sus enseñanzas y a la firmeza de sus actos, el papa se está recomendando como algo grande ante el mundo y para el mundo [manifestaciones sonoras de aprobación]. Intelectos que anteriormente habían sido rebeldes, están viniendo a aceptar que, si la sociedad ha de ser salvada de

una peor condición en algunos aspectos que la de los tiempos paganos, es del vaticano de donde ha de venir el salvador [nuevamente manifestaciones sonoras de aprobación].

Katherine E. Conway provee otra declaración en el número del 7 de septiembre de *Herald*. Su artículo se titula: "Making America Catholic" (convirtiendo América al catolicismo). Dijo esto:

> Vuestra misión es hacer América católica. Tal fue la salutación del arzobispo de Irlanda a la asamblea de delegados en el Catholic Centenary Congress de hace cuatro años en Baltimore. Y ese fue el encargo con el que les hizo regresar a sus casas. El entusiasmo patriótico y religioso estaban en marea creciente, y todo corazón estaba presto a responder, como los primeros cruzados ante el llamado de Pedro el ermitaño: "Dios lo quiere".

Esos discursos muestran que el objetivo y obra del papado son precisamente los mismos acerca de los que leímos anoche.

Prestemos ahora atención a otras declaraciones hechas el pasado otoño, en relación con la entonces inminente encíclica del papa. Una carta de Roma datada del 14 de octubre de 1894, publicada en *Catholic Standard* del 3 de noviembre, contiene esto:

> No es exagerado decir que los Estados Unidos de América son el pensamiento principal de León XIII en el gobierno de la Iglesia Católica universal y romana.

Me gustaría comentar un poco sobre esto a medida que avanzamos. ¿Por qué está León pensando constantemente en los Estados Unidos? –Por lo relativo al gobierno de la Iglesia Católica universal y romana. Es decir: lo que quiere obtener de Estados Unidos tiene que ver con algún propósito en el gobierno de la Iglesia Católica en todo el mundo.

> Es uno entre los intelectos privilegiados del viejo mundo que están poniendo su mirada en la bandera estrellada de Washington a fin de llegar al zenit de los cielos. Hace unos días León XIII dijo en su recepción a un americano eminente: "Pero los Estados Unidos son el futuro; pensamos constantemente en ellos". El político desapercibido, el observador superficial –en Europa tanto como en América– se sorprende ante esa persistente simpatía hacia el pueblo americano y ese esmero en pro de sus intereses generales. Pero quienes conocen el alma apasionada del papa, anhelosa de todo lo que es bueno, ávida de todo lo que es grande y fructífero; el filósofo que explora el amplio horizonte intelectual, social y religioso; el estadista que toma decisiones según criterios generales y de gobierno, el corazón del santo padre las lee todas ellas, e inspiran sus resoluciones inflexibles y su devoción hacia el ideario americano. Esa simpatía siempre presente *tiene su base en los intereses fundamentales de la santa sede*.

Las ideas fundamentales de la santa sede son las ideas sobre las que descansa toda la estructura, y esa simpatía por América tiene su base en esas ideas fundamentales relativas a los intereses de la santa sede de la "Iglesia Católica romana y universal".

> Esa simpatía siempre presente tiene su base en los intereses fundamentales de la santa sede, según una peculiar concepción del *papel que ha de representar*, y de la posición que la iglesia y el papado han de adoptar *en los tiempos venideros*.

Eso muestra más claramente hasta qué punto el papado está analizando los tiempos venideros con un vivo interés. Quiere estar preparado en todo aspecto imaginable para afrontar lo que está por venir, como él mismo dice; y se propone emplear a los Estados Unidos, a través y mediante los cuales pueda vestirse y prepararse para afrontar exitosamente lo que está por llegar en los tiempos venideros. Leeré algo más al respecto:

> El interés de Roma reconoce estar en necesidad de encauzar su rumbo de acuerdo con *las señales de los tiempos* y las transformaciones en la agitada superficie del mundo. La concepción peculiar consiste en un profundo sentimiento de que la iglesia en Europa ha de renovar sus instrumentos y sus métodos para adaptar sus principios inmutables a los entornos cambiantes y a las nuevas condiciones… En esa evolución, la iglesia, tal como lo ve el papa, tiene una misión que cumplir. Con esa finalidad debe adaptarse a los cambios que se han producido por la acción de fuerzas universales. Iglesia–Estado, catolicismo oficial, privilegios, vínculos legales y proximidad entre dos poderes, la conexión del clérigo con un partido político, organizaciones eclesiásticas feudales; es necesario que toda la estructura externa de la iglesia se transforme, se renueve: quizá que se la deseche totalmente. Ese es el pensamiento central dominante que marca la segunda parte del actual pontificado desde el tiempo del incidente de Knights of Labor* y la encíclica *Rerum Novarum*, hasta la encíclica al pueblo francés. En la primera mitad de su reinado, León XIII había pacificado, apaciguado, curado. Había sido el papa de la paz y la calma. Tras haber sellado ese carácter, comenzó a ser el papa de la acción. Pero ¿cómo crear ese nuevo paradigma eclesiástico?

¿Dónde obtener el clero, la forma eclesiástica que permita desarrollar ese esquema y triunfar en Europa y en el mundo? Europa debe rejuvenecer, remodelarse, reanimarse. ¿Dónde encontrar el patrón que sirva para modelar Europa?

> ¿De dónde hay que copiar? ¿Qué civilización, qué país, qué filosofía ha de ser la fuente? ¿No sería arriesgado crearlo partiendo de la nada? ¿No sería mejor sumar fuerzas con una nación que provee en parte el tipo, en la que al menos existe ya en "bruto"? ¿No bastaría con trazar las líneas maestras sin titubeos, para seguirlas después? Ese esquema es el esquema americano; es la democracia americana, con libertad, con una ley común, con su vida plena y exuberante, sin ligaduras restrictivas y sin burocracia histórica.

Esa "ley común" es el fundamento para toda imposición de leyes dominicales en todos los tribunales. La ley común es descendiente directa del derecho canónico.

---

*Nota: aparecida hacia finales de los años 70 en Philadelphia como organización secreta de obreros del gremio de la sastrería, Knights of Labor perdió su carácter secreto hacia 1880 y se expandió en la sociedad laboral, llegando a actuar a modo de sindicato obrero. Su implicación en acciones de protesta social en la era de la crisis económica mundial de 1873 hasta la gran huelga general de Chicago en 1886 hizo que se la clasificara como de carácter agitador e incluso terrorista, siendo objeto de represión, lo que la hizo regresar a una presencia simbólica minoritaria.

Cuando el papado era el estado, y el estado estaba sujeto a los dictados del papado, el derecho canónico era lo que ahora es la ley común. Y los Estados [Unidos] que profesan haberse separado del papado, no obstante, decretan observaciones religiosas evocando la "ley común". Y ahora que toda la estructura judicial de Estados Unidos está comprometida con la defensa del domingo fundamentándose en la ley común, hace acto de presencia el papado y se alegra de que haya un modelo tan a su gusto como para basarse en él a fin de remodelar sus formas eclesiásticas en Europa y en el mundo.

Veamos otro aspecto. Leo de nuevo la última sección:

> Ese esquema es el esquema americano; es la democracia americana, con libertad, con una ley común, con su vida plena y exuberante, *sin ligaduras restrictivas* y sin burocracia histórica.

El papado está impaciente respecto a las ligaduras restrictivas; ciertamente no quiere ninguna de ellas. El gran descubrimiento que ha hecho León XIII, y que antes de él no hizo ningún papa, es ese giro que ha dado todo el tiempo León, y a partir de él todos los que están manejando los asuntos en este país –el giro que se está dando a la cláusula de la constitución de los Estados Unidos: "El Congreso no legislará respecto a establecer una religión, ni a prohibir el libre ejercicio de la misma". León ha descubierto que el papado se puede imponer en este país de toda forma posible y por todo medio posible, y que al Congreso se le prohíbe legislar de cualquier forma que lo detenga. Nadie lo había descubierto antes de él, y así es como últimamente puede apoyar tan plenamente la constitución de los Estados Unidos.

Por supuesto, todos sabemos que la intención del pueblo americano era que la religión no tuviera ningún papel en los asuntos de gobierno, y ninguna conexión con ellos. Pero el papado jamás se da por satisfecho con cualquier cosa que no sea tomar plena posesión del gobierno, y entonces manejarlo según los intereses de la iglesia, y León XIII se ha dado cuenta de que puede conseguirlo todo bajo la cobertura de esa declaración que en su día fue formulada con el fin de prevenir ese hecho por siempre.

Por consiguiente, el papado, en flagrante violación de la constitución, puede abrumar al gobierno y esgrimir esa cláusula a modo de barrera contra cualquier cosa que alguien pueda hacer para detenerlo. Y que tenga cuidado cualquiera que se manifieste en contra de esa actitud del papado: lo acusarán de estar "violando la constitución de Estados Unidos" en espíritu, ya que la constitución dice que está prohibido hacer nada contra la religión que sea, o contra el establecimiento de la misma. Cuando un ciudadano de Estados Unidos se levanta en protesta contra el papado y contra todo eso que está haciendo, que es contrario a la letra y al espíritu de la constitución, que lleve cuidado: no está apreciando "la libertad de la constitución; somos amantes de la libertad; defendemos la constitución; nos alegramos de que América tenga una insignia tal de libertad". Realmente se alegran.

Esa es la razón por la que el papa León XIII se empeña con toda su alma, llena de idealismo, en eso que se ha llamado impropiamente su política americana. Se lo debiera llamar su *política católica universal*.

¿Qué política es la suya en Estados Unidos? –Política universal. Lo que el papado está haciendo en Estados Unidos, lo hace con la intención de ganar influencia en todo el mundo, alineándolo con las ideas papales, construyendo una vez más sobre sus principios básicos y fundamentales.

Es en esa perspectiva tan amplia como el mundo, e imperecedera como toda una era, como debe leerse la próxima encíclica americana. Hacer independiente y soberana la delegación [de Satolli], [cosa que logra] mediante un tribunal supremo eclesiástico.

Lo anterior significa muchísimo más de lo que muchos han imaginado hasta ahora, puesto que Satolli ya ha establecido la doctrina de que el clérigo en Estados Unidos no está sujeto a la jurisdicción civil. Eso implica ciertamente un tribunal supremo eclesiástico.

Apoyar a monseñor Satolli, dar permanencia y éxito a su misión; señalar el camino a una mayor influencia y libertad; continuar la política de moderación y adaptabilidad que ha traído paz a la nación; en pocas palabras: abordar *todas las cuestiones importantes en la actualidad* y determinar poco a poco *para bien* el modelo eclesiástico, el tipo de vida que León XIII desea a fin de alcanzar poquito a poquito a los pueblos que despiertan en el antiguo continente: *esa* es la sublime inspiración de la encíclica a los americanos.

Esa declaración referida a cómo está observando las señales de los tiempos, esa reformulación del papado, que contempla si es necesario hasta la demolición de las instituciones y formas que han funcionado exitosamente por siglos; todo eso, a la vista de lo que el papado está por realizar, me hace pensar en la traducción que hacen los judíos de Daniel 8:23. La versión autorizada (KJV) dice: "En el período final de su reino, cuando los transgresores hayan alcanzado la plenitud, se levantará un rey de semblante feroz, entendido en asuntos oscuros". La traducción judía dice: "Un rey de rostro insolente, experto en intrigas". Entonces, me gustaría saber, ¿no es evidente que eso alude al papado, tal como estamos aquí leyendo en los documentos esta noche? "Un rey de rostro insolente, experto en intrigas".

El obispo Keane, de regreso de su visita a Roma el pasado octubre, dice en una entrevista que publica el número del 13 de octubre de *Catholic Standard* sobre ese tema:

El obispo Keane se expresó con mucha libertad en relación con ese viaje al extranjero, y especialmente respecto al gran interés que tiene el papa en América y en los asuntos temporales y espirituales de este país. El papa cree que el bienestar político o el propio bienestar temporal del mundo deben ser guiados por Dios de igual forma que el bienestar espiritual. Su política consiste en conciliar ambos hasta donde sea posible.

> En la realización de su propósito, el papa quiere adaptar la iglesia tanto como sea posible a las condiciones existentes que caracterizan al mundo de nuestros días, así como proveer para los que se avecinan en el futuro. Compara al mundo con el hombre, de forma que el alma está representada por la iglesia y el cuerpo por el estado. Sería necio quien cultivara el alma sin prestar atención al cuerpo; de igual manera, la iglesia no se puede permitir ser negligente respecto a las condiciones que la rodean. Cuando crece el cuerpo del hombre, su alma se desarrolla; y a medida que el mundo avanza en edad, las condiciones que rodean a la iglesia están sujetas a cambios semejantes. En consecuencia, es el propósito del papa que el poder temporal y el espiritual permanezcan libres de conflictos.

Así, el papa sigue manteniendo su pretensión de ser el agente de Dios en la conducción de esos asuntos. Establece lo que él dice ser la voluntad de Dios respecto a la iglesia y a los poderes temporales y espirituales, y a continuación él es el que, en lugar de Dios, ha de manipularlos y determinar cómo han de conducirse uno junto al otro. Él es quien evita que entren en conflicto.

> El papa reconoce que en el futuro el estado será una democracia, y los más destacados exponentes de ello son hoy Francia y América. Por consiguiente, contempla esos países con un vivo interés. Eso es *especialmente cierto de Estados Unidos*, donde el papa cree que *va a establecerse el baluarte del catolicismo en el futuro*.

Prestemos ahora atención a las palabras del papa en su encíclica, tal como publica *Catholic Standard* del 2 de febrero de 1895. Hay que leer varias veces la encíclica para captar su intención, por lo tanto, he leído anteriormente esos fragmentos para que os resulte fácil comprender lo que está diciendo sobre el tema. En ella se discuten diversos puntos, pero leeremos solamente lo que se relaciona con el tema en cuestión. Tras saludar así: "Venerables hermanos, tened salud y bendición apostólica", dice:

> Hemos resuelto hablaros separadamente confiando en poder ser, Dios mediante, una ayuda a la causa católica entre vosotros. A ese fin nos dedicamos con el mayor celo y atención, pues tenemos en gran estima y amamos sobremanera a la joven y vigorosa nación americana, en la que discernimos fuerzas latentes para *el avance tanto de la civilización* como del cristianismo.

En referencia a la llegada de Colón, dice:

> De la misma forma en que el arca de Noé que flotaba sobre las aguas del diluvio llevó la simiente de Israel en aquel remanente de la raza humana, así también los barcos en los que Colón surcó el océano llevaron a regiones de ultramar, tanto gérmenes de poderosos estados como principios de la religión católica.

Siguiendo con el desembarco de Colón:

> El hecho que estamos considerando no ocurrió ciertamente al margen del designio de la providencia divina. Precisamente en la época en que las colonias americanas

> lograron la libertad y la independencia con ayuda católica para unirse en una república constitucional, la jerarquía eclesiástica quedó felizmente establecida entre vosotros.

Es decir, cuando se logró la libertad y la independencia, y esta nación comenzó, comenzó también la jerarquía eclesiástica de la Iglesia Católica en este país; el comienzo de ambas cosas coincidió en el tiempo; eso es lo que está destacando:

Otro punto que destaca es este:

> Y en el mismo tiempo en que el sufragio popular colocó a Washington a la cabeza de la república, la autoridad apostólica eligió al primer obispo de *la iglesia americana*.

Esas frases no figuran ahí sin un propósito. El papado pretende que en lo sucesivo la Iglesia Católica sea reconocida como la iglesia americana. Sigo leyendo:

> La bien conocida amistad y relaciones de familia que existen entre esos dos hombres parecen constituir una *evidencia* de que *los Estados Unidos debieran unirse en concordia y amistad con la Iglesia Católica*.

En otra sección, después de referir lo realizado por los obispos en sus sínodos y mediante sus decretos, afirma:

> La iglesia que está entre vosotros, a la que no se opone la constitución, agradece la equidad de las leyes de que goza en América, así como las costumbres de la bien ordenada república.

El texto de la constitución se redactó con el propósito específico de oponerse a Roma y de salvar al país de la dominación de Roma. Esto es lo que declaran los autores de la constitución y la historia del tiempo en que fue confeccionada:

> Es imposible que el magistrado adjudique el derecho de preferencia a alguna entre las varias sectas que profesan la fe cristiana, sin implicar en ello una pretensión de infalibilidad que nos haría regresar de nuevo a la iglesia de Roma.

En consecuencia, a fin de evitar que los pobladores del país cayeran bajo la dominación de la iglesia de Roma, en la constitución especificaron que el gobierno jamás debe tener nada que ver con la religión. Pero León ha descubierto que la ausencia de *oposición* en la constitución es el mejor resorte, su gran oportunidad.

> La iglesia que está entre vosotros, a la que no se opone la constitución ni el gobierno de vuestra nación; no estando encadenada por ninguna legislación hostil, protegida de la violencia por las leyes comunes y por la imparcialidad de los tribunales, está en libertad de vivir y actuar sin obstáculos.

Así es: está actuando sin obstáculos. No estoy diciendo que la constitución debiera estar redactada de forma que el congreso *pudiera* legislar en contra del papado.

En absoluto. La mejor salvaguarda contra el papado es la constitución tal como es. Pero bajo las actuales circunstancias, el papado está procurando que esta sea su mejor carta para alcanzar el dominio. León continúa así:

> No obstante, aun siendo cierto todo lo anterior, sería un gran error llegar a la conclusión de que en América se debiera dar la condición más deseable para la iglesia, o de que fuese universalmente lícito o conveniente que la iglesia y el estado estuvieran separados y divorciados como en América.

Si bien la Iglesia ha prosperado bajo esta constitución y tiene aquí la mejor oportunidad y pronunciamientos de toda la tierra, no se debe tomar eso como una evidencia de que sea preferible que la iglesia y el estado estén separados. ¡De ninguna manera!, porque antes de terminar el párrafo especifica que deben estar unidos. Aquí lo tenéis en sus palabras:

> El hecho de que el catolicismo goce de buena salud entre vosotros, e incluso que esté gozando de un próspero crecimiento, se lo debe atribuir siempre a la fecundidad de la que Dios ha dotado a su iglesia, en virtud de la cual, a menos que interfiera el hombre o las circunstancias, se propaga y expande espontáneamente; pero llevaría frutos aún más abundantes *si*, además de la libertad, *gozara del favor de las leyes y del patrocinio de la autoridad pública*.

No le basta con gozar de libertad y no ser molestada. Para estar satisfecha se la tiene que *favorecer* y *promover*; y si bien la constitución le concede estar totalmente libre de restricciones, eso no le basta. Nada la satisface, excepto que las leyes y la autoridad pública la apoyen y favorezcan.

Respecto al establecimiento de la delegación apostólica, que es la posición de Satolli, escuchad lo que sigue. Está lleno de significado:

> Mediante esta acción, como ya insinuamos en otro lugar, hemos querido sobre todo certificar que, en nuestra valoración y afectos, América ocupa el mismo lugar y privilegio que otros estados, por poderosos e imperiales que puedan ser estos.

En el establecimiento de la posición de Satolli aquí, lo que propone y de hecho afirma, es que la América de hoy, los Estados Unidos, ocupan el mismo lugar y tienen los mismos derechos que otros estados, por poderosos e imperiales que puedan ser –como Austria, España o Francia–, tal como figura en su comunicado publicado en Lansing (Mich.) en el *Republican* del 24 de septiembre de 1894.

> El edicto papal eleva a Estados Unidos hasta el *primer nivel* como *nación católica*. Hasta ahora este país había ocupado ante la iglesia la posición de una "misión". No tenía ante Roma más reconocimiento oficial que China… pero mediante el reciente edicto [así como también por la encíclica] el país queda liberado de la propaganda, y queda declarado país católico.

¡Sí, un "país católico", tanto como cualquier otro estado, "sea siempre poderoso e imperial".

> Además de lo dicho, era nuestra intención estrechar aún más los lazos del deber y la amistad que os conectan a vosotros y a tantos miles de católicos con la sede apostólica. De hecho, la mayoría de católicos comprendió cuán saludable iba a ser nuestra acción; vieron además que armonizaba con la política y los usos de la sede apostólica, pues desde la remota antigüedad ha sido la costumbre de los pontífices romanos en el ejercicio del divinamente otorgado don de la primacía de la administración de la iglesia de Cristo, enviar nuncios [miembros del clero, especialmente cardenales, en representación del papa] a las naciones y pueblos cristianos.

¿Dónde envían los pontífices a sus nuncios? ¿A los países que consideran misiones? –No. ¿Los envían a los países o pueblos protestantes? –No. ¿A países o pueblos paganos? –No: los envían a "las naciones y pueblos *cristianos*". Y ¿cómo es que el papado se dio cuenta de que se trataba de "una nación cristiana" a la que podía enviar un delegado? –Ah, desde que el Tribunal Supremo de los Estados Unidos declaró que "es una nación cristiana". Y tan pronto como se hizo así, comisiono al nuncio y envió su delegación de forma que se establecieron ahí permanentemente.

> Los nuncios ... quienes, en el lugar de él [del papa], pueden corregir errores, enderezar lo torcido y administrar los recursos acrecentados de la salvación al pueblo cuyo cuidado les ha sido confiado... Su autoridad no tendrá un peso menor en la preservación de un espíritu de sumisión en la multitud.

A continuación, en relación con lo que planea hacer con los obispos, y cómo piensa ayudarles y preservar su administración y asuntos diocesales, afirma que todo lo anterior se hace con la finalidad de que "todos puedan obrar juntos con energías combinadas para promover la gloria de *la iglesia americana* y el bienestar general".

> Es difícil estimar los buenos resultados que van a emanar de la conferencia de los obispos. Nuestro propio pueblo será edificado, y el poder del ejemplo tendrá sus efectos *en los de afuera*, que mediante ese solo argumento resultarán persuadidos de que el apostolado divino ha pasado por herencia a las filas del episcopado católico.
>
> Otra consideración demanda nuestra ferviente atención. Todos los hombres inteligentes están de acuerdo en esto, y nosotros mismos lo hemos insinuado ya antes con placer: *América parece estar destinada a cosas más grandes*.

Podéis comprobar cómo tiene sus ojos puestos en América y en esas cosas más grandes a las que parece destinada en previsión de los "tiempos venideros".

> Nuestro deseo es que la Iglesia Católica no sólo participe en ella, sino que contribuya a lograr esa previsible grandeza. Consideramos justo y apropiado que *procure*, aprovechando las oportunidades que se le brindan diariamente, *mantenerse a la par con la República* en la carrera por mejorar, y al mismo tiempo esforzarse al máximo

mediante su virtud y sus instituciones, a contribuir al rápido crecimiento de los Estados. Lograremos ambos objetivos fácil y abundantemente en la medida en que la constitución se perfeccione en el futuro [se refiere a la constitución de la iglesia]. Pero ¿cuál es el significado del nuncio [la posición de Satolli] al que estamos aludiendo?, ¿o cuál es su finalidad última, excepto conseguir que quede reforzada la constitución de la iglesia, y fortalecida su disciplina?

La situación queda claramente expuesta. La iglesia se ve a sí misma en necesidad de una nueva reformulación, de un nuevo molde o mecanismo, de la estructura que le permita desempeñar su labor, y de imponer sus doctrinas y dogmas a los pueblos de la tierra.

Los Estados unidos están liderando las naciones, y en vista de los tiempos que se avecinan, la iglesia se sube a ese carro, y poniéndose un nuevo traje, recalibrándose ella misma, pretende utilizar esta nación como el agente principal para llevar a cabo sus designios. Aquí, en la carta de Roma –*Catholic Standard* del 3 de noviembre de 1894– que ya hemos leído con anterioridad, encontramos un buen ejemplo de ello:

> Para la mente de León XIII, tan receptiva y abierta a las ideas del cardenal Gibbons, de los monseñores Ireland y Keane, Europa está en proceso de desprenderse de su mugre.

El papado se presenta aquí como siendo lo principal en Europa, y se propone conseguir que se deshaga de su mugre, de la manera en que la serpiente muda su piel. Aplicando la imagen, y dejando que el papado hable por sí mismo, hay que aceptar que se trata de una ilustración muy apropiada, dado que la Escritura lo describe actuando por impulso de esa "serpiente antigua". Se deshace de su piel envejecida y deteriorada para aparecer con una piel tan nueva, tan bella y rosada, que miles de protestantes piensan que ahora es otra cosa totalmente diferente; pero Dios afirma que es la misma serpiente antigua, sea que haya mudado o no su piel. Es la misma serpiente antigua en su piel nueva, obrando de la misma manera, con idéntico propósito: poner a todas las naciones bajo su mano. Eso es lo que se propone hacer, y eso es lo que va a hacer.

He de leer algunas citas más, y hacer algunos comentarios. De nuevo en el *Catholic Standard* del 3 de noviembre de 1894:

> Hay un despertar, una metamorfosis, una inquietud y esperanza. La tradición consiste en que en la antigua Roma había muy extrañas expectativas mientras sucedía la tragedia del Gólgota, e incluso ahora pueden oírse voces misteriosas anunciando que el gran [dios] Pan ha muerto. ¿Qué nuevo orden va a seguir? ¿Volverá la humanidad a ser su propia embaucadora? ¿Van a reaparecer los antiguos males bajo nombres nuevos, repoblando de nuevo el mundo con falsos dioses? ¿Quién sabe?

Es decir: nadie conoce la respuesta. Entonces afirma:

> Lo que sí sabemos es que el mundo está en su agonía mortal.

¿No es tiempo de que los adventistas del séptimo día comprendan plenamente también eso mismo? El papado sabe que el mundo está en su agonía mortal. ¿Lo sabéis vosotros? Si es así, ¿no debierais decírselo al mundo, tal como está haciendo el papado? ¿Por qué nos ha estado dando Dios este mensaje durante todos estos años, si no es para que podamos advertir a la gente de que el mundo está en su agonía mortal, y al decírselo puedan volver hacia el Autor de la vida y ser salvos cuando la agonía llegue a su consumación? El papado lo sabe, y está actuando en consecuencia. Ahora leeré el resto de la frase:

> Lo que sí sabemos es que el mundo está en su agonía mortal y que estamos entrando en la noche que inevitablemente ha de preceder el amanecer.

Y es así: "'Centinela, ¿cuánto queda de la noche? Centinela, ¿cuánto falta para que amanezca?' El centinela responde: 'Ya viene la mañana, pero también la noche'".

Sigue así:

> Tal como el papa ve las cosas, en ese proceso la iglesia tiene una misión que cumplir.

Eso es en vista de los tiempos que se avecinan. ¿Qué es lo que el papado está esperando? –La agonía mortal del mundo. Todas las naciones están agitadas, la sociedad está atormentada, todo está en proceso de desintegración, de la forma en que había existido hasta ahora. El papa ve todo lo que está sucediendo y espera que evolucione hasta su plenitud; y a partir de la agonía y del despiece que va a resultar, espera exaltarse una vez más hasta alcanzar la supremacía sobre las naciones que poseyó en lo antiguo. Y lo va a realizar; sabemos que es así; las Escrituras lo especifican.

El papado ve precisamente lo que nosotros vemos. Vemos el mundo en su agonía mortal; vemos la sociedad desintegrándose; vemos cómo se tambalean los tronos. También el papado lo ve, y se propone sacar partido de ello y ganar la supremacía, una vez consumado todo ese proceso. Lo vemos venir; sabemos que va a hacerlo, y que su triunfo vendrá a partir de esa agonía mortal. El papado obtiene nueva vida para sí mismo, y luego se glorifica sobre ella, viviendo "en deleites… porque dice en su corazón: Yo estoy sentada como una reina, no soy viuda y no veré llanto. Por lo cual, en un solo día vendrán sus plagas: muerte, llanto y hambre, y será quemada con fuego, porque poderoso es Dios el Señor, que la juzga".

¿No estamos acaso inmersos en el torbellino de los eventos que va a desembocar en eso mismo? Estamos en él; el torbellino está en marcha. ¿Para qué estamos aquí, si no es para decir a la gente que el mundo está en su agonía mortal y para llamarlos a que huyan hacia Aquel que es la vida de todo?

¿Acaso no tiene el papado experiencia en eso mismo?

¿No vio ya el papado con anterioridad al mundo prácticamente en su agonía mortal?

El Imperio romano era entonces el mundo; toda la civilización estaba contenida en sus límites y estaba bajo su control. El papado vio cómo se desintegraba el Imperio romano, vio aquella anarquía universal. Vio en aquella ocasión al mundo tal como estaba, en su agonía mortal, y a partir de ella se exaltó logrando la supremacía de que gozó en la Edad Media, trayendo los horrores que maldijeron al mundo por tanto tiempo. Ahora vuelve a ver en acción esos mismos elementos –los mismos movimientos desarrollándose casi en todas las naciones– y se felicita a sí misma: "Lo conseguimos una vez; conseguimos elevarnos por sobre las ruinas de aquel proceso. Volveré a conseguirlo. Aquello demostró en su día al mundo que soy superior a cualquier cosa terrenal; en este día demostraré al mundo –grande como es–, que 'no hay más que yo... y ninguno más que yo'. Seré una dama para siempre. 'Estoy sentada como una reina, no soy viuda y no veré llanto'". Ese es su talante; ese es el objetivo buscado, y Dios lo ha expuesto ante nosotros en las profecías, queriendo que advirtamos a cada ser humano de que este mundo está en su agonía mortal. El papado se exaltó sobre las ruinas de la agonía mortal del mundo romano; y siguiendo el modelo de su experiencia en el pasado, se propone hacer lo mismo ahora. Va a triunfar; es cierto. Como cierto es también que su éxito significará su ruina segura, por consiguiente: "Salid de ella, pueblo mío, porque no seáis participantes de sus pecados, y que no recibáis de sus plagas".

Capítulo 3

Embajadores de Cristo

Hemos analizado las evidencias que revelan la existencia y labor activa en Estados Unidos de ambas: la bestia y su imagen. Las dos están esforzándose ahora por alcanzar el poder supremo –gubernamental– a fin de usarlo con un mismo fin: [imponer] la marca de la bestia. Nuestro mensaje es lo opuesto a eso. "Si alguno adora a la bestia y a su imagen y recibe la marca en su frente o en su mano, él también beberá del vino de la ira de Dios" (Apoc. 14:9-10). No obstante, de poco sirve decir a la gente que el curso que están siguiendo es erróneo, a menos que les demostremos que es así. No basta con decírselo: se lo hemos de demostrar por las Escrituras. Por lo tanto, lo que hoy vamos a estudiar es la razón por la que ese asunto es un error.

Comenzaremos con Filipenses 3:20: "Nuestra ciudadanía está en los cielos, de donde también esperamos al Salvador, al Señor Jesucristo". Esa es la declaración del Señor respecto a todo cristiano: su ciudadanía está en los cielos. La versión autorizada es, "nuestra conversación está en el cielo", pero esa palabra "conversación", no significa simplemente nuestras palabras y la conversación que tenemos uno con otro al hablar de asuntos de vecindad, o lo que sea, sino de nuestro *estilo de vida*, nuestro *curso de acción*, nuestra *conducta*, nuestro *caminar*, están en el cielo.

Ahora que nuestra ciudadanía, la ciudadanía de todo cristiano, está en el cielo.

¿Qué tiene que ver cualquier ciudadano del cielo, o perteneciente al gobierno del cielo, con los asuntos políticos o gubernamentales de cualquier otro gobierno o reino? De hecho, ¿qué tiene que ver un ciudadano del gobierno que sea, con los asuntos políticos o el manejo de cualquier otro gobierno que no sea el suyo?

Aquellos de quienes hemos estado leyendo en las charlas precedentes, profesan ser ciudadanos del reino celestial, profesan estar entre aquellos cuya ciudadanía –tal como dice la Escritura– está en los cielos; no obstante, están continuamente implicándose en el devenir político de los gobiernos de esta tierra. Profesan tener su ciudadanía en los cielos, ¡sin embargo, manejan los asuntos del reino de esta tierra! Pretenden ser ciudadanos del reino de Dios, sin embargo, están empeñados en controlar los asuntos de los gobiernos de los hombres. Esa pretensión es insostenible.

Si un ciudadano de Gran Bretaña viniera a Estados Unidos –conservando su ciudadanía en el gobierno de Gran Bretaña– y se inmiscuyera –o intentara hacerlo– en los asuntos políticos del gobierno norteamericano, sería objeto de repudio por parte de todo ciudadano estadounidense. Poco importa con qué partido decidiera alistarse y trabajar: no se le permitiría. Se le diría: "Esto no es asunto de su incumbencia. Usted no es de aquí; es ciudadano de otro gobierno. Si las leyes de este país no le parecen bien, nada tiene que hacer al respecto. El sistema político de este país nos complace, y si no le complace a usted, simplemente déjelo en paz o bien abandone la ciudadanía del gobierno al que pertenece para hacerse ciudadano de aquí, y *entonces* comience a discutir las leyes, la forma en que se las debiera confeccionar y cómo debieran ser".

Sabéis que es así. Sabéis que esa es la manera en que sería tratado un ciudadano de otro país por parte de todo ciudadano de este país, si se atreviera a manipular, controlar o tener parte alguna en los asuntos políticos de este país. Lo anterior no equivale a negarle el derecho a vivir aquí: puede hacerlo, pero todos le negarán el derecho, y su propia ciudadanía en otro país le niega el derecho a tener cualquier cosa que ver con la ciudadanía de este país o con sus asuntos políticos.

Dado que la ciudadanía del cristiano está en el cielo, ese mismo principio le prohíbe tomar parte en cualquiera de los asuntos políticos de otro gobierno, incluso si se trata del gobierno de los Estados Unidos. Y eso está en la propia naturaleza del tema. Está implícito en el propio concepto de ciudadanía.

Ahora, para no dedicar todo el tiempo al mismo texto (si bien los otros van a confirmar la misma idea), leamos en 2ª Corintios 5:20: "Somos embajadores en nombre de Cristo, como si Dios rogara por medio de nosotros; os rogamos en nombre de Cristo: Reconciliaos con Dios". No se refiere sólo al ministro ordenado, pues todo el que recibe la gracia de Dios debe ministrarla: es ministro de esa gracia. Por lo tanto, escrito está: "Cada uno según el don que ha recibido, minístrelo a los otros, como buenos administradores de la multiforme gracia de Dios". Incluso si el texto estuviera confinado al cuerpo pastoral, no estaría fuera de lugar al respecto de lo que venimos diciendo, puesto que es el ministerio el que lidera toda esta obra de la bestia y su imagen, y quien maneja todo el movimiento, conduciendo a la gente que está a su cargo por esos caminos torcidos e inicuos.

Así pues, "somos embajadores en nombre de Cristo". Un embajador es alguien a quien un gobierno ha enviado y acreditado como representante de dicho gobierno para otro país. Forma parte de las buenas prácticas del embajador el guardarse de interferir con el asunto político que sea del gobierno ante el cual ha sido acreditado. Si el embajador de Inglaterra para Estados Unidos que esta noche se encuentra en la ciudad de Washington –o el embajador de Francia, o el de cualquier otro país– expresara una opinión acerca de alguno de los asuntos políticos de este país o tomara partido en él, su superior recibiría inmediatamente informes al respecto de que ha dejado de ser una persona apreciada aquí, y se lo llamaría para retirarle esa responsabilidad como embajador.

Según mi recuento, lo descrito ha sucedido al menos en dos ocasiones. En una de las administraciones de Grant –no recuerdo si fue la primera o la segunda–, el embajador ruso para este país –Catacazy era su nombre– se implicó de forma sutil en algún asunto político: algo insignificante en lo que concierne al devenir político; no obstante, fue convocado y cesado inmediatamente. En la primera campaña entre Cleveland y Harrison, el embajador de Gran Bretaña para este país –Sackville-West– recibió una carta de Murchson (de California), que pretendía –de forma correcta o no– concernir solamente a algún asunto de Gran Bretaña. Pero la carta contenía ciertas cuestiones y observaciones relativas a temas de actualidad en la campaña presidencial. El embajador de Gran Bretaña respondió a la carta, expresando su opinión. Aquella respuesta terminó haciéndose pública, y se envió inmediatamente una comunicación a la corte de St. James solicitando su cese, que no tardó en hacerse efectivo.

Cito lo anterior meramente para ilustrar los principios reconocidos de un embajador entre las naciones, entre los hombres.

"Somos embajadores en nombre de Cristo".

Esos dirigentes eclesiásticos que están edificando la bestia y su imagen profesan estar en el lugar de Cristo, y profesan ser sus embajadores; sin embargo, no solo expresan opiniones, sino que establecen leyes, manipulan campañas, moldean a los políticos y dan forma a todo el curso político de esos gobiernos entre las naciones y pueblos ante los que están acreditados. Y eso viola el primero, el último y todos los principios de la buena práctica de un embajador.

Tenemos pues aquí dos razones diferentes dadas en estas dos escrituras: el mismo principio expresado de dos maneras, que demuestra que el curso de acción que han tomado esos dos profesos ciudadanos del reino celestial, esos dos profesos embajadores de Cristo, es totalmente erróneo. Y nuestra predicación del mensaje y la advertencia contra adorar a la bestia y a su imagen, contra los males que son sencillamente el resultado de violar los principios aquí delineados; nuestra oposición a eso, nuestra advertencia en contra de ello, debe serlo por *principio* y no simplemente en teoría, no simplemente por política. Nuestra proclamación en contra de ello carecerá de todo valor a menos que esté fundada en el principio y sea leal al principio. Si consideramos eso solamente en teoría, entonces está equivocado y hacemos de nuestra proclamación lo contrario, incluso siguiendo las palabras de la Escritura, pero nosotros mismos violamos en la práctica el principio, nuestra proclamación carecerá de valor alguno. Nuestra conexión con ello lo ha de ser con *el principio*, y eso según *en* principio y en lealtad *al* principio, y tiene que *venir del corazón*; no una mera teoría o un simple asentimiento. Los principios de Jesucristo hablan al corazón. Se asientan en el corazón y tienen solamente valor en la medida en que asientan en él. Si no llenan el corazón, aquel que profese esos principios los violará en sus acciones aun siendo adventista del séptimo día.

"Nuestra ciudadanía está en los cielos". Entre todos los pueblos, *nuestra* "ciudadanía está en los cielos, de donde también esperamos al Salvador, al Señor Jesucristo".

Juan 18:36:

> Respondió Jesús: Mi reino no es de este mundo; si mi reino fuera de este mundo, mis servidores pelearían para que yo no fuera entregado a los judíos; pero ahora mi reino no es de aquí.

Si su reino fuera de este mundo, ¿por qué reino lucharían sus siervos? –Por un reino de este mundo. ¿Por qué reino contenderían? ¿Para quién trabajarían? –Para el reino de este mundo. Por consiguiente, aquel que lucha por un reino en este mundo, que contiende por supremacía y poder en un reino de este mundo, que se esfuerza por un lugar en un reino de este mundo, niega su conexión con el reino de Jesucristo, *cuyo* reino no es de este mundo. Pero eso es lo que están haciendo quienes lideran el movimiento del que hemos estado leyendo en las dos ponencias precedentes. Procuran tomar posesión de los reinos de este mundo, o regir los gobiernos de este mundo y luchar; luchar denodadamente por los gobiernos de este mundo. Se esfuerzan por alcanzar los puestos y lugares de influencia en los gobiernos de este mundo. En consecuencia, están proclamando de la forma más enfática que son de este mundo y que no pertenecen de modo alguno al reino de Cristo.

En Lucas 22:24-26, se encuentra otra escritura relacionada con lo mismo: "Hubo también entre ellos una discusión sobre quién de ellos sería el mayor". La disputa era acerca de quién sería el mayor en el reino que esperaban que se estableciera en esta tierra: el reino que esperaban que Cristo estableciera, y que ellos consideraban que sería un reino de este mundo en el que ellos ocuparían un lugar. ¿Quién sería tenido por el principal, y ostentaría el puesto más elevado en aquel esperado reino? Se trataba de un concepto totalmente equivocado acerca del reino, pero la lección que les dio entonces es aplicable a cualquier situación similar.

> Él les dijo: –Los reyes de las naciones se enseñorean de ellas, y los que sobre ellas tienen autoridad son llamados bienhechores.

Bienhechores o benefactores: ¡agentes del bien! Eso es lo que esos dirigentes eclesiásticos pretenden ser ahora: agentes en pro del bien del país, de la gente; agentes dedicados a la redención de las ciudades, estados y naciones. Hoy se los podría llamar benefactores o bienhechores… "Pero no así vosotros". ¿Por qué no? –Se enseñorean sobre los demás y ejercen autoridad sobre ellos, "pero no así vosotros". No ejerceréis autoridad sobre otros ni os enseñorearéis sobre nadie en la iglesia, que es el lugar al que pertenecéis: ¡cuánto menos sobre la gente de un lugar al que no pertenecéis de modo alguno!

Veamos otro versículo en relación con el que comentamos anteriormente ("mi reino no es de este mundo"):

> Con gozo daréis gracias al Padre que nos hizo aptos para participar de la herencia de los santos en luz. Él nos ha librado del poder de las tinieblas y nos ha trasladado al reino de su amado Hijo (Col. 1:12-13).

Ahora queremos estudiar el contraste entre esa luz y las tinieblas. "Él nos ha librado del poder de las tinieblas". No se trata simplemente del poder que las tinieblas ejercen sobre nosotros; la idea es que nos ha librado del dominio, de la autoridad, del gobierno de las tinieblas. Nos ha librado de estar bajo la jurisdicción del poder de las tinieblas y "nos ha trasladado al reino de su amado Hijo".

Leemos ahora en Efesios 6:10-12:

> Por lo demás, hermanos míos, fortaleceos en el Señor y en su fuerza poderosa. Vestíos de toda la armadura de Dios, para que podáis estar firmes contra las asechanzas del diablo, porque no tenemos lucha contra sangre y carne, sino contra principados, contra potestades, *contra los gobernadores de las tinieblas de este mundo*.

Encontramos aquí definidos el dominio, la autoridad y el gobierno que rigen en las tinieblas de este mundo. Se espera que contendamos en su contra. Y sólo pueden contender exitosamente los que han sido librados del poder de esas tinieblas y han sido trasladados al reino de su Hijo amado.

No estoy diciendo con esto que los reyes y otros gobernantes de este mundo sean los "gobernadores de las tinieblas" a los que el texto se refiere. No es esa la intención al citar el texto. Todos sabemos que los referidos gobernadores de las tinieblas son los poderes espirituales de las tinieblas. Pero el texto dice que esos poderes espirituales son los gobernantes de las *tinieblas de este mundo*. Por consiguiente, afirma que este mundo está *en* tales tinieblas y es *de* esas tinieblas; y en ello muestra que los reinos y los gobiernos de este mundo están *en* y son *de* las tinieblas. Es con esa intención que cito el texto.

Leamos ahora Efesios 5:8: "En otro tiempo erais tinieblas". ¿Cuándo? Cuando estuvimos sujetos a "los gobernadores de las tinieblas de este mundo", cuando estuvimos en el pecado. "Porque en otro tiempo erais tinieblas, pero ahora sois luz en el Señor; andad como hijos de luz… comprobando lo que es agradable al Señor".

Los gobiernos, las naciones, las organizaciones políticas, lo son sólo de este mundo y sólo a él pertenecen. Y el mundo está bajo el dominio de las tinieblas. "Porque he aquí que tinieblas cubrirán la tierra, y oscuridad los pueblos". ¿Son los gobiernos y los municipios del Reino de Dios o de este mundo? – Pertenecen a este mundo, y sólo a este mundo. Ese es el lado de la oscuridad.

Pero el que ha sido trasladado de las tinieblas, es librado de ellas y trasladado al reino del amado Hijo de Dios, él es de otro mudo; pertenece a otro mundo; está conectado con otro mundo, que es el mundo celestial, y la ciudad a la que pertenece es la ciudad celestial. Esa es su ciudadanía: la del dominio y el mundo de la luz.

Por lo tanto, ¿qué conexión existe entre el reino de la luz con el reino de las tinieblas? ¿Qué tiene que ver ese gobierno que está en la luz y es de la luz, con gobiernos que están en las tinieblas y son de las tinieblas? Quienes profesan –como es el caso de los militantes en la Reforma Nacional– pertenecer al dominio de la luz, al reino de la luz, ¿qué debieran tener que ver con los asuntos de las tinieblas y con el gobierno y dominios que pertenecen sólo a este mundo de tinieblas? "¿Qué compañerismo tiene la justicia con la injusticia? ¿Y qué comunión, la luz con las tinieblas?" Esa es la pregunta pertinente aquí. Encontramos expresado el mismo pensamiento en relación con el texto que estamos estudiando. Leamos ahora cómo se relaciona en su conjunto:

> En otro tiempo erais tinieblas, pero ahora sois luz en el Señor; andad como hijos de luz (porque el fruto del Espíritu es en toda bondad, justicia y verdad), comprobando lo que es agradable al Señor. Y no participéis en las obras infructuosas de las tinieblas, sino más bien reprendedlas.

¿Cuánto del mundo está incluido bajo el dominio de la bestia y de su imagen? –Todo el mundo. ¿Cuál es nuestro mensaje? "Si alguno adora a la bestia y a su imagen…" Ese es nuestro mensaje *al mundo*. ¿A cuánto del mundo es aplicable y apropiado este mensaje? –A todo el mundo. ¿En qué consiste entonces ese mensaje, excepto en no tener nada que ver con "las obras infructuosas de las tinieblas, sino más bien" en reprenderlas? ¿Va a reprender ese mensaje a todo el que esté implicado en la obra de la bestia y su imagen? –Ciertamente lo hará.

La obra de la bestia y de su imagen viola el principio de la ciudadanía del reino de Dios, y el de cualquier otro reino. Viola la buena práctica del embajador de Jesucristo, o la de cualquier otro embajador. Viola el principio que Jesucristo expuso ante sus discípulos relativo a la búsqueda de posición y autoridad. Viola el principio de Cristo, quien separa el gobierno de Dios de los gobiernos de esta tierra; separa a la luz de las tinieblas. Es sencillamente un intento de unir la luz con las tinieblas, y se trata siempre y solamente de tinieblas, pues sólo puede ser el espíritu de las tinieblas el que procure fusionar el gobierno de la luz con los gobiernos de las tinieblas.

Quisiera leer algunos otros textos; Juan 17:14 y siguientes: la oración de Cristo en favor de sus discípulos: "Yo les he dado tu palabra, y el mundo los odió". En otro lugar les dice (Juan 15:19):

> Si fuerais del mundo, el mundo amaría lo suyo; pero porque no sois del mundo, antes yo os elegí del mundo, por eso el mundo os odia. Acordaos de la palabra que yo os he dicho: "El siervo no es mayor que su señor".

Leamos ahora el versículo 18: "Si el mundo os odia, sabed que a mí me ha odiado antes que a vosotros". En otro lugar encontramos la declaración de Cristo: "No puede el mundo odiaros a vosotros; pero a mí me odia, porque yo testifico de él, que sus obras son malas".

Cuando la bestia y su imagen gobiernen el mundo –y aquí hay alguien dando testimonio de que sus obras son malas–, ¿qué va a resultar? –Que este pueblo será odiado. Pero si uno no testifica al mundo de que sus obras son malas, ¿lo odiará el mundo? –No: el mundo amará lo que es suyo.

Leamos ahora el versículo 14 de Juan 17: "Yo les he dado tu palabra, y el mundo los odió porque *no son del mundo, como tampoco yo soy del mundo*". Ahí está la norma, la medida de compasión que prueba nuestra relación con este mundo. Es Jesucristo. "No son del mundo, *como tampoco yo* soy del mundo".

> No ruego que los quites del mundo, sino que los guardes del mal. *No son del mundo*, como tampoco yo soy del mundo.

Los líderes eclesiásticos de la Reforma Nacional *profesan* no pertenecer a este mundo. Si tal profesión fuera auténtica, respecto a los asuntos gubernamentales en la tierra se comportarían como lo hizo Jesucristo cuando estuvo en este mundo. De eso venimos hablando. La bestia y su imagen pertenecen al mundo. Si esos dirigentes eclesiásticos estuvieran en lo correcto, si fueran de la verdad, si pertenecieran a la verdad de Cristo, entonces no serían más del mundo y no interferirían ni participarían de los asuntos de este mundo, ni procurarían tampoco controlar los asuntos políticos más de lo que Cristo lo procuró en el mundo.

¿Hasta qué punto fue así? –Jesús no se implicó jamás. ¿No había en su tiempo males en necesidad de corrección? ¿No había males en el gobierno civil? ¿No había males en el gobierno de las colonias? ¿No los había a nivel del gobierno imperial? ¿Por qué no se dispuso a redimir a Jerusalén y a Roma mediante la acción política en el mundo? ¿Por qué no lo hizo? –Porque Él *no era de este mundo*. Por lo tanto, en la medida en que esos líderes están implicados en tal acción política, demuestran que no son de Cristo ni pertenecen a la verdad de Cristo, sino que son de este mundo. Y siendo que son de este mundo mientras profesan el nombre del cristianismo, lo que pretenden es ejercer el cristianismo según el molde y forma de este mundo: en eso consiste el anticristo.

Leamos un texto que contiene una declaración definida al respecto. Está en Lucas capítulo 12, versículos 13 al 21: "Le dijo uno de la multitud: –Maestro, di a mi hermano que parta conmigo la herencia". Aquí vemos a un hombre cuyos padres habían dejado una herencia al morir. Aparentemente su hermano no la había repartido como debía, y el perjudicado solicitó a Jesús que hablara a su hermano y lo amonestara a proceder justamente. Eso equivalía en esencia a pedir a Jesús que ocupara la posición de un magistrado o árbitro en los asuntos de este mundo, en relación con asuntos que pertenecen al gobierno de este mundo, sentándose como juez del caso a fin de decidir lo que era correcto y disponer que se actuara en consecuencia. Se trata de un caso en el que se encuentra implicado el principio y las evidencias que hemos estudiado en las dos presentaciones precedentes. "Pero Él le dijo: –Hombre, ¿quién me ha puesto sobre vosotros como juez o partidor?" "Él le dijo…": –no se lo dijo solamente a él; a partir del hecho, Cristo iba a dar una lección a todos los demás.

> Mirad, guardaos de toda avaricia, porque la vida del hombre no consiste en la abundancia de los bienes que posee. También les refirió una parábola, diciendo: «La heredad de un hombre rico había producido mucho. Y él pensaba dentro de sí, diciendo: "¿Qué haré, porque no tengo donde guardar mis frutos?". Y dijo: "Esto haré: derribaré mis graneros y los edificaré más grandes, y allí guardaré todos mis frutos y mis bienes; y diré a mi alma: 'Alma, muchos bienes tienes guardados para muchos años; descansa, come, bebe y regocíjate'". Pero Dios le dijo: "Necio, esta noche vienen a pedirte tu alma, y lo que has guardado, ¿de quién será?". Así es el que hace para sí tesoro y no es rico para con Dios.

Hagamos ahora otra consideración relativa al oficio de embajador.

Los embajadores son legítimamente enviados de un gobierno –de un reino– a otro. Tal como hemos visto ya, no se envía al embajador con el mandato de que manipule, interfiera o tenga absolutamente nada que ver con las cuestiones del gobierno, o con los encargados de ese gobierno en el desempeño de su función administrativa. Se lo envía a ese otro país y gobierno con el mandato de que atienda los asuntos de *su propio* gobierno, tal como *puedan ir surgiendo* en aquel país o gobierno que lo acoge. Ese es el motivo por el que se lo envía.

En Estados Unidos hay súbditos de Gran Bretaña, y hay en nuestro país intereses que conciernen a Gran Bretaña en lo que respecta a sus súbditos aquí. Por consiguiente, ese país envía embajadores aquí –representantes personales nacionales– para ocuparse en los intereses de Gran Bretaña y de los súbditos que tiene aquí, en aquello que pudiera surgir en el territorio del gobierno de los Estados Unidos. *Sólo a esas cosas* debe enfocar su atención y dedicar su tiempo: a los asuntos de su propio país, en lo que pueda surgir en el país donde se encuentra.

Así fue enviado Jesucristo como embajador de Dios a este mundo. Estuvo en el país de Judea, bajo el gobierno, dominio y jurisdicción de Roma. Cuando se le pidió que se ocupara de asuntos y emprendiera acciones que pertenecían a la jurisdicción de ese otro país, lejos de ceder a aquella invitación, se atuvo estrictamente a los asuntos que tienen que ver con *su propio país*.

Se le invitó a que actuara como juez y árbitro en cosas que pertenecían plenamente al gobierno del país en el que estaba, y donde estaba también el hombre que le hizo aquella petición. Pero Jesús no estaba allí para ocuparse de esos asuntos. Estaba para ocuparse de los asuntos del reino de Dios: del gobierno que lo envió. En lugar de cruzar aquella línea roja e interferir en los asuntos que pertenecían legítimamente a la jurisdicción de este mundo, en fidelidad a su mandato se mantuvo leal al reino al que pertenecía y al Rey al que representaba. Su dedicación fue estricta y su compromiso pleno con los asuntos del gobierno del reino de Dios, a medida que surgieron en aquel reino de este mundo.

Dios tiene a personas en este mundo. Tiene intereses en este mundo. Su pueblo tiene intereses en este mundo. Siendo así, Dios tiene embajadores en este mundo; pero están aquí para ocuparse de los asuntos del *reino de Dios* y del pueblo de Dios, a medida que surjan asuntos que afecten al reino de Dios en el devenir de las cosas en este mundo; y para nada de los asuntos de los reinos de este mundo. El embajador de Jesucristo que atraviesa esa línea y se implica en los asuntos de este mundo, sólo puede hacerlo abandonando su propio gobierno y quebrantando su lealtad a su propio Rey; lo hace invadiendo de forma ilegal e ilegítima la provincia de otro gobierno. Por eso es tan grande la maldad de este proceder. Eso es lo que constituyó la bestia en primer lugar, y es la razón por la que constituye la imagen de la bestia en segundo lugar.

En este punto quiero hacer una pregunta: teniendo en cuenta solamente los textos que hemos considerado esta noche y los principios que encierran –no los que se les pudieran añadir, sino los que están intrínsecamente en ellos–, si se hubieran seguido estrictamente esos principios en la iglesia, tal como hizo Jesucristo en este mundo, ¿habría habido, o podría haber habido jamás un papado?, ¿podría haber existido algo como la bestia?, ¿y podría haberse desarrollado una imagen de la bestia? –De ninguna manera; es algo evidente. La violación de esos principios constituyó inevitablemente a la bestia en primer lugar, y en segundo lugar su nueva violación no pudo resultar en otra cosa distinta a la imagen de la bestia. El papado no se constituyó, porque los profesos cristianos en el Imperio romano fueran peores que cualesquiera otros profesos cristianos que jamás haya habido. No fue ese el motivo. Fue la violación de los mejores principios que jamás alumbraron al mundo, lo que resultó en la peor cosa que jamás haya tenido este mundo. Y así Dios llamó al mundo nuevamente mediante los principios del cristianismo que brillaron en la Reforma, estableciendo una vez más dichos principios en contra de la bestia, dando lugar al protestantismo tal como existió. Pero cuando esos profesos protestantes violan los mismos principios, el resultado es exactamente el mismo: una imagen perfecta de aquel original que surgió como resultado de violar los principios en primer lugar.

Por consiguiente, ha quedado demostrado ante el mundo en esas dos ocasiones, que la violación de los principios encerrados en los versículos que hemos leído no puede llevar a nada que no sea maldecir al mundo con el espíritu mismo de la bestia papal. En consecuencia, ¿qué es lo que debe evitar cualquiera que tome el nombre de Cristo por encima de todo? –La violación de esos principios. Y en lo que respecta a los propios Adventistas del Séptimo Día, lo pertinente es que nos casemos eternamente con los principios y nos atengamos a ellos, ya que la violación de esos principios por parte de un Adventista del Séptimo Día dará por resultado obrar las obras del papado tan ciertamente como ha sucedido con los protestantes o católicos.

Así, vuelvo a decir: no fue debido a que los profesos cristianos del Imperio romano fueran peores que cualquier otro pueblo en la tierra por lo que el papado es tan malvado; no es debido a que los líderes de la iglesia protestante en esta tierra sean peores que cualesquiera otros, por lo que se ha formado la imagen de la bestia y está llevando a cabo sus acciones impías. No: es debido a que violaron los principios establecidos para el bienestar del mundo, y la violación de los mismos no puede traer otra cosa que no sea maldición para el mundo. La misma maldición que si fueran violados por los Adventistas del Séptimo Día: siempre maldición allí donde sean violados.

Un texto más, y habremos de poner fin a este estudio tras haber alcanzado aproximadamente su mitad: Juan 17:9: "Yo ruego por ellos". "Ellos" son sus discípulos, de quienes dijo al Padre: "tú me los has dado". "Yo ruego por ellos; no ruego por el mundo". Por lo tanto, ¿puede esperar los beneficios de esa oración aquel cuyos afectos y foco de atención, aquel cuya obra y acciones se centran en este mundo, aquel que se implica en los asuntos de este mundo? –No, ciertamente. "Yo ruego por ellos; no ruego por el mundo, sino por los que me diste, porque tuyos son". 'Me los diste sacándolos del mundo. Oro por ellos. No pertenecen al mundo, como tampoco yo pertenezco al mundo'. Así, cualquiera que espere obtener el beneficio de esa oración ha de estar separado del mundo, de las cosas de este mundo, de los asuntos de este mundo; debe mantener sus afectos separados de todo lo que esté o sea del mundo, tan cierta y enteramente como el propio Jesucristo, dado que "no son del mundo, como tampoco yo soy del mundo".

Capítulo 4

La iglesia de Cristo debe ser separada del mundo en el corazón

ANOCHE terminamos nuestro estudio dirigiendo la atención al ejemplo y acción de Cristo cuando se le pidió que atravesara el límite que le está permitido a un embajador. Hoy retomamos el estudio leyendo Juan 20:21:

> Entonces Jesús les dijo otra vez: ¡Paz a vosotros! Como me envió el Padre, así también yo os envío.

Cuando a Cristo se le pidió que ejerciera el oficio de juez o de árbitro, rehusó hacer tal cosa. Ahora declara: "Como me envió el Padre, así también Yo os envío", y en otro versículo leemos cuál es la situación del cristiano en el mundo (1ª Juan 4:17): "Como Él es, así somos nosotros en este mundo". Aunque de un modo diferente, esos versículos están enseñando la misma verdad que estudiamos anoche: "No son del mundo, como tampoco yo soy del mundo". Y tras la experiencia que hemos escuchado esta tarde del hermano Holser relativa a Suiza, ¿os parece que es ir demasiado lejos si tomamos todas esas escrituras por lo que afirman, y aceptamos el principio que en ellas subyace? Tal como explica el número de esta semana de *Review and Herald*, nuestra casa publicadora se estableció en Suiza por considerar que allí gozaría de la mayor libertad, y que tendría las mejores oportunidades para desarrollar nuestra obra por el mayor tiempo posible. También se consideró a Estados Unidos como la tierra de la libertad. Y eso es cierto: *fue* así. Pero *ahora* Estados Unidos y Suiza son los dos países en donde mayor persecución hay, y donde progresan esas iniquidades más que en la propia Rusia. A la luz de las experiencias referidas anoche, ¿acaso no demuestra eso suficientemente que cuando establecemos la más mínima conexión con ellos y nos apoyamos de alguna forma en ellos nos estamos apoyando en una caña cascada, y que cuanto antes reconozcamos que nuestro único refugio, nuestra *sola* seguridad está en Dios, y que nuestra única lealtad la debemos al reino de Dios, a sus leyes y a los principios que se nos han dado, tanto mejor nos irá?

Expresado de otra manera: ese principio NO nos invita a explorar hasta dónde podemos conformarnos o conectarnos con los gobiernos y reinos de la tierra, sino a lo contrario, cuánto podemos distanciarnos de ellos. Nuestro pensamiento no ha de ser hasta dónde podemos avanzar sin comprometernos, sino cuánto podemos alejarnos para *estar perfectamente seguros*. Ese es el principio. Los diez mandamientos son prohibiciones. Uno de ellos dice: "No matarás", pero al decir tal cosa, aunque el mandamiento no especifica la línea que marca cuán cerca podemos estar de matar a alguien sin llegar a hacerlo, al decirnos que no matemos nos está advirtiendo a no albergar ni siquiera un pensamiento que, de ser llevado hasta sus últimas consecuencias pudiera herir de alguna forma a alguien. Cuando dice: "No cometerás adulterio", no nos está animando a que veamos cuánto podemos acercarnos a él sin llegar a cometerlo. Es cierto lo contrario: no podemos pensar en él sin cometerlo.

> Oísteis que fue dicho a los antiguos: "No matarás", y cualquiera que mate será culpable de juicio. Pero yo os digo que cualquiera que se enoje contra su hermano, será culpable de juicio; y cualquiera que diga "necio" a su hermano, será culpable ante el concilio; y cualquiera que le diga "fatuo", quedará expuesto al infierno de fuego.

Él que va tan lejos como para pensar de otro que es fatuo o necio y decide expresarle su juicio en palabras: 'Eres necio, eres fatuo', ha cometido asesinato; el fuego del infierno es todo cuanto puede aguardarle.

Pero ¿qué lección está enseñando el Salvador en su discurso? –Les está enseñando cuál es el significado de sus palabras: "No matarás". Cuando Dios dijo "no matarás", prohibió albergar un pensamiento o pronunciar una palabra que, de llevarse hasta sus últimas consecuencias, pudiera terminar en asesinato o en daño.

> Oísteis que fue dicho: "No cometerás adulterio". Pero yo os digo que cualquiera que mira a una mujer para codiciarla, ya adulteró con ella en su corazón.

Ya lo ha cometido. ¡Cómo: no hizo más que mirar y pensar!, eso es todo… –Pero ha cometido adulterio; por lo tanto, al prohibir la comisión del adulterio, prohibió una mirada o un pensamiento que, de ser seguidos, pudiesen llevar a cometerlo.

Se espera que la ley de Dios controle los actos, al controlar la *fuente misma de los pensamientos*. Ese es el principio que la Biblia aplica al ser humano. A propósito de ese principio que estamos estudiando –la separación de religión y estado–, Dios espera que tomemos posición firme. Es *imposible* tergiversar el principio de la forma que sea para hacerlo apoyar la unión de la iglesia y el estado, o de la religión y el estado. Si al respecto tomamos una posición que llevada hasta su final pudiera de alguna forma terminar en la unión de la iglesia y el estado, estamos en el error y carecemos del auténtico principio. Si aceptamos un punto, o hacemos una declaración que llevada a sus últimas consecuencias pudiera tender a la unión de la iglesia y el estado, es porque nuestra mente alberga la doctrina de la unión de la iglesia y el estado. Por lo tanto, si queremos estar exentos de eso, si queremos estar libres de tal cosa de forma que nuestras palabras, nuestra enseñanza y nuestra proclamación al mundo sea el testimonio de Dios contra la bestia y su imagen, y el testimonio de la verdad tal como es en Jesús, hemos de adoptar y mantener una posición que imposibilite de cualquier forma *inclinarse* en favor de la unión entre la iglesia y el estado.

Anoche estábamos de acuerdo –y todos debieran estarlo– en que si los que toman el nombre de Cristo hubiesen observado siempre los principios contenidos en aquellos textos que leímos, habría sido imposible que se desarrollara el papado en el mundo; y en que si los protestantes, desde los días en que Lutero hizo sonar la trompeta de Dios hasta ahora, hubieran seguido los principios contenidos en aquellos textos y hubieran continuado haciendo así, habría sido imposible que se desarrollara la imagen de la bestia.

Por lo tanto, sabemos bien que la violación de los principios contenidos en esos textos que leímos anoche llevó al desarrollo del papado, ha llevado al desarrollo de la imagen del papado, y es imposible que lleve a un resultado diferente. El primer paso dado atravesando esa línea roja contenía ya todo lo que posteriormente vendría, desde el comienzo del desarrollo del papado hasta ahora.

Podríamos leer otro texto en relación con lo dicho: Marcos 12:29 y 30. Ante la pregunta de cuál era el gran mandamiento de la ley,

> Jesús le respondió: –El primero de todos los mandamientos es: "Oye, Israel: el Señor nuestro Dios, el Señor uno es. Y amarás al Señor tu Dios con todo tu corazón, con toda tu alma, con toda tu mente y con todas tus fuerzas.

Eso exige que *el hombre lo dedique todo* a Dios, durante *todo el tiempo*. ¿Cuánto queda, entonces, para dedicar al César? –"Dad a César lo que es de César, y a Dios lo que es de Dios". Una pequeña parte del *dinero* del cristiano –el impuesto tributado– pertenece a César, pero el cristiano mismo pertenece a Dios. ¿Cuánto del cristiano es de Dios, según derecho divino reconocido por el cristiano? Por supuesto, todos los hombres son de Dios por creación y por redención, pero el cristiano reconoce el derecho de Dios sobre él de forma que ser cristiano requiere una entrega total a Dios. A fin de llegar a esa situación, el hombre tiene que nacer de nuevo, de lo contrario no puede entrar en el reino de Dios, y ese reino no es de este mundo. Por consiguiente, tan ciertamente como la obediencia a los mandamientos de Dios requiere que se entregue a Dios la totalidad del ser humano, no queda parte alguna del hombre perteneciente al César.

Detengámonos un momento en el texto que acabamos de leer: "con *toda* tu mente". Cuando la ley se cumple en mí, ¿cuánto de mi mente va a quedar disponible para dedicarla a la política, al enchufismo en asuntos municipales, para promocionar la elección de tal o cual candidato, para ver quién me promocionará a un cargo, o qué posición puedo alcanzar en el municipio o en el estado?

"Amarás al Señor… con toda tu mente". Pero si divido mi mente y dedico parte de ella a esas cosas, dejando el resto para el Señor, ¿qué se nos dice acerca de la "persona de doble ánimo"? –Que "es inconstante en todos sus caminos"; "no piense, pues, quien tal haga, que recibirá cosa alguna del Señor". "Ninguno puede servir a dos señores": no podéis servir a Dios y a este mundo; no podéis servir a Dios y a César.

Como se ha dicho antes, eso no significa que se deba dejar de tributar al César; Cristo ordenó que se hiciera así, pero se trata sólo de una porción del dinero que lleva acuñada la inscripción de César. Nuestro servicio, nosotros mismos, todo lo que hay en nosotros, pertenece a Dios. Los cristianos están *sujetos* a las potestades (gobernantes), pero *sirven* sólo a Dios. E incluso esa sumisión a las autoridades de esta tierra, lo es por motivos de conciencia respecto a Dios. Así lo afirma [Rom. 13:1-6]. Dios ha de poseer la totalidad del corazón.

Todavía estoy hablando del tema de la bestia y su imagen, y de todos esos movimientos que han tenido lugar según vimos en las dos presentaciones precedentes, que identifican a la bestia y a su imagen tal como las vemos en los Estados Unidos. Estamos estudiando las razones por las cuales es erróneo todo eso que están haciendo; por qué las iglesias están interfiriendo en los asuntos políticos de las ciudades y a través de ellas en el país, proponiéndose de ese modo controlar la nación. ¿Por qué obran así?, ¿por qué eso es un proceder erróneo? Como ya he dicho antes, no basta con que digamos a la gente que eso está mal, sino que debemos demostrarles que efectivamente es así. Debemos mostrarles el error a partir de la Palabra, a fin de que puedan aprender de Dios qué es lo correcto, y *de esa forma* identificar lo erróneo.

En relación con lo anterior hemos de hacer otra consideración: sabéis que las Escrituras se refieren a la iglesia como siendo el cuerpo de Cristo, quien es cabeza de la iglesia. No necesitamos señalar las escrituras que así lo demuestran; la evidencia al respecto es abundante y estáis familiarizados con ella. Siendo la iglesia el cuerpo de Cristo y siendo Cristo la cabeza de la iglesia, ¿acaso no es la iglesia –para efectos prácticos– Cristo en el mundo? Pero Cristo enseñó –las Escrituras enseñan– la separación entre iglesia y estado. Cristo dijo: "Yo no soy de este mundo" (Juan 8:23).

Ya que tenemos aquí esta pizarra, la emplearé retomando la ilustración de anoche relativa a las tinieblas y la luz. Este mundo son tinieblas; [tenemos a] los gobernadores de las tinieblas de este mundo. "En otro tiempo erais tinieblas, pero ahora sois luz en el Señor; andad como hijos de luz". Representemos el oscuro mundo mediante esta pizarra, excluyendo la marca blanca sobre ella. Cuando Cristo vino al mundo, la luz brilló sobre él. En Galilea se oyó la voz del profeta clamando: "El pueblo que habitaba en tinieblas vio gran luz". Imaginemos esta línea blanca en la pizarra como siendo la separación entre las tinieblas y la luz. De este lado está la luz: aquí es donde está Cristo. Sigue estando el oscuro mundo, el mundo de las tinieblas [al otro lado]. Ahora Cristo afirma que su reino no es de este mundo. El reino de Dios es el reino de la luz y de la gloria. Él es ahí el Rey, y "el reino de Dios está entre vosotros".

Ahora, ¿de qué lado de la línea está la iglesia? –Allí donde está Cristo, ya que vimos que Cristo es la iglesia; la iglesia es Cristo mismo en el mundo. Así pues, aquí –en la luz– está la iglesia, aquí está Cristo; allá, en las tinieblas, están los estados, los gobiernos que son de este mundo. Ninguno de los gobiernos que ha habido en la tierra entrará en el cielo. Cristo está separado de ellos; rehusó taxativamente asumir la función de juez o árbitro, se negó a hacer lo que les corresponde en derecho a ellos.

Otro punto: en cierta ocasión le fueron ofrecidos "todos los reinos del mundo". ¿Por qué no aceptó tal oferta de convertirse, mediante aquel don, en la cabeza de todos los gobiernos y reinos de este mundo, a quienes habría podido manipular y mediante la acción política "regenerar la sociedad", "redimir las ciudades", reformar a los alcaldes, gobernantes, presidentes, reyes y emperadores, y de esa forma "salvar" al mundo? ¿Por qué lo rehusó? –Eso no habría hecho más que asegurar la ruina eterna para el mundo.

Cristo no asintió. No podía hacer tal cosa. Se le estaba ofreciendo el gobierno, la posesión de todos los reinos del mundo. Pero lo rehusó. Sin embargo, aquí tenemos a estos dirigentes eclesiásticos de nuestros días codiciándolos y esforzándose por obtenerlos. Si todos los cristianos, desde los días de Cristo hasta los nuestros, hubieran actuado en relación con los reinos de este mundo tal como lo hizo Cristo, ¿habría podido surgir el papado? –No. ¿Habría podido formarse una imagen de él? –Imposible. Por consiguiente, ¿cuál es la posición que debieran tomar en esto los cristianos? –La posición que ocupó Cristo, quien rehusó implicarse de la forma que fuese en los reinos de este mundo.

Hay una consideración que nos debemos hacer esta noche: esos dirigentes eclesiásticos de la Reforma Nacional se proponen "regenerar la ciudad", "redimir el estado", "salvar a la nación por el interés de la sociedad, procurando la prosperidad de los reinos, las naciones y el avance de la civilización, lo que a su vez va a redundar en la prosperidad, gloria y exaltación de la iglesia". Preguntan: 'Si se mantiene esa línea clara de separación entre la iglesia y el estado, ¿en qué va a terminar la civilización?, ¿cómo va a influir la iglesia en el mundo?' Argumentan que la iglesia está ciertamente en el mundo para beneficiarlo de alguna forma. Ahí están esas ciudades, estados, reinos y naciones que son corruptos, y la iglesia tiene que ejercer alguna influencia en ellos. Si es que debe mantenerse completamente separada de ellos, ¿cómo va a poder influirles para bien? Tales son sus cuestiones y argumentos.

La respuesta es que separarse totalmente de ellos *es la única* forma en que puede influenciarlos para bien. La iglesia tiene una influencia en el mundo, en los reinos, naciones y pueblos *cuando*, y *sólo* cuando se comporte fielmente como la iglesia de Cristo, no siendo del mundo como Cristo no es del mundo. Cuando la iglesia no actúa así, ciertamente será una influencia en el mundo, pero *sólo para arruinarlo*.

Ahora, quiero hacer ver el principio de que *el objetivo del cristianismo no es civilizar a nadie*. El único objetivo del cristianismo es *cristianizar* a las personas.

Y es mil veces preferible que haya *un* salvaje cristiano, antes que tener *toda una nación* de cristianos salvajes. Admito que eso parece una paradoja; así pues, permitidme que lo explique, pues es verdad.

El papado alardea jactanciosamente por ser el civilizador de las naciones; incluso se considera la madre, el terreno y la sede de la civilización. Permítase a un misionero papal ir a una tribu o nación de salvajes. Puede conseguir que el rey o los jefes acepten la enseñanza católica. Puede ciertamente lograr que se vistan, que construyan casas, que vallen los campos y que labren sus huertos, llevándolos de esa forma desde un estado de vida salvaje a uno civilizado. Incluso puede lograr que dejen de guerrear (excepto si es por "la fe"). En ese sentido están civilizados, y sobre esa base los declara cristianos. Se les enseña a considerarse cristianos. Otros paganos y otros salvajes los miran como a cristianos y los tienen por tales. De esa forma, [el papado] ha logrado "una nación cristiana". Pero de hecho no han cambiado en cuanto a su disposición general; siguen siendo salvajes de corazón, y llegada la ocasión, especialmente cuando lo requiera "la fe", se mostrarán absolutamente salvajes. Hay abundante evidencia del hecho, pues jamás ha habido en el mundo un salvajismo peor, incluso entre los más salvajes, que el que se instaló por siglos en el Imperio romano durante la dominación papal. Es imposible que el hombre se vuelva más salvaje de lo que fueron esos campeones de la ortodoxia. Eso es lo que significa mi expresión: "cristianos salvajes".

Por el contrario, permítase que un ministro cristiano, o simplemente un cristiano, vaya individualmente a una nación de salvajes –tal como ellos viven en la selva– y les presente el evangelio de Jesucristo en el amor de Dios. Cuando uno de esos salvajes se convierte a Jesucristo, puede seguir llevando vestimenta salvaje, o carecer de vestimenta; puede ignorarlo todo respecto a vallar un campo, edificar una casa, o cosas por el estilo que solemos considerar características de la civilización; pero *es un cristiano*. Su corazón cambió. Sin embargo, según ve las cosas el mundo, según las ve el hombre y en lo que respecta a la civilización, pasaría por un salvaje. Pero es un cristiano, y al cristianizarse se civiliza de una forma natural. Ciertamente, si continúa su vida, a su debido tiempo aparecerán las formas de la civilización. Eso es lo que significa mi expresión: "cristiano salvaje", y eso es lo que quería decir al sugerir que es preferible que haya *un* salvaje cristiano, más bien que toda una nación de cristianos salvajes.

Si la civilización fuera la meta y objetivo del cristianismo, entonces no había lugar para el cristianismo en el mundo en el lugar donde comenzó y en el tiempo en que lo hizo. Pensad en esto: ¿Acaso no estaban ya civilizados los judíos?

Pero si alguien pretendiera que los judíos no alcanzaban la plena norma de la civilización hasta el punto de satisfacer al movimiento de la Reforma Nacional, pensemos en Grecia y en Roma. ¿Cuál era la situación de Grecia y Roma por aquel tiempo en lo relativo a la civilización? Era tan elevada, que todo cuanto tiene que ver con ella en la actualidad en las naciones civilizadas, no es más que una copia de la civilización, arte, esplendor, legislación y formas de gobierno de los griegos y romanos. Por esa razón afirmo que si la meta del cristianismo es la civilización; si ese es de alguna forma el objetivo del cristianismo y de la obra cristiana, entonces no había lugar para el cristianismo en el lugar y el tiempo en que comenzó en el mundo: ya que en aquel tiempo existía un grado de civilización que las naciones nunca han alcanzado todavía desde entonces hasta hoy. Pero observad: ¿qué tipo de personas componía aquel mundo civilizado? –Eran paganos. Y el evangelio fue enviado a esos paganos *civilizados* tanto como a los más salvajes entre los paganos que poblaran la tierra. No sólo eso: si se pudiera establecer alguna distinción, aquellos paganos civilizados estaban en mayor necesidad del evangelio que los salvajes.

Ahora bien, es un hecho que el cristianismo tiene mucho que ver con civilizar a la gente, pero *a condición de* que no se haga esfuerzo alguno, *mediante el evangelio*, por civilizar a nadie. Es decir: si el evangelio, que se da al mundo solamente para *cristianizar* a las personas, es mal-empleado para *civilizarlas*, no conseguirá ni siquiera eso. Por el contrario, si aquello que fue dado al mundo *solamente para cristianizar* a los hombres se emplea únicamente para ese fin, logrará ambas cosas: cristianizará a la gente, y *como consecuencia* la civilizará.

Es la repetición de la misma vieja historia. Cuando uno toma las cosas que Dios ha dado con el propósito más supremo y elevado que quepa nombrar o pensar, y las emplea con un propósito distinto, se malogra incluso el propósito para el que uno la mal-emplea. Pero si, por el contrario, se toman las cosas solamente según el propósito para el que Dios las dio, dicho propósito se verá cumplido, y se obtendrán los benditos frutos de ello junto al resto por añadidura.

La Biblia está llena de ilustraciones de ese principio, pero encontramos aquí su resumen: "Buscad *primeramente* el reino de Dios y su justicia, y todas estas cosas os serán añadidas".

Por lo tanto, los cristianos no debieran procurar civilizar a los hombres, sino simplemente cristianizarlos, en cuyo caso la civilización vendrá por ella misma. Los cristianos no han de procurar civilizar a las personas a fin de cristianizarlas. Los cristianos procuran cristianizar a las personas a fin de *salvarlas*. Y vuelvo a afirmar que los implicados en la Reforma Nacional, al obrar en pro de lo que denominan el avance de la civilización, los intereses de la civilización, intentando conectar el senado con la iglesia, están simplemente obrando en pro de la ruina de la civilización de que gozamos ya actualmente. Ese esfuerzo tendrá como único resultado pervertir los elementos de la civilización que existe hoy, degradándolos hasta llevar a la más salvaje crueldad: a la imagen de la bestia.

En consecuencia, jamás permitamos que se nos engañe con un argumento como ese. Señalad el hecho, y mostradlo ateniéndoos a la línea recta que va desde el cielo hasta la tierra, separando la iglesia y el estado. La iglesia de Jesucristo obra en este mundo mediante los miembros de su cuerpo –que es la iglesia– con el propósito de cristianizar a las personas en procura de su *salvación*.

Enseñad a todos que cuando la iglesia dedica *todos* sus poderes, *toda* su mente y *todas* sus fuerzas a *ese objetivo*, ella influenciará al mundo, a las naciones y a los reinos… – iba a decir infinitamente más de cómo lo lograría de la otra manera, pero en realidad, de la otra manera no influenciará en absoluto para el bien. De la forma correcta sí lo hará, mientras que, separándose en el espesor de un cabello de ella, logrará sólo que la influencia que lo sería para el bien se torne en lo contrario.

Lo uno es Cristo; lo otro el anticristo. La obra de la iglesia, el propósito del cristianismo, no es la civilización, sino la SALVACIÓN *mediante la fe solamente en nuestro Señor Jesucristo.*

Capítulo 5

Representando la jurisdicción de Cristo ante los reinos de este mundo

Terminada ya la reunión de anoche se suscitó una cuestión que demanda respuesta en esa misma línea de pensamiento, relativa a la influencia del cristianismo en la civilización más allá de aquellos a quienes cristianiza. Eso es un hecho, y el cristianismo en el Imperio romano provee una buena ilustración que además de ejemplificar el principio, responderá a la cuestión planteada.

Cuando el cristianismo comenzó en el Imperio romano, los derechos de conciencia eran desconocidos. De hecho, tampoco existía algo parecido a derechos individuales del tipo que fuera; y dado que los derechos de conciencia son el principal de todos los derechos, eran por supuesto los menos conocidos. El cristianismo no es nada sin derechos de conciencia. Ese fue su alegato por encima de cualquier otra cosa, e incluía por supuesto el resto de cosas cuando incursionó en el Imperio romano. La contienda entre el cristianismo y todo el poder del Imperio romano tenía que ver con la demanda de los derechos de conciencia por parte del cristianismo. El Imperio romano los negaba, pues nada sabía de ellos.

Roma decía: 'Lo que dice la ley es lo que vale. Y de la propia ley, en ella misma, emana el concepto del bien y del mal. Lo que la ley aprueba está bien, y lo que prohíbe está mal, y *esa es la razón por la que* algo está bien o está mal'.

Pero el cristiano decía: 'Lo que está bien es lo que Dios dice que está bien; y lo que Dios dice que está mal, eso es lo que está mal'.

Según Roma, el estado era dios, y, por lo tanto, la autoridad suprema: "La voz del pueblo es la voz de Dios". Y dado que la ley era la voz del pueblo, dicha ley era la voz del dios romano. Por lo tanto, cuando los cristianos negaron al dios romano y plantearon los derechos de conciencia en relación con el Dios *verdadero*, él vino a ser el juez de lo bueno y lo malo en aquella ley que para los romanos era en ella misma la medida del bien y del mal.

La contienda duró 250 años antes de resolverse en favor de los derechos de conciencia. Y por entonces los principios del cristianismo habían impresionado de tal forma a los paganos –que no hacían profesión de cosa alguna más allá del paganismo– que los derechos de conciencia acabaron siendo sagrados. Así, cuando la apostasía recurrió al poder civil y comenzó a utilizarlo en favor de lo que ellos llamaban religión cristiana, ¡los *paganos* evocaron los derechos de conciencia!

Estos son los actores en el relato: el cristianismo, los principios del cristianismo, y las multitudes *cristianizadas*. La cristianización de aquellas gentes grabó en sus mentes los derechos de conciencia en su integridad, y lo hizo de forma tan inamovible que estarían prestos a morir antes que renunciar a ellos. Aquello era cristianismo genuino. Habían sido cristianizados, y su integridad, que no retrocedería ante nada que atentara contra ese principio, impresionó a los paganos de tal forma, que llegada la ocasión los propios paganos recurrieron a él. Aquí tenemos el ejemplo de cómo el cristianismo cristianizó a una multitud y civilizó a otra.

Eso ilustra los principios que estamos estudiando: cuando aquellos que lo profesan viven fielmente el cristianismo, ejercerá sobre quienes no han sido cristianizados por él –sobre quienes no hacen pretensión alguna de cristianismo– una influencia para el bien que los elevará por encima del estado salvaje y de los principios básicos y costumbres del paganismo civilizado.

Macaulay descubrió también ese principio y lo expresó en una frase que figura entre las declaraciones humanas más poderosas de la literatura en favor del cristianismo. Escribiendo sobre India, en cierto lugar hace esta afirmación: "*No hace falta ser cristiano para desear que el cristianismo se difunda en la India*". Eso lo dice todo. El cristiano quiere que el cristianismo se difunda en la India por causa de Cristo, por amor a las almas que se van a cristianizar. El que no es cristiano puede bien querer que el cristianismo se instale en la India por causa de los desdichados paganos que resultarán elevados, incluso si no se hacen cristianos. Esa es la idea.

Lo lamentable ha sido siempre –y lo sigue siendo aún– que *quienes hacen profesión de cristianismo no lo toman por lo que es. Dios no encuentra el lugar adecuado entre quienes profesan el cristianismo; no encuentra oportunidad para demostrar el poder real del cristianismo entre los cristianos que no le dan el lugar que le pertenece, impidiendo así que quede demostrada la divinidad del cristianismo con su poder convincente.*

Entonces, los hombres, ante la carencia de ese poder e influencia divinos, procuran hacer por ellos mismos y mediante el poder humano aquello que el Señor haría si simplemente le dieran el lugar que le corresponde de acuerdo con lo que profesan. Esa es la razón por la que personas que hacen profesión de cristianismo dan un paso más y se disponen a legislar, a operar en las instituciones o a manipular y dictar a *los encargados* de legislar o a *los funcionarios* de las administraciones. Y todo ello para imprimir a las cosas un "molde cristiano" y ganar influencia en lo relativo a elevar a la gente y encarrilar a las ciudades, estados y naciones por el buen camino. Pero es a expensas de ponerse ellos en el lugar de Jesucristo, que significa ponerse en lugar de Dios. Y eso es una vez más la esencia del papado; es la bestia o su imagen, la una o la otra, dependiendo de dónde se lo encuentre.

Que todo el que tome el nombre de Cristo lo haga con una integridad, con una entrega tan plena a Dios, que le dé a Él –y *sólo* a Él– *todo* el lugar que le corresponde. Sea de Él toda la influencia, todo el poder; mírese sólo a Él y depéndase de Él para que haga todo en todos. *Entonces* los cristianos verán el poder de Dios de forma tan manifiesta, que sentirán vergüenza de pasar al frente ellos mismos para moldear o manipular la influencia del cristianismo.

Cuando las personas no dan al Señor el lugar que le corresponde, y en consecuencia no aparece lo que se esperaba ver, es muy natural que empiecen a pensar que son mejores que el Señor y que pueden hacer las cosas mejor que Él, de forma que son ellos mismos quienes deben tomar las riendas y realizar aquello que el cristianismo es incapaz de hacer. Pero eso –vuelvo a repetir, y lo comprendéis bien– significa dejar a Dios de lado para ponerse ellos en su lugar. Al dejar fuera a Dios dejan fuera su poder, y al ponerse ellos en lugar de Él ponen en acción el propio poder de ellos, que es mundano, terrenal, sensual y en última instancia diabólico.

Avancemos un paso más en este estudio de la proclamación del mensaje contra la bestia y su imagen. Lo haremos recurriendo nuevamente al principio que se aplica a los embajadores. "Somos embajadores en nombre de Cristo".

Tal como vimos en la lección anterior, un embajador no se envía a otro país para que se inmiscuya en sus asuntos internos ni para que se implique en las cuestiones políticas de aquel país, sino para ocuparse de las necesidades de su propio país a medida que se van presentando. Somos embajadores en nombre de Cristo. El cristiano debe tener toda su atención puesta en las cosas de su propio país, en los asuntos de su propio reino, y atenderlos a medida que puedan ir surgiendo en el país de la tierra que lo acoge. "Nosotros, extranjeros y advenedizos somos", el país al que *pertenecemos* es muy lejano.

El estudio que esta noche abordamos de forma específica es el de los derechos que tenemos como adventistas del séptimo día, como embajadores de Cristo, como ciudadanos del reino de los cielos, mientras moramos como extranjeros y advenedizos en los diversos países y naciones de la tierra; los derechos que tenemos al oponernos a las cosas a las que nos habremos de oponer y que van a estar pronto ante nosotros.

Es imposible exagerar la importancia que tiene para los adventistas del séptimo día de los Estados Unidos el estudio detenido de las experiencias que hemos oído relatar esta noche al hermano Holser. Dios *nos* está proporcionando los principios, y preparándonos *de antemano* para lo que va a suceder tan ciertamente como la salida del sol. El Señor preparó en su providencia a los hermanos y hermanas en Suiza para la crisis que se ha producido desde que despertaron al particular, tal como nos ha presentado el hermano Holser. Si nosotros en nuestro país no aceptamos esos principios a fin de comprender lo que Dios está enseñándonos en este tiempo mediante esas cosas; si ponemos nuestros propios pensamientos y esfuerzos por encima de esos principios, la crisis nos sobrecogerá sin la debida preparación, y el peligro consiste en que erremos totalmente y fracasemos en el preciso punto en el que Dios quiere que triunfemos. No podemos permitirnos tal cosa.

Un embajador, en el país que lo esté acogiendo, debe atender los asuntos de *su propio reino* al presentarse estos, en la medida en que afectan a los súbditos de su propio reino. Por consiguiente, si ese reino o ese gobierno en el que es peregrino y advenedizo se dispone a promulgar leyes, o toma un curso político que atente contra los derechos de los ciudadanos de su propio país, está en el derecho y el deber de protestar. Tiene derecho a llamar la atención a los principios que aquel gobierno se dispone a violar al promulgar esa ley y al tomar ese curso de acción. No obstante, por ser ese gobierno independiente y soberano en su propio reino, puede promulgar las leyes que considere oportunas. Dichas leyes pueden afectar a los ciudadanos del país del embajador, resultando gravosas para ellos. En la imposición de esas leyes se espera que el ciudadano o embajador se aperciba e insista en que el procedimiento esté *en cada uno de sus pasos* en estricto acuerdo con su propia jurisprudencia y con todos los principios sobre los que las leyes se basan.

¡Todo cristiano tiene derecho a protestar contra cualquier gobierno que legisle en materia de religión! [La legislación religiosa] queda fuera de su jurisdicción, e invade el ámbito del reino de Dios, atentando contra los derechos de los súbditos del reino de Dios. Por consiguiente, todo embajador de Jesucristo tiene el derecho inalienable de protesta contra cualquier asunto como ese, protagonizado por cualquier gobierno en la tierra.

Imaginemos que, evocando su poder y haciendo valer su derecho para legislar, esos gobiernos no se contienen y promulgan leyes que afectan a la religión, para arrestarnos después y llevarnos a los tribunales por violar esas leyes. Cuando proceden de ese modo, tenemos derecho a insistir en que se deben atener estrictamente a su propia legalidad y a los principios constitucionales en los que se fundamenta el gobierno. El cristiano, el ciudadano celestial, tiene derecho a reclamar tal cosa, *además* del derecho que tiene a protestar contra la autoridad que se arrogan para legislar de ese modo.

Antes de examinar cómo ilustra la Escritura ese principio, hay otro pensamiento al que dirigir la atención: los gobiernos de la tierra nos siguen considerando sus ciudadanos o súbditos, incluso después que hemos pasado a ser ciudadanos de la patria celestial. Eso significa que los gobiernos terrenales no reconocen la transferencia de nuestra ciudadanía desde ese gobierno al celestial, lo que muchas veces se traduce en un conflicto. Si todo gobierno reconociera esa transferencia de ciudadanía y eliminara de su registro a todo el que profesa ser cristiano, no habría tanta dificultad en ese punto, y muchas menos controversias al respecto.

Pero esos gobiernos no actúan así, sino que reclaman su autoridad sobre aquel cuya ciudadanía fue transferida al cielo, y en ocasiones se arrogarán el derecho a retenerlo, tal como hemos visto ya en este estudio. Sienten que tiene derecho a controlar a los ciudadanos del reino de los cielos como si siguieran siendo ciudadanos de aquel primer reino. Nosotros –me estoy refiriendo ahora a los adventistas del séptimo día– hemos transferido nuestra ciudadanía a otro país y somos ciudadanos de la patria celestial. Pero los Estados Unidos nos siguen considerando como sus ciudadanos, ya que la constitución dice que todos los que han *nacido aquí*, o bien se han *naturalizado*, "son ciudadanos de los Estados Unidos y de los estados en los que residen". Aunque somos ciudadanos del cielo por nuestra propia *elección*, y ya no más de los Estados Unidos, no obstante, somos considerados por ellos como sus súbditos.

Uno de estos días vamos a entrar en conflicto con la ley de Estados Unidos, así como con la ley del estado, no porque estemos obrando mal, sino porque *ellos* están obrando mal. Se nos arrestará, perseguirá, y se nos exigirá que respetemos la ley y la obedezcamos. Cuando procedan a sí, como embajadores de Cristo y ciudadanos del reino de Dios tenemos ese doble derecho a protestar contra su legitimidad para promulgar esa ley que infringe los derechos del pueblo del reino de Dios al que pertenecemos; y tenemos también el derecho a insistir en que cada paso que den ha de estar en estricto acuerdo con los principios fundamentales constitucionales en los que la ley está supuestamente basada. Os pido que consideréis esto cuando vayáis al *Bulletin*. Os ruego que lo volváis a leer, porque hay muchas cosas que nos conciernen en esos principios.

Allí tenemos un reporte que recorre este mismo terreno, y que ilustra el principio del gobierno ateniéndose a sus propios principios, toda vez que al margen de nuestra elección nos haya tomado bajo su jurisdicción y se proponga disponer de nosotros.

Pasemos ahora a la ilustración bíblica.

Saulo de Tarso nació como ciudadano del Imperio romano, tal como nosotros lo somos de Estados Unidos. Cuando conoció a Cristo nació de nuevo, lo que lo convirtió en ciudadano del reino de Dios. Entonces vino a ser *el apóstol Pablo*. Desde ese momento pasó a depender del Rey de su propio país, a quien consagró su lealtad, confiándolo todo a Él, se entregó completamente bajo su administración. Pero en cierto momento el gobierno romano lo retuvo bajo su jurisdicción, y cuando eso sucedió, Pablo exigió ser tratado en todo momento de acuerdo con los principios de la ciudadanía romana y de la ley romana.

En Hechos 21:27 y a partir de ahí hasta el 25:11 hay un relato interesante para nuestro análisis y estudio.

Por deferencia hacia Santiago –"el hermano del Señor"– y a otros en Jerusalén que habían aceptado el evangelio antes que él, Pablo se dejó persuadir y tomó un curso de acción equivocado (ver "Scketches from the Life of Paul") que lo llevó a un lugar y a una posición en la que la turba se abalanzó en su contra tal como describe Hechos 21:27. Leedlo.

¿Quién propició que esa turba desbocada cayera sobre Pablo? ¿Fue Dios? El Espíritu de profecía nos dice que en el momento en que estaba hablando con el sumo sacerdote en relación con el sacrificio que estaba a punto de ofrecerse –que era una ofrenda de sangre, y que habría sido una virtual negación de Jesucristo si se hubiera implicado en ella– la turba se abalanzó, impidiendo que Pablo participara. El Señor lo salvó de las consecuencias del esfuerzo de sus hermanos para que comprometiera los principios por deferencia hacia aquellos a quienes se había llegado a someter hasta ese punto.

Pero, ¿cómo llegó a caer en las manos de las autoridades romanas? –Cuando vio que la intención de la turba era asesinarlo, me parece como si lo oyera vocear en busca del gobernador romano a fin de que lo salvara de la turba: '¡Date prisa!, ¡llama al gobernador romano!, ¡no tardes!, haz venir la tropa; ¡me quieren matar! Soy ciudadano romano. Apelo a César. Date prisa, haz venir al capitán del templo, al oficial romano. ¡Por lo que más quieras, no permitas que me maten!'

¿Es eso lo que hizo? –De ninguna manera. El capitán del templo estaba allí, y habría podido oírlo fácilmente si Pablo lo hubiera reclamado. De acuerdo con la ley romana, ¿no era acaso un ciudadano?, ¿no tenía por lo tanto derecho a recurrir al poder romano en su defensa? Pero no hizo nada de eso. ¿Por qué?

Pertenecía al Señor. Estaba en las manos de Dios y puso en sus manos su defensa. Así, el Espíritu de profecía nos dice que Dios lo tomó a su cuidado y lo protegió desde ese día hasta su muerte, pasando la mayor parte del tiempo encarcelado, de forma que la iglesia perdió su amoroso ministerio personal debido a aquella actitud de compromiso a la que los hermanos le empujaron.

Ahora se encuentra en manos de las autoridades romanas. ¿Fue él quien lo solicitó? –No. ¿Fue por su iniciativa? –No. ¿Apeló a su ciudadanía romana en procura de protección? –No.

Pablo pidió permiso al comandante para hablar al pueblo. Se le concedió, y puesto de pie en las gradas dio el discurso que se puede leer en Hechos 21:1-21, según el cual, el Señor le dijo: "Ve, porque yo te enviaré lejos, a los gentiles". Ante la mención de los "gentiles" se volvió a desatar la furia de la multitud y gritaron: "¡Quita de la tierra a tal hombre, porque no conviene que viva!" Cuando comenzaron a arrojar sus ropas y a lanzar polvo al aire, el comandante lo sacó de allí, y pensando que debía ser alguien peligroso en vista de la reacción de los judíos contra él, lo mandó azotar. Pero la ley de Roma prohibía que se procediera así con un ciudadano romano. Y ahora, estando en manos de las autoridades romanas, tenía derecho a exigir que se lo tratara de acuerdo con la propia ley de ellos, de forma que alegó: "¿Os está permitido azotar a un ciudadano romano sin haber sido condenado?" Al oírlo suspendieron el castigo previsto.

El día siguiente el comandante quiso saber en qué consistía aquel asunto, por lo que reunió al sanedrín e hizo comparecer a Pablo ante ellos. Apenas había comenzado a hablar, cuando el sumo sacerdote ordenó a algunos que le "golpearan en la boca". "Entonces Pablo le dijo: ¡Dios te golpeará a ti, pared blanqueada! ¿Estás tú sentado para juzgarme conforme a la ley, y quebrantando la ley me mandas golpear?" Es decir: remitió a la ley que regía sobre aquellos que estaban procediendo contra él. No era por su propia voluntad por lo que él se encontraba allí. Lo habían llevado sin que él lo quisiera; él tenía el derecho a reclamar que en su trato se ajustaran a su propia ley y procedieran según ella, y así lo hizo.

Al declarar: "Hermanos, yo soy fariseo, hijo de fariseo; acerca de la esperanza y de la resurrección de los muertos se me juzga", los fariseos y saduceos se enfrentaron entre sí. Disponiéndose contra él los saduceos, y tratando de resguardarlo los fariseos, Pablo estaba en peligro de terminar despedazado, lo que llevó al comandante a ordenar que los soldados lo sacaran de allí de forma expeditiva.

Algunos tomaron entonces la determinación de maldecirse a sí mismos privándose de comida y bebida hasta no haber dado muerte a Pablo. Un sobrino del apóstol se lo hizo saber a él y al comandante, quien dispuso una compañía de cuatrocientos setenta soldados que custodiaron la salida de Pablo en la noche para llevarlo a Cesárea y entregarlo a Félix, el gobernador.

Pocos días después el sumo sacerdote y el sanedrín acudieron a Cesárea para acusar a Pablo, lo que hicieron contratando a un orador –Tértulo– a modo de portavoz. Tras la audiencia, Félix decidió diferir el caso hasta que regresara Lisias. Transcurrieron "dos años" en los que hubo múltiples audiencias y moratorias, y Festo sucedió a Félix como gobernador mientras Pablo seguía encadenado para dar satisfacción a los judíos.

Cuando Festo pasó por Jerusalén, los judíos sacaron a relucir el caso de Pablo y le rogaron que fuera devuelto a Jerusalén, tramando matarlo en el camino. Pero Festo rehusó, diciéndoles que enviaran sus acusaciones a Cesárea. Las enviaron junto con Festo, y "al siguiente día" de su llegada "se sentó en el tribunal y mandó que fuera traído Pablo". Los judíos presentaron "contra él muchas y graves acusaciones, las cuales no podían probar" (capítulo 25:1-7). Pablo se defendió respondiendo: "Ni contra la Ley de los judíos, ni contra el Templo, ni contra César he ofendido en nada".

"Pero Festo, queriendo congraciarse con los judíos, le preguntó a Pablo: –¿Quieres subir a Jerusalén y ser juzgado allá de estas cosas delante de mí? Pablo dijo: –Ante el tribunal de César estoy, donde debo ser juzgado. A los judíos no les he hecho ningún agravio, *como tú sabes muy bien*".

Pablo no estaba "ante el tribunal de César" por su propia decisión, deseo o esfuerzo. César lo había arrestado y *retenido* todo ese tiempo sin haber encontrado una sola falta en él. A nadie había hecho mal alguno, cosa que el gobernador sabía "muy bien".

En consecuencia, el gobernador romano no tenía derecho a entregarlo a los judíos con el único objeto de satisfacerlos.

De esa forma continuó Pablo, llevando el caso a su punto más álgido con las palabras: "Si algún agravio, o cosa alguna digna de muerte he hecho, no rehúso morir; pero si nada hay de las cosas de que estos me acusan, *nadie puede entregarme a ellos. A CÉSAR APELO*".

Al gobernador romano no le era lícito entregar un ciudadano romano al tribunal de los judíos. Aquel ciudadano romano, estando en manos de un gobernador romano y bajo la jurisdicción romana *según elección de ellos mismos*, tenía derecho a exigir que las autoridades romanas se atuvieran a su propia ley y actuaran según sus propios principios. En lugar de entregarlo a los judíos, estaban obligados a custodiarlo y juzgarlo, debiendo manejar todo el caso de acuerdo con la ley romana.

Ese era el secreto de la apelación de Pablo a César. Se trata de un ejemplo divino basado en el principio de otorgar al cristiano un doble estatus como embajador de Dios y ciudadano del reino celestial, *primeramente*, para protestar en contra de cualquier interferencia de parte del gobierno terrenal que sea hacia leyes del pueblo del reino de Dios, o del propio reino de Dios; y *en segundo lugar*, cuando interfieren y al margen de nuestra elección o deseo nos toman bajo su jurisdicción, entonces tenemos el divino derecho como embajadores y ciudadanos de otro país, de exigir que se atengan estrictamente a la ley que los gobierna en su propio reino.

Dios nos guardará bajo su ley, y bajo el reino del que somos ciudadanos y al que pertenecemos. Tomará la defensa del caso y conducirá todos los asuntos según sus propios caminos rectos. Y en el país en el que podemos estar peregrinando mientras nos toman en su propia jurisdicción, tenemos el derecho a exigir que se nos trate de acuerdo con los principios de su ley.

Capítulo 6

Separación de la iglesia y el estado

En la línea de nuestro estudio en las tres últimas presentaciones, hay otras dos o tres escrituras a las que prestar atención.

Empezaremos donde dejamos anoche el tema, en Hechos 25:11, con las palabras: "A César apelo". Ayer leímos el relato desde su comienzo hasta ese punto, y vimos que al principio Pablo no apeló a César. Fue sólo una vez que César lo hubo *tomado*, cuando Pablo reclamó que César se ajustara a sus propios principios y leyes.

El principio específico, objeto de nuestro estudio ahora, es el derecho que tiene el ciudadano del reino de Dios, el embajador de Cristo, para requerir a otros reinos y autoridades que se atengan estrictamente a las propias normas y leyes con las que se gobiernan ellos mismos, en su trato hacia él.

Encontramos otra escritura en Hechos 16:16 y siguientes. El escenario es Filipos:

> Aconteció que mientras íbamos a la oración, nos salió al encuentro una muchacha que tenía espíritu de adivinación, la cual daba gran ganancia a sus amos, adivinando. Esta, siguiendo a Pablo y a nosotros, gritaba: –¡Estos hombres son siervos del Dios Altísimo! Ellos os anuncian el camino de salvación. Esto lo hizo por muchos días, hasta que, desagradando a Pablo, se volvió él y dijo al espíritu: –Te mando en el nombre de Jesucristo que salgas de ella. Y salió en aquella misma hora. Pero al ver sus amos que había salido la esperanza de su ganancia, prendieron a Pablo y a Silas, y los trajeron al foro, ante las autoridades.

Se trataba también de autoridades romanas, ya que Filipos era una colonia romana y gozaba de privilegios especiales por parte del emperador.

> Los presentaron a los magistrados y dijeron: –Estos hombres, siendo judíos, alborotan nuestra ciudad y enseñan costumbres que no nos es lícito recibir ni hacer, pues somos romanos. Entonces se agolpó el pueblo contra ellos; y los magistrados, rasgándoles las ropas, ordenaron azotarlos con varas.

¿Qué hicieron? ¿Apelaron a César? –No, a pesar de que eran ciudadanos romanos. ¿Por qué no lo hicieron? ¿No estaban a punto de recibir un trato abusivo? ¿Qué habríais hecho vosotros? En realidad, es mejor preguntarse: ¿Qué vais a hacer vosotros? Esa es ahora la pregunta.

> Después de haberlos azotado mucho, los echaron en la cárcel, mandando al carcelero que los guardara con seguridad. El cual, al recibir esta orden, los metió en el calabozo de más adentro y les aseguró los pies en el cepo. Pero a medianoche, orando Pablo y Silas, cantaban himnos a Dios; y los presos los oían.

Sigue a continuación el relato del terremoto y la conversión del carcelero y su familia, así como su bautismo. Leemos ahora a partir del versículo 35:

> Cuando fue de día, los magistrados enviaron guardias a decir: –Suelta a esos hombres. El carcelero hizo saber estas palabras a Pablo: –Los magistrados han mandado a decir que se os suelte; así que ahora salid y marchaos en paz. Pero Pablo le dijo: –Después de azotarnos públicamente sin sentencia judicial y siendo ciudadanos romanos, nos echaron en la cárcel, ¿y ahora nos liberan encubiertamente? No, por cierto, sino vengan ellos mismos a sacarnos.

Habían violado toda ley romana que regía en sus ciudades. 'Ahora quieren que nos vayamos silenciosamente de aquí. No señor: venís y nos sacáis vosotros. Nos pusisteis aquí vosotros; sacadnos vosotros'.

> Los guardias hicieron saber estas palabras a los magistrados, los cuales tuvieron miedo al oír que eran romanos. Fueron y se excusaron; los sacaron y les pidieron que salieran de la ciudad. Entonces, saliendo de la cárcel, entraron en casa de Lidia y, habiendo visto a los hermanos, los consolaron y se fueron.

En segunda de Corintios 11:23 al 25 hay otro pasaje que se refiere a quienes se jactan por su estatus:

> ¿Son ministros de Cristo? (Como si estuviera loco hablo.) Yo más; en trabajos, más abundante; en azotes, sin número; en cárceles, más; en peligros de muerte, muchas veces. De los judíos cinco veces he recibido cuarenta azotes menos uno. Tres veces *he sido azotado con varas.*

El azote con varas era el castigo romano. Es cierto que los judíos tenían ese límite de cuarenta azotes menos uno. Pablo lo había sufrido en cinco ocasiones, pero ese azote con varas no era simplemente la flagelación judía, sino ser golpeado con las varas romanas, y siendo *él un ciudadano romano*. No tenemos constancia de que hubiera apelado a César bajo aquellas circunstancias, o bajo la circunstancia que fuera.

Cuando César lo tomó y lo encarceló por dos años, pretendiendo después entregarlo a los judíos, *entonces* Pablo dijo a César –o al lugarteniente de César–: 'No señor. Estoy ante el tribunal de César, en el que debo ser juzgado. Apelo a César'.

Hago esta pregunta a la audiencia: ¿Por qué apelaba ahora a su ciudadanía romana, en lugar de hacer valer su condición de embajador celestial?

Lo que estoy intentando hacer ver es que Pablo *dependió* de su condición de *embajador celestial* y eligió depender de su Rey celestial hasta que el poder romano lo tomó y retuvo bajo su jurisdicción; y al llegar esa situación, simplemente conminó a las autoridades romanas a que se atuvieran a la ley romana. Pero la idea que comúnmente se ha sostenido al respecto consiste en que Pablo apeló a su ciudadanía romana cada vez que se presentaba algún peligro, siendo que en realidad no hizo tal cosa.

Sufrió la flagelación romana al menos en tres ocasiones sin hacer mención de su ciudadanía romana, sin apelar de la forma que fuera al poder civil. Pero cuando lo tomaron en sus manos y lo pusieron bajo su control, reteniéndolo según el poder de Roma; *entonces y sólo entonces* recurrió al poder romano. Y cuando el capitán estaba a punto de hacerlo azotar –lo que era una ilegalidad– Pablo protestó así: 'No te es lícito azotar a un romano que no ha sido condenado'.

Sólo bajo esas circunstancias apeló o recurrió al poder romano, o hizo valer su condición de ciudadano romano. Pues allí donde predicó el evangelio, fue atacado, fue apedreado, fue ultrajado en Filipos, y sin embargo en todo el registro no hay insinuación alguna de que recurriera o apelara a ningún poder terrenal, o que hiciera valer su condición de ciudadano romano. Ahora, si todo eso fue escrito para nuestro ejemplo y admonición, ¿no debiéramos aprenderlo, y no es tiempo de que lo aprendamos? Puso su confianza en Dios, el Soberano del reino al que pertenecía y donde tenía realmente su ciudadanía. ¿No habríamos de hacer nosotros lo mismo?

Es cierto que Daniel vivió en los países de Babilonia y Medo-Persia. Y cuando el tiempo llegue, y esa nación venga con su ejército contra el país en el que habitas y te tome por la fuerza junto a una gran multitud de gente, para llevarte a su propio país y tenerte como esclavo del rey; cuando el rey te haga llevar a su palacio y te ponga a su servicio, creo que es fácil decidir si hay una diferencia entre esa situación y aquella otra en la que *procuras* voluntariamente una posición política. Lo que he descrito es el relato bíblico acerca de Daniel y de la forma en que fue llevado allí. Cuando eso os suceda a vosotros y os encontréis en un lugar como ese, no creo que nadie tenga objeciones a servir al rey en el lugar en que os asigne. Pero tan pronto como tengáis libertad para abandonar esos puestos, no creo que podáis citar a Daniel como justificación para vuestra decisión deliberada de ingresar allí, a la luz de la clara enseñanza de Cristo.

Si se me tomara cautivo tal como sucedió a Daniel, y si el rey me asignara –tal como sucedió a algunos de entre el pueblo de Daniel– la tarea de fabricar ladrillos para la edificación de la muralla de Babilonia, supongo que me pondría a trabajar en la fábrica de ladrillos. Si más adelante el rey me tomara de allí y me enviara a la universidad, tal como hizo con Daniel y con algunos de sus compañeros, pienso que con toda probabilidad iría allí y estudiaría al máximo de mis capacidades. Y si después de eso me llevara a su palacio para emplearme como portero, asumiría el oficio de portero. Si por último me llevara a su corte para ministrar ante el rey, tal como informa el relato que sucedió a Daniel y sus tres compañeros, allí estaría ante el rey. Y si fuera fiel y honesto, y Dios me diera sabiduría para interpretar las cosas ocultas al rey, tal como sucedió con Daniel; si el rey apreciara esa bendición de Dios hasta el punto de querer honrarlo poniéndome un collar de oro y haciéndome estar a su lado, allí –junto al rey– es donde debiera estar.

Pero mientras ese tiempo no llegue y hasta tanto no se den circunstancias como esas, me guardaré de intentar justificarme por codiciar puestos políticos o la posición que sea, ni por dar los pasos políticos para que sea elegido algún otro, para tomar parte alguna en el gobierno civil o en el gobierno del estado, de la nación, o de política de la clase que sea. Jesucristo no lo hizo, y declara que "no son del mundo, como tampoco Yo soy del mundo"; "como me envió el Padre, así también yo os envío"; y "como Él es, así somos nosotros en este mundo".

A José lo vendieron sus hermanos. Fue comprado y hecho esclavo, y en esa condición fue llevado a Egipto y sirvió como esclavo. Su integridad y fidelidad a la ley de Dios lo llevaron a la cárcel, en la que permaneció allí por un tiempo. Su fidelidad allí, su conducta apacible y la atmósfera del Espíritu de Dios que moraba en él ganó el favor del carcelero, quien lo puso al cuidado de las puertas y del resto de prisioneros: lo que hoy llamaríamos un cargo de confianza en el centro penitenciario. Y Dios seguía estando con él. Llegó el tiempo en que Dios dispuso que se materializara la salvación de Israel. Quiso que Jacob y su familia vinieran junto a todo Israel, y dio al Faraón sueños significativos, tal como sucedería con Nabucodonosor en los días de Daniel. El rey hizo llamar a José, quien interpretó el sueño. El faraón quiso entonces que alguien se hiciera cargo de aprovisionar para que Egipto pudiera afrontar el hambre que estaba por venir. El faraón dijo: "¿Quién sabe tanto sobre esto como el que todo lo sabe al respecto, aquel que lo ha explicado y nos ha dicho lo que va a acontecer?" Por lo tanto, él que sabe de esto, el que lo ha explicado, y nos ha dicho lo que va a venir, es el que se encarga de ello, y lo llevará a cabo. Pongo todo en Egipto bajo sus manos. Sólo en el trono yo seré mayor que él. El faraón puso todo en Egipto bajo el cuidado de José.

Y si alguna vez tenéis que terminar en una posición como esa *mediante una experiencia como esa*, ciertamente no tendría objeción alguna respecto a vuestro cumplimiento de los deberes propios de la posición a la que habéis sido llamados de ese modo. Pero niego que esas experiencias, tal cual las leo en mi Biblia, se apliquen al curso de acción que deben tomar los adventistas del séptimo día que hoy están en cualquier parte de la tierra fuera de la prisión, libres para elegir dónde van a ir y qué van a hacer.

Quisiera decir ahora algo más respecto al principio de que ningún cristiano, siendo ciudadano del reino de Dios, puede en justicia *iniciar* ningún procedimiento [legal] en relación con el gobierno civil. Es otra cuestión si actúa *después* que el propio gobierno lo haya iniciado, como hemos estudiado ya. Por lo tanto, repito que, bajo los principios que rigen para los reinos y los gobiernos, el propio principio de la ley que subyace en todo el asunto del gobierno, se trate de la ley en el cielo o en la tierra, un cristiano no debe *iniciar* ningún encausamiento en relación con el gobierno civil.

Y de entre todos los cristianos, eso es especialmente cierto para los adventistas del séptimo día. La propia observancia del sábado lo prohíbe. Al presentar un caso ante los tribunales, uno se está sometiendo a los procedimientos que les son propios. Los tribunales están obligados a actuar en todo el territorio estrictamente de acuerdo con la ley y con todas las normas de la vía judicial, lo que incluye audiencias y vistas judiciales *en sábado*. El guardador del sábado no puede asistir al tribunal en sábado. Pero habiendo iniciado él mismo el proceso, lo que ha hecho es someter el caso a los procedimientos del orden judicial. Si el tribunal decide, según es habitual –y no necesariamente de forma intencionada–, sesionar *en sábado*, se le va a requerir asistir en ese día. Pero no puede hacer tal cosa y guardar el sábado. Ahora bien, rehusar asistir tras haber iniciado el caso, es jugar con el tribunal, que no puede aceptar tal conducta e impondrá una sanción por incomparecencia. En caso de pagar la sanción, estará pagando por guardar el sábado. Si en lugar de pagar prefiere acogerse a la pena de prisión, no puede en justicia considerarlo persecución, ya que no es consecuencia de irregularidad alguna por parte del tribunal, sino el resultado directo de su propia acción al haber iniciado la causa. Por consiguiente, las propias palabras: "Acuérdate del sábado para santificarlo", proscriben iniciar un proceso judicial, al prohibirnos un curso de acción que puede imposibilitar que santifiquemos el sábado.

Antes de dar lectura a lo que sigue, quisiera aclarar que tiene por objeto responder a una objeción que existe en la mente de no pocos, consistente en que las cosas que estamos considerando aquí tienen una relación marginal o inexistente con la marca [de la bestia]. No he escuchado hasta ahora ninguna negación de que el principio esté ahí, o de que el principio sea correcto; pero es la consecuencia del principio lo que algunos no aceptan. Ahora bien, si aceptáis el principio *como tal*, pero no estáis dispuestos a seguir el proceso que de él se deriva y al que conduce el principio, mejor abandonad el principio.

A fin de que comprendáis que eso no es nuevo, leeré del *American Sentinel* de 1893. Es cierto que el artículo no está tratando el tema *desde el punto de vista en que lo estamos considerando aquí esta noche*; pero se trata del mismo principio, que está ahí en su integridad, junto a ciertas consecuencias de su violación.

Leo del 6 de julio en *American Sentinel* de 1893, y quizá acabe leyendo la mayor parte del artículo en lo relativo a este tema:

> Los defensores del domingo recurrieron al tribunal de Estados Unidos, y se tumbó su demanda a la primera. Habían acudido al juzgado para decidir la cuestión. Los

> tribunales decidirían. Pero ahora rehúsan aceptar la sentencia. Llevaron su causa a los tribunales, y ahora rehúsan aceptar la resolución *debido a que no les es favorable.* Puesto que han decidido seguir su propio camino a pesar de todo, ¿qué razón los movió a acudir a los tribunales?

A menos que estés dispuesto a aceptar la decisión de un tribunal de este mundo, no puedes *voluntariamente* recurrir a él. Tan pronto como lo hagas, quedas obligado por todo principio del gobierno, sea este celestial o terrenal, a aceptar la decisión; y si resulta serte contraria, tú eres el único culpable. El hecho mencionado ha estado ante nosotros estos dos últimos años, a pesar de lo cual, en 1894 ciertos adventistas del séptimo día decidieron transitar ese mismo camino y resultaron tan atrapados como los de la Reforma Nacional, con la diferencia de que no rehusaron aceptar la sentencia. La aceptaron, pero fue al precio de pagar una multa a fin de poder guardar el sábado. En aquellas circunstancias no se podía hacer otra cosa. Sigo leyendo:

> Puesto que han decidido seguir su propio camino a pesar de todo, ¿por qué razón decidieron acudir a los tribunales? –Querían emplear al tribunal sólo como una herramienta para imponer *su propia decisión* y voluntad a los habitantes de los Estados Unidos.

Y si lo anterior se hubiera escrito en este mes de febrero de 1895 aplicándolo a ciertos procedimientos iniciados por adventistas del séptimo día, no habría hecho falta cambiar una sola palabra del redactado. Ahora no lo estoy presentando con ánimo de acusar o reprochar a ningún adventista del séptimo día, ni para señalarlo como una falta. Sólo estoy constatando el hecho. Simplemente lamento que haya ocurrido así, tanto como sea posible lamentarlo.

En la Biblia está escrito: "Todas estas cosas les acontecieron como ejemplo, y están escritas para amonestarnos a nosotros, que vivimos en estos tiempos finales". Cuando nosotros mismos, en violación de los principios que profesamos, seguimos el mismo camino que los de la Reforma Nacional y resultamos atrapados como ellos, ¿no debiéramos aprender de ello, tanto como de lo que sucedió a nuestros hermanos en los años 35 o 40 de la era cristiana en Judea? Ese principio es tan aplicable en Maryland, Illinois o en cualquier otro estado de la nación, como en Judea. Repito que no se trata de buscar faltas. Sé que todos cometemos errores.

Mi reflexión es la siguiente: ¿no debiéramos aprender lecciones de *nuestros propios* errores, tanto como de los errores ajenos? No necesito deciros dónde ocurrió. No hay necesidad de que sea conocido. El hecho es todo cuanto interesa, ya que el lugar va a ser allí donde os encontréis cada uno, si no estáis más familiarizados con el principio de lo que muchos lo están hoy.

Volvamos al *Sentinel*. Hay allí una pequeña historia relativa a su encausamiento judicial, que no necesito leer. En relación con el principio [concepto], continúa así:

Por descontado, se asume que *especialmente* la parte litigante, la que *inicia* el proceso judicial, aceptará de buena fe la decisión final. No sucede necesariamente lo mismo con la parte contraria, que puede sentirse obligada, habiendo sido llevada a la fuerza por la parte litigante y pudiendo no estar dispuesta a aceptar cualquier decisión, ya que todo el procedimiento puede haber consistido en una persecución, y por lo tanto, haber estado viciado desde el principio.

Pero no sucede lo mismo con quien tomó la iniciativa. Está en la misma esencia de las cosas, es inherente al propio concepto del gobierno legal, que la parte demandante –la que inicia el procedimiento legal– acepte de buena fe la decisión final. De otra forma carece de sentido el gobierno legal, y la violencia sería el único procedimiento y la fuerza el único recurso posible. Y eso no es otra cosa que anarquía.

Por lo tanto, a menos que tú, como ciudadano del reino de Dios, estés dispuesto a aceptar la decisión de un tribunal terrenal, no debes tomar esa iniciativa, no debes iniciar la causa. Hacerlo, para no aceptar seguidamente la sentencia, significa el principio de la anarquía y la desintegración del gobierno.

Pero los cristianos no están en el mundo con ese propósito. Debemos reconocer *y respetar* incuestionablemente los sistemas de gobierno que están ya establecidos, *de la forma en que están establecidos* por sus fundadores, y no inculcar un principio, no seguir un curso de acción que pudiera tener por resultado el derrumbe de los fundamentos de los gobiernos que existen.

Es un hecho innegable que el Sunday party (partido Dominical) ha tomado la iniciativa y la ha mantenido, desde el mismo comienzo del acta aclaratoria del Congreso hasta esta decisión final del tribunal. Y ahora, en lugar de aceptar de buena fe la sentencia, la reprueban y recurren a la violencia. El otro partido, el que fue llevado a los tribunales a su pesar, anunció de antemano con llaneza que si la decisión resultaba serle contraria, la acataría de buena fe y se conformaría a ella. El primer partido, el que decide litigar y persiste en hacerlo, desprecia abiertamente y rehúsa aceptar la decisión final, anunciando jactanciosamente su intención de seguir un curso de acción que convierta la feria en un "fracaso financiero". Y son ellos mismos quienes han denunciado de forma mordaz el curso de acción de la directiva como siendo "anárquico" y "rebelde".

Este es el resumen de todo el asunto: es esencial para el propio concepto y existencia de un gobierno legítimo, que la parte que toma la iniciativa en un procedimiento legal acepte de buena fe la decisión final y se conforme a ella. No hacer eso, actuando en su lugar como si no hubiera existido tal sentencia *una vez que esta se ha dictado*, es un acto de repudio al gobierno, y es una conducta anárquica y rebelde en su esencia. El partido de la Ley Dominical es –y ha sido desde el principio– quien ha iniciado el litigio en ese procedimiento legal. Ese partido, en lugar de aceptar de buena fe la sentencia final, la ignora por completo y recurre a la violencia –al boicot–, una vez que se ha dictado sentencia. Se deduce inevitablemente, y la demostración es completa, que la acción de los promotores del Domingo en este asunto es verdaderamente la única que es "anárquica en su concepción y rebelde en su ejecución".

> Esa es la lógica de la situación y la verdad del asunto. Su propia acción no hace más que confirmarlo, y su recurso a etiquetar a otros de "anarquistas", "rebeldes", "traidores", "ateos", etc., para nada invalida los hechos.
>
> Se trata de la misma conclusión a la que la lógica nos obligó a llegar el pasado año al asegurar el acta del Congreso reclamando el cierre de la feria. Es la única conclusión justa a la que cabe llegar en vista de la dictadura o control eclesiástico en los asuntos de gobierno. Y eso por la clara y simple razón de que por parte de los eclesiásticos jamás ha habido la menor intención de prestar atención respetuosa a cualquier ley o sentencia que no les complazca. Por lo tanto, su único propósito al recurrir a la legislación o a la vía judicial es que la autoridad gubernamental se ponga a su disposición, de forma que puedan imponer su voluntad arbitraria a la gente. Y eso constituye de hecho una renuncia a todo gobierno justo y legal.
>
> Todo lo anterior no hace más que poner de relieve la sabiduría divina al ordenar que haya una separación total entre los poderes eclesiásticos y los civiles, lo que prohíbe a la iglesia tener conexión alguna con el estado. Pone también de relieve la sabiduría de los hombres que fundaron el gobierno de Estados Unidos, al incorporar a la Constitución y a la ley suprema ese principio divino aplicable a los gobiernos: la total separación entre iglesia y estado. Y eso que han hecho y están haciendo ahora las iglesias es sólo un indicio, un comienzo del mar de problemas en el que va a quedar sumergido el gobierno mediante ese desprecio al principio gubernamental que incorporaron nuestros padres [a la Constitución], y que proclamó Jesucristo.
>
> Por tanto, tiempo como la iglesia permanezca enteramente separada del estado, puede de forma consistente y *justa* desoír todas y cada una de las actas legislativas, decretos judiciales o poderes ejecutivos que se impongan en materia de religión [o que afecten a prácticas religiosas]; lo puede hacer, puesto que niega el derecho del gobierno para emitir legislación religiosa, interferir con la religión o con cualquier cuestión religiosa de la forma que sea.

Y eso es verdad *actual*. Lo es para nosotros, tanto como para los de la Reforma Nacional.

> Pero cuando {la iglesia} olvida su lugar y sus elevados privilegios, e invita ella misma a la jurisdicción gubernamental a que intervenga en las observancias religiosas, entonces, en toda justicia según lo que ella misma ha hecho, pierde todo derecho a la protesta y a desoír los mandatos gubernamentales que afecten a asuntos religiosos, puesto que de hecho y en la práctica reúsa separase de él [gobierno civil], aunque cada vez que el gobierno no actúa de acuerdo con la voluntad de ella, desoiga abierta e intencionada la autoridad misma que ha invocado. [La iglesia] viene de esa forma a constituirse en el gran ejemplo y paradigma de la ilegalidad, y en el instrumento más eficaz para la ruina gubernamental.

Y tal como hemos visto ya, en nuestro caso se aplica plenamente y de una forma especial. ¿Vamos a comprender cuál es verdaderamente ese principio y nos aferraremos a él? Esa es la gran cuestión para cada uno de nosotros.

Capítulo 7

Una voz del Cielo

El tema para hoy va a estar directamente relacionado con el estudio nº 2 que termina en la página 33 del *Bulletin*. Es el que trata de la posición y designios del papado. A fin de que podáis ver claramente la conexión, leeré unas pocas líneas del citado artículo, retomando la frase citada en la carta de Roma a propósito de que "lo que sabemos es que este mundo está en su agonía mortal, y que estamos entrando en la noche que inevitablemente ha de preceder el amanecer", y que en preparación para esa agonía mortal del mundo, tal como leímos, el papado se está deshaciendo de los restos de la muda de su piel; está adoptando una nueva forma en todo aspecto imaginable a fin de cumplir su misión en estos tiempos que están por venir.

Dediquemos algún tiempo a estudiarlo en las Escrituras. Y esas escrituras, como otras que estamos citando y analizando aquí, os son perfectamente familiares; las hemos citado con frecuencia y estamos en espera de su cumplimiento. La primera de ellas está en Apoc. 13:8:

> Todos los que moran en la tierra le adoraron, cuyos nombres no están escritos en el libro de la vida del Cordero, el cual fue muerto desde el principio del mundo.

El texto muestra que el papado va a lograr el control total de todo lo que hay en el mundo, junto con todos lo que son del mundo, a excepción de aquellos cuyos nombres estén escritos en el libro de la vida del Cordero, que son los que pertenecen al reino de Dios y están separados de este mundo. Así, en los tiempos en que estas cosas van a llegar a su culminación, el papado va a ejercer de forma indiscutible –tal como muestran las Escrituras– el control sobre todos los que son de este mundo (se excluye a los discípulos de Cristo, pues no son de este mundo). Así lo afirma la Palabra, y no es porque Dios lo quiera, sino que va a ser así a pesar de que Él querría lo contrario: todos aquellos cuyos nombres no estén escritos en el libro de la vida ni permanezcan allí, adorarán a la bestia. Lo harán. Sea que se lo hayan propuesto o no, acabarán haciendo precisamente eso. No pueden evitarlo, puesto que, no teniendo sus nombres escritos en el libro de la vida del Cordero, serán enteramente de este mundo y por consiguiente serán enteramente del papado: en los tiempos en que vivimos, todo el que sea de este mundo es del papado. Eso significa que el poder del mundo va a pasar una vez más a las manos del papado.

Veamos ahora un versículo del capítulo 7 de Daniel. El papado va a usar el poder con el único propósito con que siempre usó a todo poder en el mundo y con el que lo va a seguir usando: para obligar a todos a que hagan su voluntad. Imponer sus dictados a todos fue el objeto con el que utilizó a todo poder. Ese es el motivo por el que persigue ahora el poder. Todo lo que está haciendo actualmente en la tierra está dedicado a ese menester de recuperar su poder sobre el mundo. Están ante nosotros las evidencias presentadas en las charlas precedentes; no es preciso repetirlas.

En los versículos 21 y 22 leemos:

> Veía yo que este cuerno hacía guerra contra los santos y los vencía, hasta que vino el Anciano de días y se hizo justicia a los santos del Altísimo; y llegó el tiempo y los santos recibieron el reino.

Evidentemente, eso sucede en la venida de Cristo. Por lo tanto, la escritura que dice: "todos los que moran en la tierra le adoraron" se refiere también a ese tiempo en el que habrá recobrado el poder, tal como lo está haciendo ya ahora sobre el mundo y en el mundo, para obligar a todos a que adoren a la bestia. Y hará guerra contra los que se nieguen a adorarlo, hasta el día en que entren en el reino de la gloria en la venida del Señor.

Observemos estos otros versículos en Apoc. 17:1 y 2:

> Vino uno de los siete ángeles que tenían las siete copas y habló conmigo, diciendo: "Ven acá y te mostraré la sentencia contra la gran ramera, la que está sentada sobre muchas aguas".

Antes de leer el segundo versículo quisiera detenerme en el primero. El ángel que revela este juicio y lo explica –así como el tiempo en el que viene– es uno de los ángeles que tiene las siete últimas plagas para derramarlas. Eso muestra que la revelación de ese juicio tiene lugar en el tiempo que precede inmediatamente a las plagas, puesto que lo proclama uno de los ángeles a quien se ha dado una de las copas [en representación] de las plagas que van a ser derramadas. Así, al llegar el tiempo en que son inminentes las plagas que están –por decirlo así– planeadas sobre el mundo, es cuando se comprenderá ese capítulo; *entonces* brillará mediante la revelación de Jesucristo, la revelación del ángel que Él envía.

Se trata de uno de los ángeles portadores de las copas, y no dice: 'Ven y te mostraré a *la mujer*'. Tampoco dice: 'Ven y te mostraré a la gran ramera', sino que dice: "Ven *acá* y te mostraré LA SENTENCIA contra la gran ramera".

El hecho de que se trate de uno de los siete ángeles que tienen las siete últimas plagas muestra que esa revelación tendrá lugar en el momento en que dichas plagas estén a punto de ser derramadas sobre el mundo. Y dado que la revelación consiste en la *condenación* de la gran ramera y no en la descripción de ella, eso muestra que será *allí* y *entonces* cuando se producirá la revelación de esas cosas que el ángel tiene para decir.

Con lo anterior no estoy iniciando el estudio del capítulo diecisiete de Apocalipsis, ni es mi intención explicar su significado. Lo cito para que se comprenda cuándo va a ser el tiempo en que va a cumplirse. Leamos ahora el segundo versículo:

> La sentencia contra la gran ramera, la que está sentada sobre muchas aguas. Con ella han fornicado los reyes de la tierra, y los habitantes de la tierra se han embriagado con el vino de su fornicación.

¿Cuándo sucede? ¿Cuándo hace aparición el ángel? –Inmediatamente antes de que *se dicte sentencia contra ella*. ¿De qué ángel se trata? –De uno de los que lleva las siete últimas plagas. Así pues, según ese paralelismo, el ángel aparece inmediatamente antes de la condenación de ella. ¿A qué tiempo puede referirse esa mención a los reyes de la tierra? –Evidentemente, al mismo tiempo. En ese tiempo, ¿cuál será la posición de los reyes de la tierra –no de algunos reyes, sino de *los reyes*– con respecto a la ramera? –*Todos ellos* han mantenido relaciones ilícitas con ella. Y en ese mismo tiempo los habitantes de la tierra se han embriagado con el vino de su fornicación. Eso proclama el mismo mensaje que el versículo anterior: que "todos los que moran en la tierra le adoraron, cuyos nombres no están escritos en el libro de la vida del Cordero".

Después que el ángel ha descrito esa sentencia condenatoria hacia ella, o más bien los eventos que preceden inmediatamente a ese *juicio*, se une otro ángel. Apoc. 18:1:

> Después de esto vi otro ángel que descendía del cielo con gran poder, y la tierra fue alumbrada con su gloria. Clamó con voz potente, diciendo: ¡Ha caído, ha caído la gran Babilonia! Se ha convertido en habitación de demonios, en guarida de todo espíritu inmundo y en albergue de toda ave inmunda y aborrecible, porque todas las naciones...

¿Cuántas naciones? –Todas. ¿Cuándo? –En ese preciso tiempo en el que aparece uno de los siete ángeles con las siete plagas, para referirse al juicio de Babilonia.

> Porque todas las naciones han bebido del vino del furor de su fornicación; y los reyes de la tierra han fornicado con ella.

¿Cuántos reyes? –Todos ellos.

> Y los mercaderes de la tierra se han enriquecido con el poder de sus lujos sensuales. Y oí otra *voz del cielo*...

Recordad bien eso: es una *voz del cielo* la que lo dice:

> Oí otra voz del cielo que decía: ¡Salid de ella, pueblo mío, para que no seáis partícipes de sus pecados ni recibáis parte de sus plagas!, porque sus pecados han llegado hasta el cielo y Dios se ha acordado de sus iniquidades.

¿Para qué se ha acordado de sus maldades? ¿Qué significado tiene que Dios se haya acordado de sus maldades? El Señor había dicho en Egipto: "Y asimismo Yo he oído el gemido de los hijos de Israel, a quienes hacen servir los egipcios, y me he acordado de mi pacto. Por tanto, así dirás a los hijos de Israel: YO JEHOVÁ; y yo os sacaré de debajo de las cargas de Egipto, y os libraré de su servidumbre, y os redimiré con brazo extendido, y con juicios *grandes*" (Éxo. 6:5 y 6). Cuando Él "recordó" lo que había prometido antes, Él *ejecutó* su palabra. "Dios se ha acordado de sus iniquidades [de la ramera]". Y esto demuestra que este recuerdo de sus maldades significa la visita del juicio sobre sus iniquidades.

> Dadle a ella tal como ella os ha dado y pagadle el doble según sus obras. En el cáliz en que ella preparó bebida, preparadle el doble a ella. Cuanto ella se ha glorificado y ha vivido en deleites, tanto dadle de tormento y llanto, porque dice en su corazón: "Yo estoy sentada como una reina, no soy viuda y no veré llanto". Por lo cual, en un solo día vendrán sus plagas: muerte, llanto y hambre, y será quemada con fuego, porque poderoso es Dios el Señor, que la juzga.

Esta es la descripción que hizo el ángel cuando dijo: "Ven acá y te mostraré la sentencia contra la gran ramera".

> Los reyes de la tierra que han fornicado con ella y con ella han vivido en deleites, llorarán y harán lamentación sobre ella cuando vean el humo de su incendio. Poniéndose lejos por el temor de su tormento, dirán: ¡Ay, ay de la gran ciudad, de Babilonia, la ciudad fuerte!, porque en una sola hora vino tu juicio.

Así, cuando Babilonia triunfa, es destruida "en una hora". Ese es el período de tiempo profético más corto en la Biblia, excepto por el momento de la resurrección, que tiene lugar en un "abrir y cerrar de ojos". Así, cuando viene el juicio, lo hace de esa manera; y se dan esas advertencias inmediatamente *antes de que caiga* el juicio. Dios nos da señales mediante las que podemos conocer y delinear el trayecto hasta el tiempo del cumplimiento, y también hasta *lo siguiente* que vendrá a continuación.

Ante nuestros ojos, en los noticieros, en la situación tal como hemos venido analizando en las presentaciones precedentes, el papado está *ahora* llevando adelante precisamente el movimiento señalado [en los textos leídos], y está teniendo éxito a cada paso. En presentaciones anteriores hemos considerado sólo en parte la evidencia en relación con Estados Unidos. El hermano Robinson me facilitó hace uno o dos días un ejemplar de *Present Truth*, y allí aparecen en su primera página citas de publicaciones católicas con origen en Londres que tienen que ver con naciones de Europa que no se suelen considerar exactamente católicas, y que están cayendo una tras otra cada vez más en las manos del papado.

En *American Sentinel* de hace dos o tres semanas podéis encontrar a partir de literatura católica la evidencia en lo que respecta a Alemania y Suiza. La iglesia católica mantiene el equilibrio de poder en Alemania: hay un católico como canciller del Imperio germánico; y el partido de la iglesia católica en *Reichstag* mantiene el equilibrio de poder, de forma que el gobierno no puede hacer como le plazca al margen de la voluntad y permiso de los citados. Estos se encargan de que se rechace toda ley que sea contraria al papado, no permitiendo que se apruebe nada sin esa premisa. A medida que los días pasan, van logrando cada vez más plenamente sus objetivos.

Suiza tiene a un católico por presidente, y la *Universidad de Londres* dice de él que "es tan papista como la guardia suiza". Por lo tanto, no es extraño que los hermanos en Suiza nos informen sobre manifestaciones contra la verdad de Dios y contra el Señor.

Recientemente leí un periódico alemán cuyo editor y propietario escribía sobre un viaje que realizó a Europa. Al pasar por Holanda vio un desfile de católicos celebrando la recuperación de Holanda para la iglesia católica.

En Inglaterra, de entre todas las cosas que se hicieron cuando vino a ser un país protestante y se estableció una sucesión de soberanos, sólo falta una para que el papado recupere el control: que el soberano sea un protestante. Se ha revocado el voto que se tomó al efecto de que se mantuviera una sucesión protestante. El único elemento restante que requiere una sucesión protestante ha quedado tan debilitado, que el propio papado está expectante para que también este sea pronto revisado y puesto de lado, de forma que pueda una vez más recuperar el control. Hace un año, el papa, en la recepción a un grupo de peregrinos de Inglaterra, les dio su bendición y les indicó que había múltiples indicios de que Inglaterra estaba por volver nuevamente a la iglesia.

Realmente son más que simples *indicios* del proceso en marcha; son *hechos* constatables según su propio curso de acción. No son sólo *indicios*, sino *una realidad innegable*.

En esos extractos de revistas católicas que se publicaron en *Present Truth* se mencionaba a los Estados Unidos como siendo uno de los países en los que el papado estaba conociendo un gran éxito; y en relación directa con esas evidencias que hemos presentado en las charlas precedentes se destaca el hecho de que los Estados unidos va a ser utilizados, tal como ha manifestado el papa, a modo de molde para el resto de naciones, así como que este país va a marcar el destino de otras naciones. Todo ello tiene el sentido simplemente de devolver el mundo al papado, de forma que pueda hacer su voluntad y promover sus intereses en la tierra.

Así, estando en presencia –y habiendo avanzado un buen trecho en la constatación– de eventos que marcan el cumplimiento de esas profecías hasta el punto en el que todas las naciones se van a reunir nuevamente bajo el papado una vez alcance el objetivo de todo ese movimiento en el que está ahora implicado, cuando esas cosas se cumplan, ENTONCES caerán sobre él los juicios. Cuando se alcance ese punto, cuando llegue el tiempo en el que haya alcanzado el lugar en el que se pueda congratular porque todas las naciones se han juntado al papado una vez más y este se ha exaltado de nuevo por encima del caos y la agonía, la anarquía y la violencia de toda clase, recuperando la supremacía de la que ya gozó en otros tiempos; cuando eso suceda, será lo último que verá antes que los juicios caigan sobre él.

Hace unos años predicábamos la venida del Señor tal como lo hacemos ahora. Predicábamos por doquiera la *pronta* venida del Señor, incluso en la actual generación que puebla la tierra y en la que ha de venir. Sin embargo, al mismo tiempo enseñábamos a todos aquellos a quienes predicábamos la venida del Señor, que *no podía darse* hasta que el gobierno de Estados Unidos hubiera reconocido la religión cristiana y hubiera establecido el domingo en lugar del sábado. En otras palabras: les decíamos que Cristo no podía venir hasta que este gobierno hubiera formado la imagen de la bestia. Así, después de haberles dicho que el Señor viene pronto y que lo hará en esta generación, teníamos que decirles que *eso* [la formación de la imagen de la bestia] tenía que suceder *antes de que* Cristo pudiera venir; entonces les señalábamos los pasos que se habían dado y el progreso habido en relación con el reconocimiento de la religión en los Estados Unidos, y la imposición del domingo como día de reposo en lugar del sábado. Les decíamos que esas eran las señales mediante las que podían saber cuándo iba a producirse el hecho esperado; y tan pronto como se dieran esas señales, podríamos saber que era de esperar como nunca antes la venida del Señor.

Ahora todo eso ha sucedido. No podemos con verdad decir a las personas que, los Estados Unidos va a reconocer la religión cristiana. No podemos ahora seguir diciendo que el gobierno de los Estados Unidos *va a* anular el sábado del Señor del cuarto mandamiento, poniendo el domingo en su lugar. Nadie puede decir eso y hablar con verdad. Todo aquel que hable la verdad al respecto, ha de decir que *ya ha sucedido*, señalando a continuación sencillamente el registro oficial en las actas del gobierno que demuestra tal cosa. Siendo así, se aplican como nunca antes las palabras: "*Ahora* está más cerca de nosotros nuestra salvación que cuando creímos".

Decíamos también a la gente que cuando eso tuviera éxito, el papado se levantaría triunfante, a expensas de los protestantes que hacían eso [la imagen de la bestia], y sin sus expectativas, se pondría en el lugar, y recibiría fuerza, e influencia y poder para moldear al mundo una vez más a su gusto. Bien, ahora no podemos decir más que el papado *hará eso*. Lo único que podemos decir es que [el papado] *lo está haciendo*, se está levantando triunfante, y llamar la atención de la gente a los *hechos* que demuestran que es así, y que ese es su gran plan para el mundo entero, obrando mediante ese poder que ahora tiene ya sobre los Estados Unidos.

Pero el éxito de su plan, el logro de su objetivo, es el cumplimiento exacto de esa profecía que hemos leído a propósito de que todas las naciones se unirán al papado; todas lo adorarán; todos los habitantes de la tierra relacionados con él, todo el mundo sometido a él, todos ellos lo adorarán, y todo el poder del mundo será puesto en las manos del papado y a su disposición para que derrame su ira contra los que temen a Dios.

La Escritura presenta en la profecía precisamente las cosas que todos estamos viendo hacer al papado, y que no podemos dejar de ver. El foco central de la profecía es precisamente la diana a la que apunta el papado y aquello por lo que se está esforzando; aquello que, una vez alcanzado, será el cumplimiento de la profecía: "Estoy sentada como una reina, no soy viuda y no veré llanto". Y cuando llegue a su consumación el plan del papado; cuando converjan en ese punto el papado y la profecía, entonces dice la Palabra que "en una hora" caerán sobre ella sus juicios: "Será quemada con fuego, porque poderoso es Dios el Señor, que la juzga".

¿Acaso no hemos llegado ya a los días en que los juicios de la gran ramera –en las plagas de Dios– están planeando sobre el mundo? Ahí es donde ciertamente estamos.

Ved esto ahora:

Dado que al principio estábamos obligados a señalar a la gente la próxima venida de la imagen de la bestia, y siendo que ahora eso ha ocurrido ya, no pudiendo citar [el cumplimiento futuro de] esas cosas, eso significa que *ahora* estamos en el tiempo en que un evento tras otro simplemente marcará los pasos que tenemos que ir dando hasta la venida del Señor; y un buen trecho de ese camino está ya recorrido, de forma que lo hemos dejado atrás.

En este tiempo, ¿cuál es la palabra que el Señor ha dispuesto que se dé al mundo? –"¡Salid de ella, pueblo mío!" ¿Para qué? –"para que no seáis partícipes de sus pecados ni recibáis parte de sus plagas".

El éxito de este movimiento en que se ha embarcado el papado *significará su ruina*; su éxito es su ruina; su triunfo es su destrucción. En una hora. Por lo tanto, todo el que no quiera terminar en la ruina debe separarse de él, tiene que repudiarlo totalmente. Y todo el que no quiera ver a sus compañeros amenazados y arruinados, debe en el temor de Dios y por amor a las almas, decirles: 'Escapad por vuestra vida; la ruina es inminente'.

¿Hasta dónde va a llegar su ruina? ¿Cuán abarcante será? ¿Cuánto está bajo su control? ¿Cuántos la están adorando? ¿Cuál ha sido el alcance de su ira? ¿Cuántos se han embriagado con el vino de la ira de su fornicación? –*Todo el mundo*. Por lo tanto, cuando caigan sobre ella sus juicios, ¿cuál será su alcance? –*Mundial*. Cuando le sobrevenga la ruina, ¿cuán completa será esta? –Totalmente completa. Se dice que "está para subir del abismo e ir a perdición". "Perdición" significa *destrucción total*. Va a ser aniquilada.

Así, tan ciertamente como su influencia se extiende por todo el mundo; tan ciertamente como todas las naciones se han juntado con ella y los habitantes de la tierra se han embriagado con el vino de la ira de su fornicación; y tan ciertamente como la están adorando todos los habitantes de la tierra cuyos nombres no están escritos en el libro de la vida del Cordero, con igual certeza sucumbirán todos en esa ruina y resultarán arruinados en ella todos aquellos cuyos nombres no figuren en el libro de la vida.

Por lo tanto, tan ciertamente como que estamos aquí, el Señor nos ha dado un mensaje en medio de estos eventos, y ese mensaje tiene que advertir al mundo –que está realmente un su "agonía mortal"– de que a partir de esa agonía el papado va a triunfar, y que su triunfo será su ruina segura. Y que todo el que escape, lo hará siguiendo la instrucción: "*Salid de en medio de ella*".

Creo que disponemos del tiempo para traer aquí una ilustración que hará que todos puedan comprenderlo. Existía la antigua Babilonia. Dios dispuso que el profeta predijera su juicio. En los capítulos 50 y 51 de Jeremías se encuentra descrito en términos proféticos el juicio de Babilonia. No voy a leerlo ahora; hacedlo vosotros en cuanto podáis, pues ahí hay mucho para nosotros, incluso hoy. Leeré los últimos versículos del capítulo 51, comenzando por el 59:

> Palabra que envió el profeta Jeremías a Seraías hijo de Nerías hijo de Maasías, cuando iba con Sedequías, rey de Judá, a Babilonia, en el cuarto año de su reinado. Y era Seraías el principal camarero. Escribió, pues, Jeremías en un libro todo el mal que había de venir sobre Babilonia, todas las palabras que están escritas contra Babilonia. Y dijo Jeremías a Seraías: "Cuando llegues a Babilonia, procura con diligencia leer todas estas cosas. Dirás: 'Oh Jehová, tú has dicho contra este lugar que lo habías de talar, hasta no quedar en él morador, ni hombre ni animal, sino que para siempre ha de ser asolado'. Y cuando acabes de leer este libro, le atarás *una piedra* y lo echarás en medio del Éufrates, y dirás: 'Así se hundirá Babilonia, y no se levantará del mal que yo traigo sobre ella'. ¡Caerán rendidos!"

Observad Apoc. 18:21 en relación con lo anterior –con el juicio de Babilonia–, que se describe en estos términos:

> Un ángel poderoso tomó *una piedra*, como una gran piedra de molino, y la arrojó en el mar, diciendo: Con el mismo ímpetu será derribada Babilonia, la gran ciudad, y nunca más será hallada.

¿Existe una correspondencia entre esas dos piedras? –Ciertamente. El hundimiento de la primera Babilonia apunta al de la Babilonia actual; su juicio en la antigüedad señala el de la Babilonia de nuestros días.

Leemos ahora en Jeremías 51:45: "¡Salid de en medio de ella, pueblo mío!" El pueblo de Dios se encontraba en aquella Babilonia; Dios tenía pueblo en ella, y no quería que permaneciera allí cuando cayera el juicio de Babilonia causando su ruina, por lo tanto, dijo: "¡Salid de en medio de ella, pueblo mío, y salvad vuestra vida del ardor de la ira de Jehová!"

¿Cuál es ahora la palabra? El ángel está a punto de arrojar esa gran piedra en el mar: "Un ángel poderoso tomó una piedra, como una gran piedra de molino, y la arrojó en el mar, diciendo: 'Con el mismo ímpetu será derribada Babilonia, la gran ciudad, y nunca más será hallada'". Por consiguiente, el llamamiento es: "¡Salid de ella, pueblo mío, para que no seáis partícipes de sus pecados ni recibáis parte de sus plagas!, porque sus pecados han llegado hasta el cielo y Dios se ha acordado de sus maldades… porque poderoso es Dios el Señor, que la juzga".

Leemos nuevamente a Jeremías en relación con la antigua Babilonia:

> No desmaye vuestro corazón; no temáis a causa del rumor que se oirá en el país. *Un año* vendrá el rumor, y *nuevo* rumor después de *otro año*. Habrá violencia en el país y contienda de un tirano contra otro.

Los habitantes de Babilonia iban a disponer de dos rumores a modo de aviso para que abandonaran Babilonia. Dos rumores, ¿de qué? –De su destrucción. Dos rumores de su caída, de su ruina. Vendría un rumor el año en que los ejércitos de los medos y los persas se pusieran en camino. ¿Debían atemorizarse entonces, previendo su ruina?, ¿tenían que escapar todos con tanta premura como les fuera posible? –Aún no. Podían irse si querían, pero la ruina tardaría otro año en llegar. Así, al aparecer el primer rumor, habrían de iniciar "*la preparación*", "disponerse" a partir, de forma que al producirse el segundo rumor pudieran huir. No hacerlo entonces significaría su ruina.

Efectivamente: el ejército medo-persa salió de Ecbatana en la primavera del año 539 A.C. –un año antes que cayera Babilonia– y recorrió parte del camino; entonces se detuvo y permaneció allí hasta la siguiente primavera. Cuando el ejército se puso en marcha [la primera vez], de forma lógica el rumor se esparció rápidamente en Babilonia. Esa era la primera señal para que todos *estuvieran preparados* para huir en el momento oportuno. En cierto sentido podían tomarse su tiempo antes de la partida real, pero debían prepararse y estar *dispuestos* para el *segundo* rumor, ya que al venir este *tenían* que salir o morir. Al llegar la primavera siguiente –el "otro año"– los ejércitos reanudaron su avance hacia Babilonia. Llegó entonces el segundo rumor de la ruina de Babilonia, y *dicha ruina llegó* junto con el segundo rumor: el que quisiera escapar de la ruina tenía que hacerlo al llegar el rumor.

Veamos ahora el caso de la moderna Babilonia y los dos rumores de su caída. En 1844 llegó el primer rumor de la caída de Babilonia. Apoc. 14:6-8:

> En medio del cielo vi volar otro ángel que tenía el evangelio eterno para predicarlo a los habitantes de la tierra, a toda nación, tribu, lengua y pueblo. Decía a gran voz: "¡Temed a Dios y dadle gloria, porque la hora de su juicio ha llegado! ¡Adorad a aquel que hizo el cielo y la tierra, el mar y las fuentes de las aguas!" Otro ángel lo siguió, diciendo: "Ha caído, ha caído Babilonia, la gran ciudad, porque ha hecho beber a todas las naciones del vino del furor de su fornicación".

Hubo, pues, un rumor de la caída de Babilonia. Aquel fue el *primer* rumor. Leamos ahora Apoc. 18:1-4:

> Después de esto vi otro ángel que descendía del cielo con gran poder, y la tierra fue alumbrada con su gloria. Clamó con voz potente, diciendo: "¡Ha caído, ha caído la gran Babilonia! Se ha convertido en habitación de demonios, en guarida de todo espíritu inmundo y en albergue de toda ave inmunda y aborrecible, porque todas las naciones han bebido del vino del furor de su fornicación. Los reyes de la tierra han fornicado con ella y los mercaderes de la tierra se han enriquecido con el poder de sus lujos sensuales". Y oí otra voz del cielo que decía: "¡Salid de ella, pueblo mío, para que no seáis partícipes de sus pecados ni recibáis parte de sus plagas!"

Llega ese segundo rumor, y sólo cesa cuando cae el juicio que significa su ruina. ¿Estamos ahora en el tiempo del segundo rumor de la caída de la postrera Babilonia? –Indudablemente lo estamos. Así, tan ciertamente como aquel segundo rumor relativo al ejército medo-persa en la antigua Babilonia significó su total devastación, con la misma seguridad estamos ahora en el tiempo del segundo rumor, y todo el que pretenda escapar debe salir de ella: "Salid de ella, pueblo mío".

Por lo tanto, tan ciertamente como nosotros –a quienes se ha encomendado ese mensaje– tengamos preocupación por las almas, temor de Dios y amor por el mensaje que Jesucristo nos ha dado, ¿qué es lo que debemos hacer? Excepto advertir a la gente de lo que está sucediendo; advertirle de lo que *ha hecho* Babilonia y de lo que está haciendo; advertirle de cómo le está acechando la ruina. Decidles que la devastación está ahí mismo, que ha llegado el segundo rumor, que va a hundirse para no levantarse ya más, para no ser hallada nunca más. Y Dios no quiere que ninguno se hunda con ella; él quisiera que toda alma saliera de ella y se volviera a Él para obtener vida y salvación, por consiguiente, clama: "Salid de ella, pueblo mío, para que no recibáis sus plagas".

Ahí es donde estamos; el rumor viene de afuera, ¿no es así? ¿Habéis dado la advertencia afuera? ¿Desde cuándo hemos estado en el tiempo del fuerte clamor? –Desde hace más de dos años. ¿Habéis estado haciendo resonar ese rumor todos vosotros estos dos años, hermanos? ¿Habéis estado todos vosotros dando el mensaje que se nos ha confiado para que lo proclamemos, urgiendo a las personas para que escapen de la ruina inminente y para que huyan a Dios si es que quieren escapar de la ruina?

¿No saldremos de esta conferencia para dar voz al rumor según la proclamación más poderosa que Dios disponga? ¿Hay alguna otra cosa que hacer? ¿Cómo podría haberla? ¿Y cómo podrían tener otro pensamiento aquellos a quienes Dios ha confiado el mensaje y la responsabilidad de hacer resonar ese rumor?

"Salid de ella, pueblo mío".

Capítulo 8

Separados del mundo

Nuestro estudio será continuación del que tuvimos la noche del viernes: qué es Babilonia, cuánto abarca y en qué consiste salir de ella. Es posible que no completemos el estudio en esta sesión, pero a partir de las evidencias consideradas el pasado viernes quedó ya claro que no hay otra tarea por hacer, excepto la de advertir al mundo de la devastación que se cierne sobre él, y la de hacer resonar el llamado de Dios para salvar a las personas de la ruina. Lo que debemos hacer es alzar la voz, hacer que se oiga la advertencia y el llamado ["Salid de ella, pueblo mío"], y el Señor traerá a los que escuchen convicción de que eso es lo que deben hacer. A ellos corresponde decidir si *van a hacerlo* o no, pero el Señor hará que sepan que eso es lo que tienen que *hacer*.

Así pues, anoche destaqué, especialmente al leer por vez primera las palabras "Oí otra voz del cielo, que decía: '¡Salid de ella, pueblo mío!'", que es *del Cielo* de donde proviene la voz que los llama a salir de ella. En consecuencia, los instrumentos humanos que presten su voz para hacer resonar el llamado, han de estar de tal modo conectados con Dios, que la gente que los escuche oirán la voz del Cielo. Hemos de estar hasta tal punto conectados con Dios, que al proclamar "Salid de ella, pueblo mío", el Espíritu de Dios les diga: 'Eso es lo que debes hacer'. Los que den la advertencia han de estar de tal modo conectados con Dios, que cuando la voz les presente las palabras de Dios mostrando la situación tal cual es en la actualidad, el Espíritu de Dios impresione a los que oyen convenciéndolos de que esa es la verdad, de que estamos en el tiempo en el que deben salir de ella.

Pero insisto en que a ellos corresponde decidir si lo harán o no. Dios nunca hace salir a nadie arrastrándolo. Tenemos una ilustración de lo que estoy diciendo en el episodio en que Pedro y Juan estaban encarcelados en Jerusalén, y el ángel del Señor los liberó, siendo emplazados a comparecer ante el sanedrín en la mañana siguiente (Hech. 4:13). Cuando en el sanedrín vieron "la valentía de Pedro y de Juan, y sabiendo que eran hombres sin letras y del vulgo, se admiraban; y *les reconocían que habían estado con Jesús*".

Ante las palabras y la presencia de aquellos dos discípulos de Cristo, los sacerdotes y gobernantes fueron convencidos de la misión de Cristo y de que aquellos hombres estaban en lo cierto. "Y *les reconocían que habían estado con Jesús*". Ahora bien, en lugar de rendirse a aquella convicción, se endurecieron contra ella y ordenaron que los discípulos fueran expulsados. "Entonces les ordenaron que salieran del Concilio y deliberaban entre sí, diciendo: –¿Qué haremos con estos hombres? Porque, de cierto, señal evidente ha sido hecha por ellos, notoria a todos los que viven en Jerusalén, y no lo podemos negar. Sin embargo, para que no se divulgue más entre el pueblo, *amenacémoslos* para que no hablen de aquí en adelante a hombre alguno en este nombre. Entonces los llamaron y les ordenaron que en ninguna manera hablaran ni enseñaran en el nombre de Jesús. Pero Pedro y Juan respondieron, diciéndoles: –Juzgad si es justo delante de Dios obedecer a vosotros antes que a Dios, porque no podemos dejar de decir lo que hemos visto y oído. Ellos entonces, *después de amenazarlos*, los soltaron, no hallando ningún modo de castigarlos".

Estaban resueltos a castigarlos, aunque no encontraran cómo hacerlo en aquellas circunstancias, pero lo cierto es que profirieron todas esas amenazas y quisieron castigarlos *en contra de su propia convicción* de que los discípulos estaban actuando correctamente. Ahí es donde Dios quiere que su pueblo esté hoy. Tenemos ahora un mensaje para el mundo, que es tan importante como lo fue el de los discípulos de entonces, y nuestra posición no será la correcta hasta que no nos encontremos en una conexión tal con Dios, que cuando hablemos la verdad allí donde vayamos, y demos a las personas el mensaje que Él nos ha encomendado ahora, el Espíritu de Dios estará allí para llevar el testimonio a las personas y decirles: 'Eso es así; el mensajero te está presentando la verdad'. Todo cuanto podemos hacer es llevar el mensaje a las personas. *Nosotros* no podemos hacer que salgan, y Dios nos les hará salir por la fuerza. Él se gana a las personas diciéndoles qué es la verdad, y haciendo pasar su bondad delante de ellos. Y Dios hará esto, que cuando el instrumento humano medio por el cual Él obra, esté tan relacionado con Él que su Santo Espíritu pueda hablar a través de él, de manera que las personas, al oír palabras pronunciadas por un ser humano, estén oyendo la "voz del cielo".

Me alegra –y no se trata de una impresión, sino de la convicción del hecho– que todos y cada uno de quienes se entreguen a la verdad de Dios tal como el Señor nos la revela hoy, y tal como la va a revelar a todo hombre, vaya a ser llevado por la verdad al preciso lugar en el que el Espíritu de Dios podrá obrar con él todo el tiempo de ese modo.

Sabemos que hemos estado por más de dos años en el tiempo cuando el Señor ha declarado: "¡Levántate, resplandece, porque ha venido tu luz!" Eso es verdad, y lo sabemos todos los que estamos aquí. Ahora bien, no podemos levantarnos a nosotros mismos. Es la verdad de Dios la que nos ha de *levantar*. El poder de Dios ha de tener su lugar, y nos levantará. Evidentemente, antes de resplandecer nos hemos de levantar. No podemos brillar aquí abajo donde estamos; no estamos en la posición correcta para hacerlo; hemos de *levantarnos* a fin de poder brillar, porque es arriba donde está la luz. Estamos demasiado cerca de la tierra –los adventistas del séptimo día, todos nosotros, estamos demasiado cerca de la tierra, demasiado abajo, demasiado cerca de las tinieblas; así no podemos brillar de la forma en que Dios ha dispuesto que hagamos. Por consiguiente, Él nos dice: "*Levántate*, resplandece".

Pero repito: de nada sirve que intentemos levantarnos a nosotros mismos. Y afirmo también que tan ciertamente como cualquier adventista del séptimo día que esté aquí en esta asamblea –o en el lugar que sea de la tierra– entregue enteramente su voluntad, su cuerpo, su mente y corazón –todo– a Dios, tomando su verdad por lo que es, Dios se encargará de que esa verdad lo levante hasta el lugar en el que brillará.

En consecuencia, dediquémonos aquí mismo al estudio sincero del asunto, y de la obra que hay pendiente por realizar, de una forma en que podamos ver lo que Dios tiene que impartirnos de su verdad, que nos va a levantar hasta el lugar en el que pueda obrar en nosotros según su buena voluntad, y desde el que, al utilizarnos y hablar mediante nosotros, la gente pueda ver que el poder de Dios está allí, y pueda oír la voz del cielo. Si tal no sucede, no podemos dar el mensaje. Eso es todo.

De nada sirve que digamos a las personas: "Salid de ella, pueblo mío", si nuestras palabras carecen del poder que hará que salgan; no hay poder alguno de nuestra parte capaz de hacer que la cosa ocurra. Sería simplemente hablar al aire. Vivimos en un tiempo en que tiene demasiada importancia el que no hablemos al aire. Dios quiere que hablemos a las personas de forma que Él pueda hablarles al corazón en las palabras que les dirijamos.

Por nosotros mismos carecemos de la capacidad para realizar esa obra. Tenemos la palabra: "Nuestra capacidad proviene de Dios" (2ª Cor. 3:5). Podemos poner toda nuestra confianza en ella y permitir que Dios nos lleve al lugar donde su suficiencia se manifieste en nuestra obra, y "nuestra capacidad proviene de Dios". Eso significa simplemente que Dios va a hacer provisión para nuestra incapacidad, que *nos va a hacer capaces*.

Avancemos algo más en lo relativo a cuánto abarca Babilonia. Recordaréis que en lecciones pasadas hemos leído que todo el mundo va a honrar a la bestia –al papado– y a obedecer sus dictados; todos lo harán, excepto aquellos cuyos nombres permanezcan escritos en el libro de la vida. Pero hay algunos textos adicionales que podemos leer sobre el tema. Veamos Apoc. 17:8, especialmente la última parte del versículo, aunque lo voy a leer en su totalidad:

> La bestia que has visto era y no es, y está para subir del abismo e ir a perdición. *Los habitantes de la tierra,* aquellos cuyos nombres no están escritos en el libro de la vida desde la fundación del mundo, *se asombrarán* viendo la bestia que era y no es, y será.

Se asombrarán cuando vean la bestia que fue, que no es, y será. Pero habrá ciertas personas que no se asombrarán lo más mínimo por ello. Todo el mundo estará sorprendido, asombrado, estupefacto, observando maravillado; pero va a haber un pueblo que no se preocupará porque así sea, y son aquellos cuyos nombres están escritos en el libro de la vida, los que no adoran a la bestia y su imagen.

Leo particularmente ese texto para relacionarlo con el pensamiento de anoche, consistente en que "todos los que moran en la tierra le adoraron, cuyos nombres no están escritos en el libro de la vida". Todos los reinos de la tierra cometieron fornicación con Babilonia; los habitantes de la tierra resultan embriagados con el vino de la ira de su fornicación, lo que demuestra que todo el mundo está conectado con ella, y en virtud de ese prodigio [Babilonia] va a alcanzar la posición en la que va a cumplirse la escritura.

Hagamos ahora una pregunta: tomando el asunto tal como lo presentan las Escrituras resulta que todos los reinos de la tierra están juntos con Babilonia, fornicando con ella, en una relación ilícita con ella; los habitantes de la tierra se han embriagado con el vino de su fornicación; ¿en qué puede consistir entonces salir de Babilonia?, ¿qué es lo único que puede significar? –Nada menos que salir del propio mundo.

Hay también otra palabra al respecto. Volvamos a Apoc. 18 y veamos cuánto hay ahí implicado. La noche del viernes leímos hasta el versículo 10. Ahora reanudamos la lectura en el 11:

> Y los mercaderes de la tierra lloran y se lamentan sobre ella, porque ninguno compra más sus mercaderías.

Seguiré leyendo pausadamente, y una vez terminada la lectura quiero que consideréis cuánto del comercio humano escapa a su control.

> Mercadería de oro, y de plata, y de piedras preciosas, y de margaritas, y de lino fino, y de escarlata, y de seda, y de grana, y de toda madera olorosa, y de todo vaso de marfil, y de todo vaso de madera preciosa, y de cobre, y de hierro, y de mármol; Y canela, y olores, y ungüentos, y de incienso, y de vino, y de aceite; y flor de harina y trigo, y de bestias, y de ovejas; y de caballos, y de carros, y de siervos, y de almas de hombres.

Babilonia controla todo eso. ¿Cuánto queda fuera de su control? –Nada. Entonces, cuando llegue el tiempo en que imponga el boicot general, le va a resultar muy fácil hacer que alguien no pueda comprar ni vender, pues todo el comercio en el mundo está bajo su control. Nadie puede comprar o vender, excepto en los cauces que ella decrete. Pero cuando controle todo eso y Dios dice: "Salid de ella", está claro que la obediencia a ese llamado nos lleva al sitio preciso en el que se cumple la voluntad de Dios mediante una separación completa de Babilonia. El propio hecho de que nuestros nombres estén en el libro de la vida, así como nuestra negativa a obedecer las órdenes de Roma, nos hace salir totalmente y nos coloca en un lugar en el que no tendremos conexión alguna con ella y hasta el punto de que no tengamos nada que llevarnos a la boca.

Estudiémoslo más afondo. Cuando nuestra lealtad a la verdad de Dios, nuestra entrega total *a* Él, nos lleve al lugar en el que resultemos privados de cualquier comida o bebida en la tierra, ¿cómo vamos a poder vivir?

Tenemos la promesa: "Se le dará su pan y sus aguas tendrá seguras". Por lo tanto, dado que en nuestra fidelidad a Dios se nos va a *forzar* a una separación absoluta de todo lo relacionado con el mundo y lo que hay en él, ¿no es *ahora* ya tiempo de que *por elección propia* separemos totalmente nuestro *corazón* y *afectos* del mundo y de todo lo que hay en él?

Están ante nosotros los reinos de la tierra que están conectados con Babilonia, y que van a ser empleados para imponer la voluntad de ella sobre el pueblo de Dios. Cuando tal cosa suceda, seremos forzados a cortar toda conexión o dependencia hacia ellos a todos los efectos. Cuando ese tiempo llegue, ¿cómo nos las vamos a arreglar entonces? ¿Cómo seremos protegidos? ¿Qué haremos cuando las multitudes nos ataquen y la gente cometa atrocidades contra nosotros? ¿Con qué protección contaremos en el mundo? ¿Cómo podremos vivir? ¿Será seguro separarse de los gobiernos de esta tierra, de forma que no puedan defendernos de los que ejercen violencia contra nosotros? ¿No podremos entonces recurrir a la ley, con sus penalidades estipuladas, como baluarte contra los que apedreen nuestros templos, rasguen nuestras carpas o nos hagan daño de otras formas? Bien, el tiempo llegará ciertamente en que seremos proscritos, y en que todos esos reinos que están bajo el poder de la bestia serán meras herramientas en sus manos para ejecutar el odio de Babilonia contra nosotros. No es sólo que ese tiempo *está por llegar*, sino que está ahora *próximo*.

Pero cuando el devenir de las cosas en Babilonia nos *fuerce* a esa situación, ¿qué vamos a hacer?, ¿cómo podremos vivir? Visto desde nuestra perspectiva, ¿qué es lo que eso nos va a traer? Es únicamente nuestra fidelidad a Dios lo que nos va a poner en esa situación. ¿Nos va a ayudar nuestra fidelidad a Dios, *una vez que estemos en esa situación*? ¿Propiciará la fidelidad a Dios la protección que vamos a necesitar cuando llegue ese tiempo? –Todos decís que sí. Bien: si la fidelidad a Dios *de todo corazón*, *ahora*, va a llevarnos a esa situación, ¿os parece que sería demasiado arriesgado que rompamos las ataduras y depositemos nuestra confianza enteramente en Dios *ahora mismo*? ¿Creéis que sería ir demasiado lejos el que pongamos *justo ahora* nuestra fidelidad del lado de Dios, y confiemos en Él para nuestra protección, tan plenamente *como si no hubiera gobierno alguno en toda la tierra*?

Los poderes terrenales van a *forzar* entonces a todo aquel cuyo nombre esté en el libro de la vida; ¿no debiéramos permitir que la palabra de Dios y su poder nos *eleven* ahora hasta allí? Prefiero que sea la obra de Dios y su poder la que me *ponga* en cierta posición, más bien que ser *forzado* por las circunstancias, por las fuerzas del mal y los poderes de la tierra a estar allí. Prefiero de todo corazón al Señor y sus caminos, que languidecer con mis afectos, confianza y dependencia ligados a los poderes terrenales, prefiriendo que el estado actual dure tanto como sea posible, de no ser porque reconozco que no puedo seguir así e ir al cielo. Mucho mejor cortar amarras con todas las consecuencias e ir al cielo. Cortaré amarras con el mundo y con todo lo que es de él y está en él, para poner toda mi confianza en Dios como si no existiera en todo el universo nadie más que Él.

Hay un texto que creo que resume bien el asunto Jeremías 17:5:

> Así ha dicho Jehová: "¡Maldito aquel que confía en el hombre, que pone su confianza en la fuerza humana, mientras su corazón se aparta de Jehová!".

Si mi corazón se inclina a buscar apoyo y confianza en cualquier cosa que no sea Dios, ¿con quién está mi corazón? –Ciertamente, no con el Señor. Veamos ahora el siguiente versículo:

> Será como la retama en el desierto, y no verá cuando llegue el bien.

Hermanos, queremos ser capaces de ver cuando el bien venga, pero ¿qué impedirá que alguien lo vea llegar? –Confiar en el hombre, en la fuerza humana. Mirar al hombre, a cualquier invención del hombre o a cualquier combinación de hombres, logrará eso. "Pone su confianza en la fuerza humana". ¿Depender de una organización humana, de cualquier combinación humana y confiar en su fuerza, va a impedirme que vea cuando llegue el bien? ¿Por qué? –Porque mi corazón se está apoyando en alguien que no es Dios. Puedo intentar tranquilizar mi conciencia auto-convenciéndome de que es un instrumento de Dios para sostenerme; pero el Señor no obra de ese modo, sino que hace una clara distinción entre Dios y el hombre, y entre confiar en el Señor y confiar en la fuerza humana. Confiaré enteramente en Dios; *sea Él* quien use la fuerza humana –si así lo dispone– para sostenerme, más bien que depender de la fuerza humana para sostenerme y esperar que Dios obre según ese camino. Cuando nos apoyamos en el hombre, en organizaciones humanas y en el poder de este mundo y del hombre, para pretender posteriormente darle el crédito a Dios, lo cierto es que estamos dando el primer lugar a aquello en que nos estamos apoyando. Pero sólo Dios ha de tener el primer lugar. Entonces, cuando nos apoyamos solamente en Él, podrá emplear el instrumento que quiera para sostenernos, o hacer lo que mejor disponga con nosotros. Pero lo importante aquí es que quien se apoya en el hombre y en la fortaleza humana, *no verá el bien cuando este llegue*. Y en el tiempo en que vivimos, eso es trágico.

> Será como la retama en el desierto, y no verá cuando llegue el bien, sino que morará en los sequedales en el desierto, en tierra despoblada y deshabitada.

Esa escena de desolación –la tierra despoblada y deshabitada– resulta ser el destino final de Babilonia.

Mirémoslo ahora desde el lado positivo: "Bendito el hombre que *confía en Jehová*".

¿Confía en Jehová a través del hombre? –No. ¿Confía en Jehová mediante la fuerza humana? –No. Confía en el propio Señor; su "confianza está puesta en Jehová".

> Será como el árbol plantado junto a las aguas, que junto a la corriente echará sus raíces. No temerá cuando llegue el calor, sino que su hoja estará verde. En el año de sequía no se inquietará ni dejará de dar fruto.

Está por venir una tremenda sequía. Pero Dios ha dispuesto las cosas de forma que no tiene por qué temer ni estar amedrentado por ese año de sequía. Ha hecho provisión antes de que esta llegue; ha puesto en Dios su confianza y al venir la sequía seguirá confiando en Él. Observad el contraste: el que confía en el hombre y en la fortaleza humana no verá cuando llegue el *bien*, mientras que el que puso en el Señor su confianza no verá cuando llegue el *calor*. Es mucho mejor camino. Tomémoslo. Cuando vengan las calamidades, no afectarán al que puso en Dios su confianza, no se conmoverá lo más mínimo por ellas.

Vayamos ahora al capítulo 16 de Apocalipsis y veamos qué revela acerca de la extensión del dominio de Babilonia. Voy a leer Apoc. 16:13 y 14, no en referencia al *tiempo* de su aplicación, sino para comprender los límites del dominio de Babilonia; hasta donde alcanza y cuánto queda bajo su dominio:

> Vi salir de la boca del dragón, de la boca de la bestia y de la boca del falso profeta, tres espíritus inmundos semejantes a ranas. Son espíritus de demonios, que hacen señales y van a los reyes de la tierra en todo el mundo para reunirlos para la batalla de aquel gran día del Dios Todopoderoso.

Vers. 16: "Y los reunió". Vers. 19, después de la séptima plaga, al llegar el fin, se refiere a "la gran ciudad". ¿Cuál es esa gran ciudad? –Babilonia todo el tiempo.

> La gran ciudad se dividió *en tres partes* y las ciudades de las naciones cayeron. La gran Babilonia vino en memoria delante de Dios, para darle el cáliz del vino del ardor de su ira.

Así pues, Babilonia, la gran ciudad, queda dividida en tres partes. ¿Tienen esos tres espíritus inmundos que salen de la boca del dragón, de la boca de la bestia y de la boca del falso profeta algo que ver con esas tres partes en las que se divide la gran ciudad? Creo que sí; creo que se refieren precisamente a lo mismo. Creo que el dragón, la bestia y el faso profeta representan esas tres partes en las que se divide al llegar el tiempo de su ruina. Y todos sabemos quiénes son el dragón, la bestia y el falso profeta, así como los tres espíritus inmundos que obran milagros saliendo de sus bocas y yendo al mundo entero para congregarlo. Por lo tanto, tenemos aquí una clara evidencia de que Babilonia controla al mundo en su totalidad. ¿Qué significa, entonces, salir de Babilonia?

Vayamos ahora a 2ª Tim. 3:

> Debes saber que en los últimos días vendrán tiempos peligrosos. Habrá hombres

amadores de sí mismos, avaros, vanidosos, soberbios, blasfemos, desobedientes a los padres, ingratos, impíos.

Cita un total de diecinueve pecados, para añadir después: "tendrán apariencia de piedad, pero negarán la eficacia de ella".

¿Qué fue lo que constituyó a Babilonia –la grande–? ¿Qué hizo que fuera lo que es? –Fue la iglesia apoyándose en la fortaleza de otro; la iglesia separándose de su Esposo y apoyándose en otro, en la fortaleza de otro distinto de su legítimo Señor: eso es lo que la convirtió en Babilonia. La iglesia que pretendía ser iglesia de Cristo, se juntó con otro señor y vino a ser adúltera: la ramera. Así llegó a ser Babilonia la grande. Y siendo ella la que ha seguido ese curso siniestro y ha dado ejemplo al resto para que la sigan, se la describe como "la madre de las rameras".

Entonces, cuando en la Reforma Dios quiso curar a Babilonia y esta rehusó, el cristianismo comenzó a hacer su camino en el mundo independientemente de ella una vez más. Pero cuando las iglesias que profesan el protestantismo han seguido el mismo curso que ella y han abandonado a *su* legítimo Señor para poner su confianza, su esperanza, en los gobiernos terrenales, en los reinos de esta tierra, y se han juntado con ellos, entonces quedan constituidas las hijas; ahora se trata de Babilonia y sus hijas –de la bestia y del falso profeta–. Ahí tenéis la profesión de religión desprovista del poder de Dios; la apariencia de piedad, pero habiendo negado la eficacia de ella. Y tenéis a los que hacen profesión, buscando y dependiendo de los reinos y naciones de la tierra en procura del poder que saben que no tienen: *todo* eso está perfectamente resumido en la combinación de apariencia de piedad y ausencia de poder o eficacia. Babilonia –la madre y las hijas– abarca a todo el mundo en los últimos días; Babilonia –la madre y las hijas– es la apariencia de piedad sin el poder de ella.

¿Veis claramente que el tercer capítulo de segunda de Timoteo describe a Babilonia? Es una descripción de ella, tanto como lo es el capítulo 18 de Apocalipsis. Y después que 2ª de Timoteo 3 especifica que "tendrán apariencia de piedad, pero negarán la eficacia de ella", añade: "*A estos, evítalos*". Esa frase que llama a salir de Babilonia, ocupa aquí el mismo lugar que la frase [de Apocalipsis]: "Salid de ella, pueblo mío".

La forma de piedad careciendo de poder es la plaga de toda profesión de religión en cualquier parte del mundo. El éxito de ese gran esquema en reunir a todas las denominaciones en la unidad de la fe, orquestado diligentemente por el papa de Roma y por muchos profesos protestantes, no significa más que la colocación del sello a una obra culminada.

El pasado agosto en Ohio, en una reunión campestre de otra denominación, el pastor principal, predicando el sermón dominical ante miles de personas sobre el milenio y la esperanza y expectativa de la venida de este, presentó como una de las grandes señales de la llegada del milenio el hecho patente de que "los católicos y los protestantes están remando en la misma dirección", y cientos de personas respondieron: 'Amén'.

El hecho es innegable: no sólo el hecho de que se dijo tal cosa en el encuentro campestre, sino que ese tipo de esquema se ha ido fraguando entre quienes están cada vez más en Babilonia. Y dicho esquema se va a cumplir en ellos al pie de la letra para traer el milenio al preparar así el camino al "rey", y al reino de Dios a la postre. Cuando venga el Salvador encontrará la unión consumada de reinos e iglesias de la tierra reunidos en un cuerpo, haciendo profesión de cristianismo, pero careciendo del poder del cristianismo, prometiéndose y prometiendo al mundo el gran y glorioso milenio por tanto tiempo anhelado en la tierra, junto al rápido advenimiento del reino de Dios. También sabemos bien que *su rey* va realmente a venir, presentándose como si fuera Cristo y siendo recibido como tal. No obstante, habrá algunos que estarán desconectados de todo ese sistema, –aquellos que hayan obedecido al llamado: "Salid de ella, pueblo mío", aquellos cuyos nombres están escritos en el libro de la vida. Estos no recibirán al rey de Babilonia para que reine sobre ellos. Y entonces se van a emplear las Escrituras en su contra, tal como propusieron que se hiciera los defensores de la Reforma Nacional en 1886: "A aquellos mis enemigos que no querían que yo reinara sobre ellos, traedlos acá y decapitadlos delante de mí" (Luc. 19:27). Eso trae de forma lógica la pena capital –tal como señala el capítulo 13 de Apocalipsis– sobre todos los que no adoran a la bestia y su imagen. Toda la fuerza combinada bajo el dominio terrenal y de los espíritus malignos –el dragón, la bestia y el falso profeta–; Satanás y todos sus instrumentos en la tierra combinados, quedarán establecidos como un gran sistema de cristianismo, siendo que se trata en realidad de un gran sistema diabólico.

¿Qué podría representar mejor que ese reino universal la forma de piedad, no sólo sin el poder, sino negándolo?, ya que esa forma de piedad niega que Jesucristo es venido en la carne. Todo espíritu que confiesa que Jesucristo *es* venido en la carne, es el Espíritu de Dios (1ª Juan 4:3). Todo espíritu que no confiesa que Jesucristo es venido –no que *vino*, sino que *es* venido ahora en mi carne, "Cristo en vosotros, la esperanza de gloria" (Col. 1:27), Cristo morando en el interior, Dios reinando en el reino de Dios que está en vosotros– eso es lo que significa. Todo espíritu que no confiesa que Jesucristo *es* venido en la carne, no es de Dios. Y ese es el espíritu del anticristo. Y vosotros lo habéis vencido, hijitos, porque mayor es el que está *en vosotros, en vosotros, en vosotros*, que el que está en el mundo. ¿Quién es el que está en el mundo? –Es el rey de este mundo: Satanás. Mayor es Cristo, quien está en vosotros, que el que está en el mundo.

Por consiguiente, todo lo anterior nos muestra claramente que en los últimos días todo el mundo y la mundanalidad estarán combinados en un gran sistema con apariencia de piedad, pero sin poder –y negando el poder–, y que irá de mal en peor. Y el clamor: "A estos, evítalos" es simplemente otra forma de clamar: "Salid de ella, pueblo mío". Allí donde resuene ese clamor, significa sencillamente: 'salid del mundo, separaos en vuestro corazón y en vuestra mente del mundo y de las cosas que hay en el mundo, tan completamente como si el mundo se hubiera deshecho ya. "Salid de ella, pueblo mío".

Capítulo 9

Vacíos completamente

Hay otra cosa muy importante que debo mencionar en relación con esa separación. Se trata de algo que va a *forzar* a todo adventista del séptimo día –y a todo cristiano– a decidirse por Cristo o por este mundo; a decidirse por ser fiel a Cristo, o bien por estar conectado con el gobierno de los Estados Unidos. Hay una propuesta que respaldan los gobernadores de todos los estados y territorios de los Estados Unidos, consistente en entrenar en tácticas militares a todos los niños varones del sistema público de educación en las escuelas. Algunos de los gobernadores de los estados cuyas legislaturas están actualmente en sesión, han iniciado ya el proceso de promulgar leyes que den soporte a ese proyecto. El 25 de enero tuvo lugar en la ciudad de Nueva York un encuentro donde se pronunciaron discursos en favor de esa propuesta.

Si el gobierno de los Estados Unidos fomenta los ejercicios militares, infundiendo así el espíritu bélico en todos los niños del país, ¿qué cristiano va a estar dispuesto a que sus hijos participen en eso? Y si ese malvado proyecto se hace obligatorio o se lo *requiere* por ley, ¿qué cristiano puede permitir que sus hijos sigan yendo a la escuela? La voz que presentó a Cristo al mundo, dijo: "En la tierra paz". Ese asunto es precisamente lo que escribió Joel: "Proclamad guerra". ¿Estáis listos para eso? El proyecto está en pie, y se ha extendido por todo el país como incendio descontrolado. Desde el día en que se lo mencionó por vez primera se lo ha venido considerando como si se tratara de lo más grande que jamás haya existido. Ha sido objeto de voraz apropiación, y se propone legislar de inmediato sobre él.

Sea que esos ejercicios militares –ese inculcar el espíritu bélico en todos los niños del país– se haga obligatorio o no de entrada, su simple realización es ya bastante; ya que su mera introducción y práctica lo convertirán de cierto modo en obligatorio por la sencilla razón de que todo niño que rehúse tomar parte en él será considerado un cobarde por quienes se impliquen. Se lo marginará; sus compañeros de escuela lo menospreciarán. A fin de justificar todo eso en nombre del "patriotismo", se aduce que su finalidad es "inculcar el patriotismo" y "el amor a la bandera". Cualquier niño que rehúse participar en los ejercicios militares quedará estigmatizado como "falto de patriotismo", se considerará que "desprecia la bandera", se dirá que "no ama el país", que es un "traidor". Pero ningún padre cristiano puede permitir que su hijo sea adoctrinado según un espíritu bélico. Es del Espíritu de Cristo, el Espíritu de paz, del que ha de estar impregnado. Es a Cristo a quien debe su fidelidad.

Siendo así, significará una prueba que separará a todo niño cristiano y a todo padre cristiano del gobierno de Estados Unidos y de cada estado. ¿No es, por lo tanto, tiempo de que comencemos a separarnos de todas formas? ¿Fueron exageradas las presentaciones pasadas? ¿Fui demasiado lejos al decir: cortemos amarras? Hermanos, los eventos que tienen lugar por parte del enemigo nos fuerzan hasta el límite en donde hemos de decidir entre la fidelidad a Jesucristo, o a este mundo.

Ante nosotros está ese asunto malvado; ante todo adventista del séptimo día y ante todo cristiano en Estados Unidos. Significará una prueba en cuanto a si desechará todos los asuntos terrenales y se aferrará sólo a Cristo, no importándole cómo puedan llamarle. Tal es la prueba. Es sólo otra expresión del llamado universal: "Salid de ella, pueblo mío".

¿Dónde comenzó ese asunto malvado? El paso concreto de llevarlo a las escuelas públicas comenzó CON EL PAPADO. Iglesias que profesan ser protestantes han estado organizando durante dos veranos lo que llaman "Boys' Brigades". Pero hasta donde he podido averiguar, el primer paso para llevarlo a las escuelas públicas e imponerlo en el país corresponde al "Catholic Club of Jersey City", N.J., tal como describe el periódico *The Catholic Mirror* del 6 de octubre de 1894:

> El "Catholic Club of Newark" (N.J.), en su reunión del pasado miércoles por la noche, adoptó una serie de resoluciones solicitando a la Legislatura que implemente la introducción de ejercicios militares en las escuelas parroquiales, públicas y las otras escuelas en este Estado. Las resoluciones son las siguientes:
>
> *Se resuelve*: Que a juicio del "Catholic Club of Newark", N.J., no debieran ignorarse los activos militares de nuestro país, sino que debieran desarrollarse tan plenamente como la economía lo permita de forma razonable, y…
>
> *Se resuelve*: Que en consecuencia sugerimos respetuosamente a la Legislatura de nuestro Estado que se haga provisión para la instrucción militar de los niños varones en nuestras escuelas públicas y que sin duda alguna debiera asegurarse que sea a bajo costo mediante recurso a la agencia de los miembros de la Gran Armada de la República y de la Guardia Nacional del Estado, y…
>
> *Se resuelve*: Que sugerimos también a la Legislatura que evalúe la conveniencia de implementar una instrucción similar en todas las demás escuelas en las que se enseña a niños varones en este Estado; y…
>
> *Se resuelve*: Que se envíe una copia de estas resoluciones a la secretaría del Senado y otra a la secretaría de la Cámara de los comunes.
>
> Esperamos que este plan se popularice, pues es de gran beneficio para los niños varones en muchos aspectos.

"Lafayette Post" de la "Gran Army of the Republic", de la ciudad de Nueva York –que inició el movimiento para implantar la bandera en todos los colegios– ha retomado últimamente [el asunto de los ejercicios militares en los colegios] y lo ha propagado por todo el país.

Examinemos con mayor detenimiento la situación: todo el que proteste en contra será acusado de falto de patriotismo, mientras que el papado se recomendará como el más patriota de todos, ya que es el primero en respaldarlo, y se mostrara como el más prominente en este movimiento y en favor de ello. Eso resulta ser simplemente una treta más de él, para colocarse a la cabeza de todo, y con la intención de regir sobre todos.

El que sigue es un comunicado del periódico *Evening News* de Detroit del 4 de febrero de 1895 en relación con las prácticas militares en las iglesias. Provee una ilustración de la perversión del asunto, sea en las escuelas públicas o en las iglesias apóstatas:

United Boys' Brigades

> 4 de febrero, Chicago – Se acaba de establecer la "United Boys' Brigades" de América con sede en Chicago, compuesta por compañías de jóvenes organizados bajo disciplina militar en las diversas iglesias cristianas del territorio. Sus fundadores son el reverendo H.W. Bolton en representación de los metodistas; el reverendo P.S. Henson en representación de los bautistas, y otros. El movimiento de las brigadas tiene por objeto el desarrollo del patriotismo y la piedad en los chicos, y sus rasgos principales son el ejercicio, el estudio de la Biblia y la obra misionera. Hace unos diez años, William A. Smith, un soldado británico, organizó la primera brigada en Glasgow, Escocia.

El hermano Robinson dice que está extendido por toda Inglaterra y Escocia. ¿No están esas cosas lo suficientemente cercanas a nosotros, y no se han manifestado claramente ante nosotros, como para que veamos hacia dónde nos llevan? Están forzando a que el cristiano se separe de todo lo que hay en la tierra. Por lo tanto, ¿no es ya tiempo, hermanos, de que hagamos esa separación por voluntad propia y de todo corazón?

Babilonia abarca al mundo, y separación de Babilonia no significa más que separación del mundo. ¡Esas cosas están tan próximas a nosotros, y tan próxima la separación que va a venir forzosamente sobre todo el que sea leal a Jesucristo! Todo el asunto proclama la urgente necesidad de que busquemos a Dios de todo corazón, y que permitamos que nuestros corazones se separen, y nosotros nos separemos de corazón *enteramente para Dios*.

Vale la pena que os lea algunos recortes referidos a ese movimiento militar. Este, del *Recorder* de Nueva York, que lo respalda plenamente, dice así:

> Es evidente que el ejercicio militar en las escuelas era algo que estaba predestinado a ocurrir… Cuánto se ha hecho ya en esa línea, y cuánto más se puede hacer, quedó llanamente demostrado en la exhibición que hizo el otro día el Seventh Regiment Armory, en el que no solamente los chicos, sino también las chicas se desempeñaron con solvencia remarcable.

En el *Sun* de Nueva York del 8 de febrero, un administrador de la escuela del distrito 33 de la ciudad de Nueva York, tras saber de una resolución tomada en una asamblea de cuáqueros que desaprueba ese movimiento militar, dice (entre otras cosas):

> El comité de Educación de nuestra ciudad ha abordado el asunto, con el resultado de que en nuestro propio Estado se acaba de introducir una propuesta de ley en el Senado, pidiendo 100.000 dólares para el equipamiento de los escolarizados de once años o más de edad en las escuelas públicas.

Evidentemente se trata de equipamiento militar. Viene a decir que el comité de Educación de Nueva York (capital) ha hecho una propuesta de ley a la asamblea legislativa de Nueva York para que se equipe a los alumnos de once y más años. Continua así:

> Pero además del beneficio que la nación puede obtener y obtendrá de ese entrenamiento militar en las escuelas públicas, afirmo que el propio escolarizado se beneficiará también al ganar un porte varonil, erguido y digno, y al aumentar el respeto a sí mismo, fortaleciendo el cuerpo al mismo tiempo que mejorando la mente, ya que no hay mejor ejercicio que las maniobras [militares] y la marcha; aprendiendo disciplina, y por lo tanto obediencia y sumisión a la legítima autoridad; enseñándole a ser un ciudadano bueno, leal y patriótico, uno que ama a este país, y que si fuera necesario estaría dispuesto a morir por defenderlo; darle control y dominio de sí mismo le da un valor, no solamente para la mente, sino también para el cuerpo, haciéndolo activo, fuerte y valiente. Estoy de todo corazón a favor del movimiento, y podéis contarme entre sus más fervientes partidarios.

Pero no todo tiene el mismo signo. También hay voces que se oponen. Alguien, escribiendo al *Herald* de Chicago del 3 o 4 de febrero, dice lo que sigue:

> En un periódico vespertino de fecha reciente leo un artículo relativo al alistamiento de niños varones en una organización eclesiástico-militar, con el propósito de fomentar el espíritu bélico junto con la mansedumbre proverbial del humilde Nazareno. ¿Podría haber algo más ridículo, contradictorio y grotesco que eso? Cuando el muchacho finalice su educación en la nueva escuela, ¡vaya producto peculiar habrá venido a ser!, ¡qué combinación jocosa de santo y diablo!, ¡qué mezcla imposible de bien y de mal!, ¡vaya prospecto para la iglesia cristiana, cuya misión se supone que es la inauguración de un reino de paz universal!, ¡qué confesión de debilidad!, ¡qué treta despreciable para llenar los bancos vacíos!, ¡qué insulto a la memoria del más noble de los personajes: Jesús, cuya vida, hechos y enseñanza fueron exactamente lo opuesto a eso! Si lo anterior es cristianismo, ¿qué es entonces –en nombre de la religión– el paganismo?...
>
> Esas organizaciones eclesiástico-militares, en su absoluto desprecio hacia la consistencia, la decencia, la genuina moralidad, la auténtica justicia, y de hecho hacia todas las virtudes cristianas, no tienen parangón en la historia; y quienes inventaron ese juego –pues no se trata más que de eso– son los peores enemigos que quepa imaginar de la verdadera democracia y de las instituciones republicanas. Esto les podrá parecer radical a algunos, pero es verdadero; la verdad parece radical solamente a quien no está familiarizado con ella, y de esa clase hay unos cuantos; de hecho, demasiados.

En este diario está impreso el discurso anual de la Sra. Marion H. Dunham, de Burlington, Iowa, que forma parte de Woman's Christian Temperance Union [WCTU por sus siglas]. Hace algunas observaciones excelentes al respecto. Hablando de los conflictos crecientes entre las clases trabajadoras, del capital y los obreros, etc., dice:

> Se ha desarrollado una característica que bien pudiera alarmar a todos los que aman su país, que consiste en el fomento del espíritu militar y el entrenamiento militar.

Entonces, hablando acerca de los peligros inherentes a los asuntos ordinarios gubernamentales, continúa así:

> Pero mucho más serios que todos ellos es el hecho de que en un tiempo de gran paz en el que no somos amenazados por ninguna otra nación, un tiempo en el que nuestra posición y poder nos convierten de facto en inexpugnables al ataque de cualquier otro poder hostil, nuestras escuelas e iglesias se estén convirtiendo en campamentos militares y nuestros niños varones estén cargados con armas que se han utilizado en los campos de batalla, de forma que en sus jóvenes corazones se despertó la sed por ver correr la sangre de sus semejantes. En mi propia ciudad [Burlington, Iowa] a las señoritas que hacen las substituciones de los maestros se las llama "cadetes", y a su labor, "instrucción premilitar", aparentemente con el objeto de que se vayan haciendo familiares los términos e ideas militares, y que de ese modo ni siquiera la influencia femenina sea ejercida en favor de la paz. En nuestros colegios se implementan instructores por parte –y a expensas– del gobierno, y las Boys' Brigades de las iglesias, que se supone fueron organizadas para esparcir el evangelio de "paz en la tierra, buena voluntad para con los hombres", se cuentan en unas 15.000, y han cambiado el antiguo himno de la escuela dominical que decía: "Quiero ser un ángel y con los ángeles estar", por:
>
> > "Quiero ser soldado y con los soldados estar,
> > con un bonete en la cabeza y un rifle en las manos.
> > Quiero entrenarme para el servicio con destreza militar,
> > y dominar las tácticas modernas, las más eficaces para matar".

Continúa con la revisión de ese antiguo himno, y añade:

> No hay enemigo exterior que nos amenace como para hacer necesaria esa preparación, y sea lo que sea que ese movimiento signifique o pretenda, es contrario al espíritu del cristianismo; representa un regreso de la civilización al tiempo en el que el poder era el derecho, y la mano de cada uno se alzaba contra cualquier otro.

De lo anterior podemos aprender otra cosa, y es que las mentes realmente cristianas en el país se pondrán en contra de ese asunto y protestarán contra él, lo que no hace más que abrir el camino para proclamar: "Salid de ella, pueblo mío". Podéis ver que ese movimiento repudia y excluye a los que son favorables al cristianismo y desean que se propague el espíritu de paz. Traza una línea de separación entre estos y el gobierno. Pero Dios tiene justo ahora una obra en la tierra, un mensaje que proclamar amonestando a todo el que quiera preservar su vida a que se separe totalmente de maldades como esa, a que se posicione de todo corazón en contra y se vuelva a Dios en un espíritu de paz a fin de que todos, del pequeño al mayor, puedan conocer a Aquel que es nuestra paz.

Esta es, pues, la situación actual en todos los frentes: todo elemento del mundo –sea en el papado, en el protestantismo apóstata o en el propio gobierno– nos está llevando al punto en que nos veremos obligados a tomar una decisión, a separarnos del mundo y de todo lo que es del mundo. ¿No vamos a verlo tal como Dios desea, y no tendremos a su Espíritu, quien efectivamente nos separará y nos revestirá de un poder que despertará al mundo al peligro y salvará de la ruina inminente a toda alma que vaya a ser salva? Leamos Isa. 40:9:

> Súbete sobre un monte alto, anunciadora de Sión; levanta con fuerza tu voz, anunciadora de Jerusalén. ¡Levántala sin temor! Di a las ciudades de Judá: "¡Ved aquí al Dios vuestro!"

Dios quiere que lo busquemos ahora. Recordad que el capítulo 40 de Isaías se corresponde con el fuerte clamor de Apocalipsis 14 y 18.

> He aquí que el Señor Jehová vendrá con mano fuerte, y su brazo señoreará; he aquí que su recompensa viene con Él, y su obra delante de su rostro. Como pastor apacentará su rebaño; con su brazo recogerá los corderos, y en su seno los llevará; pastoreará suavemente a las recién paridas.

Así, el Señor nos dice ahora: subid a los montes altos, levantad con fuerza vuestra voz y no temáis. Decid a la gente: He aquí contemplad a vuestro Dios. Él es vuestro refugio; vuestra salvación y protección.

Volvamos ahora a considerar lo que significa salir de Babilonia. Todos sabemos que salir de Babilonia es salir del mundo, y separarse de Babilonia equivale a separarse del mundo. Lo siguiente que queremos saber es: ¿qué significa salir del mundo?, ¿qué significa separarse de él? Gál. 1:4, responderá esa pregunta en pocas palabras; leeremos seguidos los versículos 3 y 4 a fin de establecer la relación, pero es el versículo cuatro el que contiene la respuesta.

> Gracia y paz sean a vosotros, de Dios Padre y de nuestro Señor Jesucristo, el cual se dio a sí mismo por *nuestros pecados para* librarnos del *presente siglo malo*.

Puesto que se dio por nuestros pecados a fin de librarnos del presente siglo malo, es evidente que la conexión con el presente siglo malo *consiste en nuestra pecaminosidad*. Por lo tanto, a fin de ser librados de este mundo, lo hemos de ser del pecado. No de algunos pecados particulares, sino del pecado mismo, de la raíz, de todo él. La Palabra de Dios no toma a un hombre y mira cuánto de bueno y de malo hay en él, para parchearle bondad en lugar de la maldad y entonces llevarlo al cielo. No se debe coser un parche nuevo sobre un vestido viejo. Así lo dijo Cristo, y así es. Por lo tanto, no debemos ver qué hay de bueno en nosotros, cuántos rasgos saludables, y concedernos crédito por ellos, para después obtener del Señor la suficiente bondad como para suplir la que nos falta. No; no hay bondad, no hay [en nosotros] ni una sola cosa buena. "Desde la planta del pie hasta la cabeza no hay en él cosa sana, sino herida, hinchazón y podrida llaga". "¿Quién me librará de este cuerpo de muerte?" (Rom. 7:24). Es un cuerpo de *muerte* sencillamente porque es un cuerpo de *pecado* (Rom. 6:6). Ser liberados del pecado es entonces ser liberados de nosotros mismos. En eso consiste salir de Babilonia.

Muchos han albergado la idea de que salir de Babilonia consiste en salir de la iglesia metodista, presbiteriana o católica, e ingresar en la adventista del séptimo día. No; no es suficiente. A menos que uno esté convertido, separado de este mundo, no salió de Babilonia, incluso aunque esté en la iglesia adventista del séptimo día, en el mismo tabernáculo de Battle Creek. Lo anterior no es decir que la iglesia adventista del séptimo día sea Babilonia; no es en absoluto así; pero aquel que está conectado consigo mismo, está conectado con el mundo, y el mundo es Babilonia. Hay que separarse del pecado, hay que separarse del mundo, para estar fuera de Babilonia. Tener "apariencia de piedad" mientras se niega "la eficacia de ella" es simplemente otra forma de describir a Babilonia y su condición en los últimos días. Por lo tanto, si yo –adventista del séptimo día– tengo la forma de piedad, pero estoy desprovisto del poder, pertenezco aún a Babilonia. No importando qué etiqueta me adjudique, sigo siendo un babilónico: llevo el manto babilónico, y llevo Babilonia a cualquier iglesia a la que vaya.

Veamos algo más en relación con la frase de Gálatas: "Jesucristo, el cual se dio a sí mismo por nuestros pecados para librarnos del presente siglo malo".

Todo lo que en este mundo puede malograr o impedir en alguien su camino al cielo, es simplemente lo que hay en él, lo que procede de él. Por consiguiente, cuando Cristo libra a alguien de este presente siglo malo, simplemente lo libra del pecado y de sí mismo. Entonces ese hombre pertenece al reino de Dios; todavía *está* en el mundo, pero no *es* del mundo. Por lo tanto, Jesús dice: "Si fuerais del mundo, el mundo amaría lo suyo; pero porque no sois del mundo, antes yo os elegí del mundo, por eso el mundo os odia". Bien: aquí estoy. Supongamos que soy del mundo. El mundo amará lo suyo. Es decir: el mundo que hay en mí y que procede de mí, amará al mundo y se aferrará a él. No puedo hacer de otra manera, no puedo evitarlo, puesto que soy del mundo en mi esencia. El mundo que está fuera de mí, el que me rodea, amará lo suyo, eso es cierto; pero tan ciertamente como soy del mundo, me aferraré a él y lo amaré: el mundo que hay *en mí* amará y se aferrará al mundo que me rodea. Al mismo tiempo puedo estar llamándome cristiano, pero eso no altera en nada la realidad: el mundo amará lo que es suyo. "Si fuerais del mundo, el mundo amaría lo suyo". Si he roto de corazón con el mundo, entonces estoy libre de él; pero si en mí sigue estando el mundo, amaré al mundo. Si tal fuera el caso, cuando llegue la prueba y la crisis esté aquí, me someteré al mundo e iré con el mundo, permaneceré en Babilonia y adoraré a la bestia.

Veamos ahora el tercer capítulo de segunda de Timoteo. Encontramos ahí la misma enseñanza:

> Debes saber que en los últimos días vendrán tiempos peligrosos. Habrá hombres amadores de sí mismos... A esos, evítalos.

Por lo tanto, si soy un amante de mi propio yo, debo dejar de serlo. ¿A quién tengo que dejar de amar? –A mí mismo. Sal de Babilonia: a esta, evítala. No se trata de que yo tenga que mirarte, estudiarte y determinar si *tú* eres uno de los que se ama a sí mismo, uno de los avaros, vanidosos, soberbios, y entonces separarme de *ti*. No, no es eso en absoluto.

No me corresponde examinar a otros y concluir: 'no quiero estar en una iglesia en la que haya hermanos como esos: aquí no puedo ser el tipo de cristiano que debo ser. Creo que es mejor pedir el traslado a la iglesia de Oakland, o quizá a Battle Creek y reunirme en la iglesia de allá. Los hermanos aquí parecen ser tan... no encuentro palabras, pero se siente uno tan incómodo y es tan difícil ser un cristiano aquí... Creo que habré de irme de esta congregación y trasladarme a alguna otra'.

Eso no soluciona nada. A menos que estés genuinamente convertido y separado del mundo; de otra manera, una vez te hayas trasladado, la iglesia a la que te hayas incorporado será mucho peor de lo que era antes, y mucho más babilónica por el simple hecho de contar contigo allí. "A esos, evítalos". Se espera que me niegue a mí mismo, por lo tanto, ¿dónde está Babilonia?, ¿dónde está el mundo? En mí, en el yo, tal como revela el capítulo cuarto de Gálatas.

Examinemos más de cerca el tercer capítulo de segunda de Timoteo y veamos si alguno de nosotros nos encontramos allí.

"Habrá hombres amadores de sí mismos, avaros". ¿Qué podría hacer que uno que profesa pertenecer y amar al Señor lo prive de algo que le pertenece claramente a Él, como es por ejemplo el diezmo? A mis manos llegan recursos. El Señor ha declarado que le pertenece una décima parte de ellos. Profeso amar al Señor; voy cada sábado a la iglesia; profeso pertenecer yo mismo al Señor; profeso estarle consagrado; sin embargo, le niego aquello que le pertenece. ¿Cuál es la raíz de ese problema? –El yo. ¿Cuál es el primer fruto del yo? –La avaricia. No he robado a mi prójimo ni le he privado de nada, pero he hecho todo eso con lo que pertenece al Señor. Por lo tanto, debo deshacerme de mi yo avaro.

Blasfemos. No podemos considerar cada uno de los puntos en detalle: "vanidosos, soberbios, blasfemos", etc. Un blasfemo, según la acepción común del término, es quien hace un uso profano del nombre de Dios, quien toma su nombre en vano. Uno de los mandamientos de Dios está dedicado a eso. Pero, aunque mi boca no pronuncie el nombre de Dios profanamente, si profeso su nombre, pero lo hago siguiendo un curso de acción que demuestra la vanidad de mi profesión, ¿acaso no estoy tomando su nombre en vano? –Ciertamente lo estoy haciendo. Si mi vida consiste en una apariencia de piedad desprovista del poder, ¿no estoy tomando sobre mí su nombre en vano? Y al tomar ese curso, ¿no voy a ser la causa de que otros blasfemen el nombre del Señor? Por lo tanto, si profeso ser del Señor, pero mi curso de acción hace que su nombre sea blasfemado; es en mí donde la blasfemia ha tenido su origen.

En relación con lo dicho, podemos leer 1ª Tim. 6:1:

> Los que están bajo el yugo de esclavitud, tengan a sus amos por dignos de todo honor, para que no sea blasfemado el nombre de Dios y la doctrina.

Así, la propia palabra de Dios lleva la verdad a cada uno para que siga un curso de acción que evite que sean blasfemados el nombre de Dios y la doctrina. Se espera que guardemos el nombre y la doctrina de Dios de la blasfemia. Pero si desoigo su consejo, soy yo quien ha originado esa blasfemia. He tomado el nombre de Dios en vano, y lo llevo en vano.

Leamos en Romanos 2, a partir del versículo 17:

> Tú te llamas judío, te apoyas en la ley y te glorías en Dios; conoces su voluntad e, instruido por la ley, apruebas lo mejor; estás convencido de que eres guía de ciegos, luz de los que están en tinieblas, instructor de los ignorantes, maestro de niños y que tienes en la ley la forma del conocimiento y de la verdad. Tú, pues, que enseñas a otro, ¿no te enseñas a ti mismo? Tú que predicas que no se ha de robar, ¿robas?

"Aquí está la perseverancia de los santos, los que guardan los mandamientos de Dios y la fe de Jesús". Tú que te apoyas en la ley, tú que predicas que no se ha de robar, ¿qué haces?, ¿defraudas?, ¿haces negocios abusivos? Si se te encomendara algún negocio del Señor, ¿te prestarías a obtener ganancias injustas? ¿Sería eso integridad por la causa? –No: eso sería falta de honestidad, sería diabólico. No puedo ser egoísta en favor del Señor. Eso no es negar la necesidad de diligencia y economía, pero no puedo conducir negocios abusivos en beneficio del Señor más de lo que lo puedo hacer en mi propio beneficio, y seguir siendo honesto. Por lo tanto, tú que predicas que no se ha de robar, ¿robas?, o ¿eres honesto?

Tú que dices que no se ha de adulterar, ¿adulteras? ¿Guardas como algo sagrado el vínculo matrimonial? ¿Honras esa institución? ¿O es para ti tal como ha sido demasiado común entre nuestros jóvenes especialmente, incluso entre los que se están "preparando para el ministerio"? Algunos de ellos parecen considerar tan a la ligera esa solemne ordenanza de Dios, como para comprometerse con alguna joven que le complace a primera vista, y después, al encontrar a alguna otra que les complace aún algo más, rompen su compromiso con la primera. Posteriormente, si no contraen matrimonio antes de encontrar alguna otra, están prestos a repetir el procedimiento.

El séptimo mandamiento está en la ley de Dios para salvaguardar la institución u ordenanza del matrimonio, y nadie puede menospreciar esa institución, esa ordenanza solemne de Dios, sin violar el mandamiento. En sólo un año podría señalar a seis jóvenes profesos cristianos que han roto con sus prometidas para casarse con otras a quienes encontraron más atractivas. Y algunos de ellos se estaban preparando para "la obra del Señor". ¿Es una buena preparación para la obra del Señor el pisotear una de sus ordenanzas más sagradas en su inicio?

"Tú que dices que no se ha de adulterar, ¿adulteras?" ¿Honras los mandamientos de Dios? ¿Honras sus ordenanzas? Alguien dirá: '¿Recomendaría a un hombre que se case con una mujer a quien no ama?' –No, no lo haría; pero le invitaría a que supiera *lo que es el amor* y a que supiera cuál es su posición antes de comprometerse con una mujer. En el curso de acción que estoy describiendo, falta el amor desde el principio. Es mero encaprichamiento. La mujer puede ser perfectamente sincera, puede haber amor de su parte, y así es la mayoría de las veces. Pero por parte de él se trata de simple encaprichamiento. Aunque sucediera que se casen antes de que otra joven le guste más que la primera, algún día acabará sucediéndole, y entonces carecerá de seguridad alguna. Quien viole la sagrada confianza que obtuvo de aquella mujer, nunca podrá estar seguro de que vaya a ser fiel a otra mujer. Una vez que ha pisoteado ese vínculo sagrado del que tanto ha hecho Dios depender la felicidad del ser humano, carecerá de seguridad –incluso en él mismo– de poder ser fiel en cualquier situación equivalente.

¿Qué diremos del hombre que llega a conquistar el amor de una mujer, sólo para traicionarlo después? La Biblia, al referirse al afecto mutuo entre dos hombres, encuentra su mejor ilustración al describirlo como "el amor de las mujeres". Sin embargo, un hombre conquistará de ese modo y obtendrá el amor de una mujer, sólo para quebrantar despiadadamente sus tiernos vínculos y repudiarlo después. Eso es una violación del séptimo mandamiento; es pisotear la institución que ese mandamiento custodia, al dar los pasos que, llevados a su conclusión lógica –y son sólo unos pocos pasos–, terminarán en la consumación del hecho.

Permitidme que lo repita: no quisiera que nadie se casara con alguien a quien no ama, pero quisiera que toda alma tuviera la suficiente reverencia por la ordenación divina, la suficiente sobriedad y consideración cristiana, como para conocer sus sentimientos. Quisiera que tuviera el sentido como para saber qué está haciendo y acuda a Dios para averiguar qué tipo de amor es el suyo antes de comprometerse en esa relación solemne, con sus sagradas obligaciones.

"Tú que dices que no se ha de adulterar, ¿adulteras?" Esa es la cuestión.

"*Tú, que abominas los ídolos, ¿cometes sacrilegio?*" Pero tú dices: 'No adoro objetos de piedra ni de madera; no me inclino ante imágenes talladas'. –No; no lo haces. Pero ¿cuál es tu postura ante las *modas del mundo*?, ¿qué tipo de sombrero usas?, ¿qué tipo de bastón?, ¿qué tipo de vestimenta cortas y confeccionas?, ¿por qué lo haces de esa manera?, ¿por qué es más confortable del modo en que lo haces?, ¿complacerá más a Dios de esa manera? –No. Sabes que es porque de esa forma *se adecúa mejor a la moda*, se conforma más al mundo y se apega más a la manera del mundo. Pero este mundo es vanidad e idolatría. Satanás es el dios de este mundo. "No os conforméis a este mundo, sino transformaos por medio de la renovación de vuestro entendimiento". "Cualquiera, pues, que quiera ser amigo del mundo se constituye en enemigo de Dios". Por consiguiente, aunque pueda no estar inclinándome ante imágenes talladas ni adorando objetos de piedra o de madera, sin embargo, si sigo las modas, los caminos y las costumbres de este mundo, y me conformo a las cosas de este mundo más bien que consultar a Dios cuál es su voluntad, ¿qué estoy adorando? –El dios de este mundo. Eso también es idolatría. Hay ahí implicada enemistad contra Dios.

No conozco nada más incongruente e irrazonable que la moda: el deseo de que todos se sujeten al mismo molde, vistan igual y tengan una apariencia similar. ¿Por qué Dios no nos hizo a todos iguales cuando nos creó?, ¿por qué no nos creó exactamente iguales? El camino de la moda es precisamente el camino del diablo. Es su propósito que todos lleven el mismo manto religioso; crear una moda que todos quieran seguir, y entonces lograr que el gobierno la imponga por ley, de forma que todos tengan que vestir ese tipo concreto de religión. Toda esa concesión a la moda en la vestimenta te está preparando para ceder a la religión del mundo. Todo eso es idolatría. Tú, que abominas los ídolos, ¿cometes sacrilegio?

Si Dios quisiera que fuésemos iguales y pareciéramos iguales, ¿por qué no nos hizo iguales desde el inicio? En ocasiones vemos a personas vestidas de una forma que no les favorece; pueden llevar un sombrero o un vestido de un color que hace pensar si no se estarán recuperando de un episodio de ictericia. Pero no piensan en ello. Todo cuanto les preocupa es que sea el color de moda.

Dios nos ha creado de forma que no hay dos en el mundo que sean iguales. Cada uno es cada cual, con su propia personalidad e individualidad. Es la voluntad del Señor que cada cristiano ejerza una influencia en este mundo tal como la que ningún otro puede ejercer. Él espera que cada uno se vista de modo que pueda representar ante el mundo la forma particular en que Dios lo ha hecho, en perfecta armonía y de forma digna. De ese modo, Dios puede emplear la individualidad de la que lo dotó para el propósito por el que lo creó de esa manera. Vistámonos para complacer al Señor, y si hacemos así, todo en nosotros hablará de Dios y de lo que respecta a su justicia. Pero podemos destruir todo aquello para lo que el Señor nos hizo si profesamos el cristianismo, y sin embargo pretendemos ejercer una influencia en el mundo a base de vestirnos según la moda del mundo. ¡Eso es imposible! Es una contradicción. No podéis impresionar a nadie en favor del cristianismo de esa manera, ya que mediante ese tributo a la idolatría queda malograda la precisa forma en que el Señor obraría.

Vestíos como el Señor quiere que lo hagáis, y veréis que vestir apropiadamente y con decoro no resulta caro ni requerirá una manufactura laboriosa o excesiva ingeniosidad. "Tú, que abominas los ídolos, ¿cometes sacrilegio?" Esa es la pregunta. ¿Tienes la mente puesta en Dios? ¿Te vistes para agradar a Él? ¿Estás buscando complacerle? ¿O te motiva qué dirá tal o cual persona? "Tú, que abominas los ídolos, ¿cometes sacrilegio?"

Tú que te jactas de la ley, ¿con infracción de la ley deshonras a Dios? "El nombre de Dios es blasfemado entre los gentiles por causa de vosotros". Uno de los males prevalentes en los últimos días será la existencia de quienes profesen santidad, pero en realidad sean blasfemos. ¿Eres uno de ellos? ¿Llevas el nombre del Señor en vano? "A estos, evítalos".

Capítulo 10

Huye de la enemistad que hay en ti mismo

Hay algunos les ha parecido que en la reunión de anoche no dije lo suficiente respecto a la vestimenta. Quizá sea así; es posible que quienes piensan que no dije lo suficiente, se hubieran alegrado si me hubiese referido a quienes visten con pulcritud, incluso con elegancia, mientras ellos mismos piensan están bien.

Hay personas que, cuando ven a una persona vestida de una forma ordenada y bien, la toman a la vez como evidencia de orgullo. Pero es tan orgulloso el que se jacta de su dejadez, como el que se jacta de su elegancia. He conocido a personas que estaban orgullosas de su desaseo en el vestir. Los he conocido incluso que se jactaban por estar libres de orgullo. Daban gracias a Dios por no ser orgullosos. Pero lo eran.

Quizá por esa razón no dije más sobre la vestimenta. Añadiré esto: quienes se sienten orgullosos por no albergar orgullo, y por lo tanto, en ese, su orgullo, piensan que todo está bien en ellos, siendo que podrían y debieran esmerarse más en su forma de vestir, harían bien en reformarse y alcanzar una norma más elevada.

No obstante, la vestimenta no era ayer mi tema, sino salir de Babilonia. Mi disertación fue un repudio a la idolatría. Pretendo mostrar en qué consiste el sacrilegio y qué es aborrecer los ídolos.

Llegamos a la palabra "blasfemos", en segunda de Timoteo capítulo tres. No podemos abordar en particular todos los ítems citados en la lista, pero algunos de ellos son dignos de mención. Este es uno: *ingratos*. En estos postreros días, los que tengan apariencia de piedad pero sin el poder de ella, serán ingratos. Ser ingrato es lo opuesto a ser *agradecido*. El agradecido está *lleno* de gracias. ¿Cuál es tu situación? ¿A dónde perteneces? Profesas la religión, haces profesión de piedad; ¿estás lleno de gracias? ¿Estás agradecido cuando todo sale bien, de la forma en que te convenía? Cuando no es así, sino que las cosas discurren como no quisieras, ¿te llenas de dudas, te muestras irritable y quejoso?, ¿te impacientas y te preguntas qué va a ser de ti? ¿Te entregas al descontento y la *ingratitud* en esas ocasiones? ¿Estás a veces agradecido, y a veces desagradecido? Si en ocasiones estoy agradecido y en ocasiones no, ¿acaso no seré contado entre los ingratos? "A esos, evítalos".

Los que tienen la forma de piedad sin el poder y se guían por los sentimientos, se caracterizan por sus altibajos. Pero Dios no quiere en absoluto que ningún cristiano tenga altos y bajos, sino altos solamente. Él nos reaviva; es decir, nos da vida y nos resucita de entre los muertos como primera cosa, y espera que sigamos avanzando hasta terminar estando a su mano derecha.

Consideremos la otra ilustración: hemos sido "plantados". Se nos llama árboles; árboles de justicia enraizados y fundados en el amor de Dios. Se espera que crezcamos: *sólo* que crezcamos. No que crezcamos y luego menguemos o retrocedamos. Según me explicaron en Florida cuando estuve allí el pasado otoño, algunos naranjos sufren lo que llaman el "secado". Crecen deprisa, superando al resto de naranjos, para secarse después casi hasta la raíz. La temporada siguiente vuelven a rebrotar, superando de nuevo al resto, sólo para volverse a secar después. Eso no es el tipo de árboles que Dios tiene en su huerto. Él planta árboles de justicia, y espera que no languidezcan en los altibajos, creciendo ahora y secándose después, sino que crezcan y sólo crezcan.

Sin santidad. Todos sabemos qué es lo único que puede dar santidad: la presencia de Jesucristo. Sólo la presencia permanente de Dios puede hacer que algo o alguien sea santo. Se trate de un trozo de terreno –como en el episodio de la zarza ardiente–, de un edificio –como es el caso de un templo–, o se trate del corazón del cristiano, la presencia de Dios hace santo ese lugar. Ahora bien, los que tienen apariencia de piedad sin la presencia de Dios, necesariamente carecerán de santidad. Y dice la Escritura: "A esos, evítalos". Debo evitar carecer de santidad, es decir: debo evitar mi propio yo. El único lugar al que podemos acudir al abandonar nuestro yo, es a Dios. Y eso nos lleva a la presencia permanente de Dios, quien hace santo, quien santifica.

Sin afecto natural. ¿Cómo tratáis a los niños? Claro que nuestros niños no son todos perfectos; no han nacido todos santos por ser hijos nuestros. Es cierto que podemos encontrar cosas que están mal en su conducta. A pesar de eso, ¿cómo los tratamos?, ¿cómo llegaron a esos caminos torcidos?, ¿cómo vino a ellos esa maldad? Oiréis a algunos decir, refiriéndose a ciertos actos o rasgos de los niños: 'Ese niño lo hizo en total sinceridad'. Es cierto. De hecho, ¿se puede decir que haya algo en el niño que no haga en total sinceridad? –Probablemente no, puesto que el niño no se trajo a sí mismo al mundo. No pretendo decir de forma alguna que esos rasgos se deban ignorar o consentir. Pero al detectarlos o corregirlos, ¿trataremos a los niños como si fueran enteramente responsables por ellos?, ¿o consideraremos más bien que lo somos nosotros en cierta medida? ¿Los trataremos "sin afecto natural"?, ¿o admitiremos que tenemos algo que ver en ello? ¿Reconoceremos que el asunto está allí por naturaleza y actuaremos en consecuencia, no sólo con afecto natural, sino afectados por la gracia divina?

Implacables [*truce breakers* en la Biblia KJV: quien rompe una tregua]. Una tregua es una decisión acordada entre dos ejércitos en guerra, aunque uno de los dos la solicita levantando una bandera blanca. Se acuerda un período de calma en medio de la guerra, un cese de las hostilidades; puede ser necesaria para enterrar a los muertos, para mantener una conversación de paz o por otras razones, pero se trata de una detención de toda actividad bélica, de un cese temporal en la contienda, por parte de quienes habían estado implicados en la guerra. Si el motivo fue enterrar los muertos, pueden incluso hacerlo juntos, pueden sentarse y parlamentar en perfecta paz, pero una vez que se acaba la tregua, la guerra continua.

En Tito 3:2 y 3, leemos: "Que a nadie difamen, que no sean amigos de contiendas, sino amables, mostrando toda mansedumbre para con toda la humanidad". Se trata de un período de tregua; pero ¿qué sucedía anteriormente?: "Nosotros también éramos en otro tiempo insensatos, rebeldes, extraviados, esclavos de placeres y deleites diversos, viviendo en malicia y envidia, odiados y odiándonos unos a otros". Eso venía siendo lo habitual, y el que odia transgrede el mandamiento que dice: "No matarás". Anteriormente hubo contención, conflicto, envidia, celos, disimulo, ira, sediciones, herejías, homicidios y cosas semejantes. Tal era antes la situación. Ahora hemos encontrado a Cristo –así es de esperar–, quien trae la paz: queda establecida una tregua cuyos términos aceptan los cristianos, los que llevan el nombre de Cristo.

Por lo tanto, tras haber tomado el nombre de Cristo y hacer profesión de pertenecerle, quien cede a la envidia, malicia, odio, murmuración, maledicencia y sediciones, ¿qué está haciendo? Está rompiendo la tregua; ha violado la tregua a la que se acogió en el nombre y profesión de la piedad. ¿Habéis encontrado alguna vez en vuestra experiencia entre las iglesias de nuestra denominación alguna manifestación de envidia, celos, palabras ofensivas hacia otro, murmuración, desacuerdo, disimulo, ira, contiendas, divisiones o cosas semejantes? Eso significa que se ha quebrantado la tregua. ¿Eres uno de ellos? "A esos, evítalos".

Calumniadores. La siguiente expresión viene de forma natural: "implacables, *calumniadores*". Calumniar es hacer una acusación falsa. La palabra griega es *diaboloi*: diablo; la palabra griega para diablo es *diabolos*: el acusador, el principal entre los acusadores. Recordad lo que de él se dice en el capítulo 12 de Apocalipsis: "Ha sido expulsado el acusador de nuestros hermanos, el que los acusaba delante de nuestro Dios día y noche". Es el propio diablo, el gran acusador. Y aquí, en el vocablo que estamos estudiando, se expresa en plural –*diaboloi*–: diablos. Son los que siguen los caminos del diablo, el acusador principal; por lo tanto, se los llama diablos, falsos acusadores o calumniadores. No les estoy llamando diablos; estoy llamando vuestra atención al hecho de que el Señor los llama así. Calumniadores, o falsos acusadores. ¿Eres uno de ellos?

El tema central de nuestro estudio es Babilonia, y en qué consiste salir de ella. Tengo aquí un recorte que da una idea de cómo es Babilonia, la madre de las rameras, y dónde se sienta: en la propia Roma. Eso será una ilustración de cuál es aquí su significado, y qué implican las palabras "implacables" y "calumniadores".

El pasado año, el cardenal Gibbons, poco tiempo después de regresar de Roma, concedió una entrevista al corresponsal del *World* de Nueva York, que se reimprimió después en Catholic Standard (número de octubre de 1894). Este es un párrafo de la entrevista:

> Al hablar, su eminencia mide muy bien sus palabras. Aunque se expresa sin sombra de ambigüedad al tratar con personas en las que confía, no obstante, es amable al exponer sus opiniones. En cierta ocasión me aseguró el placer que le produce contemplar Roma, resulta en gran medida mediatizado por la necesidad de ser cauto en su expresión. "*En la extraña atmósfera de Roma*", como él dice, "*se cazan, comentan y tergiversan hasta tus palabras más insignificantes*". "Yo estoy acostumbrado a decir lo que pienso llanamente y con franqueza, como solemos hacer en América", añadió.

Pero en Roma no se podía permitir hablar así. ¿Qué tal en Battle Creek? ¿Qué tal en Oakland, en College View o en cualquier iglesia? ¿Qué tal en la iglesia a la que pertenecéis? ¿Tenéis esa perfecta confianza fraternal de saber que aquellos con quienes habláis no van a cazar, comentar y tergiversar una palabra vuestra? ¿O, por el contrario, los hay que van a la caza de una expresión y convierten a alguien en ofensor por una palabra? ¿Eres de los que no se toma el tiempo para atender a la explicación que se está dando, y sin estar seguro de haber oído bien lo expuesto, vas inmediatamente al presidente de la Asociación o a algún otro hermano que ocupa un puesto de responsabilidad y le dices: 'Tal y tal hermano ha dicho tal y tal cosa; ¿cómo puede emplearlo en el ministerio?, ¿cómo puede respaldar a alguien que sostiene doctrinas como esa?' ¿Has presenciado alguna vez tal cosa?

Os planteo simplemente estas preguntas; decidid por vosotros mismos. Podéis saber si es así o no; y si eso es cierto de Battle Creek o de cualquier otro lugar entre los adventistas del séptimo día, entonces, ¿dónde está a ese respecto la diferencia entre tal lugar y la propia sede de Babilonia –Roma–, en la que "se cazan, comentan y tergiversan" las palabras? Si tal cosa estuviera sucediendo, ¿no sería hora de salir de Babilonia? ¿No sería aplicable: "A esos, evítalos", y buscar una comunión con Jesucristo, una fe y confianza en Él tan inconmovibles, que traigan la perfecta confianza cristiana entre quienes profesan el nombre de Cristo, de forma que tus palabras no sean objeto de caza, comentario y tergiversación?

Es cierto que el cristiano tiene que ser tan absolutamente veraz, franco y sincero, como para no tener que temer por el uso que vayan a hacer de sus palabras, pero ¿qué decir de los que profesan ser cristianos, y sin embargo están prestos a hacer eso mismo con las palabras? Esa es la cuestión. Si tal es el caso en la iglesia a la que perteneces, "a esos, evítalos". Con esto quiero decir que *si tú eres uno de ellos*, evita tu propio yo: sal de él.

> Calumniadores, sin templanza, crueles, enemigos de lo bueno, traidores, impetuosos.

Impetuosos. Hay una expresión que es hoy común entre la gente: "sesudo". La información reside en la cabeza, como todos saben, y ahí hay tanto material, que la gente se maravilla de que la cabeza lo pueda contener. Pero esa es una de las características de los últimos días. La gente será sesuda: es decir, guardará el conocimiento en su cabeza.

Dios quiere en nuestros días gente con corazón. En lugar de personas con una gran "*cabeza*", Dios quiere que tengan un gran *corazón*. Dios concedió a Salomón abundancia de corazón como la arena de la mar, y se nos exhorta a todos así, en Corintios: "Ensanchaos también vosotros". Dios quiere a gente con un gran corazón: gente sincera, no gente sesuda. Y hay dos caminos al respecto: los Testimonios nos han dicho de forma clara e insistente que hay demasiada *teoría* entre los adventistas del séptimo día, pero no la suficiente experiencia del amor de Cristo en el corazón; demasiado dogma, y poco del Espíritu de Dios; demasiada forma, y poca experiencia real y práctica del poder de Dios y de la verdad obrando en el corazón y brillando en la vida. Que Dios pueda poseer todo el *corazón*, a fin de que lo pueda ensanchar llenándolo con su plenitud.

Engreídos. Los términos guardan una concatenación lógica. Los engreídos siguen a los impetuosos de igual forma en que los calumniadores siguen a los implacables. "Engreídos" o "altivos". En Romanos 12:16 encontramos la expresión: "No seáis *altivos*, sino asociaos con los humildes. No seáis sabios en vuestra propia opinión". ¿Cuál es el carácter de nuestra obra en las presentaciones bíblicas, en las reuniones campestres y demás? ¿Nos alegramos cuando nos visita algún adinerado, alguien de la "alta sociedad" que parece ser favorable a la verdad, y entonces pensamos: 'estamos haciendo algo importante'? Pero al visitar nuestra carpa otro como el que describe Santiago: "un pobre con vestido andrajoso" cuyo aspecto no lo favorece, y decimos al rico: "Siéntate tú aquí, en buen lugar", y al otro hombre: 'Estate tú allí en pie, o siéntate aquí bajo mi estrado', ¿qué es eso? Santiago afirma que es hacer acepción de personas. ¿Haces acepción de personas? "Si hacéis acepción de personas, cometéis pecado y quedáis convictos por la ley como transgresores". No sea ese vuestro caso. "Asociaos con los humildes. No seáis sabios en vuestra propia opinión". No estoy diciendo que se deba despreciar al rico o a los mejor situados. De ninguna manera. Se los debe llevar a Cristo para que se conviertan, como a todos los demás. Mi pregunta es: ¿los estamos cortejando y creemos estar haciendo algo grande cuando alguno de ellos se interesa por nosotros o por la verdad, mientras que despreciamos al pobre o al marginado? Dios no hace acepción de personas. "Si hacéis acepción de personas, cometéis pecado". "No seáis *altivos*, sino asociaos con los humildes. No seáis sabios en vuestra propia opinión".

En Filipenses hay otro versículo que se refiere al mismo tema, y contiene una exhortación. Fil. 2:3-6:

> Nada hagáis por rivalidad o por vanidad; antes bien, con humildad, estimando cada uno a los demás como superiores a él mismo. No busquéis vuestro propio provecho, sino el de los demás. Haya, pues, en vosotros este sentir [mente] que hubo también en Cristo Jesús: Él, siendo en forma de Dios, no estimó el ser igual a Dios como cosa a que aferrarse.

Esta fue la queja contra Él: 'Oh, este hombre se junta con publicanos y pecadores, y come con ellos'. "Haya, pues, en vosotros este sentir [mente] que hubo también en Cristo Jesús".

Amadores de los deleites más que de Dios. No es necesario dedicar especial atención a eso. Basta al respecto la presentación que hizo anoche el Dr. Prescott. "Tendrán apariencia de piedad, pero negarán la eficacia de ella. A esos, evítalos".

En este punto particular del estudio hay un texto que habla de lo que podemos esperar que venga del mundo; en qué miente el mundo y dónde estamos conectados con el mundo.

Vayamos a Santiago 4:4:

> Adúlteros y adúlteras, ¿no sabéis que la amistad del mundo es enemistad contra Dios? Cualquiera, pues, que quisiere ser amigo del mundo, se constituye enemigo de Dios.

¿No os sentís cada uno en necesidad de preguntaros: 'tengo amistad con el mundo'? La pregunta no es si tengo *mayor* amistad con el mundo de la que tengo con Dios, sino si tengo *la más mínima* amistad con el mundo, ya que cualquiera que tiene amistad con el mundo, es *enemigo de Dios*. Así está escrito, y así es. Observad cómo comienza: "¡Adúlteros y adúlteras!" Analicemos la expresión y veamos qué significa en relación con Babilonia. La misma palabra informa del origen y gestación de Babilonia. Rom. 7:1-4:

> ¿Acaso ignoráis, hermanos (hablo con los que conocen de leyes), que la ley se enseñorea del hombre entre tanto que este vive? La mujer casada está sujeta por la ley al marido mientras este vive; pero si el marido muere, ella queda libre de la ley que la unía a su marido. Así que, si en vida del marido se une a otro hombre, será llamada adúltera; pero si su marido muere, es libre de esa ley, de tal manera que, si se une a otro marido, no será adúltera. Así también vosotros, hermanos míos, habéis muerto a la ley mediante el cuerpo de Cristo, para que seáis de otro, del que resucitó de entre los muertos, a fin de que llevemos fruto para Dios.

Quien profesa el nombre de Cristo está, como su propia profesión declara, casado con Cristo de la misma forma en que lo está la esposa con su marido. La esposa que, teniendo marido, fija su atención en otro hombre y pone en él su dependencia, ¿qué es? –Lo sabéis.

Su esposo está allí todo el tiempo. Está vivo, y vive con ella. Así, nuestro Esposo vive, y dice: "No te dejaré ni te desampararé". Él no es como los esposos humanos, que en ocasiones deben ausentarse por tiempo prolongado (bien entendido que una ausencia prolongada no justifica que la esposa ponga su dependencia en otro hombre).

Pero tenemos al Esposo celestial con quien estamos unidos, tal como lo está una esposa en su relación matrimonial. Él ha venido desde el cielo para sacarnos de este mundo, de toda conexión con este mundo y del dios de este mundo, para llevarnos a Dios. Cristo dice: "No soy de este mundo". Él es el segundo Adán. El primer hombre –el primer Adán– es de la tierra, es terrenal; el segundo Adán es el Señor del cielo. Tal como es el terrenal, así lo son también los que son de la tierra; y tal como es el celestial, así son también los celestiales. Nuestro Esposo es del cielo; es sólo celestial. Cuando estuvo en el mundo, no *era* del mundo. No puso su dependencia en el mundo, no tuvo conexión alguna con él. Tal como es el celestial, así también los que son del celestial.

Aquí estamos, pues, unidos al marido celestial según esa relación celestial. El que profesa tal cosa, pero tiene su mente, sus afectos y amistad centrados en el mundo, ¿qué está haciendo? –Está violando esa relación matrimonial. Ese es el sentido de la expresión, "¡Adúlteros y adúlteras!" Lo dicho es cierto para la persona individualmente. ¿Qué diremos del conjunto de personas que compone la iglesia? La *persona* conectada con Cristo tiene una experiencia personal, y mantiene una conexión cristiana personal. El conjunto total de personas conectadas con Cristo constituye la iglesia de Cristo, y cada uno de ellos ha de tener una experiencia de *iglesia* y una conexión de iglesia.

Imaginemos a uno de esos *individuos* que se apartó de Cristo –del verdadero Esposo y legítimo Señor– amistándose con el mundo y poniendo su dependencia en los reyes de este mundo. Es un adúltero, como dice el texto. Considerémoslo ahora en el conjunto de individuos que están obrando como él, constituyendo así una *iglesia* de esa clase: así es como surgió Babilonia la madre: cometiendo fornicación con los reyes de la tierra, abandonando a su propio y legítimo Señor, conectándose con los reinos de este mundo, con los caminos de este mundo, y poniendo su dependencia en los gobiernos e instituciones de este mundo. En consecuencia, lo siguiente que afirma la Escritura es que ha cometido fornicación con los reyes de la tierra, y que está sentada sobre una bestia escarlata, teniendo escrito un nombre en su frente: "MISTERIO, BABILONIA LA GRANDE, LA MADRE DE LAS RAMERAS Y DE LAS ABOMINACIONES DE LA TIERRA". Esta da el malvado ejemplo que otras iglesias –profesamente protestantes– han seguido, viniendo así a ser las hijas según esa baja estirpe.

Podéis ver que el motivo por el que Santiago emplea el término "Adúlteros y adúlteras", esa amistad con el mundo en alguien que profesa el nombre de Cristo, eso es lo que constituyó a Babilonia al principio, y es lo que constituye a Babilonia la madre y a las hijas, Babilonia en su totalidad. Se trata de la profesa iglesia de Jesucristo, que tiene apariencia de piedad, pero carece del poder. Está amistada con el mundo; está conectada con él; se apoya en los reinos y en los usos de los reinos de este mundo, en lugar de apoyarse en el brazo poderoso y amante de su legítimo Esposo. La amistad con el mundo comprende todo lo que es Babilonia: enemistad con Dios.

Por lo tanto, podéis ver que toda consideración, todo principio de la Escritura, exige en su propia esencia una separación completa del mundo y de todo lo que hay en él. Estando el mundo en la condición en la que está, siendo que todos se están apartando de Dios y están en proceso de unificarse en contra del Señor y de Cristo –en la persona de aquellos cuyos nombres están escritos en el libro de la vida del Cordero que fue inmolado desde el principio del mundo–, de entre todos los tiempos que jamás haya habido en la tierra, ahora es el momento en que esas escrituras han de tener una fuerza y un poder vitales para quienes invocan el nombre de Cristo, y especialmente para aquellos cuyos nombres están escritos en el libro de la vida.

Ved que hasta aquí hemos estudiado en qué consiste Babilonia y qué es lo que comprende: el mundo entero. Por lo tanto, salir de ella no puede ser nada menos que salir del mundo. Hemos estudiado a continuación en qué consiste salir del mundo, y hemos visto que consiste en estar totalmente separado del mundo y de todo lo que hay en él; en no tener conexión alguna con él. La siguiente cuestión ha de ser: ¿cómo conseguir tal cosa? Dios ha hecho provisión completa a tal efecto. Está ya dispuesta para nuestra aceptación. Al entrar en esta parte del estudio, hemos de saber que en favor de todo corazón que reciba con la debida sumisión la palabra de Dios en el Espíritu de Cristo, el propio Señor va a hacer que la verdad obre precisamente aquello que es necesario para cada uno que esté dispuesto a recibirla de ese modo. Esa verdad nos separará realmente, hará esa obra en nuestro favor. Nosotros no podemos hacerla; no podemos separarnos de nosotros mismos, pero Dios tiene una verdad que lo va a efectuar, que nos separará de nosotros mismos, que nos librará del presente siglo malo, que nos librará del pecado en abstracto; no simplemente de pecados individuales, sino del pecado. De esa forma, el pecado no tendrá ya poder sobre nosotros, sino que en su lugar será el poder de Dios el que obrará.

Dios tiene en su Palabra una verdad que va a lograr precisamente eso, que nos va a elevar de tal forma sobre el mundo como para hacernos morar en la luz de la gloria de Dios y en el reino de Dios. Ese poder estará sobre nosotros, en nosotros y a nuestro alrededor, de forma que saldremos a efectuar la obra para la que hemos sido llamados, para hacer la obra que Dios ha dispuesto, y para pregonar con fuerza el mensaje de advertencia y el llamamiento que ahora debe ser dado a todos: "Salid de ella, pueblo mío".

No podemos dar dicho llamamiento a menos que nosotros mismos estemos completamente fuera del "yo". No puedo llamar a alguien a que salga del mundo si yo mismo no estoy fuera de él. No puedo lograr que alguien vea en qué consiste la separación del mundo –ni siquiera con la verdad de Dios– a menos que yo vea y conozca por experiencia propia en qué consiste estar separado del mundo. No puedo llamar a las personas a que se separen totalmente del mundo y de todo lo que hay en él, y a que pongan su dependencia absoluta en Dios y en nada más, si yo mismo estoy conectado con el mundo. De esa forma es imposible. Les podemos decir *las palabras* "salid de ella", pero no habrá en ellas poder convincente y no harán que salgan, puesto que sólo el poder de Dios puede lograr eso, y a ellos mismos les resulta imposible hacerlo.

Tal como leímos en una charla precedente, es la "voz del cielo" la que llama a salir de Babilonia. Por lo tanto, de aquí en adelante en nuestra obra deberemos estar de tal forma conectados con el cielo, que las personas, al oír la palabra de Dios estén oyendo la voz del cielo, que es la que cumplirá el propósito de ese llamamiento solemne. Y en la línea de verdad que seguirá en el paso siguiente, Dios conectará de tal forma con el cielo a todo aquel que lo reciba, que hará que encuentre el cielo aun estando en la tierra. Dios quiere para este tiempo, y especialmente a partir de ahora, que sean los días del cielo sobre la tierra, de acuerdo con la Escritura. Él va a hacer que sea así para todo aquel que se entregue enteramente a Dios y a su verdad, y que preste oído a la voz del cielo.

En consecuencia, ruego que entre esta presentación y la siguiente dispongamos nuestras mentes y corazones con solemnidad y consagración en preparación para lo que el Señor tenga que decirnos, para todo lo que tenga que darnos y para todo lo que tenga que hacer por nosotros.

Dios tiene importante verdad para nosotros, que cumplirá la gran obra que debe hacerse en nuestro favor. Necesitamos entregarlo todo a Él, diciéndole: "Habla, Señor, que tu siervo escucha". Y cuando Él hable, dejadlo todo y aceptad la palabra, pues es palabra de Dios; y esa palabra nos elevará por encima del mundo. Entonces, una vez que Dios nos haya elevado, podremos brillar.

Capítulo 11

Cristo abolió la enemistad entre Dios y el hombre

Hoy comenzaremos nuestro estudio con el texto que consideramos ayer: Santiago 4:4. Quisiera que todos y cada uno lo examinéis por vosotros mismos y que estudiéis con atención lo que dice. En los tiempos, y en el lugar en que nos emplazan las evidencias que no podemos ignorar por más que quisiéramos, sé que nunca había abordado el estudio de la Biblia con la intensidad con que lo hago ahora. Deseo que sometáis completamente vuestras facultades a la dirección del Espíritu Santo, que entreguéis vuestra mente a Dios de forma que sea Él mismo quien nos guíe allí donde quiere llevarnos.

> ¡Adúlteros y adúlteras!, ¿no sabéis que la amistad del mundo es enemistad contra Dios? Cualquiera, pues, que quiera ser amigo del mundo se constituye en enemigo de Dios.

Quisiera que prestéis especial atención a la pregunta: "¿No sabéis que la amistad del mundo es enemistad contra Dios?" La lógica obliga a aceptar que la única posibilidad de que un alma se mantenga separada del mundo, y por lo tanto de Babilonia, es destruyendo esa enemistad. Porque, observad: No es que "la amistad del mundo" *esté enemistada* con Dios. Si fuera así, cabría pensar que es posible reconciliarla eliminando lo que la enemistó con Dios. No: no es eso, sino que la amistad del mundo "*es enemistad*" contra Dios. Lo es *en ella misma*. Y esa enemistad contra Dios, *siendo* en ella misma enemistad contra Dios, nos pone a nosotros *en* enemistad contra Él. El hombre puede ser reconciliado con Dios al *erradicar* esa enemistad, pero la enemistad misma nunca puede reconciliarse con Dios. Y la humanidad, enemistada de esa manera con Dios, resulta reconciliada solamente al quitar dicha enemistad.

Tenemos la clave del asunto en el hecho de que la amistad del mundo *es* enemistad contra Dios. La "amistad del mundo" y la "enemistad" son una y la misma cosa. Nadie puede tener esa enemistad contra Dios sin tener la amistad del mundo, pues ésta última conlleva la primera.

Repitámoslo una vez más: La única esperanza para alguien de estar separado del mundo tal como la Escritura demanda, y tal como es pertinente en nuestro tiempo más que en cualquier otro precedente, es quitando esa enemistad. Es todo cuanto necesitamos y todo cuanto debe ocurrir, pues una vez quitada la enemistad quedamos liberados.

En el octavo capítulo de Romanos, a partir del versículo siete, se hace referencia a eso mismo. "Por cuanto los designios de la carne son enemistad contra Dios, porque no se sujetan a la Ley de Dios, ni tampoco pueden". Eso enfatiza el pensamiento que hemos presentado en relación con el texto precedente, a propósito de la imposibilidad de que esa enemistad resulte reconciliada con Dios. Nada hay que pueda hacerse, excepto quitarla, destruirla. Se puede hacer algo *con* ella, pero no se puede hacer nada *por* ella, debido a que *es* en ella misma enemistad contra Dios. *No se sujeta a la ley de Dios*, ni tampoco *puede*. No puede estar sujeta a la ley de Dios. El propio Dios no puede hacer que la mente carnal, los designios de la carne, se sujeten a su ley. Es algo imposible. Eso no significa irreverencia hacia el Señor ni presupone una limitación en su poder; pero no puede hacerse. Dios puede destruir lo malvado, junto a todo lo que conlleva; pero no puede hacer algo *en* favor de ello, no puede reformarlo o mejorarlo.

"Y los que viven según la carne no pueden agradar a Dios". Este mundo es totalmente de la carne. "Pero... no sois del mundo, antes yo os elegí del mundo" (Juan 15:19). Él ha separado al cristiano de la carne, los ha separado de los designios de la carne, de la mente carnal y del señorío de la carne. Eso separa del mundo, al separarnos de aquello mismo que nos ancla al mundo. Sólo el poder de Dios puede efectuarlo.

Recordemos ahora algunos momentos de la creación del hombre de manos de Dios. Génesis 2: Cuando Dios creó al hombre, afirmó de él –y del resto de las cosas creadas– no simplemente que eran buenas, sino que eran buenas "en gran manera". El hombre, el primer Adán, tal como era cuando fue creado, se alegraba al oír la voz de Dios; se deleitaba en su presencia; todo su ser respondía gozoso a su llamada.

Pero al Edén llegó otro que puso en la mente del hombre desconfianza hacia Dios. La serpiente dijo a la mujer: "¿Así que Dios os ha dicho que no comáis de todo árbol del huerto?" Ella respondió: "Podemos comer del fruto de los árboles del huerto, pero del árbol que está en medio del huerto, Dios ha dicho: 'No comeréis de él, ni lo toquéis, para que no muráis'". La serpiente dijo: "No moriréis. Pero Dios sabe que el día que comáis de él serán abiertos vuestros ojos y seréis como Dios, conocedores del bien y el mal".

La insinuación tenía el siguiente propósito: 'Dios mismo sabe que eso no es así; Él sabe que no es cierto lo que os ha dicho, y eso significa algo más: significa que no os está tratando bien. Dios no quiere que lleguéis al lugar en el que eso os situaría. No quiere que tengáis lo que eso os daría. Sabe lo que lograríais con ello, y como no quiere que lo tengáis, por eso os dice que no lo comáis'. Tan pronto como Eva acogió esas sugestiones, comenzó a pensar que ahora veía algo que antes no había visto. Pero se trataba de algo que en realidad no era cierto. Tal como el Señor los hizo, y tal como deseaba que continuasen, habían de recibir de Dios mismo toda la instrucción y conocimiento. Habían de dar oído a su palabra, aceptarla, y permitir que los guiara y viviera en ellos. De esa forma tendrían la mente de Dios; tendrían los pensamientos de Dios al tener su palabra –que los expresa– morando en ellos.

Pero ahora hizo incursión otra mente totalmente opuesta. Se aceptaron otras sugerencias. Se dio libre curso a otros pensamientos. Fueron aceptadas otras palabras, hubo sumisión y obediencia a ellas, de forma que la mujer vio "que el árbol era bueno para comer". ¿Lo era? –No: no lo era, pero al haber dado oído a esas palabras estaba viendo cosas que *no eran* tal como ella las veía. Las vio como no las había visto nunca antes, ni las habría visto jamás según la luz de Dios. Pero sometiéndose a esa otra mente, vio las cosas en una luz totalmente falsa. "Vio" que el árbol era bueno para comer, y deseable para alcanzar la sabiduría. No era así, pero ella lo vio así.

Eso demuestra el poder de engañar que hay en las palabras y en los caminos de Satanás, quien estaba haciendo aquellas sugerencias. Tan ciertamente como uno inclina su mente en esa dirección, o tiene algo en su mente que simpatice con ello, está dando a Satanás una oportunidad de obrar y hacer que vea las cosas de la forma en que no son; que vea como una deducción necesaria e incuestionable aquello que no lo es en absoluto; y no sólo es una deducción necesaria, sino que es rematadamente falsa.

Una vez que Eva "vio" todo eso, lo que siguió después no fue sino la consecuencia natural: "Tomó de su fruto y comió; y dio también a su marido, el cual comió al igual que ella" (Gén. 3:6).

Avancemos algo más en el relato. Versículo 8: "Luego oyeron la voz de Jehová Dios que se paseaba por el huerto al aire del día; y el hombre y su mujer se escondieron de la presencia de Jehová Dios". ¿Cuál fue la causa de esa acción? Había en ellos algo que rehuía la presencia de Dios, algo que no estaba en armonía con Él, y que los llevó a esconderse más bien que a recibirlo con gozo.

"Pero Jehová Dios llamó al hombre y le preguntó: –¿Dónde estás? Él respondió: –Oí tu voz en el huerto y tuve miedo, porque estaba desnudo; por eso me escondí. Entonces Dios le preguntó: –¿Quién te enseñó que estabas desnudo?" Y ahora viene la pregunta: "¿Acaso has comido del árbol del cual Yo te mandé que no comieras?" Y Adán respondió: 'Sí, he comido del árbol, y tengo la impresión de no haber hecho precisamente lo correcto. Lo lamento...' ¿Es eso lo que respondió? –¡No! La pregunta era muy clara: "¿Has comido del árbol del cual Yo te mandé que no comieras?" ¿Acaso no había comido de él? –Ciertamente lo había hecho. ¿Por qué, pues, no lo reconoció? Lo consideraremos un poco más adelante en nuestro estudio.

Adán no respondió afirmativamente. No obstante, esa era la única respuesta posible. En su lugar, dijo: "La mujer que me diste por compañera me dio del árbol, y yo comí". Finalmente admitió haber comido del árbol. Pero ¿dónde vino su admisión? En el último sitio posible. La mujer, y hasta el propio Señor, tenían que ser señalados como culpables antes de que Adán admitiera su culpabilidad. Virtualmente estaba diciendo: 'De no ser por la mujer, yo no lo habría hecho. Es ella quien me lo dio. Pero la mujer jamás me lo habría dado si no hubiera estado allí, y nunca habría estado allí si *Tú* no la hubieras puesto. Si ella no hubiera estado allí, no me lo habría dado, y en ese caso yo no lo habría hecho: así pues, aunque de hecho lo comí, la responsabilidad se encuentra mucho antes de mí'. ¿Qué es lo que había en él, que lo llevaba a implicar a cualquier otro en el universo, antes que a él mismo, y antes que admitir su parte en el asunto? –Simplemente el *amor al yo*, la *defensa* de sí mismo, la *auto*-protección.

"Entonces Jehová Dios dijo a la mujer:" –otra pregunta simple y clara– "¿Qué es lo que has hecho?" Eva respondió: 'Tomé del árbol, lo comí, di a mi esposo y él también lo comió. Lo siento...' ¿Dijo eso? –No: no lo dijo. Recordad que está respondiendo la pregunta: "¿Qué es lo que has hecho?". Observad que Dios no le preguntaba *por qué* lo había hecho, sino *qué* es lo que había hecho. Pero ella respondió: "La serpiente me engañó, y comí". La respuesta de Eva fue como la de Adán. Esquivó la pregunta e implicó a alguien más que les hizo hacer lo que hicieron. Había que culpar a cualquiera, excepto a ellos mismos.

Vuelvo a preguntar: ¿Por qué no respondieron sin más a la pregunta directa? –Porque *no podían* hacerlo. No podían debido a que la mente según la cual estaban actuando, la que había tomado posesión de ellos y los mantenía en servidumbre, esclavizados bajo su poder, es la mente que dio origen a la exaltación de uno mismo por encima de Dios, y no consiente nunca en ocupar el segundo lugar, aunque se trate de competir con Dios. Todos sabemos que es la mente de Satanás. Pero cuando comenzó su rebelión, sabemos que lo que lo llevó a ese estado fue la auto-exaltación.

Apartó su vista de Dios y comenzó a mirarse a sí mismo. Se vio a sí mismo como digno de la mayor gloria. El lugar que ocupaba no llegaba a satisfacerle, de forma que planeó exaltarse a sí mismo: "En lo alto, junto a las estrellas de Dios, levantaré mi trono... sobre las alturas de las nubes subiré y seré semejante al Altísimo" (Isa. 14:13 y 14).

Eso era pecado. El Señor lo llamó a que abandonara su pecado y su camino equivocado, a que se volviera a Dios y aceptara nuevamente los caminos de Dios. Sabemos que ha de ser así, pues está escrito: "Para Dios no hay acepción de personas" (Rom. 2:11). Puesto que la familia del cielo y la de la tierra son una sola familia, y dado que Dios no hace acepción de personas –puesto que cuando el hombre pecó Dios le dio una segunda oportunidad y lo llamó a que retornara– dio también a Lucifer una segunda oportunidad y lo llamó para que regresara. Eso es indudable. Lucifer habría podido dejar su camino; podría haber dejado a su yo, y se podría haber sometido a Dios. Pero en lugar de ello desoyó el llamamiento, rechazó el don de Dios, no quiso volverse de sus caminos ni someterse nuevamente a Dios. En ello no hizo más que reafirmarse en su curso de autosuficiencia, en contra de todo cuanto Dios pudiera hacer. Y la *mente* que *está en él*, confirmada así en el pecado y la rebelión contra Dios, *es* enemistad –no es simplemente que *esté* enemistada, sino que *es* enemistad contra Dios, y "no se sujeta a la ley de Dios, *ni tampoco puede*".

Ahora Adán y Eva aceptaron *esa mente*, que tomó entonces posesión del mundo entero puesto que ellos –al aceptarla– entregaron este mundo a Satanás, quien se convirtió así en el dios de este mundo. Por lo tanto, esa es la mente de este mundo, la mente que lo controla. Esa mente de Satanás, la mente del dios de este siglo, es la que controla a la humanidad, tal como está en este mundo, y es *en ella misma* "enemistad contra Dios; porque no se sujeta a la ley de Dios, ni tampoco puede".

Esa es la razón por la que Adán y Eva no podían responder con llaneza a esa pregunta directa. El hombre la puede responder ahora, pero no podía entonces por la razón de que Satanás los había tomado bajo su dominio y no había otro poder que los controlara. Su control era *en aquel momento* absoluto, y la situación de ellos era de total depravación. Pero Dios no los abandonó allí; no abandonó a la raza en aquella condición. Se dirigió hacia la serpiente diciendo: "Pondré enemistad entre ti y la mujer, y entre tu simiente y la simiente suya; esta te herirá en la cabeza, y tú la herirás en el talón". Así pues, existen *dos enemistades* en este mundo: la una proviene de Satanás, y es enemistad contra Dios; la otra proviene de Dios, y es enemistad contra Satanás. Y en esas dos enemistades vienen los dos misterios: el misterio de Dios y el misterio de la iniquidad.

Esa enemistad contra Satanás es, por supuesto, la justicia de Dios. Al decir: "Pondré enemistad entre ti y la mujer", Dios quebrantó el yugo de Satanás sobre la voluntad del hombre, concediéndole nuevamente libertad para elegir a qué autoridad querría seguir, qué rey y qué mundo sería el suyo. En esa, su palabra, Dios rompió el dominio absoluto de Satanás y dio al hombre libertad de elegir a qué pertenecería. Y desde ese momento, aquel que escoja el camino de Dios sometiendo la voluntad a su control, puede responder al Señor con llaneza, de forma que cuando el Señor viene y le pregunta: '¿Has hecho tal y tal cosa?', puede responder: 'Sí', sin implicar absolutamente a ningún otro en el asunto. Eso es confesión del pecado. Así vino la capacidad de confesar el pecado, y ello revela la bendita verdad de que el poder de confesar el pecado –el arrepentimiento– *es el don de Dios*.

Siendo que la mente de Satanás es la mente de este mundo, la mente que controla al hombre natural es enemistad contra Dios, y pone al hombre *en* enemistad con Dios. No es posible reconciliar esa mente con Dios, "ya que no se sujeta a la ley de Dios, ni tampoco puede". Lo único que cabe hacer es deshacerse de ella de alguna forma. Si eso resulta posible, entonces el hombre resultará reconciliado con Dios y todo estará bien; estará nuevamente unido a Dios, y las palabras, pensamientos y sugerencias de Dios pueden llegar de nuevo a él a fin de ser su guía y poder controlador. Y puesto que esa *mente* no puede ser reconciliada con Dios, lo único posible es destruirla. Entonces, y *sólo* entonces y por ese medio, puede el hombre estar en paz con Dios y separado del mundo. Demos gracias al Señor, puesto que tenemos las buenas nuevas de que *ha sido destruida*.

Lo relativo a cómo ha sido destruida y cómo podemos disfrutar de ese beneficio, será el objeto de estudios subsecuentes. Considero que son muy buenas nuevas el que Dios nos diga que el conflicto está resuelto. Es el Señor quien nos llevará a la bendición, al gozo, la gloria y el poder de ello. Sabemos que esa enemistad –esa mente del yo y de Satanás–, separó al hombre de Dios, pero Dios abrió el camino para que el hombre regresara. Dios dio al hombre una oportunidad para que eligiera el mundo que tendría; y ese es el tema de nuestro estudio. Si es que hemos de salir de Babilonia, hemos de dejar absolutamente este mundo atrás. Fue para dar la oportunidad de que el hombre eligiera uno u otro mundo por lo que Dios dijo a Satanás: "Pondré enemistad" entre ti y la simiente de la mujer. Por lo tanto, la única pregunta, la pregunta eterna es: ¿Qué mundo? ¿Qué mundo? ¿Qué mundo elegirá el hombre? Y siendo que Dios abrió el camino en su increíble misericordia, dándonos el poder para elegir un mundo mejor que este, ¿por qué debiera haber la más mínima vacilación?

Vayamos al primer versículo del segundo capítulo de Efesios y leamos las buenas nuevas de que ha sido destruida la enemistad contra Dios, de forma que todos pueden ser libres:

> Él os dio vida a vosotros, cuando estabais muertos en vuestros delitos y pecados, en los cuales anduvisteis en otro tiempo, siguiendo la corriente de este mundo, conforme al príncipe de la potestad del aire, el espíritu que ahora opera en los hijos de desobediencia.

Anduvimos según ese espíritu. ¿Cuál es el espíritu que reina en los hijos de desobediencia? El mismo que rige en el mundo, la mente que originó el mal en el Edén y que es enemistad contra Dios. ¿Quién es el príncipe de la potestad del aire? El que obra en los hijos de desobediencia, el dios de este mundo que nada tiene que ver con Jesucristo, gracias a Dios.

> Entre ellos vivíamos también nosotros en otro tiempo, andando en la concupiscencia de nuestra carne, haciendo la voluntad de la carne y de los pensamientos.

La mente de este mundo, por el hecho de serlo, tiene una tendencia natural hacia los caminos de este mundo. "Éramos por naturaleza hijos de ira, lo mismo que los demás". Lo éramos.

Antes de seguir leyendo en Efesios, vayamos a Colosenses 1:21: "Erais en otro tiempo extraños y enemigos por vuestros pensamientos".

¿Dónde, pues, radica la enemistad que nos constituye en enemigos? –En los pensamientos, en la mente carnal. La mente de la carne es enemistad y nos controla, nos enemista y nos hace ser enemigos "por vuestras malas obras".

Leamos ahora Efesios 2:11: "Por tanto, acordaos que en otro tiempo vosotros, los gentiles en cuanto a la carne, erais llamados incircuncisión..." ¿Llamados así por el Señor? –No, "sino por la llamada circuncisión hecha con mano en la carne". Tenemos aquí a ciertas personas en la carne llamando de cierta forma a otras personas en la carne, haciendo ciertas distinciones entre unos y otros.

> En aquel tiempo estabais sin Cristo, alejados de la ciudadanía de Israel y ajenos a los pactos de la promesa, sin esperanza y sin Dios en el mundo.

Encontramos otro texto paralelo en el capítulo cuarto, versículos 17 y 18:

> Esto, pues, digo y requiero en el Señor: que ya no andéis como los otros gentiles, que andan en la vanidad de su mente, teniendo el entendimiento entenebrecido, ajenos de la vida de Dios por la ignorancia que en ellos hay, por la dureza de su corazón.

Los que están en la carne, alejados de Dios, caminan en la vanidad de su mente, están separados de Dios, separados de la vida de Dios. Enemigos en nuestra mente: eso es lo que éramos. Leamos de nuevo Efesios 2:13: "Pero ahora…" Dice "ahora", y nos está hablando a nosotros, que estamos estudiando aquí las Escrituras. Debemos someternos a la Palabra de Dios exactamente de la forma en que ésta nos habla, a fin de permitirle que nos lleve allí donde Él desea. Así, pregunto: ¿Cuándo? –Ahora. Ahora y aquí.

"Pero AHORA en Cristo Jesús, vosotros que en otro tiempo estabais lejos…" Lejos, ¿de quién? ¿Lejos de Dios, o lejos de los judíos? El versículo precedente especifica que se trata de estar alejados de Dios, "sin Dios", separados de Él. "Vosotros, que en algún momento estaban muy lejos [de Dios], están hechos cerca", ¿a quién? ¿A Dios? o ¿a los judíos? – Cerca de Dios, por supuesto.

"Vosotros que en otro tiempo estabais lejos, habéis sido hechos cercanos por la sangre de Cristo". Aquel que es nuestra paz, el que derribó la pared de separación que se interponía, *habiendo abolido* en su carne esa *enemistad*. Gracias al Señor. Abolió la enemistad y podemos ser separados del mundo.

"Derribando la pared intermedia de separación". Separación, ¿entre quién? –Entre el hombre y Dios. ¿Cómo lo logró? ¿Cómo derribó la pared de separación entre nosotros y Dios? –"Aboliendo en su carne las enemistades". Excelente.

Es cierto que esa enemistad había significado divisiones y separaciones entre los hombres en la tierra, entre la circuncisión y la incircuncisión; entre la circuncisión según la carne y la *in*circuncisión según la carne. Se había manifestado en sus divisiones, en la edificación de una nueva pared de separación entre judíos y gentiles. Es cierto.

Pero si los judíos hubieran caminado con Dios, si no se hubieran separado de Él, ¿habrían edificado una pared entre ellos y cualquier otro? –No, ciertamente. Más en su separación de Dios, en sus mentes carnales, en la enemistad que albergaban sus mentes, en la ceguera de su incredulidad, se configuró un velo en su corazón y resultaron separados así de Dios.

Entonces, debido a las leyes y ceremonias que Dios les había dado, se dieron crédito a *ellos mismos* como siendo del Señor y siendo tanto mejores que los otros pueblos como para hacer necesario que edificaran una gran pared de separación entre ellos y los demás. Pero ¿dónde radicaba todo el problema con respecto a ellos y los demás? –En la enemistad que en ellos había, y que los separó primeramente de Dios. Y habiéndose separado de Él, la segura consecuencia es que resultarían separados de los otros.

"Él es nuestra paz, que de ambos hizo uno". [La palabra "pueblos", después de "ambos", no figura en el original]. ¿Cuáles son los "ambos" de los que hizo uno? –Dios y el hombre. "Derribando la pared intermedia de separación, aboliendo en su carne las enemistades… para crear *en sí mismo* de *los dos* un solo y nuevo hombre, haciendo *así* la paz".

Analicémoslo de nuevo. "Aboliendo en su carne las enemistades". ¿Cuál fue el objeto de abolir esa enemistad? ¿Por qué razón derribó esa pared intermedia de separación? "Para crear *en sí mismo* de *los dos* un solo y *nuevo hombre*, haciendo así la paz". ¿Hace Cristo un nuevo hombre a partir de un judío y un gentil? –No. ¿A partir de un pagano o alguien más? –No. ¿A partir de dos paganos? –Tampoco.

Dios *hace un nuevo hombre* a partir de Dios y un Hombre. En Cristo se encontraron Dios y el hombre, de forma que pudieron ser hechos uno.

Todos los hombres fueron separados de Dios, y en dicha separación de Dios resultaron también separados unos de otros. Ciertamente Cristo desea que todos resulten *unidos* entre ellos. Su proclama a este mundo fue: "En la tierra paz, buena voluntad para con los hombres" (Luc. 2:14). Tal es su propósito. Ahora bien: ¿Dedica Dios su tiempo a procurar que se reconcilien unos con otros y a derribar todas esas barreras entre los hombres a base de llevarlos a decir: "Olvidemos el pasado, enterremos las armas; pasemos a otra nueva página y seamos más positivos a partir de ahora"?

Cristo pudo haberse dedicado a ello. Si esa hubiera sido su línea de acción, habría podido convencer a miles de personas. Habría podido persuadirlas a que dijeran: "Es lamentable que nos hayamos comportado así unos con otros. Está mal y lo sentimos. Dejemos ahora todo eso atrás, abramos un nuevo capítulo, avancemos y hagámoslo mejor". Habría podido procurar que aceptaran eso. Pero, ¿acaso habrían *podido mantenerse firmes en ese propósito?* –No, puesto que seguía persistiendo el elemento malvado *causante de la división*. ¿En qué consistía? –En la enemistad y separación de Dios, que era la causante de la separación entre los unos y los otros. ¿De qué habría, pues, servido que el propio Señor procurara que los hombres aceptaran allanar sus diferencias sin ir a la raíz del problema, extirpando esa enemistad causante de la separación? Al separarse de Dios resultaron separados también entre ellos, y la única forma de destruir la separación existente entre unos y otros era necesariamente destruir la separación de ellos con Dios. Y lo efectuó aboliendo dicha enemistad.

Nosotros, los pastores, podemos aprender una lección de ese hecho, para saber cómo actuar cuando somos llamados a alguna iglesia para solucionar diferencias. No tenemos absolutamente nada que hacer en el terreno de las dificultades entre unos y otros como tales. Debemos abordar la dificultad *entre las personas y Dios*. Una vez que eso se haya solucionado, desaparecerá toda otra separación.

Es cierto que los judíos, en su separación de Dios, habían erigido otros muros de separación entre ellos y los gentiles. Es innegable que Cristo quería eliminar todas esas separaciones, y así lo hizo. Pero la única forma en que lo hizo –y en que podía hacerlo– fue destruyendo aquello que los separaba de Dios. Todas las separaciones entre ellos y los gentiles desaparecerían, una vez que la separación o enemistad entre ellos y Dios hubiera desaparecido.

¡Qué benditas nuevas, la abolición de la enemistad! Está abolida, ¡gracias al Señor! No hay ahora necesidad alguna de tener amistad con el mundo; ninguna necesidad de una deficiente obediencia a la ley; ninguna necesidad de que dejemos de someternos a Dios, puesto que Jesucristo quitó del camino la enemistad, la abolió, la destruyó. Destruyó aquello en lo que radica la amistad con el mundo, la insumisión a Dios y la falta de sujeción a su ley. Se ha destruido; *en Cristo* queda destruido, abolido, aniquilado. No fuera de Él, sino *en Él*. Gracias al Señor por ello. Ahí tenemos auténtica libertad.

Por descontado, lo anterior ha representado siempre buenas nuevas. Pero para mí personalmente, en la situación en que Dios nos ha mostrado que estamos ocupando ahora en el mundo, esas benditas nuevas han venido en los últimos días como si nunca antes hubiera sabido de ellas. Me han traído una alegría tan grande, tan genuinamente cristiana, que me hace sentir ni más ni menos que con todo el gozo que corresponde a un cristiano.

Es un hecho bendito el que Dios declare abolido aquello que nos separa de Él, aquello que nos ata al mundo, la causa de todos los problemas. Queda abolido *en Él, quien es nuestra paz*. Recibamos ahora las alegres nuevas, gocémonos en ellas noche y día, de forma que Dios pueda llevarnos más y más a los verdes pastos y a las aguas tranquilas del reino glorioso al que nos ha trasladado. "No temáis, porque he aquí, os traigo buenas nuevas de gran gozo, que serán para todos los hombres. Porque para vosotros [para mí lo se] nace hoy en la ciudad de David un Salvador, que es Cristo el Señor" (Luc. 2:10,11, KJ). Gracias al Señor.

Capítulo 12

Cristo y los ángeles

El texto que leímos para concluir la predicación de anoche será el objeto de nuestro estudio en sucesivas reuniones. Por lo tanto, si consideráis que se ha pasado por alto alguna parte del texto, si creéis que no ha sido suficientemente explicado o no se le ha prestado la debida atención, recordad que seguiremos estudiándolo en lo sucesivo y examinaremos cada parte del mismo.

Efe. 2:13-18:

> Pero ahora en Cristo Jesús, vosotros que en otro tiempo estabais lejos, habéis sido hechos cercanos por la sangre de Cristo. Porque Él es nuestra paz, que de ambos pueblos hizo uno, derribando la pared intermedia de separación, habiendo aboliendo en su carne las enemistades... para crear en sí mismo de los dos un solo y nuevo hombre, haciendo la paz.

Es decir, su propósito fue conseguir la paz. Sólo se la puede obtener de esa manera. Y todo fue "en sí mismo". Jesús hizo la paz a fin de "mediante la cruz reconciliar con Dios a ambos [judíos y gentiles] en un solo cuerpo, matando en ella las enemistades". El texto marginal dice, "habiendo matado la enemistad *en sí mismo*"; el alemán lo traduce así, "habiendo puesto la enemistad a muerte a través de sí mismo"; "y vino y anunció las buenas nuevas de paz a vosotros que estabais lejos y a los que estáis cerca, porque por medio de Él los unos y los otros tenemos entrada por un mismo Espíritu al Padre".

Vuelvo a mencionar, como lo hice anoche, brevemente, que es la separación, la enemistad, que existía entre el judío y el gentil, que se considera aquí. Es cierto que se trata de la destrucción de esa separación y enemistad; cómo se estudia y se explica como fue llevado acabo y por los medios que obro la destrucción de la misma.

Pero, tal como mencionamos ayer, Cristo no perdió tiempo alguno procurando que los judíos y los gentiles se reconciliaran unos con otros entre sí. No empezó intentando ponerlos de acuerdo, convenciéndolos de que pusieran a un lado sus diferencias, de que pasaran a una página nueva, de que intentaran hacerlo mejor y olvidaran el pasado. No. Jesús no dedicó ni un solo minuto a eso, y si le hubiera dedicado diez mil años, de nada habría servido porque esa separación, esa enemistad que existía entre ellos, no era más que la consecuencia, el fruto, de *la enemistad* que existía *entre ellos y Dios*.

Por lo tanto, a fin de destruir eficazmente el árbol malo y su fruto tal como existía entre ellos, destruyó la *raíz* del asunto, aboliendo la enemistad que había entre ellos y Dios. Y habiendo hecho así, "vino y anunció las buenas nuevas de paz a *vosotros* que estabais lejos y a los que estáis cerca".

Versículo trece: "Pero ahora *en Cristo Jesús*, vosotros que en otro tiempo estabais lejos, habéis sido hechos cercanos por la sangre de Cristo. Porque Él es nuestra paz, que de ambos pueblos hizo uno". Es cierto que hizo uno de judíos y gentiles, pero primeramente hizo a *otro* Uno a fin de que esos dos, judíos y gentiles, pudieran ser uno –y antes de que pudieran efectivamente serlo. De forma que "ambos", en este versículo, no es el mismo "ambos" del versículo 18. En el versículo 14, los "ambos" son *Dios* y el *hombre*, quien está separado de Dios, sea que esté cerca o que esté lejos.

Por consiguiente, nuestra paz es Aquel que hizo UNO de *Dios* y el *hombre*, habiendo derribado la pared intermedia de separación entre Dios y el hombre al abolir en su cuerpo *la enemistad* –esa es la enemistad que existe en el hombre contra Dios, que no se sujeta a la ley de Dios ni tampoco puede. Lo efectuó a fin de poder, en *sí mismo*, hacer de los DOS UNO, un *nuevo hombre*, trayendo así la paz.

El nuevo hombre no se constituye a partir de dos hombres que están enemistados, sino a partir de *Dios* y del *hombre*. En el principio el hombre fue hecho "a imagen de Dios". Eso significa muchísimo más que la forma de Dios. Quien lo hubiera observado, habría pensado inmediatamente en Dios. Reflejaba la imagen de Dios; sugería la idea de Dios a cualquiera que viera al hombre. *Dios* y el *hombre* eran entonces *uno*. Y habrían continuado siéndolo por siempre si el hombre no hubiera dado oído a Satanás, recibiendo así su mente, que es enemistad contra Dios. Cuando el hombre recibió esa mente que es enemistad contra Dios, quedó separado de Él. Ahora fueron *dos*, y ya no más uno. Estando el hombre separado de Dios y en pecado, Dios no puede ir a él, ya que el hombre no puede soportar la gloria no velada de su presencia. "Nuestro Dios es fuego consumidor" para el pecado (Heb. 12:29); de modo que, si Dios fuera al hombre, a su yo descubierto, sería sólo para consumirlo.

El hombre que está en pecado no puede encontrarse con Dios por sí mismo y seguir existiendo. Así lo muestra Apocalipsis 6:13 al 17. En el gran día en que el cielo se repliegue como un pergamino que se enrolla, y aparezca el rostro de Dios ante la vista de los malvados, "los reyes de la tierra, los grandes, los ricos, los capitanes, los poderosos, todo esclavo y todo libre, se escondieron en las cuevas y entre las peñas de los montes, y decían a los montes y a las peñas: 'Caed sobre nosotros y escondednos del rostro de aquel que está sentado sobre el trono, y de la ira del Cordero, porque el gran día de su ira ha llegado y ¿quién podrá sostenerse en pie?'" El hombre que está en pecado, en él y por él mismo, al encontrarse con Dios preferiría que una montaña le cayera encima antes que tener que enfrentar directamente la gloria de Dios que brillaría sobre él.

Por lo tanto, a fin de que Dios pudiera alcanzar al hombre y pudiera ser hecho nuevamente uno con él, a fin de poder revelarse una vez más al hombre y que ese hombre pudiera ocupar nuevamente el lugar que Dios dispuso para él, *Jesús se dio a sí mismo* y Dios estuvo en Él, estando su gloria velada de tal modo por la carne humana, que el hombre –el hombre pecaminoso– podía mirarlo y vivir. En Cristo, el hombre puede encontrarse con Dios y vivir, gracias a que en Cristo la gloria de Dios está tan velada, modificada, que el hombre pecaminoso no resulta consumido. Dios está totalmente en Cristo, puesto que "Porque en Él habita corporalmente toda la plenitud de la Deidad" (Col. 2:9). Cuando Cristo vino a traer de nuevo el hombre a Dios, veló esa gloria consumidora de forma que ahora los hombres pudieran mirar a Dios tal como es en toda su gloria en Jesucristo, y vivir. Si bien fuera de Cristo, en sí mismo –sólo–, *nadie* puede ver a Dios y vivir; en Cristo, por Cristo mismo, nadie puede ver a Dios y *no* vivir. En Cristo, ver a Dios *es* vivir; puesto que en Él hay vida, y la vida es la luz de los hombres.

Así, pues, Dios y el hombre resultaron separados por la enemistad; pero Cristo intervino, y por medio de Él la reconciliación se hizo, y cuando Dios y el hombre se encuentran en Cristo, entonces, los dos, "ambos", se hacen *uno*. Y ahí aparece el *nuevo hombre*. De esa forma, y sólo de esa *forma*, se hace la paz. Así, pues, en Cristo, Dios y el hombre son hechos uno; por consiguiente, Cristo es el ayuntamiento = "at-one-ment" entre Dios y el hombre. [Expiación en ingles equivale a at-one-ment; su significado real sería unión, reconciliación, reparación o comunión]. El Señor Jesús se dio a sí mismo, y en *sí mismo* abolió la enemistad para hacer *en sí mismo* de los *dos* –Dios y el hombre– *un nuevo hombre*, trayendo así la paz.

Llegamos ahora al otro "ambos", el del versículo 16:

"Y mediante la cruz reconciliar *con Dios* a ambos [judíos y gentiles] *en un solo cuerpo*". Pero ¿cuál es el cuerpo en el que Cristo reconcilia a "ambos" para con Dios? –El propio cuerpo de Cristo, sin duda: su propio cuerpo, en el que se efectúa la reconciliación. "Matando en ella las enemistades. Y vino y anunció las buenas nuevas de paz a vosotros que estabais lejos –a los gentiles– y a los que estáis cerca, es decir, a los judíos.

Los judíos estaban cerca "por causa de sus padres" (Rom. 11:28). Por ellos mismos, por sus méritos, los judíos estaban separados de Dios, y tan alejados como los gentiles. Pero Dios había hecho promesas a sus padres, y eran "amados por causa de sus padres". Y tenían ventaja, ya que de ellos son "la adopción, la gloria, el pacto, la promulgación de la Ley, el culto y las promesas" (Rom. 9:4). En ese sentido, y por esa causa, estaban cercanos. Cristo predicó paz a *los que estaban cerca*. Necesitaban que se les predicara la paz.

De esa forma, "los unos y los otros tenemos entrada por un mismo Espíritu al Padre".

Prestemos ahora atención al hecho de que la enemistad resulta destruida en Él mismo.

"Habiendo aboliendo *en su carne* las enemistades"; es decir, habiendo destruido la enemistad *en sí mismo*. De los dos hizo Uno *en Él mismo*, trayendo así la paz. Todo ocurre en Él. Ningún hombre puede obtener el beneficio, a no ser *en Él*. Si alguien en la audiencia no viera ese hecho claramente, y abrigara la idea de que se trata de algo de lo que uno puede apropiarse desde fuera, debo decirle: nunca lo lograrás de esa manera. No es así como se lo consigue. Sólo *en Él* es posible tenerlo: nunca fuera de Él. Sólo en Él es posible conocerlo, jamás fuera de Él. Entrégate a Él, sométele tu voluntad, sumerge tu yo en Él: entonces lo comprenderás sin dificultad. Sólo sucede *en Él*, y sólo *en Él* es posible conocerlo. Vamos ahora a estudiar cómo se cumplió en Él. Y sabiendo esto, vamos a saber cómo se cumple en cada uno de nosotros, en Él.

Quisiera ante todo llamar vuestra atención a esta expresión: "en Él". La Escritura no la emplea –y no es de esperar que lo hiciera– en el sentido de despensa. No se trata de "en Él" [Cristo] como "en un almacén" o lugar al que podemos acudir siempre que necesitemos tomar algo y ponerlo o aplicarlo sobre nosotros. ¡De ninguna forma! No es así, y no es posible obtenerlo así. No está allí como si fuera una despensa a la que podemos acudir para tomar lo que nos hace falta y disfrutarlo entonces, aplicándonoslo y diciendo: 'Ahora ya lo tengo'.

No. Está *en Él*, pero nosotros mismos hemos de estar en Él a fin de poseerlo. Hemos de estar sumergidos *en Él*. Nuestro yo ha de desaparecer *en Él*. Entonces somos suyos. Es sólo en Él. Solamente en Él lo encontramos. Sólo podemos obtenerlo de Él estando nosotros mismos en Él. *Nunca* hemos de pensar que podemos ir a Él y sacar lo que hay en Él y usarlo por nosotros mismos. Así pues, cuando la Escritura emplea la expresión "en Él", significa para todos lo que hemos explicado. Todo está *en Él*, y lo obtenemos estando nosotros *en Él*.

Muchos cometen aquí un error. Dicen: 'Sí. Creo en Él. Sé que está en Él, y lo obtengo a *partir* de Él'. Y se proponen tomarlo de Él y aplicárselo a ellos. Entonces pronto se vuelven muy bien satisfechos de que *sean* justos; de que *son* santos, y llegan finalmente a la conclusión de que *son* perfectos, de que *no pueden* pecar, de que ni siquiera la tentación puede afectarles. Su errónea comprensión puede llevar sólo a ese tipo de resultado, pues todo está *fuera de Él*. Y son *ellos mismos* quienes lo están haciendo.

Pero no es esa la manera. Se trata todavía del yo, puesto que esta fuera de Cristo. Y "sin mí", es decir, fuera de mí, "nada podéis hacer", puesto que sois nada. Ha de ser en Él, y sólo en Él. Y sólo podemos tenerlo o aprovecharlo *estando* nosotros *en Él*. La Escritura lo revelará claramente. He creído preferible dar esta explicación, de forma que en los estudios sucesivos acerca de lo que se efectúa *en Él*, y a lo que nos es dado *en Él*, no cometamos el error de pensar que podemos encontrarlo en Él y extraerlo de allí. No. Hemos de ir a Él, que es quien lo posee, y cuando vamos a Él debemos de entrar en Él por la fe y el Espíritu de Dios, permanecer en Él, y "ser hallado en Él" (Fil. 3:9).

Vayamos ahora al libro de Hebreos y estudiemos sus dos primeros capítulos en el tiempo que nos resta. La cuestión es ahora: ¿Cómo hizo Cristo para abolir la enemistad "en su carne", en "Él mismo"? Primeramente, presentaré la línea argumental de ambos capítulos, para examinarlos luego en la medida en que el tiempo lo permita.

En esos dos capítulos el gran tema es *el contraste entre Cristo y los ángeles*. No estoy diciendo que eso sea todo lo que contienen los dos capítulos, sino que ese es el tema que domina por encima de los demás.

El primer contraste va desde el principio del primer capítulo hasta el quinto versículo del segundo. De ahí en adelante encontramos el segundo contraste.

En el primer contraste entre Cristo y los ángeles, se presenta a Cristo siendo *tan superior a los ángeles*, como lo es Dios con respecto a ellos, por la razón de que Cristo es Dios. A partir del quinto versículo del capítulo segundo, en el segundo contraste, se presenta a Cristo tan inferior a los ángeles como lo es el hombre con respecto a ellos, por la razón de que Cristo se hizo hombre.

Ese es el resumen de los dos capítulos. Leámoslo:

> Dios, habiendo hablado muchas veces y de muchas maneras en otro tiempo a los padres por los profetas, en estos últimos días nos ha hablado por el Hijo, a quien constituyó heredero de todo y por quien asimismo hizo el universo. Él, que es el resplandor de su gloria, la imagen misma de su sustancia y quien sustenta todas las cosas con la palabra de su poder.

En el alemán se lee: "Sosteniendo todas las cosas con su poderosa palabra". Eso le da otro giro; no sólo la palabra de su poder, sino que lleva todas las cosas, las sostiene, por su poderosa palabra. Hagamos aquí una pausa. ¿Cuántas cosas sustenta mediante su palabra? –Todas las cosas. Incluye al mundo, al sol, al cielo estrellado. Esa palabra que los creó, ¿los sustenta todavía? –Ciertamente. ¿Podemos contarnos entre "todas las cosas"? –Desde luego que sí. ¿Os va a sustentar mediante su palabra poderosa? –Esa es la única forma en la que Él lo sustenta todo.

¿Os habéis sentido preocupados alguna vez al levantaros por la mañana, por temor a que el sol se salga de su órbita antes de llegar la hora de la puesta? –¡Claro que no! ¿Os habéis preocupado algún día al levantaros por la mañana, por temor a que vosotros, como cristianos, os salgáis del camino recto antes de llegar la noche? –Sabéis que sí. ¿Por qué no estuvisteis igual de preocupados porque el sol no perdiera su órbita y acabara cayendo, como lo estuvisteis por caer vosotros mismos? Ya sé que nadie se preocupa por que el sol caiga. Siempre está en su sitio, y siempre lo estará.

Pero es perfectamente razonable que el cristiano se pregunte la razón por la que el sol no se desvía nunca de su camino. Y la respuesta es esta: la poderosa palabra de Jesucristo mantiene el sol allí, y le hace recorrer su órbita. Pues bien: ese *mismo poder* es el que sostiene al *creyente en Jesús*. Esa misma palabra lo sustenta en Jesús, y el que cree en Él ha de esperar que así haga, tan ciertamente como sustenta al sol o a la luna. Esa misma poderosa palabra guiará al cristiano en su trayectoria cristiana, precisamente como guía al sol en la suya. El cristiano que pondrá su confianza en esa palabra que es para sostenerle, mientras pone su confianza en esa palabra que sostiene el sol, comprobará que esa palabra lo *sustentará* a él tanto como al sol.

Si meditáis en esa escritura mañana por la mañana al levantaros, recordareis que es Dios sustentando al sol. No lo dudaréis: esperaréis que lo haga así. No tendréis preocupación alguna por que el sol se desvíe de su trayectoria. Sencillamente os dedicaréis a vuestra labor. Pondréis en ella vuestra mente y dejaréis todo lo relativo al sol en manos de Dios, puesto que a Él pertenece. De igual forma, cuando os levantéis mañana con el sol, confiad en que esa misma palabra poderosa os sostenga, tal como hace con el sol. Confiad también esa parte a Dios, y dedicaos a vuestra labor con todas vuestras fuerzas, concentrando en ella vuestra mente. Hermano, permite que Dios se encargue de aquello que le pertenece y dedica tu mente a aquello que Él te ha encomendado a ti. Sirve así a Dios "con toda tu mente" (Mat. 22:37). No podemos guardarnos a nosotros mismos sin caída; no podemos sostenernos a nosotros mismos. Y Dios no nos ha confiado a nosotros esa labor.

Lo anterior no contradice el texto:

"El que piensa estar firme, mire que no caiga" (1ª Cor. 10:12), ya que de ese modo el hombre confía en Dios para su sustento, no dependiendo de sus propios esfuerzos. Y el que pone continuamente ante sí el hecho de que Dios lo está sustentando, y que necesita que Dios lo sustente, nunca se jactará de su habilidad para mantenerse en pie. Si tuvieran que traerme aquí esta tarde entre varios hermanos a causa de mi situación desvalida, y debieran sostenerme de pie, no sería muy adecuado que exclamara: '¡Mirad cómo me tengo en pie!' No sería yo quien me tengo de pie, y caería tan pronto dejaran de sostenerme.

Así precisamente sucede con el cristiano. La palabra de Dios dice de él: "Para su propio Señor está en pie, o cae; pero estará firme, porque poderoso es el Señor para hacerlo estar firme" (Rom. 14:4). Y aquel a quien Dios sostiene, quien confía en Dios para que lo sostenga y sabe que es Dios solamente quien lo mantiene en pie, es imposible que comience a decir: 'Ahora estoy en pie, y no hay peligro alguno de que caiga'. ¿Está acaso en peligro de caer, aquel a quien Dios sostiene? –Ciertamente no. Es solamente cuando se deja de la mano del Señor y comienza a procurar sostenerse por él mismo, y se jacta de poder tenerse en pie, cuando hay, no sólo peligro, sino seguridad de que cayó ya. Dejó la mano de Dios y su caída es inevitable.

Continuamos en Hebreos 1:

> Habiendo efectuado la purificación de nuestros pecados por medio de sí mismo, se sentó a la diestra de la Majestad en las alturas.

¿Cuándo fue que se sentó a la diestra de Dios? ¿Cuánto tiempo hace? —Mucho: fue cuando resucitó y ascendió al cielo, hace unos mil novecientos años. Pero observad: *efectuó* la purificación de nuestros pecados antes de sentarse allí. "Habiendo *efectuado*", –tiempo pasado–, la purificación de nuestros pecados por medio de sí mismo, se sentó". ¿No os gozáis de que sea así? ¿No os alegra que purificara vuestros pecados hace tanto tiempo? Es así *en Él. En Él* lo tenemos. Agradezcámosle que así sea. La Escritura lo afirma.

> Hecho tanto superior a los ángeles cuanto que heredó más excelente nombre que ellos. ¿A cuál de los ángeles dijo Dios jamás: "Mi Hijo eres tú, yo te he engendrado hoy", ni tampoco: "Yo seré un Padre para Él, y Él será un Hijo para mí"? Y otra vez, cuando introduce al Primogénito en el mundo, dice: "Adórenlo todos los ángeles de Dios". Y ciertamente, hablando de los ángeles dice: "El que hace a sus ángeles espíritus, y a sus ministros llama de fuego". Pero del Hijo dice: "Tu trono, Dios, por los siglos de los siglos".

¿Cuál es su nombre? ¿Cómo le llama el Padre? —Dios: "Tu trono, *Dios*". Por lo tanto, ese es su nombre. ¿Cómo lo obtuvo? Versículo 4: "Hecho tanto superior a los ángeles cuanto que *heredó* más excelente *nombre* que ellos". Vosotros y yo tenemos un nombre que hemos obtenido por herencia. Podemos tener cuatro o cinco nombres, pero sólo uno por herencia: el nombre de nuestro Padre. Ese nombre lo tenemos tan pronto como existimos, y por la razón de que existimos. Por el simple hecho de nuestra existencia tenemos ese nombre; nos pertenece por naturaleza. Nuestro Señor Jesús obtuvo por herencia ese nombre: "Dios". Le pertenece, pues, debido a que existe. Le pertenece por naturaleza. ¿Cuál es, por consiguiente, su naturaleza? Precisamente la naturaleza de Dios. Y Dios es su nombre, pues es lo que Él es. No fue con anterioridad alguna otra cosa, siendo nombrado en cierto momento [Dios] para hacerlo Dios; sino que lo *era* ya, y se lo llama así porque *es* Dios.

> Cetro de equidad es el cetro de tu Reino. Has amado la justicia y odiado la maldad, por lo cual te ungió Dios, el Dios tuyo, con óleo de alegría más que a tus compañeros.

El Padre sigue diciendo:

> Tú, Señor, en el principio fundaste la tierra, y los cielos son obra de tus manos. Ellos perecerán, más Tú permaneces. Todos ellos se envejecerán como una vestidura; como un vestido los envolverás, y serán mudados. Pero Tú eres el mismo.

En Él no hay cambio. Observad el contraste en las palabras: "ellos perecerán"; "más Tú permaneces"; "[la tierra y los cielos] serán mudados"; "Tú eres el mismo". Él permanece sin cambio alguno, aunque la tierra y los cielos cambien. Cuando ellos envejezcan como un vestido y sean mudados, en Él no hay cambio alguno – Él permanece.

> "Y tus años no acabarán". ¿A cuál de los ángeles dijo Dios jamás: "Siéntate a mi diestra, hasta que ponga tus enemigos por estrado de tus pies"? ¿No son todos espíritus ministradores, enviados para servicio a favor de los que serán herederos de la salvación? Por tanto, es necesario que con más diligencia atendamos a las cosas que hemos oído, no sea que nos deslicemos. Porque si la palabra dicha por medio de los ángeles fue firme y toda transgresión y desobediencia recibió justa retribución, ¿cómo escaparemos nosotros, si descuidamos una salvación tan grande? La cual, habiendo sido anunciada primeramente por el Señor, nos fue confirmada por los que oyeron, testificando Dios juntamente con ellos, con señales, prodigios, diversos milagros y repartimientos del Espíritu Santo según su voluntad.

Hasta aquí el contraste entre Cristo y los ángeles. ¿Y dónde está Cristo en ese contraste? –En el sitio en donde está Dios: siendo adorado por los ángeles. Y si la palabra de un ángel fue firme, y recibió justa retribución al ser despreciada, ¿cómo escaparemos si desatendemos la palabra de Aquel que es superior a los ángeles? ¿Cómo escaparemos si descuidamos la palabra de Dios pronunciada por Él mismo?

Vayamos a hora al otro contraste. Hebreos 2:5:

> Dios no sujetó a los ángeles el mundo venidero, acerca del cual estamos hablando.

Existen esos dos mundos a los que anoche nos referíamos. Dios dijo: pondré enemistad entre el hombre y Satanás. Eso concede al hombre una oportunidad para elegir uno de los dos mundos. Nosotros hemos escogido el mundo venidero. Lo que está diciendo que a los ángeles no se ha puesto en sujeción a ese mundo. El mundo venidero, como dice el texto, Dios no lo ha sujetado a los ángeles.

> Al contrario, alguien testificó en cierto lugar, diciendo: "¿Qué es el hombre para que te acuerdes de él, el ser humano para que lo visites?"

¿Cuál es el propósito, cuál la fuerza de la expresión "al contrario", en el texto? No lo ha puesto en sujeción a los ángeles, "al contrario", ha afirmado tal y tal cosa de los hombres. ¿No sugiere eso que lo ha puesto en sujeción al hombre? ¿Qué os parece? Analizadlo de nuevo: "Dios no sujetó a los ángeles el mundo venidero, acerca del cual estamos hablando. *Al contrario...*" Una conjunción. Una conjunción une dos partes de una frase. Pero este es un tipo de conjunción peculiar, una conjunción disyuntiva. Una coyuntura es una unión, conjunción es unir; disjuntas es separarse. Entonces aquí hay una palabra que se une y se separa. Es una conjunción, en que se une a las cláusulas; es una disyuntiva que separa los pensamientos que se encuentran en las dos oraciones, o cláusulas, según sea el caso.

Mucha gente dice, "yo creo en la Biblia, pero"; "sí, creo que el Señor perdona los pecados, pero"; "sí, confesé mis pecados, pero". Ese "pero" los desune de todo lo que han dicho; muestra que no creen en todo lo que han dicho.

¿Cuáles son las dos cosas, entonces, que están separadas por este "pero" en Hebreos 2:6? Primero, ¿quiénes son las dos personas que están separadas por el "pero"? Uno es los ángeles, y el otro es el hombre. No ha sometido a los ángeles al mundo venidero; pero lo ha puesto en sujeción a alguien; y ese alguien es *hombre*. Estudiemos para esa bendita verdad.

> Pero alguien testificó en cierto lugar, diciendo: "¿Qué es el hombre, para que te acuerdes de él, o el hijo del hombre, para que le visites?" Le hiciste un poco menor que los ángeles, le coronaste de gloria y de honra, y le pusiste sobre las obras de tus manos. Todo lo sujetaste bajo sus pies. Porque en cuanto le sujetó todas las cosas, nada dejó que no sea sujeto a Él; más aún no vemos que todas las cosas le sean sujetas. Pero vemos a Jesús

¿Dónde vemos a Jesús? "Vemos Aquel que fue hecho un poco menor que los ángeles, a Jesús". Se trata nuevamente del contraste entre Cristo y los ángeles. En el contraste precedente vimos a Jesús como superior a los ángeles; aquí lo vemos como menor que ellos. ¿Por qué? Porque el hombre fue creado menor que los ángeles, y por el pecado fue hecho mucho menor aún. Vemos ahora a "Aquel que fue hecho un poco menor que los ángeles, a Jesús, coronado de gloria y de honra a causa del padecimiento de la muerte, para que por la gracia de Dios experimentara la muerte por todos".

Vemos a Jesús allí donde está el hombre después de haber pecado, habiendo resultado sujeto a la muerte. Jesús ha venido allí donde está el hombre, tan ciertamente como estuvo allí donde Dios está.

Hay otro pensamiento que queremos poner junto a este. Aquel que estuvo con Dios en el sitio en *donde* Dios está, está con el hombre allí *donde* está el hombre. El que estuvo con Dios *tal* como es Dios, está con el hombre *tal* como es el hombre. El que fue *uno* con Dios tal como Dios es, es *uno con el hombre* tal como es el hombre. Y tan ciertamente como su naturaleza fue la naturaleza de Dios allí, es la *naturaleza del hombre* aquí.

Leamos este bendito hecho en las Escrituras, y con eso finalizaremos nuestro estudio por esta noche. Versículo 10:

> Convenía a Aquel por cuya causa existen todas las cosas y por quien todas las cosas subsisten que, habiendo de llevar a muchos hijos a la gloria, perfeccionara por medio de las aflicciones al autor de la salvación de ellos, porque el que santifica y los que son santificados, de *uno* son todos.

Cristo santifica, y son los hombres quienes son santificados. ¿De cuántos se trata? –De uno. Fue Cristo y Dios en el cielo. ¿Cuántos eran allí? –Uno en naturaleza. ¿Cómo es con el hombre en la tierra, y de cuántos se trata? –De uno. "De uno son todos".

> Por lo cual no se avergüenza de llamarlos hermanos, diciendo: "Anunciaré a mis hermanos tu nombre, en medio de la congregación te alabaré".

Muy pronto será el propio Cristo quien dirija el canto en la iglesia. Recordad: es Cristo quien habla en estos párrafos. "Y otra vez dice: 'Yo en Él pondré mi confianza'". Es Cristo quien sigue hablando a través de los salmos:

> Y de nuevo: "Aquí estoy Yo con los hijos que Dios me dio". Así que, por cuanto los hijos participaron de carne y sangre, Él también participó de lo mismo para destruir por medio de la muerte al que tenía el imperio de la muerte, esto es, al diablo, y librar a todos los que por el temor de la muerte estaban durante toda la vida sujetos a servidumbre. Ciertamente no socorrió a los ángeles, sino que socorrió a la descendencia de Abraham. Por lo cual debía ser en todo semejante a sus hermanos".

El que fue uno con Dios se ha hecho uno con el hombre. Mañana por la noche continuaremos el tema.

Capítulo 13

Emmanuel, Dios con nosotros - parte 1: Cristo fue yo mismo

El tema particular objeto de nuestro estudio hoy es el que encontramos en el versículo 11 del segundo capítulo de Hebreos: "el que santifica y los que son santificados, de uno son todos". Es a los hombres de este mundo, a los hombres pecaminosos, a quienes Cristo santifica. Él es el Santificador. Y Él y ellos son *de* uno.

En este capítulo es preciso recordar que estamos estudiando al hombre. En el capítulo primero, como hemos visto ya, se ha presentado el contraste entre Cristo y los ángeles, siendo Cristo superior a ellos *como Dios*. En el segundo capítulo el contraste es entre Cristo y los ángeles, estando Cristo por debajo de ellos. Dios no ha puesto el mundo venidero del que habla el pasaje, en sujeción a los ángeles. Lo ha puesto en sujeción *al hombre*, y *Cristo* es el hombre. Es por lo tanto que, Cristo se hizo hombre; toma el lugar del hombre; nació como nace el hombre. En su naturaleza humana, Cristo vino del hombre del que venimos todos; por lo tanto, en el versículo señalado, la expresión, "de uno" indica que, como todos, procede de uno. Un hombre es el origen y cabeza de nuestra naturaleza humana. Y la genealogía de Cristo, como la de todos nosotros, retrocede hasta Adán (Luc. 3:38).

Es cierto que todos los hombres y todas las cosas provienen de Dios; pero el tema en este capítulo es el hombre, y Cristo como hombre. Nosotros somos hijos del primer hombre, y lo mismo sucede con Cristo, según la carne. Cristo en su naturaleza humana es ahora el objeto de nuestro estudio.

El capítulo primero de Hebreos trata de Cristo en su naturaleza divina. El segundo, en su naturaleza humana. El pensamiento, en estos dos capítulos, es similar al del segundo capítulo de Filipenses, versículos 5 al 8:

> Haya, pues, en vosotros este sentir [mente] que hubo también en Cristo Jesús: Él, siendo en forma de Dios, no estimó el ser igual a Dios como cosa a qué aferrarse, sino que se despojó a sí mismo, tomó la forma de siervo y se hizo semejante a los hombres. Más aún, hallándose en la condición de hombre, se humilló a sí mismo, haciéndose obediente hasta la muerte, y muerte de cruz.

En el texto se nos presenta a Cristo en las dos formas. Primeramente, siendo en forma de Dios, tomó la forma del hombre. En los dos primeros capítulos de Hebreos *no* se trata de la *forma, sino* de la *naturaleza*.

Repito: En el segundo capítulo de Filipenses encontramos a Cristo en las dos *formas* –la forma de Dios y la de hombre. En los primeros dos capítulos de Hebreos encontramos a Cristo en las dos *naturalezas,* la de Dios y la del hombre. Podría existir algo que, teniendo la forma del hombre, no poseyera su naturaleza. Hay trozos de piedra a los que se ha dado la forma del hombre, pero carecen de la naturaleza de este. Jesucristo tomó la *forma* del hombre, es cierto, pero hizo más: tomó la *naturaleza* del hombre.

Leamos ahora el versículo 14 del segundo capítulo de Hebreos: "Así que, por cuanto los hijos [los hijos de Adán, la raza humana] participaron de carne y sangre, Él también participó de lo mismo para destruir por medio de la muerte al que tenía el imperio de la muerte, esto es, al diablo". "De lo mismo" significa de esa forma, de ese modo; de la forma en que se está refiriendo en el pasaje. Por lo tanto, Cristo tomó la carne y sangre *de la misma* manera en que la tomamos nosotros. Ahora bien, ¿cómo tomamos nosotros la carne y sangre? Mediante el nacimiento, y descendiendo de Adán. Cristo tomó la carne y sangre también *mediante el nacimiento,* y descendiendo de Adán. Porque está escrito que "era del linaje de David según la carne" (Rom. 1:3). Aunque David lo llama Señor, Cristo es también hijo de David (Mat. 22:42-45). Su genealogía se traza hasta David, pero no se detiene ahí. Va hasta Abraham, ya que es la simiente de Abraham. Tomó sobre sí a la simiente de Abraham, tal como afirma el versículo 16 del capítulo segundo de Hebreos. Pero su genealogía no se detiene tampoco en Abraham sino que llega hasta Adán (Luc. 3:38). Por lo tanto, el que santifica a los hombres, y los que son santificados de entre los hombres, son *todos de uno.* Siendo que todos vienen de un hombre según la carne, "de uno son todos". Así, del lado humano, la naturaleza de Cristo es precisamente la nuestra.

Veamos una vez más el otro aspecto a fin de ilustrar esa unidad, para que podamos comprender la fuerza de esa expresión según la cual Cristo y nosotros somos todos "de uno".

A propósito de ese otro aspecto, tal como apunta el primer capítulo de Hebreos, Cristo es *de la naturaleza de Dios*. El nombre de "Dios" que Él lleva, le pertenece por el simple hecho de su existencia; le pertenece "por herencia". Ese nombre le pertenece en toda propiedad por cuanto existe, y tan ciertamente como que existe; y siendo que le pertenece por naturaleza, como tan ciertamente su naturaleza es la naturaleza de Dios.

Leemos también en el primer capítulo de Juan, versículo primero: "En el principio era el Verbo, y el Verbo era con Dios, y el Verbo era Dios". La palabra "con" no expresa la realidad del pensamiento tan bien como en otras traducciones. La alemana se acerca más al pleno sentido del original. Dice así: "En el principio era el Verbo, el Verbo estaba *bei* Dios"; literalmente, "El Verbo era *de* Dios". Y es cierto. En griego expresa la misma idea de que mi brazo es "de mí", que es de mi cuerpo. El griego dice literalmente, "El Verbo era Dios".

Eso ilustra el hecho de lo que Él es, *en ese aspecto*. De igual forma que en lo referente a su divinidad, Él era *de* Dios, de la naturaleza de Dios, realmente Dios; así también en lo referente a su humanidad: es del hombre, de la naturaleza del hombre y realmente hombre.

En el versículo 14 del primer capítulo de Juan leemos: "El Verbo se hizo carne, y habitó entre nosotros". Se refiere aquí a lo mismo que en los dos primeros capítulos de Hebreos. "En el principio era el Verbo, el Verbo [era de] Dios, y Verbo era Dios". Y "El Verbo se hizo carne, y habitó entre nosotros". Carne y sangre como la nuestra.

Ahora ¿de qué clase de carne se trata? ¿Cuál es la única clase de carne que este mundo conoce? Precisamente la que tú y yo poseemos. Este mundo no conoce ninguna otra carne humana, ni la ha conocido jamás, desde que se hizo necesaria la venida de Jesús. Por lo tanto, dado que este mundo conoce solamente una carne como la que nosotros poseemos, en su estado actual, en el momento en el que "el Verbo se hizo carne", significa que fue hecho precisamente de la carne que tenemos. No puede ser de otro modo.

¿Qué clase de carne es la nuestra, en ella misma? Vayamos al capítulo octavo de Romanos, y leamos si la naturaleza humana de Cristo encuentra a la nuestra; si es como la nuestra, teniendo en cuenta que la nuestra es carne pecaminosa. "Lo que era imposible para la Ley, por cuanto era débil por la carne, Dios, enviando a su Hijo" lo realizó (Rom. 8:3).

Había algo que la ley no podía efectuar y que Dios, enviando a su propio Hijo, lo efectuó. Pero ¿cuál es la razón por la cual la ley no podía hacer lo que era deseable y necesario? Porque era débil por la carne. El problema estaba en la carne. Esa era la circunstancia que hacía que la ley fracasara en su propósito para con el hombre. Entonces Dios envió a Cristo, para que hiciese aquello de lo que la ley era incapaz. Y siendo que la ley había fracasado en su propósito debido a la carne y no por ninguna debilidad en ella misma, Dios ha de enviar a su Hijo para auxiliar la carne; no para auxiliar la ley. Si la ley hubiese sido en sí misma defectuosa e impotente para efectuar aquello para lo que estaba establecida, entonces lo necesario habría sido remediar el problema que había en la ley; pero el problema estaba en la carne, y por consiguiente se trataba de socorrer a la carne.

Es cierto que se presenta en nuestros días el argumento de que, puesto que la intención de la carne es enemistad contra Dios, y no se sujeta a la ley de Dios ni tampoco puede, eso significaría que la ley no puede cumplir su objetivo, de forma que Dios envió a su Hijo para debilitar la ley, a fin de que la carne pudiera así responder a las demandas de la ley. Pero si yo soy débil y tú fuerte, y estoy necesitado de ayuda, de nada me sirve que a ti se te debilite: sigo siendo tan débil y desvalido como antes. Eso para nada me ayuda. Pero cuando yo soy débil y tú fuerte, y puedes comunicarme tu fuerza, eso sí que me ayuda. De forma que la ley tenía toda la fuerza necesaria, pero no podía cumplir su propósito mediante la debilidad de la carne. Entonces Dios, para remediar la necesidad, ha de traer fuerza a la carne débil. Lo hizo enviando a Cristo, y tenía que arreglárselas para proveer la fuerza necesaria a la carne misma que hoy poseemos, a fin de que el propósito de la ley pudiera cumplirse en nuestra carne. Está escrito: "Dios, enviando a su Hijo en semejanza de carne de pecado... para que la justicia de la ley se cumpliera en nosotros, que no andamos conforme a la carne, sino conforme al Espíritu".

Ahora no vayas a hacerte una idea equivocada de la palabra "semejanza". No se trata de la forma ni de la fotografía. No es semejanza en el sentido de una imagen, sino que lo es en el sentido de ser verdaderamente de la misma clase. La palabra "semejanza" no tiene aquí el mismo significado que en el segundo capítulo de Filipenses, que trata de la forma, de la semejanza en cuanto a la forma; aquí, en el libro de Hebreos, es semejanza en la *naturaleza*, en la carne según su propia sustancia. Así es como Dios envía a su Hijo, precisamente en la que es como la carne de pecado. Y a fin de que sea como la carne de pecado, tiene que ser carne de pecado. A fin de ser hecho carne, tal como es la carne en este mundo, tuvo que tomar precisamente la carne que había en este mundo: carne como la que nosotros tenemos, que es carne pecaminosa. Eso es lo que encierra la expresión "en semejanza de carne de pecado".

Eso lo vemos también en los versículos 9 y 10 del segundo capítulo de Hebreos: "Vemos a Aquel que fue hecho un poco menor que los ángeles" –no solamente en el sentido en el que el hombre fue hecho inferior a los ángeles cuando fue creado.

El hombre era inmaculado cuando Dios lo hizo un poco menor que a los ángeles. Tenía una carne sin pecado. Pero el hombre cayó de ese lugar y condición, y su carne se convirtió en pecaminosa.

Ahora vemos a Jesús, que fue hecho un poco menor que los ángeles; pero no como fue hecho el hombre al ser creado un poco menor que los ángeles, sino como es el hombre después de haber pecado, y de haberse hecho aún mucho menor que los ángeles. Ahí es donde vemos a Jesús. Leamos de nuevo: "Vemos a Aquel que fue hecho un poco menor que los ángeles". ¿Con qué objeto? "a causa del *padecimiento de la muerte*". Por lo tanto, ese haber sido hecho menor que los ángeles tal como lo es el hombre, al aplicarlo a Cristo, significa tanto menor como lo es el hombre desde que pecó y fue sujeto al padecimiento de la muerte. Lo vemos "coronado de gloria y de honra a causa del padecimiento de la muerte, para que por la gracia de Dios experimentara la muerte por todos. Convenía a Aquel por cuya causa existen todas las cosas y por quien todas las cosas subsisten que, habiendo de llevar muchos hijos a la gloria, perfeccionara por medio de las aflicciones al autor de la salvación de ellos".

El haberse sujetado al sufrimiento y la muerte es demostración fehaciente del punto de inferioridad con respecto a los ángeles hasta el que Cristo descendió; el punto en el que está y allí donde lo "vemos" es el punto al que llegó el hombre cuando, al pecar, descendió más bajo que cuando fue creado por Dios, que de por sí ya era inferior a los ángeles.

Leemos en el versículo 16: "Ciertamente no socorrió a los ángeles, sino que socorrió a la descendencia de Abraham". No tomó sobre sí la naturaleza de los ángeles, sino la de Abraham. Pero la naturaleza de Abraham y de su simiente no es más que naturaleza humana.

"Por lo cual debía ser en todo semejante a sus hermanos". ¿En cuántas cosas? –En todo. Por lo tanto, en su naturaleza humana no hay ni una partícula de diferencia entre Él y tú.

Leamos la Escritura. Estudiémosla detenidamente. Atengámonos a ella. Leámoslo de nuevo: "de uno son todos". Él participó de carne y sangre de la misma forma en que lo hacemos nosotros. No tomó la naturaleza de los ángeles, sino la simiente, la naturaleza de Abraham. *Por lo tanto* –debido a estas razones–, le correspondía, era apropiado, "debía ser" en todo como sus hermanos. Ahora bien, ¿quiénes son sus hermanos? –La raza humana. "De uno son todos", es la causa por la que no se avergüenza de llamarles hermanos. Debido a que somos todos de uno, Él no se avergüenza de llamarte a ti y a mí hermanos. "Por lo cual debía ser en todo semejante a sus hermanos".

Así pues, en su naturaleza humana, cuando estuvo sobre la tierra, ¿fue en algo diferente a lo que vosotros sois en vuestra naturaleza humana hoy? [Unos pocos en la congregación: "NO"]. Me habría gustado que cada uno de los reunidos hoy aquí hubiera respondido "No" en alta voz. ¡Sois muy tímidos! La palabra de Dios lo afirma así, y así lo hemos de hacer nosotros, ya que hay salvación en ello. No es sólo que la haya, sino que *la* salvación de Dios hacia los seres humanos descansa precisamente en ello. No hay razón para ser tímidos al respecto. Ahí es donde radica nuestra salvación, y no estaremos seguros de nuestra salvación hasta no haberlo alcanzado. Aquí la encontramos: "Por lo cual debía ser en todo semejante a sus hermanos". ¿Con qué fin? "para venir a ser misericordioso y fiel Sumo Sacerdote en lo que a Dios se refiere, para hacer la reconciliación por los pecados del pueblo. Porque en cuanto Él mismo padeció siendo tentado, es poderoso para socorrer a los que son tentados". ¿Podéis ver que nuestra salvación se encuentra precisamente ahí? ¿No podéis ver que es ahí precisamente donde Cristo viene a nosotros? Vino a nosotros exactamente allí en donde nosotros somos tentados, y fue hecho como nosotros precisamente en donde somos tentados; y ese es nuestro punto de encuentro con Él: el Salvador viviente contra el poder de la tentación.

El versículo 14 del cuarto capítulo de Hebreos dice así:

> Por tanto, teniendo un sumo sacerdote que traspasó los cielos, Jesús el Hijo de Dios, retengamos nuestra profesión. No tenemos un sumo sacerdote que no pueda compadecerse de nuestras debilidades, sino uno que fue tentado en todo según nuestra semejanza, pero sin pecado.

Jamás habría podido ser tentado en todo tal como lo soy yo, de no haber sido hecho en todo como yo soy. Por lo tanto "debía ser" hecho en todo como yo, si es que ha de auxiliarme allí donde necesito la ayuda. Sé que es precisamente ahí donde lo necesito. Y sé que lo encuentro ahí justamente. ¡Gracias al Señor por ello! Allí está Cristo, y allí mi auxilio.

"No tenemos un sumo sacerdote que no pueda compadecerse". Encontramos aquí dos negaciones, *No* tenemos un sumo sacerdote que *no* pueda compadecerse; ¿qué es, pues, lo que tenemos, en el lado afirmativo? –Tenemos a un sumo sacerdote que *puede* compadecerse de nuestras debilidades, –de las mías, de las tuyas, de las nuestras. ¿Siente Él mis debilidades? –Sí. ¿Siente las tuyas? –Sí. Debilidades, flaquezas: son términos muy expresivos. Todos las conocemos. Todos nosotros tenemos muchas de ellas. Sentimos nuestras debilidades. Gracias sean dadas al Señor: hay Uno que las siente también. No sólo que las siente, sino que se compadece de ellas. El término compadecerse encierra más que simplemente el que Él sienta nuestras debilidades, que sienta como nosotros. Es cierto que siente como nosotros, pero además se conmueve, se compadece; despiertan su afecto y simpatía. Se conmueve con tierna solicitud y nos auxilia. En eso consiste el que se compadezca de nuestras debilidades. ¡Gracias al Señor por un Salvador como Él!

Pero insisto: no pudo ser tentado en todo como lo soy yo, a menos que fuese hecho en todo como yo lo soy. No pudo sentir como yo si es que no estuvo donde yo estoy, y *como* estoy yo. Dicho de otro modo: no pudo ser tentado en todo como yo lo soy, y sentir como yo siento, a menos que Él fuese precisamente *yo mismo*. Dice su palabra: "tentado en todo según nuestra semejanza".

Estudiemos eso en mayor profundidad. Hay ciertas cosas que representarán para ti una poderosa tentación, que ejercerán en ti una fuerte atracción, y que sin embargo serán para mí una insignificancia. Otras cosas me atraerán a mí vivamente, tendrán en mí un poder casi irresistible, mientras que a ti ni te afectarán. Aquello que significa una poderosa tentación para algunos, puede no serlo en absoluto para otros. Entonces, para poder auxiliarme, Jesús tiene que estar allí donde pueda sentir lo que yo siento, y ser tentado en todos los puntos en los que yo pueda serlo, en la medida en la que yo puedo ser tentado. Pero dado que aquello que me tienta a mí puede no hacerlo contigo, y que aquello que a ti te tienta quizá no me tiente a mí, Cristo ha de estar allí donde estamos tanto tú como yo, y alcanzar así a las tentaciones de ambos. Ha de sentir todo aquello con lo que te las has de ver, aún sin afectarme a mí, y lo que me afecta a mí, aunque tú no lo sientas. Ha de tomar el lugar de ambos. Y así lo hace.

Hay otro tercer hombre. Tentaciones que le afectan a él pueden no afectarnos a ti ni a mí. Por lo tanto, Cristo hubo de tomar todos *mis* sentimientos y naturaleza, los *tuyos* y los de *ese tercer hombre*, a fin de poder ser tentado en todo como yo, como tú y como él [tercer hombre]. Pero cuando Él nos toma a *ti*, a *mí* y al *otro hombre*, ¿a cuántos abarca eso? –A la totalidad de la raza humana.

Y esa es exactamente la verdad. Cristo estuvo en *el lugar*, y tuvo la *naturaleza* de la totalidad de la raza humana. Y en Él confluyeron todas las debilidades del género humano, de forma que todo hombre en el mundo que pueda jamás ser tentado, encuentra en Jesucristo poder contra la tentación, y liberación del poder de esta. En Jesucristo hay victoria para cada alma. Esa es la verdad.

Analicémoslo desde otro punto de vista:

Satanás, el dios de este mundo, está interesado en que seamos tentados tanto como sea posible; pero no necesita emplear mucho de su tiempo ni de su poder para hacer que sucumbamos a la tentación.

Ese mismo Satanás estuvo aquí presente, y estuvo muy particularmente interesado en hacer que Jesús cediera a la tentación. Probó a Jesús en todo punto en el que pudiera jamás probarme a mí a fin de inducirme al pecado; y lo procuró en vano. Fracasó de la forma más absoluta en hacer que Jesús consintiera en pecar en cualquiera de los puntos en los que yo pueda jamás ser tentado a pecar.

Tentó también a Jesús en todo punto en el que te tienta, o pueda jamás tentarte a ti a fin de inducirte a pecar. Y también en eso fracasó estrepitosamente. Eso nos afecta a ti y a mí. Jesús venció en todo punto, en tu favor y en el mío.

Pero cuando Satanás tentó a Jesús en todo aquello en que nos ha tentado a ti y a mí, y fracasó, intentó más que eso. Procuró tentarlo también en todo aquello en lo que tienta a ese otro hombre. En consecuencia, lo tentó en todo aquello en lo que pueda ser tentado cualquier miembro de la raza humana.

Satanás es el autor de toda tentación, y tuvo que probar a Jesús en todo punto en el que hubiera de probar jamás a cualquier ser humano. Lo tuvo que probar igualmente en todo punto en el que Satanás sea capaz de producir la tentación. Y obtuvo siempre la misma derrota. ¡Gracias al Señor!

Más aún: no es sólo que Satanás hubiera de tentar a Jesús en todo punto, en el que me hubiera de tentar a mí, sino que tenía que tentarlo con mucho más poder del que nunca pudiera ejercer contra mí. Nunca tuvo que emplearse demasiado a fondo para que yo cediera a la tentación. Pero debió procurar con todas sus fuerzas tentar a Jesús en todos aquellos puntos en los que ha tenido éxito en hacer que yo caiga en el pecado, o en que pueda jamás caer. Satanás empleó contra Jesús todo el poder de la tentación del que es capaz, y fracasó. ¡Gracias al Señor por ello! Así, en Cristo soy libre.

Lo mismo cabe decir de las tentaciones tuyas y de las del otro hombre. En cada caso, Satanás *fracasó* por lo que respecta a hacer pecar a Jesús, y tanto tú como el otro hombre sois libres en Cristo. Satanás tuvo que probar a Jesús, con ese poder diabólico, en todos los puntos donde a ti como el otro hombre pueden ser tentados alguna vez; y *falló de nuevo*. ¡Gracias al Señor! Así que sois libres en Cristo.

Por lo tanto, debió probar a Jesús en todo punto en el que la raza humana pudiera ser probada, y fracasó. Lo tentó con toda la sagacidad de que es capaz, con todo su poder malévolo y sutileza en cada uno de los puntos, y aun *fracasó*.

Eso significa que hay un triple y *completo* fracaso por parte de Satanás. En presencia de Cristo, Satanás queda absolutamente derrotado. Y en Cristo somos vencedores de Satanás. Dijo Jesús: "Viene el príncipe de este mundo y él nada tiene en mí" (Juan 14:30). En Cristo, pues, escapamos a Satanás. En Cristo hallamos escape de Satanás. En Cristo enfrentamos a Satanás como un enemigo completamente vencido y derrotado.

Eso no equivale a decir que nuestra lucha terminó. Pero equivale a decir, y de la forma más enfática y gozosa, que *en Cristo* peleamos la pelea de la *victoria*. Fuera de Cristo luchamos, pero es una lucha perdida. En Él nuestra victoria es completa, de igual forma en la que en todo otro aspecto estamos completos en él. Pero jamás olvidéis esto: ¡es *en Él*!

Entonces, habiendo Satanás agotado todas las tentaciones que conoce o pueda nunca conocer, y habiendo agotado en vano todo su poder para tentar, ¿a qué queda reducido en la presencia de Cristo? ¿Cuál es su condición? –La impotencia. Y cuando nos encuentra en Cristo, y procura alcanzarnos y acosarnos, ¿qué se hace manifiesto? –Su impotencia. ¡Alabado y magnificado sea el Señor!

Alegrémonos por ello, ya que en Él somos victoriosos, en Él somos libres. En Él, Satanás es impotente por lo que respecta a nosotros. Estemos agradecidos por ello. En Él somos completos.

Capítulo 14

Emmanuel, Dios con nosotros - parte 2: Cristo es nosotros

Sin duda recordaréis lo enseñado por el hermano Prescott en una de sus lecciones, en relación con el libro de Rut.

¿Quién era el Redentor en el libro de Rut? El más próximo en la familia. Boaz no podía actuar como redentor hasta tanto no se demostrará que el que estaba más próximo a ella en la familia no era apto para el oficio de redentor. No es sólo que el redentor debiera ser próximo en la familia, sino que había de ser *el más cercano* entre los cercanos. Por lo tanto, Boaz no podía asumir la función de redentor hasta no haberse convertido en el más próximo, al alejarse de la escena el que hasta entonces lo era. Ahora ese es precisamente el tema del segundo capítulo de Hebreos.

Según el libro de Rut, el esposo de Noemí había fallecido; la herencia había ido a parar a manos de otros, y al regresar de Moab se encontraba en necesidad de redención. Nadie, excepto el pariente más próximo, podía redimirla. Esa es precisamente la historia del segundo capítulo de Hebreos. Tenemos a Adán, el hombre, quien poseía una herencia: la tierra. La perdió, y cayó él mismo en la esclavitud. En el evangelio en Levítico se nos dice que, si alguien perdía su herencia, él mismo y su herencia podían ser redimidos, pero solamente el pariente más cercano podía redimir (Lev. 25:25, 26, 47-49). Hay un hombre en la tierra, Adán, que perdió su herencia y resultó él mismo perdido, y vosotros y yo estábamos todos en él, y necesitamos un redentor. Pero sólo el pariente de sangre más próximo puede asumir el oficio de redentor. Jesucristo es más cercano que un hermano, más cercano que cualquier otro. Es un hermano, pero es el más cercano entre los hermanos. De hecho, el pariente más próximo. No es solamente uno con nosotros, sino que es uno de nosotros, y uno con nosotros al ser uno de nosotros.

La gran lección que estamos aun estudiando, y el pensamiento clave, es cuán enteramente Jesús es nosotros mismos. Hemos visto en la lección precedente que Él es realmente nosotros. En todos los puntos en los que nosotros somos tentados, Él fue nosotros; en todos los puntos en los que me sea posible ser tentado, Él es tanto como yo, estuvo allí mismo, contra toda la maquinación e ingeniosidad de Satanás en su intento por tentarme. Jesús, como yo, estuvo allí, enfrentando todo eso; contra todo el poder que

Satanás ejerció para tentarme. Jesús estuvo como yo mismo, y venció. Otro tanto sucedió contigo, y con el otro hombre; y abarcando así a la totalidad de la raza humana, Él se enfrenta en todo punto en el que cualquier componente de la humanidad pueda ser tentado como en sí mismo o de sí mismo.

En todo ello Él es nosotros, y en Él estamos completos contra el poder de la tentación. En Él somos vencedores, puesto que Él, en tanto que nosotros, venció. "Confiad: Yo he vencido al mundo" (Juan 16:33).

Y analizando la otra tarde la forma en la que Él vino a ser uno de nosotros, vimos que fue por el nacimiento de la carne. Él es "del linaje de David según la carne" (Rom. 1:3). Él no tomó la naturaleza de los ángeles, sino la naturaleza de la simiente de Abraham, y su genealogía retrocede hasta Adán.

Ahora, ya sabéis que "cada uno es tentado, cuando de su propia pasión es atraído y seducido" (Sant. 1:14). Tal es la definición de "tentación". No hay ni una sola tendencia al pecado en ti o en mí que no estuviera ya en Adán cuando fue expulsado del Edén. Toda la iniquidad y todo el pecado que han venido al mundo provinieron de aquello, y se originaron en él estando allí. No se hicieron todos manifiestos en él, no aparecieron en él en la acción abierta; pero se han manifestado en la acción *en* aquellos que han provenido de él.

Así, todas las tendencias al pecado que han aparecido o que están en mí, me han venido desde Adán; y también las que hay en ti, y las que hay en el otro hombre. Así pues, todas las tendencias al pecado que hay en la raza humana vinieron desde Adán. Pero Cristo Jesús sintió todas esas tentaciones; fue tentado en todos esos puntos en la carne que Él tuvo derivada de David, de Abraham y de Adán. Su genealogía incluye una cierta proporción de vidas caracterizadas por la injusticia. Manases figura allí, quien actuó peor que cualquier otro rey en Judá, e hizo que Judá obrara peor que los paganos; allí está Salomón, cuyo carácter describe la Biblia tal cual era; allí está David, Rahab, Judá, Jacob, todos ellos descritos tal cual fueron. Pues bien, Jesús vino según la carne, al final de esa línea de descendencia de la humanidad. Vino, según la carne, al final de esa línea genealógica. Y existe eso que llamamos herencia. Vosotros y yo tenemos rasgos de carácter y facciones que nos vienen desde lo antiguo, –quizá ni siquiera de nuestro padre o abuelo, sino de sus antecesores en generaciones precedentes. Y eso lo encontramos referido en la ley de Dios: "que visito la maldad de los padres sobre los hijos hasta la tercera y cuarta generación de los que me aborrecen, y hago misericordia por millares a los que me aman y guardan mis mandamientos".

Es muy cierto lo que expresa el dicho popular: "De tal palo, tal astilla". Es una ley de Dios. Aunque se la transgreda, no dejará de cumplirse. La transgresión de la ley no cambia a la ley, sea esta física o moral. La ley actúa cuando se la transgrede, mediante el mal en el que se incurre, de igual forma en que habría obrado para justicia en el caso de que no se la hubiera transgredido. Si el hombre hubiera permanecido siempre recto, tal como Dios lo creo, su descendencia habría poseído esa misma característica. Cuando la ley fue transgredida, la descendencia continuó en la línea equivocada, y la ley actuó en el sentido desfavorable, por haber sido pervertida.

La ley según la cual los objetos materiales experimentan una tendencia o atracción hacia el centro de la tierra, es una buena ley. Sin la ley de la gravedad sería imposible la vida en la tierra, tal como la conocemos. Es esa ley que nos mantiene sujetos a la tierra, y permite que nos desenvolvamos y desplacemos en su superficie. No obstante, si se produce una discontinuidad en nuestro apoyo sobre la tierra, si nuestros pies patinan y perdemos la base, o si estamos en un lugar elevado y se quiebra su soporte o base, la ley de la gravedad está presente, y nos atrae hacia abajo con una fuerza increíble. Observad: la misma ley que permite que vivamos, que nos movamos y nos desplacemos sobre la tierra con la comodidad con la que lo hacemos; esa ley que tanto nos beneficia cuando estamos en armonía con ella, continúa actuando cuando la contravenimos, y de una forma tan directa como antes, pero *en contra nuestra.*

Lo anterior no es más que una simple ilustración de la ley referente a la naturaleza humana. Si el hombre hubiera permanecido allí donde Dios lo puso, y de la forma en que lo puso, la ley habría obrado directa y favorablemente; cuando el hombre rompió su armonía precedente con ella, continuó actuando directamente, pero en su contra. Esa ley de la herencia alcanzó desde Adán hasta la carne de Jesucristo, tan ciertamente como alcanza a la carne de cualquiera del resto de nosotros, ya que Él fue uno de nosotros. En Él hubo cosas que le venían desde Adán, otras desde David, desde Manases, desde la genealogía en su mismo principio hasta su nacimiento.

Así, en la carne de Jesucristo –no en Él mismo, sino en su carne: nuestra carne que Él tomó en naturaleza humana–, había las mismas tendencias al pecado que hay en la tuya y en la mía. Y cuando fue tentado, fue "atraído y seducido" por esos deseos que están en la carne. Esas tendencias al pecado que estaban en su carne tiraban de Él, procuraban seducirlo a que consintiera en lo incorrecto. Pero por el amor de Dios y por su confianza en Dios, Él recibió el poder, la fortaleza y la gracia para decir, "NO" a todas ellas, manteniéndolas en completa sumisión. Y así, en semejanza de carne de pecado, condenó al pecado en la carne.

Todas las tendencias al pecado que hay en mí estuvieron en Él, y ni a una sola de ellas se le permitió aparecer en Él. Todas las tendencias al pecado que hay en ti estuvieron en Él, y no permitió que apareciera ninguna de ellas; todas fueron perfecta y continuamente sometidas. También hubo en Él todas las tendencias que hay en el otro hombre, sin permitir que apareciera ninguna de ellas. Eso equivale simplemente a decir que todas las tendencias al pecado que alberga la carne humana estuvieron en su carne humana, y a ninguna de ellas le permitió aparecer; las conquistó a todas. Y en Él todos tenemos la victoria sobre todas ellas.

Muchas de esas tendencias que hay en nosotros han aparecido en la acción, habiéndose concretado en pecados cometidos, en pecados abiertos. Hay una diferencia entre tendencia al pecado, y la aparición de ese pecado en la acción. Hay en nosotros tendencias al pecado que todavía no han aparecido; pero lo han hecho infinidad de ellas. Él conquistó todas las tendencias que no han aparecido. ¿Qué sucede con los pecados que han aparecido? "Jehová cargó en Él el pecado de todos nosotros" (Isa. 53:6). "Él mismo llevó nuestros pecados en su cuerpo sobre el madero" (1ª Ped. 2:24). Queda pues claro que todas las tendencias al pecado que, estando en nosotros, no han aparecido, y todos los pecados que han aparecido, fueron puestos sobre Él. Es terrible; es cierto. Pero ¡qué gozo!, en esa terrible verdad radica nuestra completa salvación.

Observémoslo de otro modo: En relación con aquellos pecados que hemos cometido, nosotros mismos hemos sentido la culpabilidad por ellos; nos hemos sentido condenados por ellos. Todos le fueron imputados a Él, fueron puestos sobre Él. Ahora una pregunta: ¿Sintió Él la culpabilidad por los pecados que le fueron imputados? ¿Fue consciente de la condenación de los pecados –nuestros pecados– que fueron puestos sobre Él? Jamás fue consciente de pecados que Él hubiera cometido, puesto que no cometió ninguno. Eso está claro. Pero nuestros pecados fueron puestos sobre Él, y nosotros éramos culpables. ¿Sintió la culpabilidad de esos pecados? ¿Tuvo conciencia de condenación en relación con ellos?

Vamos a analizar ese tema de forma que toda alma en esta casa pueda afirmar que la respuesta es "Sí". Lo expresaré de otro modo: Vamos a analizar ese tema de forma que toda alma en esta casa, o bien dirá "Sí", o bien pueda decirlo si lo desea; porque pudiera haber alguien aquí que desconozca la experiencia que voy a evocar a modo de ilustración, como para poder decir "Sí". Pero la mayoría sí la habrá pasado, y dirá "Sí" inmediatamente.

Dios imputa justicia, la justicia de Cristo, al pecador que cree. Imaginad al hombre que no ha conocido otra cosa en su vida excepto el pecado, excepto la culpabilidad del pecado y su condenación. Tal hombre cree en Jesucristo y Dios le imputa la justicia de Cristo. Entonces, ese hombre que jamás había producido una partícula de justicia en su vida anterior, se vuelve consciente de la justicia. Entró en su vida algo que nunca antes había existido allí. Él es consciente de ello, es consciente del gozo y libertad que trae.

Dios imputó nuestros pecados a Jesucristo tan ciertamente como nos imputa a nosotros su justicia. Pero cuando Él nos imputa justicia a nosotros que no somos más que pecadores, somos conscientes de ello, nos damos cuenta, sentimos el gozo que trae. Por lo tanto, cuando Él imputó nuestros pecados a *Jesús*, Él fue consciente de la culpabilidad y condenación de ellos. Lo fue tan ciertamente como el pecador que cree se vuelve consciente de la justicia de Cristo que le es imputada –que es puesta sobre él–, y de la paz y gozo que conlleva.

En todo esto Jesús fue precisamente nosotros. Fue hecho realmente como nosotros en cada respecto. En todo lo que atañe a la tentación, Él fue nosotros. Fue uno de nosotros en la carne. Fue nosotros. Lo fue en la tentación. Y en culpabilidad y condenación fue precisamente nosotros mismos, ya que fueron nuestros pecados, nuestra culpabilidad y nuestra condenación las que fueron puestas sobre Él.

Ahora, en relación a lo que hemos dicho de "nuestros pecados", ¿cuántos de ellos? Todos fueron puestos sobre Él, y Él llevó la culpabilidad y condenación de todos ellos; y también respondió por ellos, pagó, hizo expiación por ellos. Por consiguiente, en Él quedamos libres de todo pecado que alguna vez hayamos cometido. Esa es la verdad. Alegrémonos por ello, y demos eterna alabanza a Dios con gozo inefable.

Él tomo sobre sí todos los pecados que hemos cometido; respondió por ellos, y los quitó de nosotros por siempre; y todas las tendencias al pecado que no han aparecido como pecados cometidos, a esas las sometió por siempre en sujeción. Renueva así todo el equipo y somos libres y completos en Él.

¡Cristo es el Salvador completo! Es Salvador de los pecados cometidos y Conquistador de las tendencias a cometer pecados. En Él tenemos la victoria. No somos más responsables por esas tendencias que hay en nosotros, de lo que lo somos por el sol que brilla en el cielo; pero todo hombre sobre la tierra es responsable por esas cosas que aparecen en él en la acción abierta. Antes que supiéramos de Cristo, muchas de ellas aparecieron ya en la acción. El Señor cargó en Él el pecado de todos nosotros, se los ha llevado. Desde que supimos de Cristo, esas tendencias que no han aparecido, Él las condenó como pecado en la carne. ¿Permitirá quien cree en Jesús, que reine en su carne aquello que Cristo condenó en la carne? Tal es la victoria que pertenece al creyente en Jesús.

Ciertamente, aunque un hombre pueda poseer todo esto en Jesús, no puede aprovecharse de ello si no cree en Él. Consideremos ese hombre que no cree en absoluto en Jesús. ¿Acaso no ha hecho Cristo en su favor la misma provisión por Elías, quien está en el cielo? Y si ese hombre quiere tener a Cristo por Salvador, si desea la provisión hecha por todos sus pecados, y salvación de todos ellos, ¿tiene Cristo que hacer ahora alguna cosa, a fin de proveer a favor de los pecados del tal hombre, o para salvarlo de ellos? –No; todo está ya hecho; Cristo hizo ya provisión a favor de todo hombre cuando estuvo en la carne, y todo hombre que crea en Él la recibe sin necesidad de repetición de ninguna parte de ella. "Cristo, habiendo ofrecido una vez para siempre un solo sacrificio por los pecados..." (Heb. 10:12), y habiéndonos purgado por sí mismo de nuestros pecados, se sentó a la diestra de la Majestad en los cielos. Así, todo es en Él, y todo el que cree en Cristo lo posee todo en Él, y es completo en Él. Es en Él, y en ello radica la bendición. "Porque en Él habita corporalmente toda la plenitud de la divinidad" (Col. 2:9). Y Dios nos otorga su Espíritu eterno y vida eterna –una eternidad en la cual vivir–, a fin de que ese Espíritu eterno nos pueda revelar las eternas profundidades de la salvación que tenemos en Aquel cuyas salidas son desde los días de la eternidad (Miq. 5:2).

Ahora veámoslo de otra forma. Leamos Romanos 5:12:

> Por tanto, como el pecado entró en el mundo por un hombre y por el pecado la muerte, así la muerte pasó a todos los hombres, por cuanto todos pecaron.

Y ahora, dejando para más tarde los versículos que constituyen el paréntesis, y yendo al 18 y 19 (que continúan el pensamiento del 12):

> Así que, como por la transgresión de uno [ese hombre que pecó] vino la condenación a todos los hombres, de la misma manera por la justicia de uno [ese Hombre que no pecó] vino a todos los hombres la justificación que produce vida. Así como por la desobediencia de un hombre [el hombre que pecó] muchos fueron constituidos pecadores, así también por la obediencia de uno [el Hombre que no pecó], muchos serán constituidos justos.

Y ahora leamos el paréntesis:

> Antes de la Ley ya había pecado en el mundo; pero donde no hay Ley, no se inculpa de pecado. No obstante, reinó la muerte desde Adán hasta Moisés, aún en los que no pecaron a la manera de la transgresión de Adán, el cual es figura del que había de venir.

Adán, pues, era figura de Aquel que tenía que venir. El que había de venir es Cristo. Adán era figura de Cristo. ¿En qué era Adán figura de Cristo? ¿En su justicia? –No, puesto que no la guardó. ¿En su pecado? –No, puesto que Cristo no pecó. Entonces, ¿en qué fue Adán figura de Cristo? –En esto: Todo lo que estaba en el mundo estaba incluido en Adán; y todo lo que hay en el mundo está incluido en Cristo. Dicho de otro modo: Adán afectó a todo el mundo en su pecado; Jesucristo (el segundo Adán) en su justicia afecta a toda la humanidad. Es en ese sentido, Adán es figura de Aquel que tenía que venir.

Así, seguimos leyendo:

> Pero el don no fue como la transgresión, porque si por la transgresión de aquel uno muchos murieron, la gracia y el don de Dios abundaron para muchos por la gracia de un solo hombre.

Hay pues dos hombres objeto de nuestro estudio: el que introdujo el pecado, y Aquel otro que introdujo la justicia.

> Y con el don no sucede como en el caso de aquel uno que pecó, porque, ciertamente el juicio vino a causa de un solo pecado para condenación, pero el don vino a causa de muchas transgresiones para justificación. Si por la transgresión de uno solo [el primer Adán] reinó la muerte, mucho más reinarán en vida por uno solo, Jesucristo [el segundo Adán], los que reciben la abundancia de la gracia y del don de la justicia.

Leamos otro texto relacionado con el anterior, antes de entrar en su estudio (1ª Cor. 15:45-49):

> Y así está escrito: "El primer hombre Adán fue hecho un alma viviente"; el postrer Adán, un espíritu vivificante. Mas lo espiritual no es primero, sino lo natural; luego lo espiritual. El primer hombre, es de la tierra, terrenal; el segundo hombre que es el Señor, es del cielo. Conforme a lo terrenal, así serán los terrenales; y conforme al celestial, así serán los celestiales. Y así como hemos llevado la imagen del terrenal, llevaremos también la imagen del celestial.

El primer Adán nos afectó a todos nosotros; lo que él hizo nos incluyó a todos. Si hubiese permanecido fiel a Dios, eso nos habría incluido a todos. Y cuando cayó apartándose de Dios, eso nos incluyó, y nos afectó a todos. Sea lo que fuere lo que debía hacer, nos incluía; y lo realizado por él hizo de nosotros lo que somos.

Ahora aparece otro Adán. ¿Afecta a tantos como afectó el primero? Esa es la cuestión. Eso es justamente lo que estamos estudiando. ¿Afecta el segundo Adán a tantos como afectó el primero? –Y la respuesta es que efectivamente, lo que hizo el segundo Adán, afectó a todos los que resultaron afectados por lo que hizo el primero. Lo que éste debió hacer, lo que hubiera podido hacer, habría afectado a todos.

Suponed que Cristo hubiera sucumbido a la tentación y hubiese pecado. ¿Habría significado algo para nosotros? ¡Lo habría significado todo! El primer pecado de Adán significó todo esto para nosotros; el pecado, por parte del segundo Adán, lo habría significado todo para nosotros. La justicia del primer Adán lo habría significado todo para nosotros, y la justicia del segundo Adán lo significa todo para tantos como crean. Eso es correcto en un cierto sentido; pero no en el sentido en el que lo estamos estudiando. Estamos estudiándolo desde el punto de vista de los Adanes. Lo veremos después desde nuestro punto de vista.

La cuestión es: ¿Afecta la justicia del segundo Adán a tantos como afectó el pecado del primero? Examinémoslo detenidamente. Absolutamente sin nuestro consentimiento, sin que tuviéramos nada que ver con ello, estuvimos todos incluidos en el primer Adán; estuvimos todos allí. Toda la raza humana estaba en el primer Adán. Lo que hizo ese primer Adán, ese primer hombre, significaba nosotros; nos afectó. Lo que hizo el primer Adán nos llevó al pecado, y el pecado conduce a la muerte; y eso nos afecta a cada uno de nosotros: todos estamos implicados.

Jesucristo, el segundo hombre, tomó nuestra naturaleza pecaminosa. Él nos toca "en todo". Se hizo nosotros y murió la muerte. Así, en Él, y en ello, todo hombre que jamás haya vivido en la tierra, y que estuvo incluido en el primer Adán, está incluido en este segundo, y volverá a vivir. Habrá una resurrección de los muertos, tanto de justos como de injustos. Debido al segundo Adán, toda alma volverá a vivir tras la muerte que le sobrevino debido al primer Adán.

"Bien", dirá alguno. "Estamos implicados en otros pecados, aparte de aquel primero". Sí, pero no sin nuestro consentimiento. Cuando Dios dijo: "Pondré enemistad entre ti y la mujer, y entre tu simiente y la simiente suya", dio a todo hombre la libertad para escoger a qué amo serviría; y a partir de ello, todo el que haya pecado en este mundo, lo ha hecho porque así lo escogió. "Que, si nuestro evangelio está aún encubierto, para los que se pierden está encubierto; en los cuales el dios de este mundo cegó la mente de los incrédulos" (2ª Cor. 4:3 y 4). No es que carezcan de oportunidad para creer; el dios de este mundo no ciega los ojos de nadie que no haya cerrado ya previamente sus ojos de la fe. Cuando alguien cierra los ojos de la fe, entonces Satanás se encarga de que permanezcan cerrados por tanto tiempo como sea posible. Vuelvo a leer: "Si nuestro evangelio –el evangelio eterno, el evangelio de Jesucristo que es Cristo en vosotros, la esperanza de gloria, desde los días del pecado del primer Adán hasta ahora– está aún encubierto, para los que se pierden está encubierto". Está encubierto para aquellos a quienes "el dios de este mundo cegó la mente de los incrédulos". Y ¿por qué les cegó el entendimiento? Porque fueron "incrédulos".

Abraham, un pagano, nacido pagano –como todos nosotros– y educado en el paganismo, habiendo crecido en una familia de paganos, adorando a ídolos y al ejército del cielo, abandonó todo eso y se volvió hacia Dios; abrió sus ojos de la fe, los empleó, y Satanás nunca encontró la ocasión de cegárselos. Y Abraham, un pagano, volviéndose a Dios de entre los paganos, encontró a Dios en Jesucristo en plenitud de esperanza –esa es una de las razones por las que Dios lo ha puesto ante todo el mundo. Él es un ejemplo de lo que está al alcance de todo pagano en este mundo. Constituye un ejemplo puesto por Dios acerca de cómo todo pagano queda sin excusa si no encuentra a Dios en Jesucristo, mediante el evangelio eterno. Abraham es emplazado ante todas las naciones atestiguando que todo pagano es responsable de su propio camino, si no encuentra aquello que Abraham encontró.

Por lo tanto, en la misma medida en que el primer Adán alcanza al hombre, lo hace ciertamente el segundo. El primer Adán puso al hombre bajo la condenación del pecado, hasta la muerte; la justicia del segundo Adán revierte lo anterior, y hace que todo hombre vuelva a vivir. Tan pronto como Adán pecó, Dios le dio una segunda oportunidad, y lo hizo libre de escoger a qué amo serviría. Desde entonces todo hombre es libre de elegir qué camino va a seguir, de forma que es responsable por sus pecados individuales. Y cuando Cristo nos liberó del pecado y la muerte que nos vinieron del primer Adán, lo hizo a favor de todo hombre; y todo hombre lo puede tener por elección.

El Señor no va a compeler a nadie a tomarlo. Él no compele a nadie, ni al pecado, ni a la justicia. Todo el que peca lo hace por su propia elección. Las Escrituras así lo muestran. Y todo ser humano puede elegir ser hecho perfectamente justo, como también muestra la Escritura. Ninguno morirá la segunda muerte que no haya escogido el pecado en lugar de la justicia, la muerte en lugar de la vida. En Jesucristo está la abundante plenitud de todo cuanto necesite o pueda tener el hombre, en lo relativo a la justicia. Y todo cuanto debe hacer el hombre es elegir a Cristo, y entonces es suyo.

Así pues, de igual forma en que el primer Adán era Nosotros, el segundo Adán es Nosotros. Compartió nuestra debilidad en todo. Leamos dos textos: Uno dice de nosotros: "Separados de mí, *nada podéis hacer*"; el otro dice de Él: "No puedo Yo hacer nada por mí mismo" (Juan 15:5; 5:30).

Esos dos textos nos bastan por ahora; explican todo el tema. Estar sin Cristo es estar sin Dios, y en esa situación el hombre no puede hacer nada; en sí mismo es rematadamente desvalido. Tal es la situación de quien está sin Dios. Jesucristo dijo: "No puedo yo hacer nada por mí mismo". Eso muestra que el Señor Jesús se sitúa a sí mismo en este mundo, en la carne, en la naturaleza humana, precisamente tal como es el hombre que está sin Dios en este mundo. Se sitúa precisamente allí donde está el hombre perdido. Depuso su "yo" divino, y se hizo nosotros. Y allí, en la condición desvalida en la que estamos nosotros sin Dios, recorrió el arriesgado camino para regresar a donde está Dios, llevándonos con Él. Fue un riesgo espantoso; pero, gloria sea dada a Dios, venció; logró el objetivo, y en Él somos salvos.

Cuando Él estuvo donde estamos nosotros, dijo: "Yo confiaré en Él" (Heb. 2:13). Y esa confianza jamás resultó traicionada. En respuesta a esa confianza el Padre moró en Él y con Él, y lo guardó de pecar. ¿Quién fue Él? –Nosotros. De esa forma el Señor Jesús ha traído la fe divina a todo hombre en el mundo. Esa es la fe del Señor Jesús. Se trata de fe salvífica. La fe no es algo que proceda de nosotros mismos, mediante la cual creemos acerca de Él; sino que es ese algo con lo que Él creyó, –la fe que ejerció, que nos la otorga y que viene a ser nuestra, obrando en nosotros–, el don de Dios. Eso es lo que significa "que guardan los mandamientos de Dios y la fe de Jesús" (Apoc. 14:12). Guardan la fe de Jesús, porque es esa fe divina que el propio Jesús ejerció.

Él, siendo nosotros, nos trajo esa fe divina que salva el alma, –esa fe divina por medio de la cual podemos decir con Cristo: "Yo confiaré en él". Y confiando así en Él, esa confianza jamás será defraudada hoy, como no lo fue entonces. Dios respondió a esa confianza, e hizo morada con Él. Dios responderá hoy ciertamente a esa, nuestra confianza, haciendo morada con nosotros.

Dios moraba con Él, y Él fue nosotros. Por lo tanto, su nombre es Emmanuel: 'Dios con nosotros' –no 'Dios con Él'; Dios estuvo con Él desde antes que el mundo existiera. Podría haber permanecido allí, podría no haber venido aquí para nada, y Dios habría estado con Él igualmente, y su nombre podría haber sido 'Dios con Él'. Podría haber venido a este mundo tal como Él era en el cielo, y su nombre habría continuado siendo 'Dios con Él'; pero no 'Dios con nosotros', que es precisamente lo que necesitábamos. 'Dios con Él' no puede ayudarnos, a menos que Él sea nosotros. Pero en ello radica la bendición: el que era uno de Dios vino a ser uno de nosotros; el que era Dios se hizo nosotros, a fin de que 'Dios con Él' significara 'Dios con nosotros'. ¡Oh, ese es su nombre! Alegrémonos por siempre en su nombre: ¡Dios con nosotros!

Capítulo 15

Emmanuel, Dios con nosotros - parte 3: Cristo fue completamente nosotros mismos

Aún seguimos estudiando el nombre de Cristo, que es "Dios con nosotros". Y tal como hemos visto ya, Él no podía ser *Dios con nosotros* a menos que se hiciera *nosotros*, debido a que no es Él mismo quien se manifiesta en el mundo. No vemos a Jesús en este mundo, tal como era en el cielo; ni vemos en el mundo la personalidad que tenía en el cielo antes de venir aquí. Se vació de sí mismo y se hizo *nosotros*. Entonces, habiendo puesto en Dios su confianza, Dios moró con Él. Siendo Él nosotros, y siendo Dios con Él, resulta que Cristo es "Dios con nosotros". Tal es su nombre.

Si hubiese venido al mundo tal como era en el cielo, como Dios; si se hubiese manifestado como era allí, y siendo Dios con Él, su nombre no habría sido "Dios con nosotros", puesto que Él no habría sido *nosotros*. Pero [el Hijo] se vació de sí mismo. No fue Él mismo quien se manifestó al mundo. Leemos: "Nadie conoce al Hijo, sino el Padre" (Mat. 11:27) –no sólo ningún ser humano, sino "nadie"–. Nadie conoce al Hijo sino el Padre. "Ni nadie conoce al Padre, sino el Hijo y aquel a quien el Hijo se lo quiera revelar". Observad que el texto NO dice: 'Nadie conoce al Hijo, excepto el Padre y aquel a quien el Padre se lo quiera revelar'. No. Ningún hombre conoce al Hijo en absoluto; solamente el Padre lo conoce. El Padre no revela al Hijo al mundo, sino que el Hijo revela al Padre. Cristo no es la revelación de sí mismo. Es la revelación del Padre al mundo y en el mundo –y a los hombres–. Por lo tanto, "nadie conoce al Padre, sino el Hijo y aquel a quien el Hijo se lo quiera revelar". Es, pues, el Padre quien es revelado al mundo, quien es revelado a nosotros y en nosotros, en Cristo. Es todo el tiempo el tema de nuestro estudio. Es el centro alrededor del cual gira todo lo demás. Siendo que Cristo tomó nuestra naturaleza humana en todas las cosas en la carne, y puesto que vino a ser nosotros, cuando leemos sobre Él y sobre el trato que recibe del Padre, estamos leyendo realmente sobre nosotros mismos, y de la forma como nos trata el Padre. Lo que Dios le hizo a Él, lo hizo a nosotros; lo que Dios hizo por Él, lo hizo por nosotros. Y así, leemos: "Al que no conoció pecado, por nosotros lo hizo pecado, para que nosotros seamos justicia de Dios en él" (2ª Cor. 5:21). Al que no conoció pecado, lo hizo pecado por nosotros, para que nosotros fuésemos hechos justicia de Dios en Él.

Debía ser en todo semejante a los hermanos; y es nuestro hermano según el parentesco de sangre más cercano posible. Vamos a estudiar ahora otra fase de ese gran tema: primeramente, en los Salmos –Cristo en los Salmos–, a fin de que podamos ver cuán enteramente los Salmos significan Cristo, y que la experiencia allí registrada no es otra que la suya.

Es imposible referirse en detalle a los 150 salmos en una sola lección, o en una docena de ellas. Sin embargo, en cierto sentido podemos referirnos a todos los salmos, estudiando unos pocos como muestra, a fin de descubrir el secreto de todos ellos, y su secreto es este: Cristo. Tomaremos algunos de los salmos en los cuales Dios mismo hizo la aplicación a Cristo, de forma que no pueda existir duda alguna de que se refieren a Él. Entonces, al leer esos salmos podemos tener la seguridad de que estamos leyendo sobre Jesucristo, y de la forma en que Dios lo trata –siendo Él "nosotros" todo el tiempo, débil como nosotros, con una carne pecaminosa como la nuestra, hecho pecado como nosotros, habiéndole sido puestos toda nuestra culpa y pecados sobre Él, y sintiendo Él la culpabilidad y condenación en todo, en tanto que nosotros.

Tomad el salmo cuarenta, que se refiere a Cristo en su venida al mundo. Estudiémoslo junto con el capítulo 10 de Hebreos. Comenzando en Salmo 40:6: "Sacrificio y ofrenda no te agradan; has abierto mis oídos". "Abierto" se puede traducir también como "perforado". Encontramos la clave para comprenderlo en Éxodo 21:1-6. El siervo hebreo debía servir a su amo un cierto número de años, y el año de la liberación quedaba libre. Pero si declaraba: "Yo amo a mi señor, a mi mujer y a mis hijos; no quiero salir libre", entonces el amo lo llevaba junto al dintel de la puerta, le horadaba la oreja con un punzón, y venía a ser su siervo para siempre. Ese orificio efectuado en su oreja era la señal externa de que los oídos de aquel hombre estaban siempre abiertos a la palabra de su señor, estaban atentos a obedecerle.

Cuando Cristo vino a este mundo como hombre, dijo al Padre: "Sacrificio y ofrenda no te agradan; has abierto mis oídos". 'Mis oídos están abiertos a tu palabra, prestos a tus órdenes. No me iré. Amo a mi Señor y a mis hijos. Me quedaré. Soy tu siervo para siempre'.

"Holocausto y expiación no has demandado. Entonces dije: 'He aquí, vengo; en el rollo del libro está escrito de mí; el hacer tu voluntad, Dios mío, me ha agradado'"

Leamos ahora Hebreos 10:5-9:

> Por lo cual, entrando en el mundo, dice: "Sacrificio y ofrenda no quisiste; Mas me preparaste cuerpo: Holocaustos y sacrificios por el pecado no te agradaron". Entonces dije: "He aquí vengo, Dios, para hacer tu voluntad (como en el rollo del libro está escrito de mí)". Diciendo primero: "Sacrificio y ofrenda, holocaustos y expiaciones por el pecado no quisiste, ni te agradaron" (cuyas cosas se ofrecen según la ley). Entonces dijo: "He aquí vengo, Dios, para hacer tu voluntad", quita lo primero para establecer esto último.

Encontramos ahí la aplicación que Dios hace del salmo 40 a Cristo; y dijo eso cuando vino al mundo. Sigamos leyendo en el salmo 40:

> El hacer tu voluntad, Dios mío, me ha agradado, y tu Ley está en medio de mi corazón. He anunciado justicia en la gran congregación; he aquí, no refrené mis labios, Jehová, tú lo sabes. No encubrí tu justicia dentro de mi corazón; he publicado tu fidelidad y tu salvación; no oculté tu misericordia y tu verdad en la gran congregación. No me ocultes tus tiernas misericordias, oh Jehová: deja que tu amorosa bondad y tu verdad me conserven continuamente. Porque me han rodeado males sin número [¿A quién? –A Cristo]; me han alcanzado mis maldades y no puedo levantar la vista. Se han aumentado más que los cabellos de mi cabeza y mi corazón me falla.

¿Quién? Cristo. ¿De dónde ha sido la iniquidad? –Oh, "Jehová cargó en Él el pecado de todos nosotros" (Isa. 53:6). ¿No se aumentaron más que los cabellos de su cabeza? Y cuando miró su estado, cuando se consideró a sí mismo, ¿cuál le pareció su condición? "Mi corazón me falla", debido a la enormidad de la culpa y condenación del pecado, debido a nuestros pecados que fueron puestos sobre Él.

Pero continúa en su divina fe y confianza en el Padre:

> Quieras, Jehová, librarme; Jehová, apresúrate a socorrerme. Sean avergonzados y confundidos a una los que buscan mi vida para destruirla. Vuelvan atrás y avergüéncese los que mi mal desean. Sean asolados en pago de su afrenta los que se burlan de mí [¿no se burlaron así de él en la cruz?]. Gócense y alégrense en ti todos los que te buscan, y digan siempre los que aman tu salvación: "¡Jehová sea enaltecido!"

¿Quién dijo eso? Aquel que era consciente de maldades en número superior a los cabellos de su cabeza. Aquel que estaba tan inclinado y postrado por esa carga. ¡Estaba alabando y gozándose en el Señor!

> Aunque yo esté afligido y necesitado, Jehová pensará en mí. Mi ayudador y mi libertador eres tú. ¡Dios mío, no te tardes!

Volviendo ahora al versículo primero del salmo 40:

> Pacientemente esperé a Jehová, y se inclinó a mí y oyó mi clamor.

¿Quién? –Cristo: y Él era nosotros. Por lo tanto, ¿diremos nosotros la palabra: "Pacientemente *esperé* a Jehová, y se inclinó a *mí* y oyó *mi* clamor"? Ciertamente. ¿Cargado de pecado, tal como estoy? ¿Pecador como soy? ¿Con esta carne pecaminosa que poseo? ¿Cómo puedo saber que Él oye mi clamor? Lo demostró para siempre en mi Pariente más próximo. Él lo ha demostrado en mi carne que se inclina, para escuchar mi clamor. Oh, hay momentos en los que nuestros pecados parecen ser como una montaña. Hacen que nos sintamos tan desanimados... Y Satanás está allí mismo, presto a decir: 'Sí. No tienes más remedio que desanimarte por tus pecados. Es inútil que ores al Señor: Él no va a querer saber nada con personas como tú; tu maldad es demasiada'. Y comenzamos a pensar que el Señor no va a oír nuestras oraciones. ¡Desechad esos pensamientos! No es solamente que oirá, sino que está presto a oír. Recordad lo dicho por Malaquías: "Jehová *escuchó* y oyó" (3:16). Escuchar es oír; por lo tanto, el Señor está deseoso de escuchar las oraciones de personas cargadas de pecado.

Pero hay momentos en nuestro desánimo cuando las aguas parecen cubrir nuestras almas ahogándonos, momentos en los que apenas logramos reunir el valor y la fe para pronunciar en voz alta nuestras oraciones. Oh, en ocasiones como esas, cuando son demasiado débiles en su fe como para que se las pueda escuchar, aún entonces Él se inclina hacia nosotros y nos oye; inclina su oído y nos escucha. Así es el Señor; así es el Padre de nuestro Señor Jesucristo, el amante Salvador de los pecadores. Entonces, si es que debe conducirnos a través de las aguas profundas, y estas pasan por encima de nuestras almas, como lo hicieron sobre la suya, ¡podemos esperar pacientemente en Jehová, y Él se inclinará y oirá nuestro clamor!

> Me hizo sacar del pozo de la desesperación, del lodo cenagoso; puso mis pies sobre peña y enderezó mis pasos. Puso luego en mi boca cántico nuevo, alabanza a nuestro Dios. Verán esto muchos y temerán, y confiarán en Jehová. [¿Quién dijo eso? –Jesús] ¡Bienaventurado es el hombre que pone en Jehová su confianza y no mira a los soberbios ni a los que se desvían tras la mentira!

Buscad ahora el salmo 22. Hay mucho en ese salmo que nos es familiar, cuya aplicación conocen todos. Comienza así:

> Dios mío, Dios mío, ¿por qué me has desamparado? [¿Quién dijo eso? –Jesús en la cruz] ¿Por qué estás tan lejos de mi salvación y de las palabras de mi clamor? Dios mío, clamo de día y no respondes; y de noche y no hay para mí descanso. Pero tú eres santo, tú que habitas entre las alabanzas de Israel. En ti esperaron nuestros padres [Jesús vino en la línea de los padres]; esperaron y tú los libraste. Clamaron a ti y fueron librados; confiaron en ti y no fueron avergonzados. Pero yo soy gusano y no hombre; oprobio de los hombres y despreciado del pueblo. Todos los que me ven se burlan de mí; tuercen la boca y menean la cabeza, diciendo: "Se encomendó a Jehová, líbrelo Él; sálvelo, puesto que en Él se deleitaba".

Sabéis que ese es el registro de su crucifixión; es el salmo de la crucifixión.

> Pero tú eres el que me sacó del vientre, el que me hizo estar confiado desde que estaba en el regazo de mi madre. A ti fui encomendado desde antes de nacer; desde el vientre de mi madre, tú eres mi Dios. No te alejes de mí, porque la angustia está cerca y no hay quien me ayude. Me han rodeado muchos toros; fuertes toros de Basán me han cercado. Abrieron contra mí su boca como león rapaz y rugiente. He sido derramado como el agua y todos mis huesos se descoyuntaron. Mi corazón fue como cera, derritiéndose dentro de mí. Como un tiesto se secó mi vigor y mi lengua se pegó a mi

> paladar. ¡Me has puesto en el polvo de la muerte! Perros me han rodeado; me ha cercado una banda de malignos; me perforaron mis manos y mis pies. ¡Contar puedo todos mis huesos! Entre tanto, ellos me miran y me observan. Repartieron entre sí mis vestidos y sobre mi ropa echaron suertes [Esa fue la experiencia de Jesús en la cruz]. Mas tú, Jehová, ¡no te alejes! Fortaleza mía, ¡apresúrate a socorrerme! Libra de la espada, mi alma querida [margen KJV: "mi único"; Septuagint: "mi unigénito"], del poder del perro mi vida. Sálvame de la boca del león y líbrame de los cuernos de los toros salvajes. Anunciaré tu nombre a mis hermanos; en medio de la congregación te alabaré. Los que teméis a Jehová, ¡alabadlo! ¡Glorificadlo, descendencia toda de Jacob! ¡Temedlo vosotros, descendencia toda de Israel!, porque no menospreció ni rechazó el dolor del afligido, ni de él escondió su rostro, sino que cuando clamó a Él, lo escuchó.

¿Quién dice eso, como el afligido, como el pecador abrumado y cargado por el peso del pecado, en número superior al de los cabellos de su cabeza? ¿Quién declara que Dios el Padre no menospreciará ni rechazará al que clama así? Cristo mismo, y lo comprobó. ¿Quién afirmó que el Padre no esconderá su rostro de alguien como vosotros y como yo? Cristo, y lo demostró, pues ¿acaso no vive ahora en gloria, a la diestra de Dios? En eso queda demostrado ante el universo que Dios no esconderá su rostro del hombre cuyas iniquidades han pasado como oleada sobre su cabeza, y superan en número a los cabellos de su cabeza. Tened, pues, buen ánimo. Él es nuestra salvación, Él la logró; demostró a todos los hombres que Dios es el Salvador de los pecadores.

> De ti será mi alabanza en la gran congregación; mis votos pagaré delante de los que lo temen.

¿Lo haréis vosotros? Ahora observad: ¿Quién era Él cuando dijo todo lo anterior? Era *nosotros*. Entonces, ¿quién será el que continúa aun diciéndolo? ¿No nos contará a nosotros en Él, tal como hizo hace mil ochocientos años? En aquella ocasión nos contó en Él porque Él era nosotros, y ahora, en Él, ¿no sucede lo mismo? Ahora, leamos los dos últimos versículos del salmo veintidós:

> La posteridad lo servirá; esto será contado de Jehová hasta la postrera generación. Vendrán y anunciarán su justicia; a pueblo no nacido aún, anunciarán que Él hizo esto.

El salmo que sigue, el 23, dice:

"Jehová es mi pastor" El pastor, ¿de quién? –De Cristo. El 22 es un himno a la crucifixión, el salmo de la crucifixión. ¿Dónde queda situado el 23? Sigamos leyendo:

> Jehová es mi pastor, nada me faltará. En lugares de delicados pastos me hará descansar; junto a aguas de reposo me pastoreará. Confortará mi alma. Me guiará por sendas de justicia.

¿A quién? ¿A mí, pecador? ¿Cargado de pecados como estoy? ¿Me guiará por sendas de justicia? –Sí. ¿Cómo podéis estar seguros de ello? Constatando que lo hizo ya.

En Cristo me llevó ya entonces por sendas de justicia por amor de su nombre, durante toda una vida. Por lo tanto, sé que en Cristo me llevará, pecador que soy, una vez más y por siempre, por sendas de justicia por amor de su nombre. Eso es fe.

Tomando esas palabras –tal como hemos oído en la lección que ha dado el hermano Prescott esta tarde–, como siendo la salvación de Dios que viene a nosotros, esas mismas palabras [de Cristo] obrarán en nosotros la salvación de Dios. Así lo obtuvo Cristo. Cuando Él se puso a sí mismo en nuestro lugar, ¿dónde obtuvo salvación? Él no se salvó a sí mismo. De ahí la provocación: "A otros salvó, pero a sí mismo no se puede salvar... descienda ahora de la cruz, y creeremos en Él" (Mat. 27:42). Él pudo haber descendido. Pero si se hubiese salvado a sí mismo, para nosotros habría sido la ruina. Si Él se hubiera salvado, nosotros nos habríamos perdido. ¡Pero nos salva a nosotros! Entonces, ¿qué lo salvó a Él? Esa palabra de salvación lo salvó a Él cuando se hizo *nosotros*, y nos salva a nosotros cuando estamos en Él. Me guía por sendas de justicia por amor de su nombre, es decir, a mí. Y eso a fin de que cada persona sobre la tierra pueda decir *en Él*, "Él me guía".

Sí, "aunque ande en valle de sombra de muerte". ¿Dónde estaba Cristo, en ese salmo 22? –En la cruz, enfrentando la muerte. El salmo 23 viene ahí en perfecta sucesión, cuando Jesús desciende al valle tenebroso. "Aunque ande en valle de sombra de muerte, no temeré mal alguno, porque Tú estarás conmigo; tu vara y tu cayado me infundirán aliento". ¿Quién? –Cristo, y *en Él*, nosotros; y podemos estar seguros porque Dios lo hizo ya una vez por nosotros en Él. Y en Él sigue ocurriendo así en nuestro favor.

> Aderezas mesa delante de mí en presencia de mis angustiadores; unges mi cabeza con aceite; mi copa está rebosando. Ciertamente el bien y la misericordia me seguirán todos los días de mi vida.

¿A quién? –A mí, ¡gracias al Señor! ¿Cómo lo puedo saber? –Porque el bien y la misericordia me siguieron ya entonces en Él. El bien y la misericordia me siguieron desde el nacimiento hasta la tumba una vez en este mundo, en Él; y por tanto tiempo como esté en Él, me continuarán siguiendo. "Ciertamente el bien y la misericordia me seguirán todos los días de mi vida; y en la casa de Jehová moraré por largos días". ¿Cómo lo sé? Oh, porque en Él ya fue hecho una vez por mi. Ha sido demostrado ante el universo que fue así, y yo lo tomo y me gozo en ello.

A continuación, viene a el salmo 24. El 22 es el salmo de la crucifixión; el 23 muestra a Cristo en el valle de sombra y de muerte; y el 24 es el salmo de la ascensión.

> ¡Alzad, puertas, vuestras cabezas! ¡Alzaos vosotras, puertas eternas, y entrará el Rey de gloria! ¿Quién es este Rey de gloria? ¡Jehová el fuerte y valiente, Jehová el poderoso en batalla! ¡Alzad, puertas, vuestras cabezas! ¡Alzaos vosotras, puertas eternas, y entrará el Rey de gloria! ¿Quién es este Rey de gloria? ¡Es Jehová de los ejércitos! ¡Él es el Rey de gloria!

Lo hizo una vez para mí en Él; en Él sigue sucediendo en mi beneficio; y en Él, "en la casa de Jehová moraré por largos días".

Lo anterior es solamente ilustrativo de la verdad tal como es en Cristo, en los salmos. Buscad el salmo 69 y lo veréis aún más claramente. En verdad, ¿dónde podemos mirar en los salmos, sin verlo? Leeré, no obstante, uno o dos versículos en el salmo 69, a fin de que veáis cómo es exactamente aplicable aquí.

Versículo 4: "Se han aumentado más que los cabellos de mi cabeza los que me odian sin causa". La escritura se cumplió. Recordad Juan 15:25: "Sin causa me odian". Versículo 7: "Por amor de ti he sufrido afrenta; confusión ha cubierto mi rostro. Extraño he sido para mis hermanos y desconocido para los hijos de mi madre. Me consumió el celo de tu casa". "Entonces recordaron sus discípulos que está escrito: 'El celo de tu casa me consumirá'" (Juan 2:17). Versículo 9: "Los insultos de los que te vituperaban cayeron sobre mí". Pablo escribió en Romanos 15:3: "Porque ni aún Cristo se agradó a sí mismo; antes bien, como está escrito: 'Los vituperios de los que te vituperaban cayeron sobre mí'".

Ahora, Salmos 69:20 y 21:

> El escarnio ha quebrantado mi corazón y estoy acongojado; y esperé quien se compadeciese de mí, y no lo hubo; busqué consoladores, y ninguno hallé. Me pusieron además hiel por comida, y en mi sed me dieron a beber vinagre.

¿Puede alguien dudar de que ese salmo se aplica a Cristo?

Leámoslo ahora desde el principio: "¡Sálvame, Dios, porque las aguas han entrado hasta el alma! Estoy hundido en cieno profundo, donde no puedo hacer pie; he llegado hasta lo profundo de las aguas y la corriente me arrastra. Cansado estoy de llamar; mi garganta se ha enronquecido; han desfallecido mis ojos esperando a mi Dios". Ya hemos leído el versículo 4: "...los que me odian sin causa, etc." Versículo 5: "Dios, tú conoces mi insensatez, y mis pecados no te son ocultos". ¿Los pecados de quién? ¡Cristo, el justo, el que no conoció pecado, por nosotros *fue hecho* pecado! (2ª Cor. 5:21). Nuestros pecados fueron puestos sobre Él; la culpabilidad y condenación de ellos no fueron "ocultos" para Dios. Oh, tuvo que ser algo terrible el vaciarse de sí mismo y hacerse nosotros en todo, a fin de que pudiésemos ser salvos, corriendo el riesgo, el terrible riesgo de perderlo todo: arriesgándolo todo para salvarlo todo. Pero ¿qué éramos nosotros, por nosotros mismos? Desde la cabeza hasta los pies, nada más que un cuerpo de pecado. Sin embargo, lo arriesgó todo para salvarnos. No éramos nada, pero Él lo hizo en su amor y compasión. Gracias al Señor por tener ese regio valor para hacerlo. Y triunfó; y somos salvos en Él.

Hemos leído aquí su confesión de pecado. Se trataba de Él en tanto en cuanto nosotros, en nuestro lugar, confesando nuestros pecados, cosa que ciertamente nos era necesaria. Fue bautizado en nuestro favor, dado que ningún bautismo de nuestra parte podría ser perfecto, como para ser aceptable en justicia. "Para que sea aceptado será sin defecto"

(Lev. 22:21). Ninguna confesión de pecado por parte del hombre puede ser en ella misma "sin defecto"; no puede ser tan perfecta como para que Dios pueda aceptarla en justicia, dado que el hombre es imperfecto. Pero "sin defecto será acepto". ¿Dónde, pues, podemos encontrar la perfección en la confesión? ¡En Él! En Él mi confesión del pecado es perfecta, ya que fue Él quien la hizo. Cuántas veces sucede que, una vez que una persona ha hecho una confesión de pecado tan a conciencia como pudo y supo, Satanás toma ventaja con su sugerencia: 'No has confesado adecuadamente tu pecado. No has confesado con la intensidad necesaria para obtener perdón. Sí, claro, has confesado, pero no como es debido. Dios no puede perdonarte con una confesión como esa'. Eleva la palabra de Dios ante Él y dile: Hay Uno que es perfecto; Él llevó mis pecados e hizo confesión: y cuando Él me muestra el pecado, lo confieso según mi poder y habilidad, y en la medida en que Dios me lo revela; y *en Él*, en virtud de su confesión, la mía es aceptada en justicia. Su confesión es perfecta en todo respecto, y Dios acepta mi confesión *en Él*.

Así, en Él resultamos librados del desánimo que Satanás quisiera traernos con respecto a si hemos confesado suficientemente nuestros pecados, si los hemos expulsado como es debido, o si nos hemos arrepentido como hay que hacerlo. En Cristo tenemos arrepentimiento; en Él tenemos confesión; en Él tenemos perfección; y estamos completos en Él. ¡Es el Salvador!

Con nuestra debilidad, con nuestra pecaminosidad –sencillamente nosotros–, pasó por este mundo y nunca pecó. Él estuvo lleno de pecado como nosotros, débil como nosotros, indefenso como nosotros, indefenso como es el hombre que está sin Dios en este mundo; sin embargo, por su confianza en Dios, Dios lo visitó de tal modo, moró de tal forma con Él, de tal manera lo fortaleció, que, en lugar de manifestar pecado, manifestó la justicia de Dios continuamente.

Pero ¿quién fue Él? Fue nosotros. Así, Dios demostró ya al mundo y al universo que Él vendría de esa manera a mí y a vosotros, y que viviría en nosotros que estamos hoy en el mundo, haciendo que esa gracia y ese poder habitaran en nosotros de forma que, a pesar de toda nuestra pecaminosidad, de toda nuestra debilidad, la justicia y la santa influencia de Dios serían manifestadas al hombre, en lugar de que nos manifestáramos nosotros y nuestra pecaminosidad.

El misterio de Dios no es Dios manifestado en carne *impecable*. No hay misterio en que Dios se manifieste en carne impecable; eso es algo natural. ¿Acaso no es Dios mismo impecable? ¿Hay pues algún misterio en que Dios pudiera manifestarse mediante la carne impecable? ¿Qué tiene de sorprendente que Dios manifieste su poder y su justa gloria mediante Gabriel, o mediante el esplendente querubín o serafín? Nada; es lo que se podía esperar. Pero la maravilla es que Dios puede hacer eso en, y a través de carne *pecaminosa*. Ese es el misterio de Dios: Dios manifestado en carne *pecaminosa*.

En Jesucristo, tal como fue Él en carne pecaminosa, Dios demostró ante el universo que puede de tal forma tomar posesión de la carne pecaminosa como para manifestar su misma presencia, su poder y su gloria, en lugar de que sea el pecado el que se manifieste. Y todo cuanto el Hijo pide a todo hombre, a fin de cumplir eso en él, es que permita al Señor que lo posea, tal como hizo el Señor Jesús.

Jesús dijo: "Yo confiaré en Él" (Heb. 2:13). Y en esa confianza Cristo trajo a todos, la divina fe mediante la cual podemos poner en Él nuestra confianza. Y cuando nos separamos así del mundo, y ponemos sólo en Él nuestra confianza, Dios nos tomará y usará de tal modo, que nuestro yo pecaminoso no aparezca, influencie ni afecte a nadie; Dios manifestará su *Yo* justo, su gloria ante los hombres, a pesar de todo lo nuestro y nuestra pecaminosidad. Esa es la verdad. Y es *el misterio de Dios*: "Cristo en vosotros, la esperanza de gloria" (Col. 1:27), –Dios manifestado en carne pecaminosa.

También en este punto Satanás desanima a muchos. Satanás dice al pecador que cree: 'Eres demasiado pecador como para considerarte cristiano. Dios no puede tener nada que ver contigo. Mírate a ti mismo. Sabes que no sirves para nada'. Satanás nos ha desanimado miles de veces con ese tipo de argumentación.

Pero Dios ha provisto un argumento que deja en la vergüenza esa pretensión de Satanás, porque Jesús vino y se hizo nosotros, con nuestra pecaminosidad –cargado con los pecados del mundo–, llevando muchos más pecados de los que hay sobre mí. Y en Él, cargado con mil veces más pecados de los jamás hubiera en mí, Dios ha demostrado que con uno tan pecaminoso como eso, Él vendría y haría habitación con él por toda la vida, manifestándose a sí mismo y su justicia, a pesar de la pecaminosidad, y a pesar del diablo. Dios dispuso ayuda sobre Alguien que es poderoso; y esa ayuda nos alcanza a nosotros, gracias al Señor.

Hermanos, eso me hace bien. Porque sé que si alguna vez he de manifestar algo bueno en este mundo en el que estoy, ha de proceder de alguna fuente exterior a mí mismo. Eso es un hecho. ¡Pero, Oh!, la bendición misma de ello radica en que Dios ha demostrado que manifestará su *YO* justo en lugar de mi yo pecaminoso cuando yo le permita que me posea. Soy incapaz de manifestar justicia por mí mismo. No puedo por mí mismo manifestar su justicia. No. Dejo que Él me posea, absolutamente, sin reservas; entonces, Él se encarga de eso. Él ha demostrado que es así; lo demostró por toda una vida lo que Dios es cuando hace morada conmigo en carne pecaminosa; puede hacerlo de nuevo tan ciertamente como pueda poseerme.

¿Le permitiréis que os posea? ¿Será acaso una entrega excesiva? –No. Es lo que corresponde. ¿Cuán plenamente se entregó Él? Se entregó totalmente a sí mismo; Cristo se dio, se vació de sí mismo.

La versión en francés dice: "Se aniquilo así mismo".

Él se deshizo a sí mismo, y se hundió en nosotros, para que Dios, en lugar de nosotros mismos, y su justicia, en lugar de nuestra pecaminosidad, se manifestase en nosotros en nuestra carne pecaminosa. Respondamos, pues, sumergiéndonos en Él, de forma que Dios pueda seguir manifestándose en carne pecaminosa.

Alguien dijo jocosamente: 'Mi esposa y yo somos uno, y yo soy el uno'. Pero nosotros lo emplearemos reverentemente a modo de ilustración: Cristo y el hombre son uno, y ¿quién será el uno? Cristo se ha aliado con todo ser humano en esta tierra; pero muchos dicen: 'Sí. Me parece bien, pero yo soy el uno'. Otros lo rehúsan con arrogancia: 'Yo soy el uno: me basto'. Ahora bien, el cristiano, el creyente, sometiéndose a Jesucristo, dice: 'Sí. ¡Alabado sea el Señor! Él y yo somos uno, y Él es el uno'.

Por su parte, Cristo se ha aliado a sí mismo con cada ser humano, y si cada ser humano en el mundo esta noche lo abandonara todo y dijera: 'Sí. Trato hecho: Él y yo somos uno, y Él es el uno', todo ser humano sería salvo hoy, y Cristo aparecería en cada alma mañana.

Ahora, hermanos, hay otro asunto pertinente aquí, en relación con nuestra experiencia práctica. Cristo se ha aliado con todo ser humano. Por lo tanto, cuando dijo: "En cuanto lo hicisteis [o no lo hicisteis] a uno de estos mis hermanos más pequeños, a mí lo hicisteis [o no lo hicisteis]", ¿cuán abarcante es esa verdad? Suponed que viene a mi puerta un vagabundo; imaginadlo mal aseado, quizá con su higiene descuidada. ¿Quién está aliado con Él? –Jesús. ¿Quién lo ha dado todo por ese hombre? –El Señor Jesús. Por lo tanto, dependiendo de cómo trate a ese hombre, ¿quién resulta afectado? –El Señor Jesús, sin duda alguna.

¿Trataré a ese hombre de acuerdo con la estimación que corresponde a lo que Cristo ha dado por él, o de acuerdo con mis opiniones, de acuerdo con la estimación que hace de él el mundo? Esa es la cuestión.

Suponed que hay aquí un hombre que no cree en Jesús, un hombre mundano, uno dado a la bebida y la maledicencia. Supongamos que de alguna forma viene a mí. Quizá se acerca a mí en busca de algo que comer, o simplemente nos encontramos en la calle. Suponed que por respeto a Cristo trato a ese hombre como la posesión adquirida del Salvador, como alguien por quien Cristo lo ha dado todo. Y suponed que ese hombre jamás cree en Jesús para nada, que muere como infiel, que perece en la perdición. ¿Cómo ve Cristo la forma en la que me he comportado con ese hombre? En el juicio, si es que estoy a su derecha, ¿dirá algo sobre lo que hice con el hombre? Dirá: "Tuve hambre y me disteis de comer; tuve sed y me disteis de beber; fui forastero y me recogisteis; estuve desnudo y me vestisteis; enfermo y me visitasteis". '–¡Cómo, Señor! ¿Cuándo fue eso? ¡No puedo recordar que hiciera nada así! ¿Cuándo te vi forastero y te recogí, o desnudo y te vestí? ¿O cuándo te vi enfermo o en la cárcel, y fui a verte?' Oh, "En cuanto lo hicisteis a uno de estos mis hermanos más pequeños, a mí lo hicisteis".

Pero suponed que viene un hombre y me dice: 'Estoy hambriento; necesito algo que comer'. Y le respondo: '¿Por qué vagabundeas de ese modo? Estás sano y no te falta ninguna facultad. ¿Por qué no trabajas?' –'Oh, ¡no encuentro trabajo!' Imaginad que le respondo: 'Pues yo tengo demasiado. ¡Para dar y vender! Aún no he terminado con el trabajo. No creo que sea exactamente trabajo, lo que has estado buscando... No tengo nada que dar a personas como tú'. No le doy nada; y se va.

En aquel día compareceremos ante el trono, y yo me encontraré a la izquierda, exclamando: 'Señor, Señor, ¿por qué? He creído en ti. He creído y predicado la verdad. He creído el mensaje del tercer ángel. He predicado en Battle Creek. He hecho mucho por la causa. Hice muchas cosas maravillosas en tu nombre'. Pero la respuesta es: "Tuve hambre, y no me disteis de comer; tuve sed, y no me disteis de beber; fui forastero, y no me recogisteis; desnudo, y no me cubristeis; enfermo, y en la cárcel, y no me visitasteis". Entonces responderé: '¿Cuándo te vi hambriento, necesitado, o enfermo? Creí que estabas en el cielo, rodeado de gloria, que habían pasado todas tus pruebas. No supuse que pudieras estar en la tierra, como para poder verte hambriento o enfermo'. Él responderá entonces: 'Llamé a tu puerta una mañana tras haber pasado la noche a la intemperie, y te pedí algo de comer'. Responderé: '¿Tú? No. ¡Nunca te vi allí!' Él me irá recordando uno tras otro, todos aquellos a quienes fui negligente en auxiliar, y yo replicaré: 'Ah, ¿te refieres a aquel hombre? ¡No eras tú, Señor!' Él responderá finalmente: 'En cuanto no lo hiciste a uno de estos más pequeños, ni a mí lo hiciste. Apártate de mí. Nunca te conocí'.

Sea que la persona dé o no crédito a lo que Cristo ha invertido en ella, como creyente en Jesús debo conceder a Cristo todo el crédito en cuanto a lo que invirtió en esa persona. No es una cuestión de si la persona reconoce lo que Cristo dio por ella, sino una cuestión de si los que profesan creer en su nombre reconocen que efectivamente lo hizo. Aquí es donde se encuentra demasiado a menudo la gran carencia en la profesión de cristiandad, tanto como en los que niegan su nombre, y no pretenden creer en Él. No es sorprendente que alguien que no cree en Cristo le niegue el crédito por lo que invirtió en ese hombre; pero aquí estoy yo, que profeso creer en Jesús, y os digo que es sorprendente que no dé a Cristo el crédito por lo que ha hecho en ese hombre.

En el capítulo 58 de Isaías, el Señor describe cuál es el ayuno que ha escogido: Es que "no te escondas de tu carne". ¿Quién es nuestra carne? –Jesucristo lo es; y puesto que Jesucristo se ha aliado con ese hombre, él es mi carne. No os escondáis nunca de vuestra propia carne. Este es el ayuno que escogió el Señor: Alimentad al hambriento, aliviad al oprimido, cuidad al huérfano y a la viuda, y esparcid por doquiera la fragancia de su nombre y su generosa bondad. Él se alió con la carne humana; y en la forma en que tratamos a ésta, lo estamos tratando a Él. En eso consiste el cristianismo.

Capítulo 16

Emmanuel, Dios con nosotros - parte 4: Cristo se vació y se convirtió en nosotros

Abrid vuestra Biblia en el capítulo 58 de Isaías. Leamos una parte de ese capítulo para comenzar esta tarde en el lugar en que terminamos anoche:

> ¡Clama a voz en cuello, no te detengas, alza tu voz como una trompeta! ¡Anuncia a mi pueblo su rebelión y a la casa de Jacob su pecado! Ellos me buscan cada día y quieren saber mis caminos, como gente que hubiera hecho justicia y que no hubiera dejado el derecho de su Dios (vers. 1 y 2).

Es decir, como si estuvieran en armonía con todos los juicios del Señor.

> Me piden justos juicios y quieren acercarse a Dios. Dicen: ¿Por qué ayunamos y no hiciste caso, humillamos nuestras almas y no te diste por entendido? [Y esta es la respuesta:] He aquí que en el día de vuestro ayuno buscáis vuestro propio interés y oprimís a todos vuestros trabajadores. He aquí que para contiendas y debates ayunáis, y para herir con el puño inicuamente; no ayunéis como lo hacéis hoy, para que vuestra voz sea oída en lo alto. ¿Es este el ayuno que yo escogí? (vers. 2-5).

El texto pregunta: "¿Es este el ayuno que yo escogí: que de día aflija el hombre su alma...?" Es preferible la traducción alternativa: "... ¿que el hombre aflija su alma por un día?" Alguien se propone ayunar. No toma comida, quizá desde el desayuno hasta la cena, y aflige su alma pasando hambre de esa manera. A eso le llama ayuno. Afligió su alma por un día.

> ¿Es este el ayuno que yo escogí: que de día aflija el hombre su alma, que incline la cabeza como un junco y haga cama de telas ásperas y de ceniza? ¿Llamaréis a esto ayuno y día agradable a Jehová? (vers. 5).

Este es el ayuno que el Señor ha dispuesto:

> El ayuno que yo escogí, ¿no es más bien desatar las ligaduras de impiedad, soltar las cargas de opresión, dejar ir libres a los quebrantados y romper todo yugo? ¿No es que compartas tu pan con el hambriento, que a los pobres errantes albergues en casa, que cuando veas al desnudo lo cubras y no te escondas de tu propia carne? (vers. 6 y 7).

En este punto concluimos el estudio anoche. Ese es el ayuno que Dios ha escogido para su pueblo; el ayuno aceptable para el Señor. Pero es un tipo de ayuno que jamás podrán observar los que deseen hacerlo, hasta tanto no hayan alcanzado la situación en la que vean a Jesucristo tal cual es: asociado a toda alma en esta tierra, y estén dispuestos a tratar a cada persona en correspondencia con la relación que Cristo estableció con ella. Cuando alcancemos esa condición, cuando la alcancemos en Cristo – pues dicha condición está en Él, ese será el ayuno que haremos todo el tiempo.

Os leeré un párrafo que encontré recientemente en un Testimonio:

> Busquemos por cielo y tierra, y no encontraremos otra verdad más definidamente revelada que la que se manifiesta en misericordia precisamente para los que necesitan su simpatía a fin de quebrantar todo yugo y dejar en libertad a los oprimidos. De ese modo se vive, se obedece y se enseña la verdad tal cual es en Jesús (*Cada día con Dios*, p. 222, traducción revisada).

Así pues, manifestando misericordia a quienes están en necesidad de simpatía, contribuyendo a quebrantar su yugo y poniendo en libertad a los oprimidos, en *eso* es como "se vive, se obedece y se enseña la verdad tal cual es en Jesús". Ciertamente. ¿No nos lleva eso al lugar en el que está Jesús? ¿No se trata de Jesús mismo? Lo que estamos estudiando es precisamente que Jesús se ha vinculado con toda alma en la tierra; que se ha relacionado con cada persona en carne pecaminosa, y que, por lo tanto, no debemos escondernos de quienes son nuestra carne. Cuando nosotros, que profesamos el nombre de Cristo, lo tengamos a Él en alta consideración, en cada ser humano con quien se ha vinculado, habrá una sola y gran Compañía de Ayuda Cristiana allí donde exista una iglesia adventista del séptimo día. Entonces, la obra de Ayuda Cristiana se desarrollará en todo tiempo y lugar, puesto que eso es auténtico cristianismo.

No tengo nada en contra de las Compañías de Ayuda Cristianas que se han organizado, excepto que es una lástima que se hayan tenido que formar a partir de tan pocos adventistas del séptimo día. Eso es lo único malo. ¿Por qué tiene que suceder que sólo una parte de la iglesia esté dispuesta a implicarse en la obra de la Ayuda Cristiana, o a organizarse en Compañías de Ayuda Cristiana? ¿Cuál es nuestra profesión en el mundo? Profesamos el nombre de Cristo, lo que exige que respetemos la inversión que Él hizo en cada alma humana, y que ministremos a todos los necesitados.

Por otra parte, la organización de grupos de ayuda por la motivación del mero deber, auto–obligándonos y comprometiéndonos con esa labor sin ver a Cristo en ello, al margen de esa relación con Cristo y de ese amor por Él que es capaz de apreciar su interés en todo ser humano, y que ministra en su favor según el vínculo que Él ha establecido con todo ser humano, eso significaría igualmente errar el blanco.

Existen otros tipos de labor cristiana, pero ninguna es mayor que esta. "Busquemos por cielo y tierra, y no encontraremos otra verdad más definidamente revelada" en la obra por Cristo, y en la enseñanza de la verdad tal cual es en Jesús. No hay cosa igual en el cielo o en la tierra.

Ahora precisamente, en el momento en que es necesario por doquier un ayuno como ese, y especialmente entre nosotros, qué bendición tan grande tenemos porque el Señor nos lleve a ese punto, revelando ante nosotros el tema, concediéndonos el Espíritu y el secreto que todo lo obrará en nombre de Cristo, por su causa, con su Espíritu y para todo ser humano, pues Cristo ha comprado a cada alma. Allí donde nos encontremos con un ser humano, Cristo se ha vinculado con él. Esté donde esté, Cristo está interesado en él; invirtió todo lo que tenía en esa persona.

Eso nos lleva al punto de que debiéramos hacer siempre todo lo posible para presentar los encantos de Cristo, las gracias de Cristo y su bondad, a aquellos que no lo conocen a pesar de que Él todo lo invirtió en ellos, de forma que sean atraídos a esa situación en la que también ellos respondan a la bondad de Cristo y a la maravillosa inversión que ha hecho en ellos.

Si lo hacéis a causa de los hombres, o para vuestro propio crédito, por supuesto podéis resultar engañados. Pero si lo hacéis como si fuera a Cristo, por causa del interés que Cristo tiene en esa persona, es literalmente imposible que seáis engañados; ya que Cristo vive por siempre y nunca olvida. "Al que te pida, dale; y al que quiera tomar de ti prestado, no se lo niegues" (Mat. 5:42).

Este es el principio implicado: Es a Cristo a quien lo estamos haciendo. Tal como vimos en el tema precedente, aunque la persona pueda despreciar a Cristo y no creer en Él por tanto tiempo como viva en el mundo, hundiéndose a la postre en la perdición, Cristo, en ese gran día en que me situará a su mano derecha, no lo va a olvidar. Recordándolo, dirá: "En cuanto lo hicisteis a uno de estos mis hermanos más pequeños, a mí lo hicisteis" (Mat. 25:40).

Conocéis las palabras de Mateo 10:42: "Cualquiera que da a alguno de estos pequeños un vaso de agua fría solamente, por cuanto es discípulo, de cierto os digo que no perderá su recompensa". Si eso es así, realizado simplemente en el nombre de un discípulo, ¿qué no será, en el nombre del Señor mismo? "Porque Dios no es injusto para olvidar vuestra obra y el trabajo de amor que habéis mostrado hacia su nombre, habiendo servido a los santos y sirviéndolos aún" (Heb. 6:10). ¿Los estáis sirviendo? Esa es la cuestión.

Esa es la verdadera comunión, la verdadera fraternidad. Hoy oímos mucho sobre "la paternidad de Dios y la fraternidad de los hombres". No cesan de organizarse grupos de diferentes tipos, basados en la idea de lo que llaman "paternidad divina y fraternidad humana". Pero la suya se trata de una fraternidad exclusiva. 'Si perteneces a nuestro grupo, entonces disfrutarás de la fraternidad humana, pero si no es así, no tenemos nada que hacer contigo'. Hasta las propias iglesias actúan de esa manera: 'Si perteneces a nuestra iglesia, aquí tienes la fraternidad humana; pero si no perteneces, no tenemos en ti ningún interés particular, dado que no es nuestra misión preocuparnos de las necesidades de los que están fuera de la iglesia'. Así es nuestra fraternidad.

Por supuesto, eso no es de ninguna forma fraternidad. La verdadera paternidad de Dios y fraternidad humana, es la fraternidad del hombre en Jesucristo. Es ver a Jesucristo tal como se ha vinculado con cada ser humano, y como habiéndolo entregado todo por cada ser humano. En ello rompió la pared intermedia de separación. En su carne, que fue la nuestra, derribó la muralla de separación que había entre nosotros, para hacer de los dos un nuevo hombre en sí mismo, trayendo así la paz. Y en Él no hay judío ni griego, negro ni blanco, bárbaro ni extranjero, esclavo ni libre. No hay nada de ese tipo. Todos son uno en Jesucristo, y Dios no hace acepción de personas.

Únicamente en Jesucristo está la paternidad de Dios y la fraternidad del hombre, y en Jesucristo encontramos la fraternidad humana solamente cuando encontramos a Cristo como al Hermano de cada ser humano.

La Escritura dice: "No se avergüenza de llamarlos hermanos" (Heb. 2:11). De llamar hermanos, ¿a quién? A todo hijo que participa de carne y sangre. Cristo no se avergüenza de llamarlo hermano. No se avergüenza de ir hacia él y de tomarlo de la mano, aunque su aliento huela a licor, y le dice: 'Ven conmigo, y conocerás un camino mejor'. Esa es la verdadera fraternidad humana.

Siempre ha sido la obra de Satanás el hacer creer al hombre que Dios está tan lejos como sea posible. Por el contrario, el Señor se ha esforzado siempre porque el ser humano sepa que Él está tan cerca cómo es posible de cada uno. Leemos: "Ciertamente no está lejos de cada uno de nosotros" (Hech. 17:27).

El gran error que llevó al ateísmo fue pensar que Dios estaba tan alejado, no sólo en proximidad física, sino lleno de ira hacia los hombres, y esperando la ocasión para atraparlos, castigarlos severamente y hundirlos en la perdición. Contemplándolo de ese modo, comenzaron a hacerle ofrendas para mantenerlo de buen humor, y para evitar que les hiciera daño. Pero en todo ese tiempo, Él jamás estuvo lejos de cada uno de ellos. "No está lejos de cada uno". Es decir, está cerca. Tan cercano, que todo cuanto habían de hacer era "palparlo". Incluso estando, como era el caso, enceguecidos, todo cuanto habían de hacer era "palparlo", y podrían "hallarlo" (Vers. 21-28).

Entonces irrumpió el papado, la encarnación misma de esa enemistad entre los hombres y Dios. Esa encarnación del mal se presenta bajo el nombre de cristianismo; y vuelve a situar a Dios y a Cristo tan alejados, que nadie puede acercarse a ellos.

Por si no fuera suficiente, está tan alejado que María, y su padre y madre, así como todo el resto de santos católicos, incluyendo a Juana de Arco y pronto a Cristóbal Colón, tienen que acudir a mediar entre Dios y los hombres, a establecer el contacto con el fin de asegurarse de que no pasaron desapercibidos para Él.

Pero no es más que una invención satánica. Cristo no está así de alejado. Está lo suficientemente cerca como para no permitir que ni una sola relación se interponga entre Él y yo, o entre Él y vosotros. Y así es precisamente como Dios quiere que lo veamos: tan cercano como para que resulte imposible que cualquier cosa o persona pueda interponerse. Pero, ¿para cuántos ha venido tan cerca como eso? No está lejano a ninguno de nosotros, ni siquiera de los paganos.

La encarnación de esa enemistad contra Dios, que separa al hombre de Dios –el papado–, ha reconstruido esa barrera. Viene aquí a la mente ese pensamiento al que ya he hecho referencia: el de que es tan santo, que sería totalmente impropio que se acercara a nosotros al entrar en contacto con una naturaleza como la que nosotros poseemos: pecaminosa, depravada, caída. Por consiguiente, María tuvo que nacer inmaculada, perfecta, impecable, y más elevada que los querubines y serafines; de esa forma Cristo, quien nació de ella, tomó la naturaleza humana absolutamente impecable que ella poseía. Ahora bien, eso sitúa a Cristo más alejado de nosotros que los querubines y serafines, y en una naturaleza impecable.

Pero si no viene más cerca de nosotros de lo que puede hacerlo una naturaleza impecable, queda muy alejado, pues yo necesito a alguien que esté mucho más próximo a mí que eso. Necesito que me ayude uno que sepa lo que es la naturaleza pecaminosa, pues esa es la que yo tengo, y esa es la que el Señor tomó. Se hizo uno de nosotros. Podéis ver que se trata de verdad actual en todo respecto, ahora que el papado está tomando posesión de todo el mundo, y la imagen del mismo está siguiendo sus siniestros pasos, olvidando todo lo que Dios es en Jesucristo, así como lo que Cristo es en el mundo; teniendo la forma de piedad, pero sin su realidad, sin el poder. ¿No es hoy precisamente lo que más se necesita en el mundo, el que Dios proclame una vez más los auténticos méritos de Jesucristo, y su santidad?

Jesucristo es ciertamente santo; perfectamente santo. Pero su santidad no es de esa clase que teme asociarse con quienes no son santos por miedo a que su santidad se corrompa. Cualquiera que posea ese tipo de santidad que hace que no pueda encontrarse –en el nombre de Jesús– en la compañía de los caídos, perdidos y degradados sin corromperse, mejor que se libre de ella cuanto antes, obteniendo a cambio la genuina santidad, puesto que la que poseía no vale nada: está ya corrompida desde el principio.

[Pregunta: "Qué hay en cuanto a la reputación"?] –El cristiano no tiene reputación: tiene carácter. El cristiano no se hace preguntas relativas a la reputación. El carácter es todo cuanto le preocupa, y es el carácter de Dios revelado en Jesucristo.

Hay en nuestros días una cantidad considerable de "santidad" del tipo descrito, entre los profesos cristianos. Ciertamente no podría asegurar que se encuentre toda ella fuera de la denominación adventista del séptimo día. Es ese tipo de "santidad" el que lleva a muchos a exclamar, cuando un hermano o hermana –especialmente una hermana–

ha de ir y trabajar en favor de los caídos y desafortunados, simpatizando con ellos y ayudándolos: 'Si te asocias a gente como esa, no puedo seguir relacionándome contigo. No estoy seguro de querer seguir permaneciendo en la iglesia, si es que vas a trabajar por gente como esa, trayéndolos después a la iglesia'.

La respuesta a todas esas expresiones es la siguiente: Muy bien. Si no quieres pertenecer a una iglesia con gente como esa, mejor abandónala cuanto antes, lo más rápido posible; pues muy pronto la iglesia de Jesucristo va a estar habitada por personas así. "Los publicanos y las rameras van delante de vosotros al reino de Dios" (Mat. 21:31).

Muy pronto la iglesia de Jesucristo va estar de tal forma moldeada por su gracia, y tan llena de su santo carácter, que sus miembros no temerán ir, tal como Él hizo, hasta las mayores profundidades para salvar a los caídos. Tendrán una medida tal de la santidad de Jesucristo, que no temerán resultar contaminados al descender, *en su nombre*, hasta los de condición más baja.

Pero el tipo de santidad que dice: "Quédate en tu lugar, no te acerques a mí, porque soy más santo que tú" (Isa. 65:5), quédate distante, o profanarás mis ropas sagradas. ¡Oh, esa es la santidad del diablo! ¡Desechadla!

La santidad de Dios es ciertamente pura; es tal su pureza, que el pecado no puede soportar su presencia. Es una santidad cuya pureza y poder son tan trascendentes como para constituir fuego consumidor para el pecado. Es poder consumidor para el pecado debido a su maravillosa pureza, y el poder de esa pureza, de la santidad de Dios en Jesucristo, anhela entrar en contacto con aquellos que están cargados de pecados e impregnados de ellos, a fin de que esa santidad, encontrando un camino de entrada, consuma el pecado y salve al alma. Esa es la santidad de Cristo.

Esta es una de las verdades más benditas en la Biblia, que nuestro Dios es fuego consumidor debido a su santidad. En Jesucristo encontramos a Aquel cuya santidad es fuego consumidor para el pecado, y esa es la garantía de nuestra perfecta salvación de toda mancha de pecado. El brillo, la gloria, la pureza consumidora de esa santidad, eliminará todo vestigio de pecado y pecaminosidad de aquel que encuentre a Dios en Jesucristo.

Así, en su verdadera santidad Cristo pudo venir y vino en carne pecaminosa a los hombres pecaminosos, allí donde están los hombres pecadores. En Cristo, y sólo en Él, se encuentra la fraternidad humana. Todos son ciertamente uno en Jesucristo nuestro Señor.

Algunos han encontrado en los "*Testimonios*" la declaración de que Cristo no tenía "*pasiones* como" las nuestras. Allí está la declaración que todos pueden leer.

No debiera haber dificultad alguna en todos estos estudios, de principio a fin, si nos atenemos precisamente a lo dicho, y no vamos más allá, ni ponemos en las palabras lo que no dicen; sea que se refieran a la iglesia y el estado, a la separación del mundo, o a Cristo en nuestra carne. Ateneos estrictamente a lo dicho; no vayáis en pos de extrañas conclusiones. Algunos llegaron a la conclusión hace algún tiempo –y podéis ver fácilmente cuán horrible conclusión–, de que 'Cristo se hizo nosotros; es nuestra carne. Por lo tanto, *yo soy* Cristo'. Se dicen: 'Cristo perdonó pecados, por lo tanto, *yo* puedo perdonarlos. Cristo realizó milagros: *yo* debo realizarlos'. Es una argumentación espantosa. No hay dos posibilidades al respecto.

Cristo se hizo nosotros, vino en nuestro lugar, débil como nosotros, y siendo en todo punto como nosotros, para poder ser hecho así por siempre, y jamás para que nosotros fuéramos Él mismo. No: Es siempre Dios quien ha de ser manifestado; no nosotros. A fin de que así fuera, Cristo se vació de sí mismo y nos tomó a nosotros, para que el propio Dios pudiera venir a nosotros, apareciera en nosotros y fuera revelado en y a través de nosotros, en todo. Se trata siempre de Dios, y nunca de nosotros. Lo que significó nuestra ruina al principio fue la auto-exaltación, nuestra auto-afirmación y el ponernos por encima de Dios. A fin de que pudiéramos deshacernos de nuestro malvado *yo*, Cristo se vació de su justo *yo*, y se puso en el lugar de nuestro malvado *yo*, crucificándolo, poniendo nuestro *yo* en sujeción por siempre a fin de que Dios pueda ser el todo en todos. ¿Cuánto? –Todo. ¿En cuántos? –En todos. Lo hizo con el fin de que Dios pudiera ser todo lo haya en mí y en vosotros, y todo eso está en Cristo. Ciertamente ese fue su objetivo. Debemos guardarnos de la auto-exaltación. Cristo ha de crecer, y yo menguar. Él ha de vivir, y yo morir. Él ha de ser exaltado, y yo vaciado.

Capítulo 17

Fuera de mí y en Cristo

En relación con Cristo, no teniendo "pasiones como" las nuestras: En todas las Escrituras se nos presenta a Cristo siendo como nosotros, y con nosotros según la carne. Es del linaje de David según la carne (Rom. 1:3). Fue hecho en semejanza de carne de pecado (Rom. 8:3). No vayáis demasiado lejos. Fue hecho en semejanza de carne de pecado; no en semejanza de mente de pecado. No impliquéis ahí su mente. Su carne fue nuestra carne; pero su mente era "la mente de Jesucristo". Por lo tanto, dice la Escritura: "Haya, pues, en vosotros este sentir [mente] que hubo también en Cristo Jesús" (Fil. 2:5). Si es que Él hubiera tomado nuestra mente, ¿cómo se nos podría haber exhortado a que hubiera en nosotros la mente que hubo en Cristo? ¡Ya la habríamos tenido! Pero ¿cuál es la clase de mente que tenemos? Es una mente que está corrompida por el pecado también. Ved nuestra condición en el capítulo 2 de Efesios, comenzando por su primer versículo hasta el tercero, que es el que contiene ese punto particular.

Os refiero igualmente a la página 191 del *Bulletin*, a la lección que estudiamos relativa a la destrucción de esa enemistad. Vimos allí cuál fue el origen de esa enemistad, cómo entró en este mundo, ¿lo recordáis? En el Edén Adán tenía la mente de Jesucristo; tenía la mente divina; lo divino y lo humano estaban unidos en impecabilidad. Vino Satanás y presentó sus seducciones mediante el apetito, mediante la carne. Adán y Eva olvidaron la mente de Jesucristo, la mente de Dios que había en ellos, aceptando las sugerencias y disposiciones de esa otra mente. Quedaron entonces esclavizados a ella, y así lo estamos todos. Jesucristo viene ahora al mundo tomando nuestra carne, y en sus sufrimientos y tentaciones en el desierto pelea la batalla en lo que respecta al apetito.

Allí donde Adán y Eva fracasaron, y donde entró el pecado, [Cristo] luchó la batalla, ganó la victoria y la justicia entró. Habiendo ayunado cuarenta días y cuarenta noches, totalmente desvalido, humano como nosotros, hambriento como nosotros, fue tentado así: "Si eres Hijo de Dios, di que estas piedras se conviertan en pan". A lo que respondió: "Escrito esta: No sólo de pan vivirá el hombre, sino de toda palabra que sale de la boca de Dios".

Satanás arremetió entonces por segunda vez. Argumentó así: 'Estás confiando en la palabra de Dios, ¿no es así? Bien; pues mira lo que dice esa palabra': "A sus ángeles mandará acerca de ti; y en sus manos te sostendrán, para que no tropieces con tu pie en piedra". Puesto que confías en la palabra de Dios, arrójate desde aquí. Jesús le respondió: "Escrito está también: No tentarás al Señor tu Dios".

Satanás llevó entonces a Jesús a un monte muy elevado y le mostró todos los reinos del mundo y la gloria de ellos –su gloria, honor y dignidad–, le mostró todo eso. Y en aquel momento se evocó toda la ambición que tentó a Napoleón, a César o a Alejandro, o a todos ellos. Pero la respuesta de Jesús siguió siendo: "Escrito está: Al Señor tu Dios adorarás y a Él solo servirás" (Mat. 4:3-10).

El diablo lo dejó entonces por un tiempo, y vinieron ángeles a ministrarlo. Había resultado vencido el poder de Satanás sobre el hombre en el punto del apetito, el punto en el que precisamente había ganado el control del hombre. El ser humano tenía en un principio la mente de Dios. La perdió, y en su lugar tomó la mente de Satanás. En Jesucristo se vuelve a traer de nuevo la mente de Dios a los hijos de los hombres, y Satanás resulta vencido. Por lo tanto, es gloriosamente cierto, tal como traduce Young y también la versión alemana a partir del griego original: "Y sabemos que ha venido el Hijo de Dios, y nos ha dado una mente" (1ª Juan 5:20).

Leed las últimas palabras de 1ª Cor. 2:16: "Nosotros tenemos la mente de Cristo". Reunid ambas cosas. Tanto la traducción alemana como la danesa, así como el propio original griego, concuerdan: "Y sabemos que ha venido el Hijo de Dios, y nos ha dado una mente", y "*Nosotros tenemos la mente de Cristo*". Gracias al Señor por ello.

Leed ahora en Romanos. Leeré del griego, comenzando en el versículo 24 del capítulo 7. Recordad que de los versículos 10 al 24 el tema es la contienda ocasionada entre el bien que quisiera hacer y que no hago, y el mal que detesto, pero hago. Por lo tanto, encuentro una ley según la cual, queriendo realizar el bien, hallo que el mal está presente en mí. Veo otra ley en mis miembros, que lucha contra la ley de mi mente y me lleva en cautividad a la ley del pecado que hay en mis miembros. La carne tiene ahí el control, y arrastra tras de sí a la mente, cumpliendo los deseos de la carne y de la mente.

Romanos 7:24-8:10 y Efesios 2:1-3:

> ¡Oh, desgraciado hombre que soy! ¿quién me librará del cuerpo de esta muerte? Gracias doy a Dios mediante Jesucristo nuestro Señor. Así pues, yo mismo con mi mente sirvo realmente a la ley de Dios; pero con la carne, a la ley del pecado. Ahora, pues, ninguna condenación hay para los que están en Cristo Jesús, los que no andan conforme a la carne, sino conforme al Espíritu. Porque la ley del Espíritu de vida en Cristo Jesús me ha librado de la ley del pecado y de la muerte. Porque la ley, careciendo de poder por cuanto era débil por la carne, Dios, habiendo enviado a su propio Hijo en semejanza de carne de pecado, y debido al pecado, condenó al pecado en la carne; para que la justicia de la ley se cumpliese en nosotros, que no andamos conforme a la carne, sino conforme al Espíritu. Porque los que son de la carne, en las cosas de la carne piensan; pero los que

> son del Espíritu, en las cosas del Espíritu. Porque la mente de la carne es muerte, pero la mente del Espíritu es [se trata de la mente carnal, en contraste con la mente espiritual], vida y paz. Porque la mente de la carne es enemistad contra Dios; no está sujeta a la ley de Dios, ni puede estarlo; y los que están en la carne no pueden agradar a Dios. Pero vosotros no estáis en la carne sino en el espíritu, si verdaderamente el Espíritu de Dios mora en vosotros; pero si alguno no tiene el Espíritu de Cristo, no es de Él; pero si Cristo está en vosotros, el cuerpo está muerto a causa del pecado, pero la vida del Espíritu tiene lugar debido a la justicia.
>
> Él os revivó, a vosotros que estabais muertos en transgresiones y pecados en los cuales anduvisteis en tiempos pasados según la corriente de este mundo, según el príncipe del poder del aire, el espíritu que ahora obra en los hijos de desobediencia, siendo que también nosotros nos comportamos así en tiempos pasados, en los deseos de nuestra carne, cumpliendo los deseos de la carne y de la mente.

Nuestras mentes han consentido al pecado. Habiendo sentido las seducciones del pecado, nuestras mentes cedieron, consintieron, y se entregaron a las voluntades y deseos de la carne, cumpliendo así esos deseos de la carne y de la mente. La carne rige, y nuestras mentes les ha seguido, y la carne sirve a la ley del pecado. Cuando es la mente la que rige, se sirve a la ley de Dios. Pero dado que nuestras mentes sucumbieron, cedieron al pecado, vinieron a ser pecaminosas y débiles, y son dominadas por el poder del pecado en la carne.

La carne de Jesucristo fue nuestra carne, y en ella había todo aquello que hay en la nuestra. Todas las tendencias al pecado que hay en nuestra carne estuvieron en la suya, atrayéndole para que consintiera en pecar. Supongamos que Él hubiera dado su consentimiento para pecar con su mente; ¿Qué hubiera pasado? Su mente habría sido corrompida, y entonces Él habría albergado pasiones como las nuestras. Pero en tal caso Él mismo habría sido un pecador, habría caído en la total esclavitud junto con todos nosotros, y todos nosotros nos habríamos perdido, todo habría perecido.

Leeré al respecto en la pre-edición del nuevo libro "*Life of Christ*":

> En cierta ocasión Cristo dijo de sí mismo: "Viene el príncipe de este mundo y él nada tiene en mí" (Juan 14:30). Satanás encuentra en los corazones humanos algún asidero en que hacerse firme; acariciamos algún deseo pecaminoso, mediante el cual se impone el poder de sus tentaciones.

¿Dónde comienza la tentación? En la carne. Satanás alcanza la mente mediante la carne; Dios alcanza la carne mediante la mente. Satanás controla la mente mediante la carne. Por ese medio –mediante los deseos de la carne, los deseos de los ojos y la vanagloria de la vida; mediante la ambición mundanal y el ansia de respeto y honor de parte de los hombres– Satanás nos arrastra, seduce nuestras mentes a fin de que claudiquemos; nuestras mentes responden y acariciamos aquel deseo. De esa forma se impone el poder de sus tentaciones. Entonces hemos pecado. Pero hasta tanto no hayamos acariciado ese deseo de nuestra carne, no hay pecado. Hay tentación, pero no pecado. Cada uno es tentado, cuando es atraído y seducido por sus propios malos deseos. Y cuando su mal deseo ha concebido, produce el pecado. Y el pecado, una vez cumplido, engendra la muerte (Sant. 1:14 y 15).

Leo más:

> Acariciamos algún deseo pecaminoso, mediante el cual se impone el poder de sus tentaciones. Pero [Satanás] no pudo encontrar nada en el Hijo de Dios que le permitiera obtener la victoria. Jesús no consintió en pecar. Ni siquiera en un pensamiento logró que cediera al poder de la tentación.

Podéis, pues, ver, que el campo de batalla en el que se obtiene la victoria está en el límite entre la carne y la mente. La lucha tiene lugar en la esfera del pensamiento. Quiero decir que la batalla contra la carne tiene lugar –y también la victoria–, en el campo del pensamiento. Por lo tanto, Jesucristo vino en una carne como la nuestra, pero con una mente que mantuvo su integridad en contra de toda tentación, de toda seducción al pecado; una mente que jamás consintió al pecado, ni en la más mínima sombra concebible del pensamiento.

De esa forma ha traído a ese Hombre divino a todo ser humano en el mundo. Así todo hombre por elección propia, puede tener esa mente divina que vence al pecado en la carne. La traducción de Young de 1ª Juan 5:20 es: "Sabéis que ha venido el Hijo de Dios, y nos ha dado una mente". Lo mismo exactamente dice la versión alemana, y también el original griego: "nos ha dado una mente". Para que no haya duda, ese es el motivo por el que vino. Teníamos la mente carnal, la mente que seguía a Satanás y que cedía a la carne. ¿Qué fue lo que esclavizó la mente de Eva? –Vio que le árbol era bueno para comer. Pero no era bueno para eso, ¡de ninguna manera! El apetito, las concupiscencias o deseos de la carne, la engañaron. Tomó del árbol y comió. El apetito dominó, esclavizó a la mente: esa es la mente carnal, y es enemistad contra Dios. Proviene de Satanás. En Jesucristo resulta destruida mediante la mente divina que Él trajo a la carne. Mediante esa mente divina sometió la enemistad, y la mantuvo en sumisión. De esa forma condenó al pecado en la carne. Por lo tanto, esa es nuestra victoria; nuestra victoria está en Él, y todo depende de esa mente que hubo en Él.

En aquel principio encontramos la explicación de todo. Allí se suscitó esa enemistad; Satanás tomó cautivo al hombre y esclavizó su mente. Dios dijo [a la serpiente]: "Pondré enemistad entre ti y la mujer, y entre tu simiente y la simiente suya".

¿Cuál es la simiente de la mujer? –Cristo.

"Ésta [la simiente de la mujer] te herirá en la cabeza, y tú la herirás en el talón [no en la cabeza]" (Gén. 3:15). Todo cuanto Satanás pudo hacer con Cristo fue atraer, seducir la carne; poner tentaciones delante de la carne. No logró afectar la mente de Cristo.

Por contraste, Cristo llega a la mente de Satanás, allí donde radica y habita la enemistad, y destruye ese objeto malvado. Todo queda explicado en el relato del Génesis.

La bendición de lo anterior consiste en que Satanás sólo puede influir en la carne. Puede suscitar los deseos de la carne, pero ahí está la mente de Cristo, que dice: 'No, no; debo servir a la ley de Dios, y el cuerpo de carne debe serle sometido'.

Con posterioridad seguiremos avanzando en este pensamiento. Pero ya en este punto hay bendición, hay gozo, hay *salvación* para toda alma. Así, "haya, pues, en vosotros este sentir [mente] que hubo también en Cristo Jesús" (Fil. 2:5). Esa mente vence al pecado en carne pecaminosa. Mediante su promesa somos hechos participantes de la naturaleza divina (2ª Ped. 1:4). La divinidad y la humanidad resultan una vez más unidas cuando la mente divina de Jesucristo, mediante su divina fe, mora en carne humana. Permite que eso suceda en ti, y alégrate en ello, alégrate por siempre.

Veis, por lo tanto, que la mente que tenemos es la mente carnal; es la carne quien la controla, ¿y de quién nos vino? –De Satanás. Por lo tanto, es enemistad contra Dios. Y esa mente de Satanás es la mente del yo, siempre yo, en el lugar de Dios. Cristo vino para traernos otra mente distinta de esa. Mientras tenemos la mente de Satanás, siendo la carne la que manda, servimos a la ley del pecado. Dios nos puede revelar su ley, y podemos admitir que su ley es buena, y desear cumplirla haciendo resoluciones en ese sentido, haciendo promesas y hasta pactos, "pero veo otra ley en mis miembros [en mi carne], que se rebela contra la ley de mi mente [contra ese anhelo de mi mente que se deleita en la ley de Dios], y que me lleva cautivo a la ley del pecado que está en mis miembros. ¡Miserable de mí!" (Rom. 7:23 y 24).

Pero Cristo viene y nos trae otra mente –la mente espiritual–: nos la da. Nos da una mente; tenemos pues su mente, mediante su Espíritu Santo. Es entonces cuando con la mente, con la mente del Espíritu que Cristo nos ha dado, servimos a la ley de Dios. Gracias sean dadas al Señor.

Ved la diferencia. El capítulo 7 de Romanos describe al hombre en el que rige la carne. Esa carne logró en él extraviar a la mente, incluso en contra del anhelo del hombre. El capítulo noveno de 1ª de Corintios, versículos 26 y 27, describe al hombre en quien es la mente la que controla. Se trata del cristiano: en él la mente tiene el dominio sobre el cuerpo, estándole éste sometido, y manteniéndose en sumisión. Por lo tanto, leemos en otro lugar:

> No os conforméis a este mundo, sino transformaos por medio de la renovación de vuestro entendimiento [mente] (Rom. 12:2).

Y eso concuerda exactamente con el original griego: "Si alguno está en Cristo, es una nueva creación", o nueva criatura: no un viejo hombre mejorado, sino uno hecho de nuevo. Así, no se trata de la antigua mente modificada, sino de una mente creada de nuevo; esa es la mente de Cristo obrando en nosotros por el Espíritu de Dios, dándonos su mente, y haciendo así una mente completamente nueva en nosotros y para nosotros.

Así lo muestra el capítulo 8 de Romanos: "Los que son de la carne piensan en las cosas de la carne". Puesto que se entregan a las obras de la carne, la mente sigue por ese camino. "Pero los que son del Espíritu [mente], de las cosas del Espíritu". "Y si alguno no tiene el Espíritu de Cristo, no es de Él". Es el Espíritu Santo quien nos trae la mente de Jesucristo. Verdaderamente el Espíritu de Dios trae a Jesucristo mismo a nosotros. Mediante el Espíritu Santo la genuina presencia de Cristo, está con nosotros y mora en nosotros. ¿Podría acaso el Espíritu Santo traernos a Cristo, sin traernos su mente? No, ciertamente. Por lo tanto, es evidente que Cristo vino al mundo para traernos su mente.

Ved las implicaciones de lo anterior, lo que costó que fuera así, y cómo se logró. Esa mente carnal es la mente del yo. Es enemistad contra Dios, y está controlada por la carne. El propio Jesucristo, el Glorioso, vino en esa carne. El que hizo los mundos, el Verbo de Dios, Él mismo fue hecho carne; Él fue nuestra carne. Y Él, el Divino, el que estaba en el cielo, habitó en nuestra carne pecaminosa. No obstante, ese Ser divino, cuando estuvo en carne pecaminosa, no manifestó nunca ni una partícula de su yo divino al resistir las tentaciones que había en aquella carne, sino que se despojó, se vació de sí mismo.

Estamos ahora analizando el mismo tema que hemos venido estudiando estos tres o cuatro años; pero Dios nos está conduciendo más en profundidad en el estudio de ese tema, y me gozo por ello. Durante tres o cuatro años hemos estado estudiando: "Haya, pues, en vosotros este sentir [mente] que hubo también en Cristo Jesús", quien se vació de sí mismo. En nosotros debe haber esa mente, a fin de que podamos ser vaciados de nuestro yo, puesto que no podemos hacerlo por nosotros mismos. Nada, excepto la divinidad, puede efectuarlo. Se trata de algo infinito. ¿Puede la mente de Satanás vaciarse a sí misma del yo? –No. ¿Puede la mente que hay en nosotros, esa mente del yo, vaciarse a sí misma del yo? –No puede; el yo no lo puede realizar. Jesucristo, el Eterno, vino en su divina persona en esta misma carne nuestra, y no permitió nunca que su poder divino –su yo personal– se manifestara en su lucha contra esas tentaciones, seducciones y atracciones de la carne.

¿Qué fue, entonces, lo que venció al pecado allí, guardándolo de pecar? Fue el poder de Dios, el Padre, el que lo guardó. ¿En qué nos afecta eso a nosotros? En esto: no podemos vaciarnos por nosotros mismos; pero su divina mente viene a nosotros, y por ese poder divino podemos ser vaciados de nuestro yo depravado; entonces, mediante ese poder divino, la mente de Jesucristo, de Dios, el Padre, viene a nosotros y nos guarda del poder de la tentación. Así Cristo, vaciándose de su yo divino, de su yo justo, nos trae el poder por medio del cual somos vaciados de nuestro yo depravado. Es así como abolió en su carne la enemistad, e hizo posible que dicha enemistad fuera destruida en vosotros y en mí.

¿Lo comprendéis? Sé que requiere considerable esfuerzo mental, y que una vez que hemos pensado en ello y lo hemos comprendido con claridad, la mente no puede seguir avanzando. Nos encontramos cara a cara con el misterio mismo de Dios; el finito intelecto humano debe entonces detenerse y decir: 'Eso es terreno santo, esto está más de lo que puedo alcanzar; no puedo ir más lejos; Me rindo ante Dios'.

[*Pregunta*: ¿No dependió Cristo de Dios, para que lo guardara? *Respuesta*: Efectivamente, eso es lo que estoy diciendo. Es el punto principal].

Cristo dependió en todo tiempo del Padre. El propio Cristo, que hizo los mundos, estuvo en esta carne pecaminosa mía y vuestra que Él tomó. El que creó los mundos estuvo allí en su divina presencia todo el tiempo; pero nunca se permitió a sí mismo manifestarse, ni efectuar [por sí mismo] ninguna de sus obras. Mantuvo su yo sometido. Cuando le sobrevinieron esas tentaciones podría haberlas aniquilado todas ellas mediante el justo ejercicio de su yo divino. Pero de haber obrado así, habría significado nuestra ruina. Si hubiera hecho valer su yo, si hubiera permitido que se manifestara, incluso en justicia, *habría significado nuestra ruina*, puesto que nosotros, que no somos otra cosa excepto maldad, no habríamos tenido nada ante nosotros que no fuera la manifestación del yo. Desplegad como un ejemplo a seguir la manifestación del yo, incluso en justicia divina, ante seres humanos que son rematadamente pecadores, y no estaréis consiguiendo más que confirmarlos aún más en el egoísmo y la maldad. Por lo tanto, a fin de que pudiéramos ser liberados de nuestro yo depravado, el ser Divino, el Santo, mantuvo en sujeción, sometió, se vació de toda manifestación de su justo yo. Cumplió así el objetivo. Lo cumplió anonadándose a cada instante y encomendando todo en las manos del Padre a fin de que lo guardara de esas tentaciones. Venció mediante la gracia y el poder del Padre, quien vino a Él en razón de su fe, y de haberse vaciado de sí mismo.

En ese punto nos encontramos ahora. Es ahí en donde nos toca a vosotros y a mí. Somos tentados, somos probados; y tenemos siempre la ocasión de hacer valer nuestro yo, asumiendo nuestra prerrogativa de pasar a la acción. No faltan sugerencias en el sentido de que sufrir tales y tales cosas 'es demasiado, incluso para un cristiano', y de que 'no se espera que la humildad de un cristiano vaya tan lejos como eso'. Alguien os hiere en la mejilla, estropea vuestro carro o vuestros enseres, o quizá arroja piedras contra la carpa o lugar de reunión en que estáis. Satanás hace la sugerencia: 'Denúncialos y haz valer tus derechos dándoles un escarmiento. Un cristiano no tiene por qué soportar cosas como esas en el mundo. No es justo'. Entonces le respondéis así: 'Tienes razón. No hay derecho. Les vamos a dar una lección'.

Sí, y quizá lo hacéis. Pero ¿de qué se trata? De defensa *propia*, de una respuesta del *yo*. No: mantened a raya ese malvado yo; permitid que sea Dios quien tome cartas en el asunto: "Mía es la venganza, Yo pagaré, dice el Señor" (Rom. 12:19). Eso es lo que hizo Jesucristo. Le escupieron; se mofaron de Él; lo abofetearon en el rostro; le dieron estirones al cabello; le pusieron en la sien una corona de espinas; y en son de burla se arrodillaron ante Él diciendo: "Salve, rey de los judíos" (Mat. 27:29). Le vendaron los ojos y le hirieron, gritándole: "Profetiza: ¿quién es el que te golpeó?" (Luc. 22:64). Todo eso fue puesto sobre Él. Tuvo que soportar todo eso en su naturaleza humana, puesto que mantuvo en silencio su yo divino.

¿Os parece que debió sentir la sugerencia a que actuara para disolver aquella turba? ¿A que dejara ir una manifestación de su propia divinidad, barriendo así aquella impía multitud? Con toda seguridad Satanás estaba allí para sugerirle tal cosa. ¿Cuál fue, en respuesta, la actitud de Jesús? Se mantuvo indefenso como Cordero de Dios. No impuso su yo divino, no se valió de él. Sólo su humanidad se manifestó allí, entregándose totalmente para que fuera hecha la voluntad de Dios. Dijo a Pilato: "Ninguna autoridad tendrías contra mí si no te fuera dada de arriba" (Juan 19:11). Tal es la fe de Jesús. Y ese es el significado de la profecía que afirma, "aquí están los que guardan los mandamientos de Dios y la fe de Jesús" (Apoc. 14:12). Hemos de tener esa fe divina de Jesucristo, que viene a nosotros en ese don de su mente que nos concede. Esa mente que Él me da ejercerá en mí la misma fe que ejerció en Él. Por lo tanto, así guardamos la fe de Jesús.

Vemos pues a Jesús, mediante esa sumisión de sí mismo, evitando actuar según su justo yo y no permitiendo que se manifestara aún bajo las más fuertes tentaciones, y el Espíritu de Profecía nos dice que aquello que debió soportar en la noche de su traición eran las mismas cosas que la naturaleza humana encuentra tan difícil de soportar, aquello a lo que la naturaleza humana encuentra más difícil de someterse.

Pero Jesús, absteniéndose del recurso a su yo divino, *logró que la naturaleza humana se sometiera a él yo divino* mediante el poder del Padre, que es quien le libró de pecar. De esa forma nos lleva a esa misma mente divina, a ese mismo poder divino, de forma que cuando se nos provoque, cuando se nos abofetee, cuando nos escupan en la cara, cuando seamos perseguidos como lo fue Él –y muy pronto lo vamos a ser–, habiéndosenos dado esa mente divina que hubo en Él, eso mantendrá a raya nuestro yo natural, nuestro yo pecador; y lo pondremos todo en manos de Dios. Entonces así el Padre nos guardará en Él hoy, tal como nos guardó en Él entonces. Esa es nuestra victoria, y así es como destruyó la enemistad en favor nuestro. Y *en Él* resulta destruida en nosotros. ¡Gracias al Señor!

Leeré ahora un fragmento del "Espíritu de Profecía", que será de ayuda en la comprensión del tema.

Primeramente, a partir de un artículo publicado en la *Review and Herald* del 5 de julio de 1887. Es tan interesante que leeré algunos pasajes de ahí antes de proseguir con el Boletín, de forma que todos puedan comprenderlo, y cada uno pueda tener la seguridad de que los pasos que hemos dado en nuestro estudio son exactamente los correctos:

El apóstol quiere que nuestra atención se aparte de nosotros mismos y se enfoque en el Autor de nuestra salvación. Nos presenta las dos naturalezas de Cristo: la divina y la humana. Esta es la descripción de la divina: "El cual, siendo en forma de Dios, no estimó el ser igual a Dios como cosa a que aferrarse". Él era "el resplandor de su gloria, y la imagen misma de su sustancia [la imagen expresa de su persona]".

Ahora la [naturaleza] humana: "Hecho semejante a los hombres; y estando en la condición de hombre, se humilló a sí mismo, haciéndose obediente hasta la muerte". Voluntariamente tomó la naturaleza humana. Fue un acto suyo y por su propio consentimiento. Revistió su divinidad con humanidad. Él había sido siempre como Dios, pero no se mostró como Dios. Veló las manifestaciones de la Deidad que habían producido el homenaje y originado la admiración del universo de Dios. Fue Dios mientras estuvo en la tierra, pero se despojó de la forma de Dios y en su lugar tomó la forma y la figura de un hombre. Anduvo en la tierra como un hombre. Por causa de nosotros se hizo pobre, para que por su pobreza pudiéramos ser enriquecidos. Puso a un lado su gloria y su majestad. Era Dios, pero por un tiempo se despojó de las glorias de la forma de Dios. Aunque anduvo como pobre entre los hombres, repartiendo sus bendiciones por doquiera que iba, a su orden legiones de ángeles habrían rodeado a su Redentor y le hubieran rendido homenaje.

Cuando Pedro hizo frente a los oficiales y desenvainó la espada, seccionando la oreja de uno de los siervos del sumo sacerdote en ocasión del arresto de Cristo, Jesús le dijo: Pedro, guarda tu espada; "O ¿piensas que no puedo ahora orar a mi Padre, y Él me daría más de doce legiones de ángeles?" (Mat. 26:53).

Pero anduvo por la tierra sin ser reconocido, sin ser confesado por sus criaturas, salvo pocas excepciones. La atmósfera estaba contaminada con pecados y maldiciones en lugar de himnos de alabanza. La porción de Cristo fue la pobreza y la humillación. Mientras iba de un lado a otro cumpliendo su misión de misericordia para aliviar a los enfermos, para reanimar a los deprimidos, apenas si una voz solitaria lo llamó bendito, y los más encumbrados de la nación lo pasaron por alto con desprecio.

Esto contrasta con las riquezas de gloria, con el caudal de alabanza que fluye de lenguas inmortales, con los millones de preciosas voces del universo de Dios en himnos de adoración. Pero Cristo se humilló a sí mismo, y tomó sobre sí la mortalidad. Como miembro de la familia humana, era mortal; pero como Dios era la fuente de vida para el mundo. En su persona divina podría haber resistido siempre los ataques de la muerte y haberse negado a ponerse bajo el dominio de ella. Sin embargo, voluntariamente entregó su vida para poder dar vida y sacar a la luz la inmortalidad. Llevó los pecados del mundo y sufrió el castigo que se acumuló como una montaña sobre su alma divina. Entregó su vida como sacrificio para que el hombre no muriera eternamente. No murió porque estuviese obligado a morir, sino por su propio libre albedrío.

Eso es sacrificarse, eso es vaciarse.

Esto era humildad. Todo el tesoro del cielo fue derramado en una dádiva para salvar al

> hombre caído. Cristo reunió en su naturaleza humana todas las energías vitalizantes que los seres humanos necesitan y deben recibir.

Y Cristo las trae a mi naturaleza humana, a la vuestra si lo elegís así, mediante el Espíritu de Dios que nos trae su divina presencia, vaciándonos de nosotros mismos, y haciendo que aparezca Dios en lugar de aparecer el yo.

> ¡Admirable combinación de hombre y Dios! Cristo podría haber ayudado su naturaleza humana para que resistiera a las incursiones de la enfermedad derramando en su naturaleza humana vitalidad y perdurable vigor de su naturaleza divina. Pero se rebajó hasta [el nivel de] la naturaleza humana. Lo hizo para que se pudieran cumplir las Escrituras; y el Hijo de Dios se amoldó a ese plan, aunque conocía todos los pasos que había en su humillación, los cuales debía descender para expiar los pecados de un mundo que, condenado, gemía. ¡Qué humildad fue ésta! Maravilló a los ángeles. ¡La lengua humana nunca podrá describirla; la imaginación no puede comprenderla!

Pero podemos apropiarnos del bendito *hecho*, y disfrutar del beneficio que conlleva por toda la eternidad, y Dios nos dará eternidad para que así lo hagamos.

"¡El Verbo eterno consintió en hacerse carne! ¡Dios se hizo hombre!" ¿Qué soy yo? ¿Qué sois vosotros? –Hombre. Se hizo nosotros, y Dios con Él es Dios con nosotros.

"Pero aún descendió más". ¡Cómo! ¿Aún más? –Pues sí.

El Hombre –Cristo–, tenía aún que humillarse *en tanto en cuanto hombre*. Puesto que necesitamos humillarnos, Él no sólo se humilló como Dios, sino que, tras haberse hecho hombre, se humilló también como hombre, de forma que nosotros pudiéramos humillarnos ante Dios. Se vació de sí mismo como Dios, haciéndose hombre; y entonces, como hombre, se humilló nuevamente, haciendo posible que nosotros nos humillemos. ¡Todo a fin de que pudiéramos ser salvos! Ahí hay salvación. ¿No nos lo apropiaremos, y lo disfrutaremos día y noche, estando eternamente agradecidos como cristianos?

> Pero aún descendió más. El hombre [Jesús] debía humillarse como un hombre que soporta insultos, reproches, vergonzosas acusaciones y ultrajes. Parecía no haber lugar para Él en su propio territorio. Tuvo que huir de un lugar a otro para salvar su vida. Fue traicionado por uno de sus discípulos; fue negado por uno de sus más celosos seguidores; se mofaron de Él. Fue coronado con una corona de espinas; fue azotado; fue obligado a llevar la carga de la cruz. No era insensible a este desprecio y a esta ignominia. Se sometió, pero ¡ay!, sintió la amargura como ningún otro ser podía sentirla. Era puro, santo e incontaminado, ¡y sin embargo fue procesado criminalmente como un delincuente! El adorable Redentor descendió desde la más elevada exaltación. Paso a paso se humilló hasta la muerte, ¡pero qué muerte! Era la más vergonzosa, la más cruel: la muerte en la cruz como un malhechor. No murió como un héroe ante los ojos del mundo, lleno de honores como los que mueren en la batalla. ¡Murió como un criminal condenado, suspendido entre los cielos y la tierra; murió tras una lenta agonía de vergüenza, expuesto a los vituperios y

afrentas de una multitud relajada, envilecida y cargada de crímenes! "Todos los que me ven me escarnecen; estiran la boca, menean la cabeza" (Sal. 22:7). Fue contado entre los transgresores. Expiró en medio de burlas, y renegaron de Él sus parientes según la carne. Su madre contempló su humillación, y se vio forzado a ver la espada que atravesaba el corazón de ella. Soportó la cruz menospreciando la vergüenza. Pero lo tuvo en poco pues pensaba en los resultados que buscaba no sólo en favor de los habitantes de este pequeño mundo, sino de todo el universo, de cada mundo que Dios había creado.

Cristo tenía que morir como sustituto del hombre. El hombre era un criminal condenado a muerte por la transgresión de la ley de Dios; un traidor, un rebelde. Por lo tanto, el Sustituto del hombre debía morir como un malhechor, porque Cristo tomo el lugar de los traidores, con todos los pecados acumulados por ellos puestos sobre su alma divina. No era suficiente que Jesús muriera para satisfacer completamente las demandas de la ley quebrantada, sino que murió una muerte oprobiosa. El profeta presenta al mundo las palabras de Cristo: "No escondí mi rostro de injurias y esputos" (Isa. 50:6).

Teniendo en cuenta todo esto, ¿pueden albergar los hombres una partícula de exaltación propia? Al recapacitar en la vida, los sufrimientos y la humillación de Cristo, ¿pueden levantar la orgullosa cabeza como si no tuvieran que soportar pruebas, vergüenza o humillación? Digo a los seguidores de Cristo: mirad el Calvario y sonrojaos de vergüenza por vuestras ideas arrogantes. Toda esta humillación de la Majestad del cielo fue por causa del hombre culpable y condenado. Cristo descendió más y más en su humillación, hasta que no hubo profundidades más hondas donde pudiera llegar para elevar al hombre sacándolo de su contaminación moral.

¿Cuán bajo debíamos estar en nuestra caída, siendo que para elevarnos de nuestra contaminación moral Cristo tuvo que dar paso tras paso descendiendo más y más, hasta que no quedó mayor profundidad a la que descender? Meditad en ello y ved hasta qué profundidad habíamos caído. ¡Todo esto fue por ti, que luchas por la supremacía, que buscas la alabanza de los hombres, que procuras la exaltación humana! ¡Fue por ti que temes no recibir todo ese reconocimiento, esa deferencia que crees que te deben otras mentes humanas! ¿Es eso semejanza con Cristo?

"Haya, pues, en vosotros este sentir [mente] que hubo también en Cristo". Murió en expiación y para convertirse en modelo de todo el que desee ser su discípulo. ¿Albergaréis egoísmo en vuestro corazón? ¿Y ensalzarán vuestros méritos los que no tienen delante de ellos a Jesús como modelo? No tenéis mérito alguno, salvo los que recibáis mediante Jesucristo. ¿Albergaréis orgullo después de haber contemplado a la Deidad que se humillaba, y que después se rebajó como hombre hasta que no hubo nada más bajo a lo cual pudiera descender? "Espantaos, cielos", y asombraos, vosotros habitantes de la tierra, por cómo se recompensaría a vuestro Señor.

¡Qué desprecio! ¡Qué maldad! ¡Qué formalismo! ¡Qué orgullo! ¡Qué esfuerzos hechos para ensalzar al hombre y glorificar al yo, cuando el Señor de la gloria se humilló a sí mismo, y por nosotros agonizó y murió una muerte oprobiosa en la cruz!

¿Quién está aprendiendo la mansedumbre y humildad del Modelo? ¿Quién se está esforzando fervientemente por dominar el yo? ¿Quién está tomando su cruz y siguiendo a Jesús? ¿Quién está luchando contra el engreimiento? ¿Quién está aprestando fervientemente todas sus energías para vencer la envidia, los celos, las conjeturas impías y bajos deseos satánicos, purificando el templo del alma de toda contaminación y abriendo la puerta del corazón para que entre Jesús? Ojalá que esas palabras pudieran causar una impresión tal en las mentes, que todos aquellos que las leyeran pudieran cultivar la gracia de la humildad mediante la negación del yo, haciéndolos más dispuestos a estimar a los demás mejores que a ellos mismos, teniendo la mente y espíritu de Cristo para llevar las cargas de los otros. ¡Oh, si pudiéramos escribirlo profundamente en nuestros corazones, al contemplar la gran condescendencia y humillación a las que descendió el Hijo de Dios, para que pudiéramos ser hechos participantes de la naturaleza divina! (Reproducido parcialmente en *Comentarios de E. White, CBA* vol. 5, pp. 1101 y 1102).

Leo ahora en las páginas de la pre-edición del nuevo libro "*Life of Christ*":

A fin de llevar a cabo la gran obra de la redención, el Redentor ha de tomar el lugar del hombre caído. Cargado con los pecados del mundo, ha de recorrer el terreno en el que Adán tropezó. Ha de retomar la obra allí donde Adán fracasó, y soportar una prueba de carácter similar, pero infinitamente más severa que aquella en la que [Adán] había resultado vencido. Es imposible para el hombre comprender plenamente las tentaciones de Satanás a nuestro Salvador. Todas las tentaciones al mal que los hombres encuentran tan difícil resistir, le fueron presentadas al Hijo de Dios para que les hiciera frente, en un grado tan superior como lo era su carácter, en relación con el del hombre caído.

Cuando Adán fue abordado por el tentador, no tenía mancha de pecado. Se tenía ante Dios en la fortaleza de la perfecta humanidad, estando todos los órganos y facultades de su ser plenamente desarrollados y en equilibrio armonioso; estaba rodeado de bellos objetos, y estaba en comunión diaria con los santos ángeles. ¡Qué contraste con ese ser perfecto presentaba el segundo Adán cuando entró en el desierto desolado a vérselas con Satanás! Durante cuatro mil años la raza había estado disminuyendo en estatura y fortaleza física, y deteriorándose en valor moral; y a fin de elevar al hombre caído, Cristo tenía que alcanzarlo allí donde estaba. Asumió la naturaleza humana, llevando las debilidades y degeneración de la raza. Se humilló a sí mismo hasta las mayores profundidades de la miseria humana, a fin de poder simpatizar con el hombre y rescatarlo de la degradación en que el pecado lo había hundido.

"Porque le era preciso a Aquél por cuya causa son todas las cosas y por quien todas las cosas subsisten, habiendo de llevar a la gloria a muchos hijos, perfeccionar por aflicciones al autor de la salvación de ellos" (Heb. 2:10). "Y habiendo sido perfeccionado, vino a ser autor de eterna salvación para todos los que lo obedecen" (Heb. 5:9). "Por cuanto le era preciso ser en todo semejante a sus hermanos, para venir a ser misericordioso y fiel Sumo Sacerdote en lo que a Dios se refiere, para expiar los pecados del pueblo. Porque en cuanto Él mismo padeció siendo tentado, es poderoso para socorrer a los que son tentados" (Heb. 2:17 y 18). "No tenemos un sumo sacerdote que no pueda compadecerse de nuestras debilidades, sino uno que fue tentado en todo según nuestra semejanza, pero sin pecado" (Heb. 4:15).

Es cierto que Cristo dijo de sí mismo en cierta ocasión: "Viene el príncipe de este mundo y él nada tiene en mí" (Juan 14:30). Satanás encuentra en los corazones humanos algún asidero en que hacerse firme; acariciamos algún deseo pecaminoso, mediante el cual se impone el poder de sus tentaciones. Pero [Satanás] no pudo encontrar nada en el Hijo de Dios que le permitiera obtener la victoria. Jesús no consintió en pecar. Ni siquiera en un pensamiento logró que cediera al poder de las tentaciones de Satanás. Sin embargo, está escrito de Cristo que fue tentado en todo punto tal como lo somos nosotros. Muchos sostienen que debido a la naturaleza de Cristo era imposible que las tentaciones de Satanás lo debilitaran o vencieran. Pero en ese caso Cristo no habría podido ser colocado en la posición de Adán, a fin de recorrer el terreno sobre el que Adán tropezó y cayó; no habría podido obtener la victoria que Adán dejó de ganar. A menos que hubiera sido colocado en una posición tan probatoria como aquella en la que había estado Adán, no podía redimir la caída de Adán. Si el hombre tuviera que resistir en algún sentido un conflicto más severo del que Cristo tuvo, entonces Cristo no podría socorrerlo al ser tentado. Cristo tomó la humanidad con todas sus responsabilidades. Tomó la naturaleza del hombre con la posibilidad de ceder a la tentación, y se apoyó en el poder divino para que lo guardara.

La unión de lo divino con lo humano es una de las más misteriosas, tanto como preciosas, de entre las verdades del plan de la redención. A eso se refería Pablo, al decir: "Indiscutiblemente, grande es el misterio de la piedad: Dios fue manifestado en carne" (1ª Tim. 3:16). Si bien es imposible para las mentes finitas captar plenamente esta gran verdad, o desentrañar su significado, podemos aprender de ella lecciones de importancia vital en nuestras luchas contra la tentación. Cristo vino al mundo a traer poder divino a la humanidad, a hacer que el hombre fuera participante de la naturaleza divina.

Podéis ver que andamos todo el tiempo sobre un fundamento seguro. Cuando se dice que tomó nuestra carne, pero sin ser participante de nuestras pasiones, es estrictamente cierto, es correcto, puesto que su mente divina jamás consintió en pecar. Y el Espíritu Santo que nos es dado con generosidad, *nos trae* esa mente.

"Sabemos que ha venido el Hijo de Dios, y nos ha dado una mente"; y "nosotros tenemos la mente de Cristo". "Haya, pues, en vosotros este sentir [mente] que hubo también en Cristo Jesús".

Capítulo 18

Con Cristo estoy juntamente crucificado; y ya no vivo yo, más vive Cristo en mí

Esta tarde comenzaremos nuestro estudio en Romanos 7:25: "Con la mente sirvo a la ley de Dios, pero con la carne, a la ley del pecado". Repito lo que dije en el estudio precedente: que es en el dominio del pensamiento donde se sirve a la ley de Dios; es ahí donde tiene lugar la batalla contra el pecado y donde se gana la victoria.

Los deseos de la carne, los deseos de los ojos y la vanagloria de la vida –esas tendencias al pecado que están en la carne, y que ejercen su atracción sobre nosotros– son los que producen la tentación. Pero la tentación no es pecado. No hay pecado, con tal que el deseo no sea acariciado. Ahora bien, tan pronto como el deseo resulta acariciado, tan pronto como lo consentimos y lo albergamos en la mente dándole allí residencia, aparece el pecado. Se ha cometido el pecado, sea que se materialice en la acción, o que no suceda así. De hecho, en nuestra mente hemos satisfecho ya ese deseo. Al consentirlo, hemos consumado ya el hecho en lo que a la mente respecta. Todo cuanto puede venir después es simplemente la parte sensual, la sensación de disfrutar las satisfacciones de la carne.

Así lo muestran las palabras del Salvador en Mateo 5:27 y 28:

> Oísteis que fue dicho: "No cometerás adulterio". Pero yo os digo que cualquiera que mira a una mujer para codiciarla, ya adulteró con ella en su corazón.

Por lo tanto, el único lugar en el que nuestro Señor podía traernos ayuda y liberación, es allí en donde se encuentran los pensamientos, en el sustrato mismo del pecado, allí donde el pecado es concebido, donde se inicia. En consecuencia, al ser tentado y probado como lo fue cuando se le escupió, cuando fue abofeteado y herido en su juicio en Jerusalén, y en todo su ministerio público cuando los fariseos, saduceos, escribas y sacerdotes, en su iniquidad e hipocresía –conocidas por Cristo– hicieron todo cuanto pudieron para irritarlo y hacer que perdiera el control de sí; cuando fue constantemente probado de ese modo, su mano no se levantó jamás para contestar la agresión. Jesús nunca tuvo que reprimir una acción como esa, puesto que ni siquiera permitió dar cabida al *impulso* que habría llevado a una acción tal. No obstante, tenía nuestra naturaleza humana, en la que impulsos de esa clase son tan comunes.

¿Cuál es, pues, la razón por la que en nuestra naturaleza humana que Él tomó no se manifestaron gestos de ese tipo?

Por la razón de que estaba de tal modo sometido a la voluntad del Padre, que el poder de Dios mediante el Espíritu Santo obraba de tal modo contra la carne, peleando la batalla en la esfera del pensamiento. Nunca, ni en la más sutil de las formas del pensamiento, se permitió concebir un impulso como el descrito. Así, bajo todos esos insultos y gravosas pruebas, se mantuvo tan dueño de sí –nuestra naturaleza humana se mantuvo en Él tan calmada– como cuando el Espíritu Santo descendió sobre Él en forma de paloma en las orillas del Jordán.

"*Haya, pues, en vosotros este sentir [mente] que hubo también en Cristo Jesús*". No es propio de un cristiano el perder su dominio propio y pronunciar palabras acaloradas, o levantar con resentimiento su mano, para decirse *después* a sí mismo: "¡Oh, soy cristiano! ¡No debo decir esto, o hacer aquello!" No. Hemos de estar hasta tal punto sometidos al poder de Dios y a la influencia del Espíritu de Dios, que nuestros pensamientos sean tan completamente controlados como para que se gane ya la victoria, y ni siquiera se dé la ocasión a que el impulso se manifieste. Entonces seremos cristianos allá donde estemos, en todo tiempo, bajo cualquier circunstancia y contra la influencia que sea. Pero hasta tanto no hayamos alcanzado ese punto, no podremos estar seguros de que vamos a manifestar un espíritu cristiano bajo cualquier circunstancia, en todo tiempo y contra cualquier insulto.

Tal como vimos en el estudio precedente, todo lo que se acumuló sobre Cristo, y todo lo que soportó, son precisamente las mismas cosas que la naturaleza humana encuentra tan difícil soportar. Y nosotros, antes de lograr el objetivo propuesto, habremos de enfrentarnos con esas mismas cosas que la naturaleza humana encuentra tan difícil soportar; y a menos que tengamos la batalla ganada de antemano y seamos en verdad cristianos, no podremos estar seguros de que vamos a manifestar un espíritu cristiano en los momentos en que es más necesario. De hecho, el momento en el que es más necesario el espíritu cristiano es en todo tiempo.

Ahora, en Jesús, el Señor nos ha traído el poder que nos pondrá en las manos de Dios, y hará que estemos tan sometidos a Él, que será Él quien tenga el pleno control de cada uno de nuestros pensamientos, haciendo que seamos cristianos todo el tiempo y en todo lugar, "llevando cautivo todo pensamiento a la obediencia a Cristo" (2ª Cor. 10:5).

"El reino de Dios está entre vosotros" (Luc. 17:21). Cristo mora en nosotros, y Él es el Rey. La ley de Dios queda escrita en el corazón, y esa es la ley del reino. Allí donde está el Rey y la ley del reino, allí está el reino. Y en los más recónditos rincones, en el recinto secreto del corazón, en la raíz misma y fuente de los pensamientos, allí establece Cristo su trono; allí el Espíritu escribe la ley de Dios; allí ejerce el Rey su autoridad y afirma los principios de su gobierno; y el cristianismo consiste en lealtad a todo lo anterior. Así, en la misma ciudadela del alma, de los pensamientos, en el único lugar en el que el pecado podría entrar, allí mismo Dios pone su trono; allí establece su reino; pone allí su ley, y el poder que hace que se reconozca la autoridad de su ley, y que se materialicen en la vida los principios de su ley; y el resultado es paz, sólo paz y siempre paz. Eso es lo que Cristo nos ha traído, y lo que viene a nosotros en la mente de Cristo.

Veámoslo en mayor detalle. Cuando Cristo tuvo nuestra naturaleza humana, estuvo allí en su yo divino, pero no lo manifestó. ¿Qué hizo con su yo divino en nuestra carne, cuando Él se hizo nosotros? –Se anonadó de su yo divino, se vació siempre de Él, a fin de que nosotros pudiéramos vaciarnos de nuestro malvado yo, de nuestro yo diabólico. Ahora bien, en su propia carne, no hizo nada. Afirmó: "No puedo yo hacer nada por mí mismo" (Juan 5:30). Su propio yo divino, que había hecho los cielos, estuvo allí todo el tiempo. Pero de principio a fin, de sí mismo no obró nada. Mantuvo su yo anonadado: se vació de sí mismo. ¿Quién, pues, obró lo que fue hecho en Él? "El Padre, que vive en mí, Él hace las obras" (Juan 14:10), Él habla las palabras. ¿Quién era, entonces, el que se oponía al poder de la tentación sobre Él, en nuestra carne? –El Padre. Fue el Padre quien lo guardó de pecar. Fue guardado "por el poder de Dios" (1ª Ped. 1:5), lo mismo que debemos serlo nosotros.

Él fue nuestro yo pecaminoso *en la carne*, y allí –en su carne– fueron avivadas todas esas tendencias al pecado a fin de inducirlo a que consintiera en pecar. Pero no fue Él quien se guardó a sí mismo de pecar. De haber ocurrido así, se habría manifestado a sí mismo en contra del poder de Satanás, lo que habría arruinado el plan de la salvación, incluso aunque no hubiera pecado. Y si bien en la cruz fueron pronunciadas en son de burla, eran ciertas las palabras: "A otros salvó, pero a *sí mismo* no se puede salvar" (Mat. 27:42). Por lo tanto, se anonadó completamente, se vació de sí mismo; y manteniendo sumiso su yo permitió que viniera el Padre y que obrara contrariamente a la carne pecaminosa, salvándolo y salvándonos a nosotros *en Él*.

Los pecadores están separados de Dios, y Él quiere regresar al lugar mismo del que el pecado lo desalojó en la carne humana. Pero no podía venir a nosotros en nuestro estado, pues no habríamos podido soportar su presencia. Por consiguiente, Cristo vino en nuestra carne, y el Padre moró con Él. Y Él sí pudo soportar la presencia de Dios en su plenitud, por lo tanto, Dios pudo morar plenamente en Él, lo que permito que la plenitud de Dios pueda ser traída a nuestra carne.

Cristo vino en esa carne pecaminosa, pero no hizo nada por sí mismo contra la tentación y el poder del pecado en la carne. Se vació de sí mismo, y el Padre obró en carne humana contra el poder del pecado, guardándolo de pecar.

Está escrito del cristiano: "Sois guardados por el poder de Dios mediante la fe" (1ª Ped. 1:5). Eso se efectúa en Cristo. Nos sometemos a Cristo; Él mora en nosotros, dándonos su mente. Esa mente de Cristo permite que nuestro malvado yo permanezca sometido. La mente de Cristo –"Haya, pues, en vosotros este sentir [mente] que hubo también en Cristo Jesús"– hace que nos vaciemos de nuestro yo malvado, evitando que se imponga, ya que toda manifestación de nuestro yo es en sí misma pecado. Cuando la mente de Cristo mantiene a raya nuestro yo, el Padre tiene la oportunidad de venir a nosotros y guardarnos de pecar. De esa manera "Dios es el que en vosotros produce así el querer como el hacer, por su buena voluntad" (Fil. 2:13). Se trata siempre del Padre, de Cristo y de nosotros mismos. Es el Padre manifestado en nosotros mediante Cristo, y *en Cristo*. La mente de Cristo nos vacía de nuestro yo pecaminoso, y evita que se imponga nuestro yo a fin de que Dios, el Padre, pueda venir a nosotros y obre contra el poder del pecado, guardándonos de pecar. De esa forma "Él es nuestra paz, que de ambos [Dios y nosotros] hizo uno, derribando la pared intermedia de separación; dirimiendo en su carne las enemistades… para edificar en sí mismo los dos en un nuevo hombre, haciendo así la paz" (Efe. 2:14 y 15). Se trata pues siempre del Padre, de Cristo y de nosotros: Nosotros, los pecadores; Dios, el impecable; Cristo reuniendo al Impecable con el pecaminoso, y dirimiendo –aboliendo– en sí mismo la enemistad, vaciándonos del yo a fin de que Dios y nosotros podamos ser uno, haciendo así un hombre nuevo, y trayendo así la paz. De esa forma la paz de Dios, que sobrepasa todo entendimiento, guardará vuestros corazones y mentes mediante –y en– Jesucristo.

¿No es una inmensa bendición, el que el Señor Jesús haya hecho todo eso ya por nosotros, que haya querido hacer su morada en nosotros, dilucidando así esa cuestión, no dejando duda alguna de que el Padre nos guardará de pecar tan ciertamente como lo guardó a Él? No cabe ya duda alguna, puesto que cuando Cristo está allí, lo está con el propósito de vaciarnos del yo. Y cuando nuestro yo desaparece, ¿habrá algún impedimento para que se manifieste el propio Padre? Cuando se nos guarda de que impongamos nuestro yo, no habrá obstáculo a que el propio Dios se imponga en nuestra carne. Ese es el misterio de Dios: "Cristo en vosotros, esperanza de gloria" (Col. 1:27), Dios manifestado en carne. No se trata simplemente de Cristo manifestado en carne; es Dios manifestado en la carne. Cuando Jesús vino al mundo, no era Cristo manifestado en carne, sino Dios manifestado en carne: "El que me ha visto a mí ha visto al Padre" (Juan 14:9).

Cristo se vació de sí mismo a fin de que Dios pudiera manifestarse en carne, en carne pecaminosa; y cuando viene a nosotros y mora en nosotros de acuerdo con nuestro deseo, nos trae esa mente divina que le es propia, y que vacía del yo allí donde está, allí donde se le permite la entrada, donde se le deja actuar; la mente de Cristo es el vaciamiento del yo, es abolirlo, destruirlo, aniquilarlo. Así pues, cuando por nuestra propia elección viene a nosotros esa mente divina: tan ciertamente como esa mente more en nosotros, nos vaciará del yo. Y tan pronto como suceda lo anterior, Dios obra plenamente y se manifiesta a sí mismo en carne pecaminosa como la nuestra. Y eso significa victoria, significa triunfo.

De esa forma con la mente servimos a la ley de Dios. La ley se manifiesta, se cumple, sus principios brillan *en la vida*, ya que la vida es el carácter de Dios manifestado en carne humana, carne pecaminosa, mediante Jesucristo. Ese pensamiento debiera elevarnos a cada uno de nosotros por encima de todo el poder de Satanás y del pecado. Lo hará tan ciertamente como nos sometamos a esa mente divina, y permitamos que haga su morada en nosotros, tal como la hizo en Él.

Verdaderamente, la palabra nos viene una y otra vez: "¡Levántate, resplandece!" (Isa. 60:1). Pero no podemos levantarnos a nosotros mismos; es la verdad y el poder de Dios quienes que han de hacerlo. ¿Acaso no está aquí la verdad que levantará al mortal? –Sí que está, y lo levantará de los muertos tal como veremos antes de terminar el tema. Pero era necesario detenerse en ese pensamiento a fin de que podamos ver cuán completa es la victoria, y cuan seguros hemos de estar de ello en la medida en que nos sometamos a Cristo y aceptemos la mente que hubo en Él.

Por lo tanto, tened siempre presente que la batalla contra el pecado ocurre en la esfera del pensamiento, y que el Vencedor, el Guerrero que peleó allí la batalla –obteniendo la victoria en todo tipo de conflicto imaginable– viene y establece su trono en la ciudadela de la misma fuente del pensamiento, el origen del pensamiento del corazón del pecador que cree. Establece allí su trono, implantando los principios de su ley, y reinando. Viene entonces a ser cierto que "así como el pecado reinó para muerte, así también la gracia reinará". ¿Reinó el pecado? –¡Y tanto que reinó! ¿Con poder? –Ciertamente. Reinó; rigió. Pues bien, de la misma forma reinará ahora la gracia. ¿Lo va a hacer tan ciertamente –con tanto poder– como sucedió con el pecado? –¡Mucho más aún! Más plenamente, de forma más abundante y con mucha mayor gloria. Tan ciertamente como el pecado reinó en nosotros, cuando estamos en Cristo, la gracia de Dios reinará mucho más abundante, "porque, así como el pecado reinó para muerte, así también la gracia reinará por la justicia para vida eterna mediante Jesucristo, Señor nuestro". Y siendo así podemos avanzar de victoria en victoria hacia la perfección.

Desde esa altura a la que nos hace subir la verdad –y es propio llamarle altura–, podemos seguir gozando, leyendo con gratitud aquello que tenemos en Él, y recibiéndolo plenamente en el alma. Pero a menos que el Señor nos eleve a esa altura y nos ponga allí, colocándonos donde Él tiene el control de la ciudadela, de forma que tengamos la seguridad que Él está ahí, dónde estamos nosotros, aquellas otras "buenas" cosas resultarán vagas, indefinidas y resultarán estar más allá de nuestro alcance –algunas veces casi a nuestro alcance, haciendo que deseemos estar allí donde podríamos tenerlas y conocer la realidad de las mismas; pero aun así quedando siempre un poco más lejos de lo que somos capaces de alcanzar, y dejándonos insatisfechos. Pero cuando nos sometemos completa, plena, absolutamente, sin reservas, dejando ir al mundo con todo lo que tiene, entonces recibiremos esa mente divina suya mediante el Espíritu de Dios que le da posesión de esa ciudadela y que nos eleva a esa altura en la que esas otras cosas no es ya que estén a nuestro *alcance*, sino que están *en el corazón*, trayendo gozo perpetuo a nuestras vidas. Entonces, en Él, las tenemos como posesión, y es nuestro privilegio el saberlo, siendo el gozo que traen, como dijo Pedro, "os alegráis con gozo inefable y glorioso" (1ª Ped. 1:8).

Así pues, dado que el Señor nos ha elevado a esa altura, y que nos sostendrá en ella, vayamos adelante y leamos, y a medida que leemos recibamos aquello que tenemos en Él. Empecemos en Romanos 6:6. Esa es la Escritura que concierne más directamente con el pensamiento particular que hemos venido considerando esta tarde. "Sabiendo esto" –Sabiendo, ¿qué? "Sabiendo esto, que nuestro viejo hombre fue crucificado juntamente con Él". ¡Bien! En Jesucristo, en su carne, ¿acaso no resultó la naturaleza humana –la carne pecaminosa– crucificada? ¿Cuál? ¿Quién fue Él? Fue humano, fue nosotros. Entonces, ¿cuál fue la carne pecaminosa; cuál la naturaleza humana que fue crucificada en la cruz de Jesucristo? –La mía. Por lo tanto, tan ciertamente como tengo esa bendita verdad sellada en mi corazón y mente: que Jesucristo fue hombre, naturaleza humana, naturaleza pecaminosa, y que Él fue yo mismo en la carne, tan ciertamente como tenga eso, es un hecho que cuando Él fue crucificado en la cruz, lo fui yo. Mi naturaleza humana –mi yo mismo– fue allí crucificada. Por lo tanto, puedo decir con total veracidad, y con la certeza de la fe, "Con Cristo estoy juntamente crucificado" (Gál. 2:20). Así es.

Oímos frecuentemente decir: 'Quisiera tener a mi *yo* crucificado'. Bien; les leemos el texto: "Sabiendo esto, que vuestro viejo hombre *fue* crucificado juntamente con Él". Entonces nos responden: 'Cómo me gustaría que fuera así. Leamos el siguiente texto: "Con Cristo *estoy* juntamente crucificado". –Dice: *estoy*. ¿Quién está?, ¿tú? –Responden: 'No veo que sea yo. Me gustaría que así fuera, pero no veo cómo puedo estar crucificado, y no comprendo cómo es que leyéndolo y afirmando que es así, vaya a ser verdad'. Pero la Palabra de Dios lo asegura y es así, puesto que así lo dice, y sería cierto y efectivo por siempre si eso fuese todo cuanto hubiera. Pero en este caso es así porque *así es*. Dios no pronuncia esa palabra a fin de que sea así en nosotros, Él pronuncia la palabra, porque es así en nosotros, en Cristo.

Recordaréis que en el primer capítulo de Hebreos tenemos una ilustración de lo anterior. Dios no llamó a Cristo "Dios" a fin de hacerlo Dios. No; lo llamó "Dios" *porque Él era Dios*. Si es que no lo hubiera sido previamente, cuando Dios pronunció la palabra "Dios" sobre Él, habría causado que lo fuera, puesto que se trata del poder de la palabra de Dios. Eso sería así, si no hubiera más que eso; pero es cierto también en otro sentido: Cristo era Dios, y cuando Dios lo llamó así, es porque eso es lo que era. Por lo tanto, en ese doble sentido es Dios por siempre. Es así "por dos cosas inmutables, en las cuales es imposible que Dios mienta" (Heb. 6:18).

Aquí sucede lo mismo. Nuestro viejo hombre está crucificado; pero cuando Dios envía su palabra a propósito de que es así, aceptando nosotros dicha palabra y sometiéndonos a ella, viene a ser así para todo aquel que lo acepte, dado que la palabra tiene en ella misma el poder divino para llevar a cabo lo que dice. Y de esa forma sería eternamente así, aunque eso fuera todo cuanto hubiera. Pero no es eso todo lo que hay, puesto que en Jesucristo la naturaleza humana fue crucificada en aquella cruz de una forma real, literalmente; y se trata de mi naturaleza humana; eso es *yo mismo* en Él, el que fue allí crucificado. En consecuencia, de todo aquel que está en Cristo, Dios declara que está "juntamente crucificado". Por esas dos cosas inmutables, por partida doble, es así. Podemos pues decirlo en total libertad: no es jactancia, no es presunción de ninguna forma; es sencillamente una confesión de fe en Cristo Jesús: "Con Cristo *estoy* juntamente crucificado". ¿No está Él crucificado? Entonces, tan ciertamente como que estoy en Él, ¿acaso no estoy crucificado con Él? Así lo afirma la palabra de Dios. "Nuestro viejo hombre fue crucificado juntamente con Él". Agradezcamos al Señor porque así sea.

¿Qué sentido tiene entonces que procuremos, que deseemos, que hagamos lo posible por estar crucificados, de forma que podamos entonces creer que Dios nos acepta? ¡Ya es un hecho, gracias al Señor! En Él está ya cumplido. Tan ciertamente como que el alma sumerge su yo en Cristo, y mediante ese poder divino que Él nos ha traído resultamos capacitados para realizarlo, con igual certeza el hecho tiene lugar como un evento divino. Decir –reconocer– el hecho divino de que "con Cristo estoy juntamente crucificado", no es otra cosa que la genuina expresión de la fe. Jesús sumergió su yo divino en nuestra naturaleza humana, resultando enteramente crucificado. Cuando nos sumergimos en Él, sucede otro tanto, puesto que sólo en Él queda cumplido. Es siempre *en Él*. Llamo la atención al pensamiento que consideramos hace unas semanas atrás, al propósito de que no se trata de "en Él" en el sentido de que Él sea un almacén al que podemos acudir, tomar de Él y aplicárnoslo a nosotros; NO. Es "en Él" en el sentido de que todo está allí, y cuando estamos en Él, cuando acudimos al almacén, cuando nos sumergimos en Él, lo tenemos todo en Él, puesto que estamos en Él.

Por lo tanto, que nuestras almas digan por la fe de Jesucristo: "Sabiendo esto, que nuestro viejo hombre fue crucificado juntamente con Él"; "Con Cristo estoy juntamente crucificado, y ya no vivo yo, mas vive Cristo en mí". Cristo vive nuevamente. Y nosotros vivimos debido a que Él vive. "Ya *no vivo yo*, mas vive Cristo en mí; y lo que ahora vivo en la carne, lo vivo en la fe del Hijo de Dios". *En* el Hijo de Dios; en la fe *del* Hijo de Dios, esa fe divina que Él trajo a la naturaleza humana, y que nos da a ti y a mí. "Vivo en la fe del Hijo de Dios, el cual me amó y se entregó a sí mismo por mí" (Gál. 2:20). ¡Cómo me amó! Puesto que se dio a sí mismo en toda su gloria e inconmensurable valor por mí –que no era nada–, ¿será mucho el que yo me entregue a Él?

Pero hay más en el versículo. Seguimos en Romanos 6:6: "Sabiendo esto, que nuestro viejo hombre fue crucificado juntamente con Él, para que el cuerpo del pecado sea destruido, a fin de que no sirvamos más al pecado".

¡Magnífico! En Él tenemos la victoria, la victoria de la esclavitud al pecado. En ese conocimiento de que estamos crucificados con Él, obtenemos la victoria que nos libra del servicio al pecado.

Ese bendito hecho que encontramos en Él, nos eleva hasta esa altura. Sí, y el hecho nos sostiene ahí. En ello hay poder. Es un hecho. Tendremos ocasión de estudiarlo más plenamente a continuación.

Tras haber sido crucificado, ¿qué ocurrió? Cuando fue clavado en la cruz, ¿qué tuvo lugar? –Su muerte. Leed ahora el versículo ocho de ese mismo capítulo: "Si morimos con Cristo"; ¿qué otra cosa podría suceder? Tan ciertamente como que estoy crucificado con Él, estaré muerto con Él. Siendo crucificados con Él, estamos muertos con Él.

¿Muertos con Él? ¿Sabemos lo que implica? Volvamos al versículo cuatro. ¿Qué sucedió a Cristo tras haber sido crucificado y tras haber muerto? –Fue sepultado. Sepultado, tal como se hace con los muertos. ¿Qué sucederá con nosotros? "Somos sepultados juntamente con Él". ¡Sepultados con Él! ¿Fuimos crucificados con Él? ¿Morimos con Él? ¿Han traído el Padre y Cristo en la naturaleza humana la muerte del yo pecaminoso? –Sí. ¿De quién? –Del mío.

¿No veis, pues, que todo eso es un *don de la fe*, del que hemos de apropiarnos junto a todo lo que Dios nos da con la fe? La muerte al viejo hombre ocurre en Cristo; y en Él la encontramos, y damos gracias a Dios por ello. El viejo hombre fue crucificado con Él, murió con Él; y cuando Cristo fue sepultado, nuestro viejo hombre fue sepultado con Él. Mi viejo, humano y pecaminoso yo fue crucificado, muerto y sepultado con Él. Y con Él continúa sepultado *cuando estoy en Él*. Fuera de Él nada tengo, por descontado. Todo aquel que esté fuera de Él no posee nada de lo anterior. Todo es en Él. Y lo recibimos todo por la fe en Él.

Lo que estamos estudiando es sencillamente el hecho de que lo tenemos en Él; estudiamos los hechos que se nos dan en Él, y que debemos tomar por la fe. Se trata de hechos de fe.

Damos gracias al Señor porque todo sea un hecho literal: puesto que nuestro viejo hombre fue crucificado, muerto y sepultado *con Él*, y en Él tenemos ese don. En Él tenemos el don, y el hecho de la muerte del viejo hombre: la muerte de la naturaleza humana pecaminosa, y su sepultura. Y cuando lo viejo es crucificado, muerto y sepultado, leemos en el siguiente versículo (el siete): "El que ha muerto, queda libre del pecado".

Así pues, "sabiendo... que nuestro viejo hombre fue crucificado juntamente con Él", no debiéramos servir más al pecado, por haber quedado libres de esa esclavitud. Hermanos, me satisface que sea *hoy* tan natural como el respirar, el que demos gracias a Dios por habernos librado del servicio al pecado. Lo repito: Es adecuado, es nuestro privilegio y derecho el reclamar *en Cristo* –en Él solamente, y sólo si creemos en Él–, y agradecerle por quedar libres del servicio al pecado. Es algo tan natural como el respiro que damos cada mañana al levantarnos.

¿Cómo podría tener la bendición y el beneficio que están ahí contenidos, si es que no lo *tomara*? Si estoy siempre dubitativo y temo no haber sido librado del servicio al pecado, ¿cuánto tiempo va a tomar el que así suceda? Ese mismo dudar, ese temor, tienen su raíz en la incredulidad, que constituye en sí misma pecado. Pero en Él, siendo que Dios nos ha traído libertad del servicio al pecado, tenemos el derecho a darle gracias por ella; y tan ciertamente como la reclamemos y demos gracias por ella, la disfrutaremos. "El que ha muerto, queda libre del pecado" (según versiones: "justificado del pecado"). Está en Él, y lo tenemos tan pronto como estamos en Él por la fe.

Leamos ahora desde el principio el capítulo seis de Romanos:

> ¿Que, pues, diremos? ¿Perseveraremos en el pecado para que la gracia abunde? ¡De ninguna manera! Porque los que hemos muerto al pecado, ¿cómo viviremos aún en él?

¿Puede alguien vivir en aquello a lo que murió? –No. Así pues, cuando el hombre ha muerto por el pecado, ¿podrá vivir en pecado?, ¿podrá vivir con pecado? Imaginad que alguien muere de *delirium tremens* o de fiebre tifoidea. ¿Podrá vivir en *delirium tremens* o en fiebre tifoidea? ¿Podrá hacerlo, aun si pudiera ser traído nuevamente a la vida, como para darse cuenta del hecho? No querría tener nada que ver con ello, ni aún oírlo mencionar, puesto que eso fue lo que le quitó la vida. Así sucede con aquel que murió al pecado. El solo pensamiento, la más mínima presencia del mismo, significa muerte para él. Si tiene conciencia y vida suficientes como para saber que está ahí, volverá a morir al pecado. No puede vivir en aquello a lo que murió.

El gran problema para muchos es que no sienten la suficiente repugnancia hacia el pecado como para morir a él. Ahí radica el problema. Desarrollan una repulsión quizá hacia cierto pecado en *particular*, y quieren ponerle fin: quieren "morir" a *ese* pecado, y creen que lo logran. Entonces repudian algún otro pecado en particular, que les parece impropio de ellos: no pueden conservar el aprecio y estimación de la gente mientras aquel pecado resulte en ellos tan manifiesto; por lo tanto, lo combaten. Pero no les repugna el pecado, el pecado en sí mismo, en su concepción, el pecado en abstracto, sea que se exprese de una u otra forma en particular. El pecado mismo no les resulta suficientemente repulsivo como para morir a él. Cuando el hombre siente auténtica repulsión hacia el pecado; no a ciertos pecados, sino al *pecado*, a la más mínima insinuación del mismo –al solo pensamiento de él–, entonces le resulta imposible seguir viviendo en dicho pecado. No puede vivir en él; fue su asesino una vez. Y no puede ya vivir en aquello a lo que murió.

Tenemos constantemente la oportunidad de pecar. Nunca nos falta la ocasión de pecar y de vivir en pecado.

Pero está escrito: "Llevamos siempre en el cuerpo la muerte de Jesús" (2ª Cor. 4:10). "Cada día muero" (1ª Cor. 15:31). Tan ciertamente como he muerto al pecado, su sola sugerencia resulta para mí muerte. Es muerte para mí *en Él*. Esto queda resumido en una expresión de asombro y sorpresa: "Los que hemos muerto al pecado, ¿cómo viviremos aún en él? ¿O no sabéis que todos los que hemos sido bautizados en Cristo Jesús, hemos sido bautizados en su muerte?" (Rom. 6:2 y 3). Se trata del bautismo en su muerte.

> Porque somos sepultados juntamente con Él para muerte por el bautismo, a fin de que como Cristo resucitó de los muertos por la gloria del Padre, así también nosotros andemos en vida nueva (Rom. 6:4).

Vayamos a Colosenses. Recordad lo dicho por el hermano Durland. Col. 2:20: "Si habéis muerto con Cristo en cuanto a los rudimentos del mundo [la mundanalidad y la enemistad que trae el mundo], ¿por qué, como si vivierais en el mundo, os sometéis a preceptos... del mundo?"

Ahí está hablando simplemente de nuestra liberación de servir al pecado. Es Romanos 6:6 dicho en otras palabras: "Nuestro viejo hombre fue crucificado juntamente con Él, para que el cuerpo del pecado sea destruido, a fin de que no sirvamos más al pecado". ¿Por qué, como si viviéramos ajenos a Cristo, seguimos haciendo esas mismas cosas? ¡No debiera ser así! Rom. 6:14: "Porque el pecado no se enseñoreará de vosotros". Aquel que es librado del dominio del pecado, queda librado de servir al pecado. En Jesucristo eso es también un hecho. Así, seguimos leyendo en Romanos 6:6-8:

> Sabiendo esto, que nuestro viejo hombre fue crucificado juntamente con Él, para que el cuerpo del pecado sea destruido, a fin de que no sirvamos más al pecado, porque el que ha muerto ha sido justificado [queda libre] del pecado. Y si morimos con Cristo, creemos que también viviremos con Él.

¿Vive Cristo? –Sí. ¡Gracias sean dadas al Señor! ¿Quién murió? –Jesús, y nosotros estamos muertos con Él. Pero Él vive, y los que creen en Él viven con Él. Lo estudiaremos en mayor profundidad más adelante.

> Y sabemos que Cristo, habiendo resucitado de los muertos, ya no muere; la muerte no se enseñorea más de Él. En cuanto murió, al pecado murió una vez por todas; pero en cuanto vive, para Dios vive (vers. 9 y 10).

Aferrémonos a eso. Demos gracias a Dios, ahora y por siempre, cada día y en cada pensamiento: "Con Cristo estoy juntamente crucificado". Tan ciertamente como Él fue crucificado, lo soy yo; tan ciertamente como Él murió, muero yo; tan ciertamente como fue sepultado, lo soy yo; y tan ciertamente como que Él resucitó, yo resucito con Él; por lo tanto, no serviré al pecado. En Él tenemos la libertad del dominio del pecado, y de servir al pecado. ¡Gracias al Señor por su don inefable!

Capítulo 19

Resucitado con Él y sentado en lugares celestiales

COMENZAREMOS comparando Hebreos 2:14 y 15 con Romanos 6:11-14. Primero leemos en Hebreos:

> Así que, por cuanto los hijos participaron de carne y sangre, Él también participó de lo mismo para destruir por medio de la muerte al que tenía el imperio de la muerte, esto es, al diablo, y librar a todos los que por el temor de la muerte estaban durante toda la vida sujetos a servidumbre.

Eso es lo que Cristo hizo para librarnos. Leemos ahora en Romanos:

> Así también vosotros consideraos en verdad muertos al pecado, pero vivos para Dios en Cristo Jesús, Señor nuestro. No reine, pues, el pecado en vuestro cuerpo mortal, para que le obedezcáis en sus concupiscencias; ni tampoco presentéis vuestros miembros al pecado como instrumentos de iniquidad; sino presentaos vosotros mismos a Dios como vivos de entre los muertos, y vuestros miembros a Dios como instrumentos de justicia. Porque el pecado no se enseñoreará de vosotros; pues no estáis bajo la ley, sino bajo la gracia.

De la misma forma en que Él mismo se sometió a fin de librarnos, también nosotros nos hemos de someter para ser liberados. Y cuando hacemos así, obtenemos el fin buscado. Él se sometió para librarnos a nosotros, que habíamos estado toda la vida sujetos a esclavitud; al hacerlo nosotros quedamos libres de esa esclavitud, y el pecado deja de tener dominio sobre nosotros. Por lo tanto, Romanos 6:11-14 es la respuesta personal de fe a lo que Cristo hizo, descrito en Hebreos 2:14 y 15.

Pero el Señor hizo más por Él que tan solo resucitarlo de entre los muertos, y ha hecho –en Él– más por nosotros que simplemente resucitarnos de entre los muertos. Murió y resucitó. Morimos con Él. ¿Fuimos después resucitados con Él? ¿Tenemos en Él vida de entre los muertos? Estamos crucificados con Él; fuimos muertos con Él; estamos sepultados con Él, *y Él resucitó de entre los muertos.* ¿Qué hay, pues, de nosotros? Somos resucitados con Él. Pero Dios hizo más con y por Él que solo resucitarlo de entre los muertos. Habiéndolo resucitado, lo hizo sentar a su diestra en los cielos. ¿Qué hay de nosotros? ¿Nos quedamos a mitad de camino? –No. ¿Acaso no estamos en Él? De la forma en que estamos en Él cuando estuvo viviendo en la tierra, de la forma en que estamos en Él en la cruz, en la muerte y en la resurrección, así lo estamos también en su ascensión, y estamos en Él a la diestra de Dios.

Esa es también la conclusión de lo estudiado anoche, pero leámoslo de la propia Escritura y tengamos la certeza de su veracidad. Habiendo considerado hasta aquí la obra de Dios en Él, ¿seguiremos haciéndolo todo el tiempo? Anoche, y en los estudios precedentes, nos gozamos contemplándolo al obtener la victoria cuando fue tentado. Tuvimos el gozo de seguirlo hasta la cruz, y de encontrarnos allí a nosotros crucificados, de forma que pudiéramos decir en verdadera fe: "Con Cristo estoy juntamente crucificado". Fuimos gustosos de ir a la muerte con Él y a la sepultura, lo que hace que sea una expresión adecuada de fe el que nos consideremos también muertos de verdad. Nos gozamos en todo ello. Gocémonos también en resucitar de entre los muertos con Él, a fin de poder vivir una vida nueva a su semejanza. Y una vez que hemos resucitado de entre los muertos con Él –pues "si somos muertos con Cristo, creemos que también resucitaremos con Él"–, resucitemos con Él como Él lo hizo, no solo de la muerte, sino estemos allá donde Él está. Si es Dios quien lo dice, si es su propósito el llevarnos allí, ¿acaso no iremos? –Ciertamente. No debiera parecernos extraño que obre de ese modo; sigámoslo allí con tanta naturalidad como lo seguimos en la tentación, en la cruz y en la muerte.

Por lo tanto, veamos el segundo capítulo de Efesios, comenzando por el versículo 4:

> Dios, que es rico en misericordia, por su gran amor con que nos amó, aun estando nosotros muertos en pecados, nos dio vida juntamente con Cristo.

Nos da vida, nos hizo vivir juntamente con Cristo. Siguiente versículo:

"Juntamente con Él nos resucitó". Juntamente ¿con quién? –Con Cristo. "Y asimismo nos hizo sentar en los lugares celestiales" ¿Con quién? "Nos hizo sentar en los lugares celestiales en Cristo Jesús". La palabra "lugares" fue añadida por los traductores. No figura en el original, como tampoco en Efesios 1:3, o en 1:20.

El término griego es *epouraniois*, que se traduce de forma literal por "celestiales". Dios nos ha dado vida juntamente con Cristo, Dios nos ha resucitado juntamente y nos ha hecho sentar con Él, *allí donde Él se sienta*. ¿Y dónde Él se sienta? "Fue recibido arriba en el cielo, y se sentó a la diestra de Dios" (Mar. 16:19). "Habiendo efectuado la purificación de nuestros pecados por medio de sí mismo, se sentó a la diestra de la Majestad en las alturas" (Heb. 1:3). "Juntamente con Él nos resucitó, y asimismo nos hizo sentar en (los lugares) celestiales en Cristo Jesús".

Ahora el alemán lo hace más claro que nuestra versión autorizada, y más claro que esta traducción del griego incluso:

Da wir tot waren in den Sünden, hat er uns samt Christo [esa palabra "samt" significa junto con. Y esa es la palabra griega literalmente. El griego lo descifra como: "junto con" "juntamente" y "al mismo tiempo", y así lo afirma el aleman] –*hat er uns samt Christo lebendig gemacht* [nos hizo vivir junto con Él], *und hat uns samt ihm auferwecket* [junto con Él nos resucitó, y no simplemente nos despertó como un hombre que está dormido y abre sus ojos, pero todavía se encuentra allí en su cama, no, no, sino que nos resucitó de tal manera que nos levantó; para que nosotros con Él se nos diera vida de entre los muertos. Él nos ha despertado de tal manera que nos levantamos y resucitamos con Él]. *Und samt ihm in das himmlische Wesen gesetzt, in Christo Jesu.*

He presentado aquí la definición de la palabra *Wesen* en su totalidad aquí, y significa esencia, existencia, ser, forma de ser, naturaleza, carácter, disposición, comportamiento aéreo, conducta; medios de existencia, propiedad, patrimonio, economía; acuerdo existente, sistema, preocupación.

Así pues, nos ha hecho sentar con Cristo en el cielo; en la existencia y esencia celestiales; en su ser y en su forma de ser, en su naturaleza y carácter, disposición y conducta, en el tipo de existencia propio del orden celestial, nos ha hecho sentar junto con Él en el cielo, ya que "nuestra vida está escondida con Cristo en Dios": nuestro medio de vida está en el cielo. "Danos hoy nuestro pan cotidiano". Nuestra existencia, propiedad, estado, economía, etc., pertenecen al cielo. Pertenecemos al cielo, al sistema celestial en conjunto.

Allí es donde Dios nos ha puesto en Cristo. Entonces, al igual que nosotros, junto con Él, el Señor ha dispuesto, nos ha *hechos para sentarnos en Cristo Jesús,* ¿nos asentaremos en la existencia, disposición, y en todo lo celestial en Cristo?

¿Nos levantaremos? ¿Qué dice la Palabra? "¡Levántate, resplandece...!" (Isa. 60:1). Primeramente, levántate, y luego resplandece. No podemos resplandecer sin levantarnos primero. Pero ¿qué va a hacer esa verdad por nosotros? ¿Acaso no nos levantará? ¿Y hasta qué altura? ¿No comprendéis que nos eleva por encima de este mundo y nos sitúa con Jesucristo en el reino de los cielos? ¿No resulta, pues, claro que Jesucristo ha traído el cielo a la tierra para aquel que cree? Por lo tanto, está escrito: "Él nos ha librado del poder de las tinieblas y nos ha trasladado al reino de su amado Hijo" (Col. 1:13). "El reino de los cielos es semejante a esto... El reino de los cielos se ha acercado..." ¿Cuál es ese reino de los cielos? El Señor nos lleva a él, nos ha trasladado a él. ¿Moraremos en él, gozando de su bendita atmósfera, junto a todo lo que pertenece al cielo, y a todo lo que nos pertenece en el cielo?

No podemos elevarnos a nosotros mismos hasta esa altura; pero sometiéndonos a la verdad, ella nos elevará. Veámoslo de nuevo. En el primer capítulo de Efesios, comenzando en el versículo 15:

> Por esta causa también yo, habiendo oído de vuestra fe en el Señor Jesús y de vuestro amor para con todos los santos, no ceso de dar gracias por vosotros, haciendo memoria de vosotros en mis oraciones [y ésta es su oración], para que el Dios de nuestro Señor

> Jesucristo, el Padre de gloria, os dé espíritu de sabiduría y de revelación en el conocimiento de Él (Efe. 1:15-17).

¿A cuántos? ¿En favor de cuántos está escrita esa oración? ¿Os apropiaréis hoy esa oración, aceptando aquello por lo que el apóstol ora en favor vuestro? ¿De quién es la palabra?, ¿oración simplemente humana? ¿No es acaso Palabra de Dios? ¿No se trata de la palabra de Jesucristo mediante su Espíritu, expresando su deseo y voluntad relativos a lo que hemos de tener? Aceptémoslo pues. Esa es su voluntad. Seguimos:

> Que Él alumbre los ojos de vuestro entendimiento, para que sepáis cuál es la esperanza a que Él os ha llamado, y cuáles las riquezas de la gloria de su herencia en los santos; y cuál la extraordinaria grandeza de su poder para con nosotros los que creemos.

Él quiere que conozcamos la extraordinaria grandeza de su poder hacia nosotros que creemos. El término griego empleado aquí es uno del que derivamos nuestra palabra "dinamita".

> La extraordinaria grandeza de su poder para con nosotros los que creemos, según la acción de su fuerza poderosa. Esta fuerza operó en Cristo, resucitándolo de los muertos y sentándolo a su derecha en los lugares celestiales.

El alemán lo traduce: "sentado a su diestra en el cielo". Ese poder de Dios elevó a Jesucristo, situándolo a su diestra en el cielo. Todos estamos de acuerdo en eso. Pero Él quiere que vosotros y yo conozcamos en nosotros mismos la operación de ese poder que elevó a Cristo, sentándolo allí. Cuando así lo hagamos, ¿qué será lo que efectúe en nosotros? –Nos elevará de igual manera, haciéndonos sentar allí.

Lo mismo nos enseña el segundo capítulo de Colosenses, comenzando en el versículo 12:

> Con Él fuisteis sepultados en el bautismo, y en Él fuisteis también resucitados por la fe en el poder de Dios que lo levantó de los muertos. Y a vosotros, estando muertos en pecados y en la incircuncisión de vuestra carne, os dio vida juntamente con Él, perdonándoos todos los pecados. Él anuló el acta de los decretos que había contra nosotros, que nos era contraria, y la quitó de en medio clavándola en la cruz.

Ahora Colosenses 3:1:

> Si, pues, habéis resucitado con Cristo, buscad las cosas de arriba, donde está Cristo sentado a la diestra de Dios.

Así, todo aquel que resucitó debe buscar las cosas de arriba. ¿Cuán arriba? Tan arriba como el sitio en el que Cristo está sentado. Pero ¿cómo voy a poder buscar las cosas en donde Cristo mora, a menos que esté lo suficientemente cerca de allí como para poder mirar y buscar esas cosas, fijando mi mente en ellas? Ahí radica la cuestión importante.

> Si, pues, habéis resucitado con Cristo, buscad las cosas de arriba, donde está Cristo sentado a la diestra de Dios... porque habéis muerto y vuestra vida está escondida con Cristo en Dios.

¿Lo vamos a tomar sin cuestionar, de la precisa manera en que el Señor lo da? Sé que es maravilloso; sé que a muchos les parece demasiado bueno como para ser cierto; pero no hay nada que el Señor haga que sea demasiado bueno para ser cierto, puesto que es Dios quien lo hace. Si se dijera de cualquier otro, sería demasiado bueno para ser cierto, puesto que sería incapaz de realizarlo. Pero cuando es Dios quien dice alguna cosa, nunca es demasiado buena como para ser cierta, sino que es buena y cierta desde el momento en que es Él quien la realiza. Por lo tanto, hermanos, levantémonos, y eso nos separará del mundo; nos colocará en el lugar al que se dijo hace mucho tiempo al profeta que había de mirar, a fin de ver –más arriba– a los que transitaban el camino recto. Pero ¿acaso no lo dejaremos todo y moriremos con Él, y tomaremos la muerte que tenemos en Él, permitiendo que obre en nosotros esa muerte que operó en Él? Entonces, esa vida que tuvo lugar en Él, ese poder que en Él se manifestó, hará por nosotros lo que hizo por Él. Eso nos hará salir de Babilonia; no habrá en nosotros absolutamente ningún material de Babilonia. Estaremos tan alejados de Babilonia y de cualquier manto babilónico como para estar sentados a la diestra de Dios, ataviados con vestiduras celestiales; y esas son las únicas vestiduras adecuadas hoy, ya que hemos de entrar pronto en la cena de bodas, y el lino fino con el que están vestidos la novia y los invitados es la justicia de los santos. Pero Él lo provee todo. Lo tenemos todo en Él.

Veámoslo de otra forma. No tengo prisa alguna en dejar ese pensamiento por hoy; al contrario, merece toda nuestra atención en esta noche. Pero observémoslo desde otro ángulo. Hemos venido estudiando durante varias lecciones el hecho de que Él, en su naturaleza humana, era nosotros. Él en nosotros y nosotros en Él, nos enfrentamos a la tentación y al poder de Satanás, conquistándolo de forma completa en este mundo debido a que Dios estaba con Él, lo cuidaba, lo sostenía y lo guardaba. Él lo entregó todo, y Dios lo guardó; en Él lo entregamos todo, y Dios nos guarda. Y la forma en que el Señor lo trató a Él es la misma en que nos trata a nosotros. Eso lo llevó a la crucifixión, es cierto: la crucifixión de su yo justo, de su yo divino; y en ello nos lleva a la crucifixión de nuestro yo depravado que causa separación de Dios. En Él se destruye la enemistad. Así pues, Dios estuvo con Él, estuvo con Él en naturaleza humana, en toda su estancia en este mundo; pero el asunto no terminó con su naturaleza humana en este mundo.

El trato del Padre hacia Cristo no terminó en su naturaleza humana, cuando el Hijo fue clavado en la cruz. Tenía algo más que hacer con la naturaleza humana, que llevarla simplemente a la cruz; la llevó hasta la misma muerte, pero no terminó ahí. La llevó a la cruz y a la muerte, pero hizo más. No la dejó allí: de la tumba tomó consigo la naturaleza humana, inmortalizada. Hizo todo lo anterior, pero aún no había terminado con la naturaleza humana, puesto que tomó esa naturaleza humana que había sido resucitada de entre los muertos –inmortalizada–, la elevó y la puso a su diestra, en el cielo mismo, glorificada con la plenitud de la radiante gloria de Dios. Por lo tanto, la mente de Dios en lo que concierne a la naturaleza humana, a vosotros y a mí, no llega a alcanzar su propósito, no llega a realizarse plenamente hasta habernos colocado a su diestra, glorificados.

Hay poder vivificante en esa bendita verdad. En Jesucristo, el Padre ha expuesto ante el universo cuál es el pensamiento de su mente con respecto a la humanidad. ¡Cuán alejado queda del propósito de su existencia aquel que se conforma con menos de lo que Dios ha provisto para él! ¿Os dais cuenta, hermanos, que nos hemos contentado con demasiado poco, que nos hemos sentido satisfechos, siendo que nuestra mente quedaba muy lejos del propósito divino? Es innegable. Pero ahora, al venir el Señor y llamarnos, vayamos allá donde Él nos guíe. Es la fe la que lo efectúa; no la presunción. Es lo único correcto de hacer. Todo aquel que se niegue a responder será dejado tan atrás, que pronto perecerá. El Pastor celestial nos está aquí conduciendo; nos está llevando a verdes pastos y a aguas de reposo que proceden del trono de Dios: las aguas de vida. Bebamos de ellas y vivamos.

Podemos avanzar aún más en esto. Repito que el Señor, con el objeto de mostrar a la humanidad lo que ha preparado para nosotros; a fin de mostrar cuál es su propósito para cada persona, nos ha dado un ejemplo de forma que cada uno pueda ver el propósito de Dios para él, y pueda verlo desarrollado en su plenitud. El propósito de Dios para nosotros en este mundo es guardarnos de pecar, a pesar de todo el poder del pecado y de Satanás. Su propósito con respecto a Él mismo y a nosotros en este mundo es que Dios se manifieste en carne pecaminosa. Es decir, se ha de manifestar Él mismo en su poder, y no nosotros. Ello implica que nuestro yo depravado sea crucificado, muerto y enterrado, y que seamos resucitados desde la muerte del pecado y la incircuncisión de la carne a la novedad de vida en Jesucristo y en Dios, sentándonos a su diestra y siendo glorificados. Tal es el propósito de Dios para vosotros y para mí. Ahora leámoslo en Romanos 8:28:

> Y sabemos que todas las cosas obran para el bien, a los que aman a Dios.

¿Cómo podemos saberlo? No es sólo que Él lo diga, sino que lo ha cumplido ante nuestros ojos; nos ha dado una demostración viviente de ello. Por lo tanto, ahora nos pone en ese camino. "Sabemos que todas las cosas obran para el bien de los que aman a Dios, de los que han sido llamados según su propósito". ¿Qué propósito? Su propósito eterno para toda criatura, para el ser humano y para los demás, según se propuso en Cristo Jesús Señor nuestro. Ese fue su propósito desde la eternidad en Jesucristo, y cuando estamos en Él, ese propósito nos incluye a nosotros. Cuando nos sometemos a Cristo sumergiéndonos en Él, venimos a ser parte de ese propósito eterno; entonces, tan ciertamente como que va a triunfar el propósito de Dios, triunfaremos con Él, pues somos una parte de él (propósito). Tan ciertamente como que Satanás no puede hacer nada contra el propósito de Dios, no podrá tampoco hacerlo contra nosotros, quienes formamos parte de él. Tan ciertamente, pues, como que todo lo que hace Satanás, y todo lo que los enemigos de la verdad pueden hacer obrando contra Dios y su divino propósito, y por ultimo nosotros; tan ciertamente como que eso no puede malograr o anular el propósito eterno, tampoco podrá malograrnos o anularnos a nosotros que formamos parte de dicho propósito. Porque en Cristo estamos. Todo es en Él, y Dios nos ha creado de nuevo en Él.

Leed con atención:

Dios afirma que sabemos que todas las cosas ayudan a bien a los que son llamados conforme a su propósito. ¿Por qué lo sabemos? Porque Dios ha consumado cierto acto demostrativo, permitiendo que podamos saberlo. Y lo podemos saber porque "a los que antes conoció, también los predestinó para que fueran hechos conformes a la imagen de su Hijo". ¿En qué consiste, pues, la predestinación de Dios? ¿Cuál es el designio que determinó de antemano para todo ser humano en el mundo? Porque Él los ha conocido a todos; los ha llamado a todos. "¡Mirad a mí y sed salvos, todos los términos de la tierra!" (Isa. 45:22).

¿Cuál es el destino que ha preparado de antemano para todos y cada uno? –Ser hecho conforme a la imagen de su Hijo. ¿Dónde? Mientras estamos en este mundo, conformados a la imagen de su Hijo, tal como su Hijo fue en este mundo. Ahora bien, no terminó su obra con su Hijo en este mundo: lo sacó de aquí. Así, tan ciertamente como que su propósito eterno sacó a Cristo de este mundo, ese propósito que Él dispuso nos concierne más allá de este mundo, y nos saca de este mundo. Y tan ciertamente como que su propósito predestinó que seamos hechos conforme a la imagen de Jesucristo en este mundo, tal como Él fue en este mundo; así también lo es el que seamos conformados a la imagen de Jesucristo en ese otro mundo, tal como Él es en ese otro mundo.

El eterno propósito de Dios, preparado de antemano para cada uno de nosotros, para vosotros y para mí, es que seamos como Jesucristo, tal como Él es en su estado glorificado, y a la diestra de Dios, hoy. En Cristo lo ha demostrado. En él, desde el nacimiento hasta el trono celestial, ha mostrado que ese es su propósito para todo ser humano. Ha demostrado así ante el universo que ese es su gran propósito para los seres humanos.

El ideal de Dios para el hombre no es que permanezca como está en este mundo. Imaginad al ser humano más excelente de este mundo en su estado más elevado; imaginad al de porte más regio, al más equilibrado, al más educado, al mejor en todo respecto, al más completo en todo. ¿Es ese el ideal de Dios para el hombre? –No. Recordaréis cómo en uno de los temas precedentes vimos que el ideal de Dios para el hombre es *Dios* y el *hombre* unidos en ese nuevo hombre que es creado en Jesucristo, al ser destruida la enemistad. Ese nuevo hombre constituido por la unión de Dios y el hombre es el ideal de Dios para el hombre.

Pero considerad a ese hombre tal como está en este mundo, en la perfecta simetría de la perfección humana y unid a Dios con él de forma que sólo Dios se manifieste en él: eso aún no cumpliría la plenitud del ideal de Dios para el hombre, puesto que ese hombre permanece todavía en este mundo. El ideal de Dios para el hombre no queda cumplido hasta no haberlo situado a su diestra en los cielos, glorificado. ¡Grandes cosas son las que el Señor ha preparado para nosotros, y quiero gozarme en ellas! Sí, me propongo dar libre curso a la obra de ese maravilloso poder, y gozar a cada paso.

Sigamos leyendo:

"A los que antes conoció, también los predestinó para que fueran hechos conformes a la imagen de su Hijo, para que Él sea el primogénito entre muchos hermanos"; Oh, Él, "No se avergüenza de llamarlos hermanos"; "El que santifica y los que son santificados, de uno son todos"; "Y a los que predestinó, a estos también llamó; y a los que llamó [aquellos en quienes se cumple el propósito del llamado, aquellos en quienes se hace efectivo. Él Señor llama fielmente a toda alma, pero su llamado no cumple su propósito en todos, sino solamente en aquellos que responden de acuerdo con el propósito del llamado], a estos también justificó; y a los que justificó [observad: no se trata de los que se justifican a sí mismos, sino de aquellos a quienes Él justifica], a estos también glorificó" (Rom. 8:29 y 30; Heb. 2:11).

¿Podéis ver que el propósito de Dios para el hombre no queda realizado hasta tanto no se haya producido su glorificación? Entonces Jesús vino a este mundo tal como lo hacemos nosotros: tomó nuestra naturaleza humana como nosotros, mediante el nacimiento; estuvo en este mundo en naturaleza humana –Dios tratando con naturaleza humana–; fue a la cruz y murió –Dios tratando con naturaleza humana en la cruz y en el sepulcro, y Dios resucitándolo y sentándolo a su diestra, glorificado–. Ese es su propósito eterno. Esa es la predestinación eterna de Dios, es el plan que Él ha diseñado y preparado para vosotros. ¿Permitiréis que lo lleve a cabo? No está en nuestra mano el hacerlo; sólo Él puede realizarlo. Ha demostrado que es capaz de hacerlo; nadie lo podrá negar. Demostró su capacidad para tomarnos y cumplir su propósito en relación con la naturaleza humana, en relación con la carne pecaminosa que hay en este mundo. Y me alegra que sea así.

Pero observad: "A los que llamó, a estos también justificó; y a los que justificó..." [¿qué fue lo siguiente que hizo?] –Los glorificó. Ahora una pregunta: Glorifica a aquellos a quienes justifica; no puede glorificarlos hasta no haberlos justificado. ¿Qué significa entonces ese mensaje especial de justificación que el Señor ha estado enviando estos años a la iglesia y al mundo? Significa que el Señor se está preparando para glorificar a su pueblo. Pero sólo en la venida del Señor seremos glorificados, por lo tanto, ese mensaje especial de justificación que Dios nos ha estado enviando tiene por objeto prepararnos para la glorificación en la venida de Cristo. Dios nos está dando en esto la evidencia más inconfundible de que lo siguiente ha de ser la venida del Señor.

Él nos preparará; no podemos preparnos a nosotros mismos. Por mucho tiempo hemos estado intentando justificarnos, hacernos justos a nosotros mismos a fin de estar preparados para la venida del Señor. Lo hemos procurado con todo el tesón necesario para poder aprobarnos a nosotros mismos y sentirnos satisfechos diciendo: 'Ahora puedo recibir al Señor'. Pero jamás hemos alcanzado dicha satisfacción. No; no es de esa manera como se logra. A aquellos a quienes justifica, también los glorifica. Puesto que es Dios quien justifica, se trata de su propia obra; y cuando haya completado el proceso, todo estará a punto para que encontremos al Señor, puesto que fue Él quien nos preparó. Por lo tanto, confiamos en Él, nos sometemos a Él y tomamos su justificación; y dependiendo solamente de eso, estaremos preparados para encontrarnos con el Señor sea cuando sea que Dios decida enviarlo.

Así, Él se está disponiendo ahora a glorificarnos. Lo repito: nos hemos estado conformando con vivir muy por debajo de los maravillosos privilegios que Dios ha preparado para nosotros. Permitamos que la preciosa verdad pueda elevarnos hasta ese lugar en el que nos quiere el Señor.

Ningún maestro tejedor contempla la pieza en la que está trabajando cuando está aún a medio terminar, para criticarla y encontrar en ella toda clase de defectos. Puede haber imperfecciones, pero todavía no está terminada, y mientras trabaja en ella para eliminar todos sus defectos, la contempla, viendo logrado en ella su propósito final según el ideal que su mente planeó.

Sería terrible si el supremo Maestro Tejedor nos mirara mientras estamos a medio camino en el proceso y dijera: 'Esto no vale para nada'. No; no hace eso. Nos ve tal cual somos en su propósito eterno en Cristo, y avanza en su maravillosa obra. Vosotros y yo podemos mirarla y exclamar: 'No sé de qué forma el Señor va a poder hacer de mí un cristiano, ni cómo va a prepararme para el cielo'. Puede ser así, tal como lo vemos nosotros, y si el Señor nos viera de la forma en que *lo hacemos nosotros*, si fuera un obrero deficiente como lo somos nosotros, no habría más que eso. Nunca podríamos tener valor alguno. Pero ciertamente, Él no es un obrero como nosotros, y por lo tanto, no nos mira tal *como nos vemos nosotros mismos*. No; nos ve tal cual somos en el cumplimiento de su propósito. Aunque podamos parecer rudos, deformes y con cicatrices, tal como somos ahora y en nosotros mismos, Él nos ve tal cual *somos allá*, en Cristo.

Él es el Operario. Y al confiarnos a Él le permitimos que desarrolle su obra, y a medida que avanza en ella, lo veremos tal como Él la ve. ¿Acaso no nos ha dado un ejemplo de su habilidad al respecto? Dios ha puesto ante nosotros, en Cristo, la perfección de su obra completa en carne pecaminosa. En Cristo la ha completado, colocándola a su diestra, en su presencia. Y ahora nos dice: 'Míralo. Eso es lo que Soy capaz de hacer con la carne pecaminosa. Ahora pon en Mí tu confianza y permíteme obrar, observa lo que haré. Confía en mi labor, permíteme que la realice, confía en Mí y la llevaré a cabo'. Es el Señor quien lo realiza todo. No se trata de nuestra obra.

Ahora, podéis salir de este templo y mirar esa ventana (refiriéndose a la que había tras el púlpito) desde el exterior: sólo veréis una mezcla oscura y poco atractiva de cristales. Pero observadla desde dentro y os deleitaréis en su bella y luminosa artesanía, y ahí aparece escrito en claros caracteres: "Justificados gratuitamente por su gracia, mediante la redención que es en Cristo Jesús", estando escrita la ley de Dios, y las palabras: "Aquí están los que guardan los mandamientos de Dios y la fe de Jesús".

De la misma forma, vosotros y yo podemos mirarnos, como tan a menudo lo hacemos, desde el exterior, y todo parece ser deforme, oscuro y desgarbado, con la apariencia de una materia desordenada. Pero Dios nos mira desde el interior, tal como somos en Jesús. Y cuando estamos en Jesús y miramos a través de la luz que nos ha dado; cuando miramos desde el *interior*, tal como estamos en Cristo Jesús, veremos también, escrito en letras claras por el Espíritu de Dios: "Justificados, pues, por la fe, tenemos paz para con Dios por medio de nuestro Señor Jesucristo". Veremos toda la ley de Dios escrita en el corazón y brillando en la vida, y también las palabras: "Aquí están los que guardan los mandamientos de Dios y la fe de Jesús". Todo eso lo veremos a la luz de Dios, tal como es reflejada y tal como brilla en Jesucristo.

Quiero que sepáis que eso es exactamente así. Esta frase la encontramos en una carta de Elena White, 30 de julio de 1894: "Quisiera que toda alma que aprecie las evidencias de la verdad acepte a Jesucristo como a su salvador personal" [*Ms*32a–1894]. ¿Podéis apreciar esto, hermanos? ¿No hay evidencias suficientes para que seamos salvos? ¿Las apreciáis? ¿Lo aceptáis como a vuestro salvador personal en la plenitud en la que se ha revelado a sí mismo en el lugar en que está, y a nosotros en Él? Entonces escuchad esto:

> Los que aceptan a Cristo de esa forma están guardados en Dios, no tal como están en Adán, sino tal como están *en Jesucristo*, como hijos e hijas de Dios (*ibíd.*, E. White).

Él nos ve tal cual estamos en Cristo, ya que en Él ha perfeccionado su plan con respecto a nosotros. ¿Os alegra que así sea? Recibámoslo, hermanos. ¡Cuánto bien trae a mi alma día tras día, a medida que el Señor hace ver esas cosas! Es tan bueno para mí, como deseo que lo sea para vosotros. Así recibámoslo pues en la plenitud de esa fe abnegada que Jesucristo nos ha traído. Tomémoslo y demos gracias a Dios cada día. Permitamos que en nosotros obre el poder que eso encierra, que nos resucite de los muertos y nos haga sentar a la diestra de Dios en los lugares celestiales en Jesucristo, allí donde Él está sentado. ¿No debiéramos tener una reunión de oración por lo que Dios ha hecho por nosotros? Es sábado. ¿No debiéramos gozarnos en ello? ¿Qué decís?

Capítulo 20

El misterio de piedad: La gloria de Dios manifestada en carne pecaminosa

La primera parte de la oración de Jesús en nuestro favor, según Juan 17:4, es: "Yo te he glorificado en la tierra". En el tema precedente tratamos el propósito de Dios con respecto al ser humano –su propósito eterno–, que queda plenamente consumado en Jesucristo, en carne humana. El propósito de la existencia del hombre es la gloria de Dios, y eso se ha demostrado ante el universo en Jesucristo, puesto que ese fue el eterno propósito de Dios en Cristo, obrado en Cristo para cada uno desde la caída del hombre en el pecado. Cristo dijo: "Yo te he glorificado en la tierra". Eso muestra que el propósito en la creación del hombre es que glorifique a Dios.

Así que hoy vamos a estudiar: ¿Cómo hemos de glorificar a Dios?, ¿cómo resulta Dios glorificado en el hombre?, y ¿en qué consiste glorificar a Dios?

Cuando estudiamos a Cristo, y veamos la obra que Dios hizo en Él, sabremos en qué consiste glorificar a Dios. En Él encontramos el propósito de nuestra creación, de nuestra existencia, y más aún: cuál es el propósito de la creación y existencia de toda criatura inteligente en el universo.

Hemos visto en temas precedentes que sólo Dios fue manifestado en Cristo, cuando estuvo en el mundo. No fue el propio Cristo quien fue manifestado, sino que Él se anonadó, vaciándose de sí mismo y viniendo a hacerse nosotros en lo concerniente a su humanidad. Y entonces Dios manifestó, y solamente Dios. ¿Qué es, pues, glorificar a Dios? Es estar en la posición en la que Dios –y solamente Dios– se manifieste en la persona. Y ese es el propósito de la creación y existencia de cada uno de los ángeles y de los seres humanos.

A fin de glorificar a Dios es necesario estar en la condición según la cual nadie, excepto Dios, sea manifestado, y así sucedió con Jesucristo. En consecuencia, dijo: "Las palabras que yo os hablo, no las hablo de mí mismo" (Juan 14:10); "He descendido del cielo, no para hacer mi voluntad, sino la voluntad del que me envió" (Juan 6:38); "El Padre, que vive en mí, Él hace las obras" (Juan 14:10); "No puedo yo hacer nada por mí mismo" (Juan 5:30); "Nadie puede venir a mí, si el Padre, que me envió, no lo atrae" (Juan 6:44);

"El que me ha visto a mí ha visto al Padre; ¿cómo, pues, dices tú: 'Muéstranos al Padre'?" (Juan 14:9); "El que habla por su propia cuenta, su propia gloria busca; pero el que busca la gloria del que lo envió, este es verdadero y no hay injusticia en Él" (Juan 7:18).

En consonancia con eso, afirmó: "Las palabras que yo os hablo, no las hablo por mi propia cuenta". Según acabamos de leer, el que habla por sí mismo busca su propia gloria. Pero Cristo no procuró su propia gloria, sino la del que le envió, y por eso afirmó: "Las palabras que yo os hablo, no las hablo por mi propia cuenta". Al hacer así estaba procurando la gloria del que le envió, y sabemos que Él "es verdadero y no hay injusticia en Él" (Juan 7:18). Él se vació completamente de sí mismo, evitando toda manifestación de Él en cualquier circunstancia, que la única influencia que ejerció fue la del Padre. Fue tan literalmente cierto, que nadie podía venir a Él a menos que el Padre lo atrajera. Eso muestra cuán completamente se mantuvo anonadado, vacío de sí mismo. Tanto, que nadie podía acudir a Él –nadie podía sentir atracción o influencia alguna de Él– a menos que fuera el Padre quien lo atrajera. La manifestación del Padre era lo único que podía llevar la persona a Cristo.

Eso ilustra el gran asunto que estamos estudiando ahora: en qué consiste glorificar a Dios. Consiste en vaciar al yo completamente como para que sólo Dios se manifieste, y en no ejercer influencia alguna que no sea la de Dios; consiste en vaciarse de tal modo, que toda palabra, todo cuanto se manifieste, venga únicamente de Dios y hable sólo del Padre.

"Yo te he glorificado en la tierra". Cuando Cristo estuvo en la tierra, estuvo en nuestra carne humana pecaminosa; y cuando se vació de sí mismo y se anonadó, el Padre moro en Él de tal manera que se manifestó en Él; de tal forma que todas las obras de la carne resultaron negadas; y la envolvente gloria de Dios, su carácter, su bondad, se manifestaron en lugar de cualquier rasgo humano.

Llegamos a la misma conclusión que en un tema precedente: la manifestación de Dios en la carne, en carne pecaminosa, ese es el misterio de Dios –no es Dios manifestado en carne *impecable*, no, no, sino en carne *pecaminosa*. Eso significa que Dios morará hoy de tal modo en nuestra carne pecaminosa, que aunque se trate de carne de pecado, su pecaminosidad no va a sentirse o notarse, ni ejercerá influencia alguna sobre los demás. Significa que Dios va a morar aún en carne pecaminosa, de forma que a pesar de la pecaminosidad de esa carne, se manifestará la influencia, gloria, justicia, y carácter de Dios allí donde vaya esa persona.

Tal fue precisamente el caso con Jesús en la carne. Así pues, Dios nos ha demostrado a todos nosotros cómo debemos glorificarle. Lo ha demostrado al universo de qué forma hay que darle gloria: eso significa, que Dios, y solamente Dios ha de manifestarse en toda inteligencia en el universo. Tal fue el propósito divino desde el principio, su propósito eterno que Él propuso en Cristo Jesús, Señor nuestro.

Podemos ahora leerlo, aunque más adelante nos referiremos a ello de nuevo. Leeremos un texto que lo dice todo en pocas palabras. Efesios 1:9 y 10: "Él nos dio a conocer el misterio de su voluntad, según su beneplácito, el cual se había propuesto en sí mismo..." ¿Cuál es esa voluntad que se propuso en sí mismo? Siendo Él el Dios eterno, habiendo dispuesto en sí mismo ese propósito, se trata de lo mismo que está expresado en otro lugar como su "propósito eterno". ¿Cuál es el propósito eterno de Dios, que se propuso en Jesucristo el Señor? Aquí esta, "...reunir todas las cosas en Cristo, en el cumplimiento de los tiempos establecidos, así las que están en los cielos como las que están en la tierra".

Prestad atención a lo anterior y observad cómo hace Dios para "reunir todas las cosas en Cristo". ¿A quién se refiere la expresión "en sí mismo"? –A Dios. ¿Quién estaba en Cristo? –"Dios estaba en Cristo" (2ª Cor. 5:19). Sólo Dios se manifestó en Cristo. Dios moraba en Él. Dios se propuso "reunir todas las cosas en Cristo... así las que están en los cielos como las que están en la tierra". Por consiguiente, su propósito "en el cumplimiento de los tiempos establecidos" es reunir en Él mismo todas las cosas en Cristo. Todas las cosas que están en los cielos y en la tierra resultan reunidas en un solo Dios, mediante Cristo, por Cristo y en Cristo; para que así solamente Dios sea manifestado en todo el universo. Así, al darse el cumplimiento de los tiempos establecidos y al consumarse el propósito eterno de Dios ante la vista del universo, se mire a donde se mire y se mire a quien se mire, se verá reflejada la imagen de Dios; y Dios será "todo en todos" (1ª Cor. 15:28). Eso es lo que vemos en Jesucristo.

2ª Corintios 4:6:

> Porque Dios, que mandó que de las tinieblas resplandeciera la luz, es el que resplandeció en nuestros corazones, para iluminación del conocimiento de la gloria de Dios en la faz de Jesucristo.

Miramos a la faz de Jesucristo. ¿Qué es lo que vemos? –Vemos a Dios, vemos al Padre. No es a Cristo, a quien vemos reflejado "en la faz de Jesucristo". Se vació de sí mismo a fin de que Dios resultara reflejado, para que Dios brille allí para el bien de los seres humanos, quienes en su carne humana jamás habrían podido resistir su presencia. Jesucristo tomó la carne humana a modo de velo, modificó los brillantes rayos de la gloria de Dios permitiendo que pudiéramos mirarla y vivir. No podemos mirar al rostro descubierto de Dios más de lo que podían los hijos de Israel mirar al rostro glorioso de Moisés. Por lo tanto, Jesús toma en sí mismo la carne humana y vela la resplandeciente y consumidora gloria del Padre, de forma que nosotros, mirando a su rostro, podamos ver reflejado a Dios, y podamos verlo y amarlo tal cual es, recibiendo así la vida que hay en Él.

2ª Cor. 3:18, se expresa ese pensamiento. Por ahora me limitaré a citarlo. Antes de terminar el estudio volveremos a él.

"Por tanto, nosotros todos, mirando con cara descubierta como en un espejo la gloria del Señor…" ¿Dónde contemplamos la gloria del Señor? –"En el rostro de Jesucristo". Pero Él nos dice que lo vemos como en un espejo. ¿Cuál es la función de un espejo? El espejo no es en sí mismo una fuente de luz: lo que hace es reflejar la luz que brilla sobre él. Nosotros todos, con rostro descubierto, contemplamos en el rostro de Jesucristo, como si de un espejo se tratara, la gloria del Señor; por lo tanto, es mediante Cristo como el Padre se refleja en todo el universo.

Sólo Él podía reflejar en su plenitud al Padre, puesto que "sus salidas son desde el principio, desde los días del siglo" (Miq. 5:2), y como leemos en Proverbios 8:30, "con Él estaba yo ordenándolo todo". Era uno con Dios, igual a Dios, y su naturaleza es la naturaleza de Dios. Por lo tanto, una de las grandes razones por las que sólo Él podía venir al mundo a salvar al hombre, fue porque el Padre se quería manifestar a sí mismo plenamente a los hijos de los hombres; y nadie en el universo podía manifestar la plenitud del Padre excepto su Hijo unigénito, quien es la expresa imagen del Padre. Ningún ser creado posee la condición necesaria para poder realizar algo así. Sólo Aquel cuyas salidas son desde los días de la eternidad puede; por consiguiente, vino, y Dios moró en Él. ¿En qué medida? –En Cristo resulta reflejada "corporalmente toda la plenitud de la divinidad" (Col. 2:9). Y no lo es solamente para el bien del hombre en la tierra, sino para que en el cumplimiento de los tiempos establecidos pueda reunir en Cristo todas las cosas de los cielos y de la tierra. En Cristo, Dios se manifiesta a los ángeles y se refleja a los hombres en el mundo, de la única forma en que pueden verlo.

Así, es mucho lo que tenemos en cuanto al significado de glorificar a Dios, y en cuanto a cómo tiene lugar. Implica vaciarse de tal forma de uno mismo, que sólo Dios se manifieste en su justicia –su carácter–, que constituye su gloria. En Cristo queda revelado el propósito del Padre concerniente a nosotros. Todo cuanto fue hecho en Cristo tenía por objeto dar a conocer lo que sucederá en nosotros, puesto que Él fue nosotros mismos. Por lo tanto, debiéramos mantener siempre ante nosotros el gran pensamiento de que hemos de glorificar a Dios en la tierra.

En Él, y por medio de Él, encontramos esa mente divina que en Cristo vació su justo yo. Mediante esa mente divina resultamos vaciados de nuestra injusticia a fin de que Dios pueda ser glorificado en nosotros, haciendo cierto en cada uno: "yo te he glorificado en la tierra" (Juan 17:4).

Leamos ahora esos dos versículos de Corintios en relación con nosotros. Los leímos con anterioridad en relación con Él: "Dios, que mandó que de las tinieblas resplandeciera la luz, es el que resplandeció en nuestros corazones, para iluminación del conocimiento de la gloria de Dios en la faz de Jesucristo" (2ª Cor. 4:6). Miremos ahora hacia nosotros. ¿Qué ha hecho Dios en primer lugar? –Brillar en nuestros corazones. ¿Con qué propósito? El de dar la luz del "conocimiento de la gloria de Dios en la faz de Jesucristo". ¿Podéis ver la manera en que Dios, a partir de la faz de Cristo, manifiesta su gloria, la cual, reflejada en nosotros, brilla también a otros? Es así como "vosotros sois la luz del mundo" (Mat. 5:14). Lo somos debido a que la luz de la gloria de Dios, brillando a partir de Jesús en nuestros corazones, resulta reflejada –resplandece– hacia otros, de forma que quienes nos rodean, viendo nuestras buenas obras, glorifiquen a Dios en "el día de la visitación" (1ª Ped. 2:12), para que "glorifiquen a vuestro Padre que está en los cielos" (Mat. 5:16).

Estudiad el proceso. El Padre mora en luz inaccesible para cualquier ser humano. Nadie lo vio jamás, ni puede verlo. Mora en una gloria tal, en un fulgor de tal santidad consumidora, que ningún ser humano puede mirarlo y seguir vivo. Pero el Padre quiere que lo miremos y vivamos; por lo tanto, el Unigénito del Padre se ofreció voluntariamente como un don, viniendo a ser nosotros en carne humana, de forma que el Padre en Él pudiera velar su gloria consumidora y los rayos de su esplendor, y permitiendo que pudiéramos mirar y vivir. Cuando miramos allí y vivimos, esa gloria brillante desde la faz de Jesucristo, resplandece en nuestros corazones, siendo así reflejada al mundo.

Leamos una vez más el último versículo del capítulo tercero: "Por lo tanto, nosotros todos, mirando con el rostro descubierto y reflejando como en un espejo la gloria del Señor, somos transformados de gloria en gloria en su misma imagen..." ¿La imagen de quién? –La de Jesucristo. "Somos transformados de gloria en gloria en su misma imagen, por la acción del Espíritu del Señor". Jesucristo reflejó la imagen de Dios; nosotros, somos transformados a su misma imagen, reflejando así la imagen de Dios.

El alemán da otra lectura, más enfática, incluso, que la nuestra aquí: "Pero ahora resulta reflejada en nosotros toda la gloria del Señor". Ambas ideas, inglés y alemán, son correctas. Vemos la gloria en la faz de Cristo, y somos transformados en la misma imagen de gloria en gloria, siendo reflejada igualmente en nosotros la gloria del Señor.

Ahora leeré el resto del versículo en la versión alemana de la Biblia: "Pero ahora resulta reflejada en nosotros toda la gloria del Señor a rostro descubierto; y somos glorificados en la misma imagen de gloria en gloria, como por el Señor, quien es Espíritu". El Señor, que es el Espíritu; el versículo anterior dijo que el Señor es ese Espíritu.

Podéis ver que todo consiste en que Dios sea glorificado en nosotros; que seamos glorificados por esa gloria, y que esto puede reflejarse a todos los hombres en todas partes, para que puedan creer y glorificar a Dios.

Observad ahora nuevamente Juan 17:22, que vuelve a referirse a lo mismo. Leeré los versículos 4 y 5:

> Yo te he glorificado en la tierra; he acabado la obra que me diste que hiciera. Ahora pues, Padre, glorifícame tú al lado tuyo, con aquella gloria que tuve contigo antes que el mundo existiera.

Y a continuación el 22: "Y la gloria que me diste, yo les he dado". Él nos la ha dado. Es nuestra posesión. Está gloria pertenece a todo aquel que cree en Jesús. Y cuando nos entregamos a Él, nos proporciona esa mente divina que nos vacía de nosotros mismos, de forma que es Dios -en Cristo- quien brilla en nuestros corazones: que resulta reflejada su propia gloria, su propia imagen divina. Y eso se ha de cumplir con una perfección tal, que cuando regrese se verá a sí mismo en cada uno de los creyentes. "Se sentará para afinar y limpiar la plata" (Mal. 3:3). Para que todos reflejen la imagen y la gloria de Dios, Cristo tiene que verse reflejado en su pueblo.

Recurramos a los fenómenos naturales, a fin de comprenderlo mejor. El sol brilla en el firmamento. A ti y a mí, nos gustaría poder mirar al sol, y verlo tal como es. Pero si lo miramos directamente, aunque sea por un instante, cegará nuestra vista de tal forma que nos tomará tiempo recuperar la visión normal. No podemos, pues, mirar al sol y contemplar las glorias que contiene. El sol posee gloria y belleza que alumbra los cielos. Si tomáis un prisma de cristal, con sus tres caras y aristas, y lo sostienes hacia el sol, de manera que los rayos del sol puedan brillar a través de él, veras el reflejo en la pared, en la tierra, o el objeto que sea, de forma que podréis apreciarlos. En ese reflejo estaréis viendo al sol tal como es. ¿Cómo llamamos al espectro de color resultante? –Arco iris. ¿Conocéis algo más bello que el arco iris? No puedes tener una mezcla de colores más maravillosa que la que hay en el arco iris.

Pero ese arco iris no es realmente otra cosa que el propio sol, con su gloria dispuesta de una forma en que podemos mirarla, apreciando su belleza. Miramos más allá. El sol posee en él mismo toda su gloria, pero no podemos apreciarla allí. No está a nuestro alcance mirarlo y verla. Su brillo excede en mucho las capacidades de nuestro órgano visual. Pero el prisma capta esa gloria y la traduce en rayos que sí podemos apreciar, lo que nos permite ver el sol como no podríamos hacer de otra manera. Pero observad: al contemplar el arco iris, no estamos viendo el prisma, sino el sol. Vemos la gloria que hay en él, la que esparce en brillantes rayos por el cielo. Mirándolo directamente no podemos verlo tal cual es, pero mirando a sus reflejos vemos la gloria del sol de forma que deleita nuestra vista.

Pues bien, Dios resplandece infinitamente más que el sol. Si el sol nos deslumbra, aún en una mirada fugaz, ¿qué no haría la inmensa gloria del Señor con nuestros ojos mortales y pecaminosos? Ciertamente nos consumiría. Por lo tanto, no podemos verlo tal cual es, en la plenitud de su gloria no velada; nuestra naturaleza es incapaz de resistir esa visión. Pero Él quiere que veamos su gloria. Es su deseo que la vea todo el universo; por lo tanto, Jesucristo se coloca entre el Padre y nosotros, y el Padre hace que se manifiesta en Él toda su gloria; y al brillar desde su rostro, su gloria resulta reflejada de tal forma que podemos mirarla, y es tal su belleza que nos deleitamos en ella. Somos así capacitados para ver a Dios tal cual es. En Jesucristo no vemos nada que no esté en Dios en el pleno resplandor de su gloria descubierta.

El sol brilla día tras día en los cielos, dando a conocer sus glorias a los hijos de los hombres. Todo cuanto el sol necesita para mostrar ante nosotros sus glorias en su singular belleza, es un prisma –un medio en el que el brillo de su gloria sufra una transformación llamada refracción–, y una superficie en donde se puedan reflejar los rayos resultantes de la refracción producida por ese prisma. Si disponéis del prisma y de la superficie adecuada, podréis ver el arco iris en el sol de cada día del año.

Podéis tener igualmente la manifestación de la gloria de Dios cada día del año, siempre que mantengáis a Jesucristo ante vuestra vista, a modo de bendito prisma que refracta los brillantes rayos de la gloria de Dios, y a vuestro "yo" presentado ante Dios de la forma en que Él desea, a fin de que resulten reflejados esos rayos. Al suceder así, no solamente vosotros, sino también otros, verán constantemente la gloria de Dios. Todo cuanto Dios necesita a fin de que el hombre pueda ver y conocer su gloria, es un prisma a través del cual brillar. En Jesucristo eso queda plenamente garantizado. Necesita también algún material en donde puedan caer y ser reflejados esos rayos que atravesaron el prisma, a fin de hacerlos visibles para las personas. ¿Os prestaréis para que brillen sobre vosotros esos rayos de la gloria de Dios, tal como resplandecen a través del bendito prisma que es Jesucristo? Permitid que esos rayos de la gloria de Dios caigan sobre vosotros a fin de que los hombres, mirándoos, puedan ver reflejada la gloria de Dios. Eso es lo que se requiere de nosotros.

Otro pensamiento: Tomad el prisma y mantenedlo frente al sol, de forma que los rayos refractados caigan sobre una pared de la casa. Contemplad entonces el bello reflejo del arco iris resultante. Pues bien, esa pared no es más que barro, yeso, piedra, etc. ¿Puede el barro manifestar la gloria del sol? ¿Es posible que el sol resulte glorificado en ese barro? –¡Ciertamente! ¿Puede el barro reflejar los brillantes rayos del sol, haciendo que se manifiesten en su belleza? ¿Cómo puede el barro lograr eso? No porque haya en él virtud alguna: ¡la virtud está en la propia gloria! Podéis sostener el prisma ante el sol, permitiendo que los rayos sean reflejados en tierra. Esa tierra manifestará entonces la gloria del sol, no porque posea en ella misma gloria alguna, sino en virtud de la gloria del sol.

¿No podemos, pues, ver que carne pecaminosa como la nuestra, indignos polvo y ceniza que somos, podemos manifestar la gloria del Señor recibida a través de Jesucristo la gloria del Señor brillando de la faz de Jesucristo? Es bien cierto que somos polvo; podemos ser los últimos de la tierra, y tan pecadores como cualquier ser humano; pero poneos simplemente allí y dejad que brille en vosotros esa gloria, tal como Dios ha dispuesto que suceda, y entonces glorificaréis a Dios. ¿Cuántas veces no se ha formulado la desesperanzada pregunta: '¿Cómo es posible que alguien como yo glorifique a Dios?' Querido hermano y hermana: no está en ti, sino en la gloria. No es en ti donde se encuentra la virtud que la hace brillar, como tampoco es el barro quien hace brillar el arco iris. Nuestra asignación consiste en proveer el lugar en que se haga visible esa gloria, brillando en bellos rayos reflejados de la gloria de Dios. La virtud no está en nosotros, sino en la gloria. Es así como glorificamos a Dios.

El que Dios sea glorificado en Cristo demanda la negación del yo, vaciarse de sí mismo. La mente de Cristo efectúa eso, y Dios resulta glorificado. Aunque hayamos sido pecaminosos toda nuestra vida, y aunque la nuestra sea carne de pecado, Dios resulta glorificado, no por mérito alguno que haya en nosotros, sino por el mérito que hay en la gloria. Y ese es el propósito por el cual Dios creó a todo ser en el universo: para que toda criatura sea un medio de reflejar, y dé a conocer el resplandor de la gloria del carácter de Dios tal como es revelada en Jesucristo.

En cierta ocasión hubo uno que resplandecía tan brillantemente con la gloria del Señor, que comenzó a atribuirse a sí mismo el mérito, y se propuso brillar por y para sí mismo, glorificándose de esa forma a sí mismo y reflejando su propia luz. Pero desde entonces no ha vuelto jamás a brillar con auténtica luz. Desde entonces todo ha sido tiniebla. De hecho, ese fue el origen de las tinieblas en el universo. Y el resultado ha sido, desde el principio hasta el final, simplemente el fruto de aquel esfuerzo por manifestar el yo, por glorificarse a sí mismo. El final de todo eso es perecer y terminar en la nada.

Glorificar el yo significa terminar en la nada, dejar de existir. Glorificar a Dios significa permanecer por la eternidad. El propósito por el que creó a los seres humanos es para que lo glorifiquen. Aquel que así lo hace, seguirá existiendo por toda la eternidad. Dios quiere seres como esos en el universo. A todo ser humano se presenta el dilema: 'Ser, o no ser; esa es la cuestión'. ¿Será nuestra opción la de existir y glorificar a Dios por la eternidad? ¿O bien elegiremos glorificar al yo por un breve tiempo, y desaparecer después en las tinieblas eternas? A la vista de lo que Dios ha hecho, no habría de ser difícil elegir lo correcto, ¿no os parece? ¿No será nuestra elección, hoy y por siempre, seguir solamente el camino de Dios, eligiendo glorificarlo a Él, y sólo a Él?

Consideremos más sobre lo que implica. Leemos en Juan 12:23:

> Jesús les respondió diciendo: –Ha llegado la hora para que el Hijo del hombre sea glorificado.

Versículo 27:

> Ahora está turbada mi alma; ¿y qué diré? ¡¿Padre, sálvame de esta hora?! Mas para esto he venido a esta hora

¿Qué dijo a continuación? "Padre, glorifica tu nombre". Se encontraba a la sombra del Getsemaní. Sabía que había llegado la hora, y no ignoraba lo que eso implicaba. Un gran pesar oprimía y torturaba su alma divina: "¿Qué diré? ¿Padre, sálvame de esta hora?" ¡Había venido precisamente para esa hora!, por lo tanto, lo único que debía decir al llegar esa hora para la que había venido, es: "Padre, glorifica tu nombre". Vino a continuación su agonía en Getsemaní, la cruz, y la muerte. Pero en esa entrega demostrada por la expresión: "Padre, glorifica tu nombre", estaba el paso decisivo que le dio la victoria en Getsemaní, en la cruz, y también sobre la muerte.

Allí estuvo su victoria, y vosotros y yo nos vamos a encontrar en ese lugar en más de una ocasión. De hecho, ya hemos estado allí, cada vez que se ha requerido de nosotros que tomemos esa decisión. Es una experiencia por la que hemos de pasar, y al venir de la forma en que vendrá, y visto desde nuestra óptica, nos sentiremos tentados a exclamar: '¡Oh!, ¿tengo que soportar todo eso?, ¿no es más de lo que Dios requiere del ser humano?' 'Ahora está turbada mi alma, ¿y qué diré? ¿Padre, sálvame de esta hora?' ¿Quién os ha conducido a esa hora? ¿Quién os ha enfrentado cara a cara con la dificultad? ¿Cómo llegasteis hasta allí? El Padre nos conduce; Él nos llevó a ese lugar.

Por lo tanto, cuando bajo su mano llegamos al punto en el que parece que soportar eso haya de significar algo así como arrancarle a uno el alma, ¿qué diré? '¿Padre, sálvame de esta hora', siendo que he llegado a esta hora por su voluntad? Él me ha conducido aquí con un propósito. No puedo saber cuál es la experiencia que me tiene reservada, más allá de lo dicho. Puedo no saber cuál es el divino propósito en esa prueba, pero una cosa sé: he elegido glorificar a Dios. He decidido que en mí sea glorificado Dios, y no yo mismo; que voy a seguir su camino y no el mío. Así pues, no podemos decir: 'Padre, sálvame de esta hora'. Lo único que podemos hacer es inclinarnos en sumisión; lo único que podemos decir es: "Padre, glorifica tu nombre". Es posible que inmediatamente después tenga lugar el Getsemaní y también la cruz; pero hay victoria en ese Getsemaní, hay victoria en la cruz, y en todo cuanto pueda venir.

Es ciertamente así, pues Dios no nos deja sin su palabra.

Leed ahora conmigo:

> ¿Qué diré? ¿Padre, sálvame de esta hora? Pero para esto he llegado a esta hora. Padre, glorifica tu nombre. Entonces vino una voz del cielo: "Lo he glorificado, y lo glorificaré otra vez".

Esa palabra está ahí para vosotros y para mí en cada prueba, puesto que "Yo les he dado la gloria que me diste" (Juan 17:22). Nos pertenece. Él va a ver cómo se refleja en –y a través– de nosotros, a fin de que los hombres sepan que Dios se manifiesta aún en la carne. ¿Cuál va a ser, pues, nuestra elección? Tomadla de una vez y para siempre. Se trata de ser, o de no ser. ¿Cuál elegiréis? ¿Ser –existir–? Ser significa glorificar a Dios. El único propósito de la existencia en el universo es glorificar a Dios. Por lo tanto, la elección de existir es la elección de glorificar a Dios, y esa elección es la de vaciarse y deshacerse del yo, de forma que sólo Dios aparezca y se manifieste.

Así, cuando todo queda cumplido, el capítulo 15 de 1ª de Corintios presenta la gran consumación (vers. 24-28):

> Luego *vendrá* el fin; cuando haya entregado el reino al Dios y Padre, cuando haya abatido todo dominio y toda autoridad y poder. Porque es menester que Él reine, hasta que haya puesto a todos sus enemigos debajo de sus pies. Y el postrer enemigo que *será* destruido es la muerte. Porque todas las cosas sujetó debajo de sus pies. Pero cuando dice: Todas las cosas son sujetadas a Él, claramente se exceptúa a Aquél que sujetó a Él todas las cosas. Y cuando todas las cosas le estén sujetas, entonces también el Hijo mismo se sujetará a Aquél que sujetó a Él todas las cosas, para que Dios sea todo en todos.

¿En cuántos lo será todo? Dios lo será todo en vosotros, lo será todo en mí; lo será todo en todos mediante Jesucristo. Vemos ahí la consumación del plan. Consiste en que todo el universo, con todo lo que contiene, refleje a Dios.

Tal es el privilegio que Dios ha concedido a todo ser humano y criatura en el universo. Lucifer y multitudes que lo siguieron, rehusaron ese privilegio. Los hombres también, lo ha rehusado. ¿Qué vamos a hacer vosotros y yo? ¿Aceptaremos el privilegio?

Veamos si podemos hacernos una idea de su magnitud. ¿Cuál fue el precio requerido para otorgarnos ese privilegio? ¿A qué costo se logró? –El precio infinito del Hijo de Dios.

Pregunto ahora:

¿Fue ese don solamente por treinta y tres años y medio? Dicho de otra manera: Habiendo habitado en la eternidad desde antes de venir a este mundo, ¿vino Jesús a este mundo de la forma en que lo hizo solamente por treinta y tres años, regresando después de la forma en que existía con anterioridad para continuar así durante toda la eternidad? ¿Se trató de un sacrificio limitado a treinta y tres años, o se trató de un sacrificio eterno? Cuando Jesucristo dejó el cielo, se vació de sí mismo y se sumergió en nosotros. ¿Por cuánto tiempo fue? Esa es la cuestión importante. Y la respuesta es que lo hizo por la eternidad. El Padre nos *dio* a su Hijo, y Cristo se nos *dio* a sí mismo nosotros por la eternidad. Nunca jamás volverá a ser en todos los respectos como fue antes. Se dio a sí mismo a nosotros.

No voy a intentar definir ese concepto. Me limitaré a leer un párrafo del "Espíritu de Profecía" al respecto, a fin de que podáis saber que es así, y que estamos sobre terreno firme. Tomadlo como la bendita verdad que es, y dejad a Dios y a la eternidad las explicaciones.

Esta es la palabra:

> "Porque de tal manera amó Dios al mundo que dio a su Hijo unigénito". Lo dio, no sólo para que viviese entre los hombres, llevando los pecados de ellos y muriese para expiarlos, sino que lo *dio* a la raza caída. Cristo debía identificarse con los intereses y las necesidades de la humanidad. Él que era uno con Dios se vinculó con los hijos de los hombres mediante lazos que jamás serán quebrantados (*El Camino a Cristo*, p. 14).

¿Dónde se vinculó con nosotros? –En nuestra carne, en nuestra naturaleza. ¿En qué medida se vinculó con nosotros? "Mediante lazos que jamás serán quebrantados". ¡Agradezcamos por ello al Señor!

Sumergió la naturaleza de Dios que poseía desde antes que existiera el mundo, y tomó nuestra naturaleza para llevarla ya por siempre jamás. Tal es el sacrificio que gana el corazón de los seres humanos. Si su sacrificio hubiera consistido, tal como muchos pretenden, en un hecho confinado al período de treinta y tres años, para morir entonces sobre la cruz y regresar a la eternidad en todo respecto tal como era antes, se podría argüir que en vista de la eternidad precedente y de la subsiguiente, algo que dure treinta y tres años no es al fin y al cabo ningún sacrificio infinito. Pero cuando consideramos que sumergió su naturaleza en nuestra naturaleza humana por toda la eternidad, ahí tenemos un *auténtico sacrificio*. Así es el amor de Dios, y ningún corazón podrá ponerle objeciones. No hay corazón en este mundo que pueda argumentar contra ese hecho. Sea que el corazón lo acepte o que no, sea que lo crea o no el ser humano, el hecho encierra un poder que subyuga, y demanda del corazón el silencio reverente que caracteriza lo sublime.

Tal es la naturaleza de su sacrificio. Sigo leyendo:

> El que era uno con Dios se vinculó con los hijos de los hombres mediante lazos que jamás serán quebrantados. Jesús "no se avergüenza de llamarlos hermanos" (Heb. 2:11). Es nuestro Sacrificio, nuestro Abogado, nuestro Hermano, que *lleva nuestra forma humana* delante del trono del Padre, y *por las edades eternas* será uno con la raza a la cual redimió: es el Hijo del hombre (*ibíd.*).

Ese fue el costo: el sacrificio eterno de Aquel que era uno con Dios. Tal fue el costo de otorgar al ser humano el privilegio de glorificar a Dios.

Otra pregunta en este punto: ¿Era ese privilegio digno del sacrificio requerido?, ¿o bien se pagó el precio a fin de crear el privilegio? Consideradlo con atención. ¿Cuál es el privilegio? Hemos visto que lo que se puso al alcance de toda persona es la capacidad de glorificar a Dios. ¿Qué se requirió para obtener ese privilegio? El sacrificio infinito del Hijo de Dios. ¿Hizo el sacrificio para crear el privilegio, o bien existía ya el privilegio y era digno del sacrificio?

Sé que es una reflexión nueva para muchos de vosotros, pero no la temáis. Es una sana reflexión. Prestadle atención y consideradla. Lo repetiré una vez más, pues vale sobradamente la pena. Desde que descubrí el bendito hecho de que el sacrificio del Hijo de Dios es un sacrificio eterno, y de que *todo fue por mí*, tengo siempre en mi mente la necesidad de caminar ante el Señor humildemente, en actitud de profunda e incesante reverencia.

Repito la pregunta:

¿Creó por primera vez el privilegio al realizar el sacrificio, o bien había existido ya previamente dicho privilegio, lo perdimos, y fue digno del sacrificio que hizo para poder restaurarlo en nuestro favor?

¿Quién es capaz de cuantificar la magnitud del privilegio que Dios nos otorga en la bendición de poder glorificarlo? No hay mente capaz de comprenderlo. Se trata de un privilegio que sólo cabe medir a la luz del sacrificio sublime y eterno que lo hizo posible. Como bien exclamó David, asombrado ante esas maravillas: "Tal conocimiento es demasiado maravilloso para mí; ¡alto es, no lo puedo comprender!" (Sal. 139:6), y "En la multitud de mis pensamientos íntimos, tus consolaciones alegraban mi alma" (Sal. 94:19).

"Indiscutiblemente, grande es el misterio de la piedad: Dios fue manifestado en carne" (1ª Tim. 3:16). El Hijo del hombre fue recibido en gloria, y eso significa nosotros. En ello nos trajo el privilegio infinito de glorificar a Dios.

El privilegio es digno del precio infinito que pagó para obtenerlo. Jamás habríamos podido comprender la magnitud de ese privilegio, pero Dios lo consideró; Jesucristo consideró el privilegio, de lo que es glorificar a Dios. Y viéndolo, y considerando la situación en la que nos encontrábamos, dijo: 'Es digno del precio', y añadió: 'Yo pagaré ese precio'. Y Dios amó tanto al mundo, que dio a su Hijo unigénito, y con ello obtuvo en nuestro favor el privilegio de que podamos glorificar a Dios.

Capítulo 21

Promesas y privilegios para el cristiano en Cristo

SEGUIMOS con el estudio de aquello que es nuestro en Cristo. No debemos olvidar que el Señor nos ha resucitado, y que en Cristo nos ha hecho sentar a su diestra en la existencia celestial. Y demos gracias al Señor que ahí es donde permanecemos, en su glorioso reino. Aún seguimos estudiando lo que tenemos en Él, allí donde Él está, y cuáles son los privilegios y bendiciones que en Él nos pertenecen.

Esta tarde comenzamos el estudio en Efesios 2:11, 12 y 19:

> Por tanto, acordaos de que en otro tiempo vosotros, los gentiles en cuanto a la carne, erais llamados incircuncisión por la llamada circuncisión hecha con mano en la carne. Que en aquel tiempo estabais sin Cristo, alejados de la ciudadanía de Israel y ajenos a los pactos de la promesa, sin esperanza y sin Dios en el mundo.
> Por eso, ya no sois extranjeros ni forasteros, sino conciudadanos de los santos y miembros de la familia de Dios.

Se nos ha cambiado radicalmente de lugar y condición. Me alegra que así sea. Y todo esto se logra en Cristo. Ese cambio en nosotros, tiene lugar en Cristo, puesto que "Él es nuestra paz" (Efe. 2:14).

> Pero ahora en Cristo Jesús, vosotros que en otro tiempo estabais lejos, habéis sido hechos cercanos por la sangre de Cristo. Porque Él es nuestra paz, que de ambos [Dios y nosotros] hizo uno, derribando la pared intermedia de separación, aboliendo en su carne las enemistades... para crear en sí mismo de los dos un solo y nuevo hombre, haciendo así la paz... porque por medio de Él los unos y los otros [vosotros que estabais lejos y los que estáis cerca] tenemos entrada por un mismo Espíritu al Padre. Por eso [porque en Él tenemos acceso al Padre], ya no sois extranjeros ni **peregrinos**, sino conciudadanos de los santos y miembros de la familia de Dios.

El alemán da otro giro a las palabras del versículo 19, así: "así que no sois ahora más invitados y extraños, sino ciudadanos". El énfasis se verá más claramente cuando se menciona en Levítico: "pues vosotros peregrinos y extranjeros sois para conmigo", el alemán lo traduce así: "el huésped y el extranjero que está contigo" (Lev. 25:23). Así que en Cristo no somos ya más extranjeros ni peregrinos, ni siquiera somos huéspedes; nuestra relación es más próxima que esa.

Leemos de nuevo Efesios 2:19:

> Ya no sois extranjeros ni forasteros, sino conciudadanos de los santos y miembros de la familia de Dios.

Un huésped visitante no pertenece a la familia; es bienvenido, pero viene y se va. En contraste, el que pertenece a la familia viene y se queda. La palabra alemana donde se utiliza nuestra palabra "hogar", nos ayudará a ver la verdadera relación que significa. La palabra es *Hausgenossen*, y es una derivación de *essen*, que significa "comer". *Hausgenossen* es uno que come en la casa, y vive allí. Él está en casa; y cuando entra, no entra como huésped visitante; viene porque pertenece allí a la familia, pertenece a ese hogar.

Hasta aquí el texto presenta el contraste entre lo que fuimos y lo que somos; pero hay otros pasajes que nos acercan todavía más. Vayamos a Gálatas 4, comenzando con el versículo 1, y podéis ver la diferencia:

> Además, digo: Entre tanto que el heredero es niño, en nada difiere del siervo, aunque es señor de todo; mas está bajo tutores y mayordomos hasta el tiempo señalado por el padre. Así también nosotros, cuando éramos niños estábamos en esclavitud bajo los rudimentos del mundo. Mas venido el cumplimiento del tiempo, Dios envió a su Hijo, hecho de mujer, hecho bajo la ley, para que redimiese a los que estaban bajo la ley, a fin de que recibiésemos la adopción de hijos. Y por cuanto sois hijos, Dios envió el Espíritu de su Hijo a vuestros corazones, el cual clama: "¡Abba, Padre!" Así que ya no eres siervo.

No estamos en la casa como un sirviente, –no más un siervo. Somos siervos de Dios, eso es cierto, y rendimos servicio al Señor. Pero lo que ahora estamos considerando es nuestra relación con Dios, y el lugar que nos asigna en la familia.

Esto demuestra que el Señor nos da una relación más estrecha consigo mismo que la de un siervo en casa. No estamos en la familia celestial como siervos, sino como hijos.

"Así que ya no eres siervo, sino hijo; y si hijo, también heredero de Dios por Cristo". La noción que aquí se nos da es la de hijo, incluso la de hijo único. Todas las propiedades incluidas en la herencia pasarán de los padres a él de forma natural; ahora bien, siendo todavía niño, está sujeto a tutores y mayordomos, y se lo guía y educa de acuerdo con la voluntad del padre hasta haber alcanzado una edad en la que éste lo llame a una relación más íntima con él en los asuntos de la familia, y en los negocios y asuntos de estado. Mientras que el heredero permanece en su niñez, nada sabe de los asuntos y negocios del estado. Tiene otras cosas que aprender, antes de ser llevado a esa relación más próxima con su padre; pero una vez que ha recibido la preparación que su padre dispuso, y una vez que haya alcanzado la edad adecuada, el propio padre lo trae a una relación más próxima consigo mismo, comunicándole todo lo relativo a sus negocios. Puede hacerlo participante en el negocio, permitiéndole que administre como si fuera él mismo.

Consideremos ahora Juan 15:13-15. Es Cristo quien habla: "Nadie tiene mayor amor que éste, que uno ponga su vida por sus amigos. Vosotros sois mis amigos, si hacéis lo que yo os mando. Ya no os llamaré siervos". "Y el siervo no queda en la casa para siempre; el Hijo sí permanece para siempre" (Juan 8:35). Existe una buena razón por la que Jesús ya no nos llama siervos: ya que hemos de morar en su casa por siempre. Pertenecemos a ella; allí está nuestro hogar. "Ya no os llamaré siervos", os llamaré hijos, pues el hijo permanece en la casa para siempre. Anteriormente fuimos extranjeros y forasteros. Nos hizo más cercanos que a un huésped, y mucho más que a un extranjero. Y nos hizo más cercanos incluso que a un siervo, quien puede esperar permanecer en la casa por tanto tiempo como viva. Nos hizo aún más cercanos que al niño heredero que espera hasta alcanzar la edad viril. Nos acerca mucho más, hasta la categoría de amigos e hijos en edad de posesión, trayéndonos a los concilios que l mismo preside como dueño y cabeza de toda la propiedad.

Leamos el resto del versículo: "Ya no os llamaré siervos, porque el siervo no sabe lo que hace su señor; mas os he llamado amigos". No nos llama siervos, pues un siervo ignora lo que hace su amo. Nos llama amigos, pues no nos excluye de nada. Jesús dice: "Ya no os llamaré siervos, porque el siervo no sabe lo que hace su señor; más os llamo de otra forma: os llamo amigos". ¿Por qué? "Porque todas las cosas que oí de mi Padre, os las he dado a conocer". Veis, pues, cuál es su propósito al traernos hasta los propios concilios de su casa. No tiene secretos hacia nosotros. No es su propósito el ocultarnos nada. Ahora bien, eso no significa que vaya a hacérnoslo saber todo en un solo día. No puede hace eso, pues carecemos de la capacidad para asimilarlo en tales condiciones, pero permanece su afirmación: "todas las cosas que oí de mi Padre, os las he dado a conocer". Nos da la bienvenida al conocimiento de todas ellas, pero nos concede tiempo para que podamos recibir su verdad. ¿Cuánto tiempo nos da? –La eternidad completa, una vida eterna. Así le respondemos: 'Adelante, Señor; tómate el tiempo que dispongas. Haznos saber tu propia voluntad; estamos deseosos de aprender de ti'.

Ahora volvamos a Efesios otra vez. Ahí veremos la versión en alemán, que ilustra aún más claro. Leamos en el capítulo 1, versículos 3 al 9:

> Bendito sea el Dios y Padre de nuestro Señor Jesucristo, el cual nos ha bendecido con toda bendición espiritual en los lugares celestiales en Cristo [El alemán dice: "posesiones celestiales" –bienes celestiales.], según nos escogió en Él antes de la fundación del mundo, para que fuésemos santos y sin mancha delante de Él, en amor, habiéndonos predestinado para ser adoptados hijos suyos [estamos llegando al mismo punto que tuvimos hace un momento] por medio de Jesucristo, según el beneplácito de su voluntad, para alabanza de la gloria de su gracia, en la cual nos hizo aceptos en el Amado, en quien tenemos redención por su sangre, la remisión de pecados, según las riquezas de su gracia, que sobreabundó para con nosotros en toda sabiduría e inteligencia; dándonos a conocer el misterio de su voluntad, de acuerdo con su buen placer que Él ha propuesto en sí mismo.

"Dándonos a conocer el misterio de su voluntad". En alemán es *geheimnis*, que es lo mismo en nuestro lenguaje la palabra, "Misterio". Es un secreto. Pero lo queremos hacer es ir a la raíz de esa palabra, y después comprenderemos de qué secreto se trata. Es verdad que *geheimnis* es una cosa secreta, o algo que es misterioso, encubierto u oculto. Secretamente en alemán es *heimlich*. José de Arimatea era discípulo del Señor, pero lo era *geheimnis*-secretamente –por temor a los judíos–. Pero, ¿qué significa eso *Heimlich*? *Heim* es casa. *Geheimnis* es el asunto privado del hogar; o, más literalmente, secretos de casa. En toda familia posee sus secretos. Pertenecen exclusivamente a los habitantes de ese hogar. El extraño no tiene acceso a ellos. El visitante puede ir y venir, pero no le es dado acceder al conocimiento de tales intimidades. La palabra "secretismo", el secreto sagrado de los asuntos familiares, entre el marido y su mujer, entre los padres e hijos, esas cosas que pertenecen particularmente a la familia, a los intereses de ese hogar. Esa es la idea de la palabra alemana para "secreto", o "misterio". Ahora pues vemos a Jesús que nos lleva a su hogar, y nos ha hecho conocer los *geheimnis* de su voluntad, – las intimidades de la familia celestial. El Señor nos lleva a una relación tan íntima consigo mismo que las cosas secretas de la familia, –incluso las más íntimas–, se nos da a conocer. Él así lo dice.

Hay otro versículo que podemos leer. Observad: Hay asuntos en esa familia divina, hay secretos en ella, que vienen desde muy antiguo, desde mucho antes que ingresáramos en la familia. Éramos extraños a esa familia, no teniendo relación alguna con ella. Pero el Señor nos llamó, y vinimos; y ahora nos ha adoptado en la familia, trayéndonos a esa estrecha relación consigo en la que se propone hacernos participantes de todos los secretos de la familia. A fin de poder realizarlo, como ya vimos anteriormente, necesitamos mucho tiempo de permanencia allí, y Él necesita mucho tiempo debido a nuestra limitada capacidad, en contraste con su gran riqueza, y eso le tomará un gran tiempo para que Él lo haga.

Más aún: necesitamos que nos lo haga saber uno que esté perfectamente familiarizado con todos los asuntos de familia desde el principio. ¿Hay alguien en la familia que conozca plenamente todos los asuntos internos desde el principio, y que se comprometa a mostrarnos y a decirnos lo que debemos saber? Leamos en Proverbios 8, desde el versículo 22:

> Jehová me poseía en el principio de su camino, ya de antiguo, antes de sus obras. Desde la eternidad tuve el principado, desde el principio, antes de la tierra. Antes de los abismos fui engendrada; antes que fuesen las fuentes de las muchas aguas. Antes de los abismos fui engendrada; antes que fuesen las fuentes de las muchas aguas. No había aún hecho la tierra, ni los campos, ni el principio del polvo del mundo. Cuando formó los cielos, allí estaba yo; cuando trazó un círculo sobre la faz del abismo; cuando estableció los cielos arriba, cuando afirmó las fuentes del abismo; cuando al mar puso sus límites, para que las aguas no pasasen su mandamiento; cuando estableció los fundamentos de la tierra; Yo estaba con Él, ordenándolo todo.

Pues bien, ese es el mismo que os ha dicho a vosotros y a mí: "No os llamo siervos, sino amigos; ya que el siervo no sabe lo que hace su Señor, y yo os he dado a conocer todas las cosas que el Padre me hizo conocer". Y se trata de Aquel que estuvo junto a Él desde los días de la eternidad. Nos dice ahora: 'Os llamo amigos, puesto que os he manifestado todo lo que el Padre me mostró'. No es solamente que nos conceda el tiempo necesario para hacernos saber esas cosas, y no es sólo que Él se tome el tiempo para que pueda ser así; además, es Él quien está perfectamente calificado para comunicarlas a nosotros, por haber estado allí desde el principio. Conoce todos esos asuntos, y afirma que no quiere retener nada de nuestro conocimiento. Hermanos, eso significa que tiene una gran confianza en nosotros. Os voy a leer algo que me llegó desde Australia en el último correo, y sin duda reconoceréis a qué pluma corresponde:

> El ser humano no sólo es perdonado por el sacrificio expiatorio, sino que mediante la fe es acepto en el Amado. Regresando a su lealtad a Dios, cuya ley transgredió, no es meramente tolerado, sino honrado como un hijo de Dios y miembro de la familia celestial. Es heredero de Dios, y coheredero con Jesucristo.

Pero ¡nos resulta tan natural el pensar que simplemente nos tolera, cuando creemos en Jesús! Nos parece como si Él tiene que forzarse a sí mismo para poder soportar nuestros caminos un poco más de tiempo, y pensamos que si por cualquier medio podemos hacernos lo suficientemente buenos para que Él pueda confiar en nosotros. Como digo: Nos resulta muy fácil pensar de esa manera, y Satanás está tan listo a procurar que pensemos así, y para hacernos ponernos en esa posición.

Pero el Señor no quiere que vacilemos en la duda acerca de nuestra posición ante Él. De ninguna forma. Él nos dice: 'Siendo que habéis creído en mí y que me habéis aceptado, sois aceptos en mí. No es mi propósito simplemente el toleraros, o sufriros. No. Confiaré en vosotros como en verdaderos amigos, haciéndoos entrar en los concilios de mi voluntad y dándoos participación en todo lo relativo a la herencia. Nada hay que me proponga ocultar de vuestro conocimiento'. Eso es confianza.

He oído a algunos expresar cuán agradecidos están por la confianza que tienen en el Señor. Nada tengo que objetar a ello, pero el que yo tenga confianza en un ser como el Señor no tiene nada de meritorio, ni me hace digno de alabanza alguna. No hay nada de qué jactarse, teniendo en cuenta quién soy yo y quién es Él. Pero en contraste, ¡es absolutamente admirable que el Señor ponga en mí su confianza! ¡Eso sí que es maravilloso! A la vista de lo que Él es y de lo que fui yo, el que Él me enaltezca y me haga saber claramente lo que se propone hacer conmigo, cuán estrechamente me trae hasta sí y cuánta confianza pone en mí, eso sí que *es* extraordinario. Se lo vea de la forma que sea, el hecho de que Dios confíe en mí es algo grandioso, algo que me hace estarle infinita y continuamente agradecido. Ya es maravilloso que el Señor deposite en nosotros su confianza en el grado que sea, pero lo cierto es que lo hace de forma ilimitada.

A partir de los textos comentados podéis ver que no hay límite a la confianza que Él pone en nosotros. ¿Cuál es el límite de la confianza que un hombre pone en un amigo a quien trae a su casa, convirtiéndolo en uno de la familia y haciéndolo participante de los secretos de esa familia? Observaréis que el que alguien sea bienvenido y se le de libre acceso a los secretos de familia constituye el grado mayor de confianza y amistad posibles hacia un ser humano. Cuando un hombre lleva a otro a sus propios asuntos del hogar y sus propios secretos familiares, eso demuestra que ese hombre no tiene límite en absoluto a su confianza en el otro hombre. Bien; pues esa es precisamente la forma en que el Señor trata a quien cree en Jesús.

El otro puede traicionar esa sagrada confianza, que este hombre deposito en él, pero eso no altera el hecho de que se confió en ella de forma ilimitada. Así pues, podemos fallar en apreciar la confianza que Dios ha puesto en nosotros. El hombre puede ciertamente traicionar esa sagrada confianza; pero el punto a destacar es que Dios no pregunta si vamos o no a proceder así. No nos trata con sospecha y desconfianza; no es simplemente que nos tolere. No. Dice: "Venid a mí". 'Eres acepto en el Amado. Confío en ti. Ven, seamos amigos. Ven a casa; es tu casa. Siéntate a la mesa y come en ella. A partir de ahora eres uno de la familia, en igualdad con los que siempre están aquí'. No te va a tratar como a un siervo, sino como a un rey, haciéndote saber todo lo que hay por saber.

Hermanos, ¿no despertará eso nuestra gratitud y amistad hacia el Señor? ¿No vamos a tratarlo a Él en correspondencia? ¿No permitiremos que esa confianza que pone en nosotros nos subyugue y nos haga rendir a Él, demostrando así que somos dignos de esa confianza? De hecho, nada tiene mayor poder de atracción en el ser humano, que la demostración de que se confía en Él. La sospecha tiene el efecto contrario.

> Vosotros sois mis amigos si hacéis lo que yo os mando. Ya no os llamaré siervos, porque el siervo no sabe lo que hace su señor; pero os he llamado amigos, porque todas las cosas que oí de mi Padre os las he dado a conocer (Juan 15:14 y 15).

Leamos ahora Juan 16:12: "Aún tengo muchas cosas que deciros". ¿A quién? No volvamos a dirigir esas palabras de nuevo a aquellos discípulos. Se refieren a vosotros y a mí, aquí y ahora. ¿Acaso no nos ha resucitado de entre los muertos? ¿No nos ha vivificado juntamente con Jesucristo? ¿No nos ha hecho sentar "con Él" a su diestra en los lugares celestiales? "Aún tengo muchas cosas que deciros…" ¿Quién tiene muchas cosas aún que decirnos? –Jesús; "… pero ahora no las podéis sobrellevar". Muy bien. La eternidad me dará la ocasión para crecer en comprensión y entendimiento, de manera que pueda sobrellevarlas entonces. No debemos precipitarnos.

"Pero cuando el Espíritu de verdad venga, Él os guiará a toda verdad [eso es debido a que]; porque no hablará de sí mismo". Es decir: no hablará de sí mismo. No se trata de que no vaya a hablar sobre sí mismo. No es esa la idea, si bien también es cierto que no hablará acerca de Él mismo. Lo que el versículo dice es que no hablará por Él mismo.

No se fija, y se propone decir algo de sí mismo, tal como lo hizo, cuando vino al mundo, no habló de sí mismo. Jesús dijo: "Las palabras que yo os hablo, no las hablo por mi propia cuenta, sino que el Padre, que vive en mí, Él hace las obras" (Juan 14:10). "Porque yo no he hablado de mí mismo; sino que el Padre que me envió, Él me dio mandamiento de lo que he de decir, y de lo que he de hablar" (12:49). Y de igual forma en que Jesús no habló por sí mismo, sino que habló lo que oyó del Padre decir, así también el Espíritu Santo tampoco habla por sí mismo, sino que habla aquello que oye.

> No hablará por su propia cuenta, sino que hablará todo lo que oiga y os hará saber las cosas que habrán de venir.

Muy bien. Somos de la familia celestial. Jesús es quien ha estado en la familia desde el principio, y hemos sido puestos a su cuidado, y es Él quien va a decirnos todas esas cosas. Está escrito que "siguen al Cordero por dondequiera que va". ¡Excelente! Es porque Él tiene algo que mostrarnos; y nos ha dado el Espíritu Santo como su representante personal, trayéndonos su propia presencia personal a fin de poder revelarnos esas cosas, para que a través de Él pueda comunicarnos lo que tiene que decirnos.

> Os hará saber las cosas que han de venir. Él me glorificará, porque tomará de lo mío y os lo hará saber (Juan 16:13 y 14).

¿Cuál es, pues, la función del Espíritu Santo? –Recibir esas cosas de la familia celestial, y mostrárnoslas a nosotros. Seguimos leyendo:

> Todo lo que tiene el Padre es mío; por eso dije que tomará de lo mío y os lo hará saber.

¿Cuál es la razón por la que Jesús dice que tomaría de lo suyo y nos lo haría saber? Porque "Todo lo que tiene el Padre es mío; por eso dije que tomará de lo mío y os lo hará saber" (Juan 16:15). ¿Cuántas cosas hay que el Espíritu Santo nos tenga que hacer saber? ¡Todas! "Todo lo que tiene..." ¿Quién? "Todo lo que tiene el Padre". No hay nada que vaya a retener. Leamos ahora 1ª Cor. 2:9-12:

> Como está escrito: "Cosas que ojo no vio ni oído oyó ni han subido al corazón del hombre, son las que Dios ha preparado para los que le aman".

Somos herederos de Dios y coherederos con Cristo, a quien Dios constituyó "heredero de todo" (Heb. 1:2). Así pues, lo que Dios preparó para los que le aman es "todo" lo que contiene el universo. Eso debiera motivarnos a amarle. Pero, ¿cómo podemos llegar a conocer esas grandes cosas que ojo no vio ni oído oyó ni han subido al corazón del hombre? ¡Ah! "Dios nos las reveló a nosotros por el Espíritu, porque el Espíritu todo lo escudriña, aun lo profundo de Dios" (1ª Cor. 2:10).

¿Con qué objeto escudriña el Espíritu lo profundo de Dios? Para traérnoslo a nosotros. Son cosas demasiado profundas para nosotros. Si el Señor nos dijera:

'Entrad aquí y encontrad por vosotros mismos todo lo que hay', nunca lo hallaríamos. Son cosas muy profundas, pero Él no nos deja en ese punto; se propone revelárnoslo; por lo tanto, lo pone todo en las manos de Jesús, quien ha estado con Él desde el principio, y quien es uno con nosotros, y Él nos lo revela mediante su Espíritu.

> Porque ¿quién de entre los hombres conoce las cosas del hombre, sino el espíritu del hombre que está en él? Del mismo modo, nadie conoció las cosas de Dios, sino el Espíritu de Dios. Y nosotros no hemos recibido el espíritu del mundo, sino el Espíritu que proviene de Dios, para que sepamos lo que Dios nos ha concedido (vers. 11 y 12).

Observad: Dice que *lo hemos recibido*. Agradezcámosle por ello. El otro día leí en el Testimonio de Jesús que algunos están esperando un tiempo futuro en el que haya de derramarse el Espíritu Santo, cuando en realidad ese tiempo es "ahora". Es ahora cuando se espera que lo pidamos y lo recibamos.

> El descenso del Espíritu Santo sobre la iglesia es esperado como si se tratara de un asunto del futuro: pero es el privilegio de la iglesia tenerlo ahora mismo. Buscadlo, orad por Él, creed en Él (*El Evangelismo*, p. 508).

Nos dice: "Recibid el Espíritu Santo". "Como me envió el Padre, así también yo os envío" (Juan 20:21 y 22). Hemos recibido "el Espíritu que proviene de Dios". ¿No nos hemos entregado a Él? ¿No nos hemos dado completamente a Él? ¿No hemos abierto nuestros corazones para recibir la mente de Jesucristo, a fin de conocer al que es la verdad, y estar en Aquel que es la verdad –en su Hijo Jesucristo? Él es el Dios verdadero, y es vida eterna. Siendo así, es decir, "por cuanto sois hijos, Dios envió a vuestros corazones el Espíritu de su Hijo" (Gál. 4:6). Dios ya lo ha enviado. Así lo afirma. Por lo tanto, dadle gracias porque así sea y "Recibid el Espíritu Santo". Recibidlo con agradecimiento y permitid que el Espíritu os utilice, en lugar de permanecer a la expectativa de alguna demostración externa prodigiosa que nos proporcione ese sentimiento que creemos necesitar para poder afirmar: 'Ahora tengo el Espíritu de Dios; ahora puedo hacer grandes cosas'... Nunca os llegará de esa manera. Si el Espíritu Santo se hubiera de derramar esta noche sobre nosotros como lo hizo en Pentecostés, quien albergara la idea que acabo de expresar no recibiría nada de Él.

Hemos de revolucionar nuestras expectativas sobre el particular, y abandonar toda idea relativa a una demostración externa que podamos apreciar con nuestros ojos, o que nos proporcione el sentimiento tangible por el que podamos saber que tenemos el Espíritu de Dios, sintiéndonos entonces capaces de hacer grandes cosas.

Dios ha pronunciado la palabra; ha hecho la promesa. Nos ha resucitado y nos ha hecho sentar a su diestra en Cristo Jesús, y ahora nos dice: 'Todo está a vuestra disposición, y el Espíritu está ahí para mostrároslo todo, y deciros todo lo que debéis saber'. ¿Qué más podemos pedirle? ¿Qué más podemos pedir a quien nos ha mostrado su mente y disposición a que tengamos ahora el Espíritu de Dios? El cielo está deseoso de concederlo. ¿Qué se requiere para que nos sea otorgado? "Buscadlo, orad por Él, creed en Él". Si hacemos así, nada habrá que lo impida. Tras haber procedido así, todo cuanto nos pide es: "Recibid el Espíritu Santo". Nos dice cómo recibirlo: hemos de pedirlo, orar por Él y creer en Él. Y el que cree, recibe. Si pedimos conforme a su voluntad, Él nos oye; y si sabemos que nos oye, sabemos que *tenemos* lo que le hemos pedido.

El Espíritu de Dios nos está conduciendo; el Señor nos ha conducido a su verdad; mediante ella nos ha elevado a alturas que nunca antes conocimos. ¿Con qué objeto nos ha elevado de ese modo? Nos ha mostrado lo que es esencial, y lo ha hecho para que abandonemos por siempre al mundo, y a todo lo que no sea Dios. Renunciad a todos los planes y programas, a todo aquello que haya podido ocupar antes vuestra mente; sed vacíos del yo, del mundo, de todo, y recibid a Dios. No os atéis a nada que no sea a Dios. Entonces estaremos en Jesucristo a la diestra de Dios, y se abre ante nosotros todo el universo por la eternidad; nos es dado el Espíritu de Dios para enseñarnos todas esas cosas, y para dar a conocer los misterios de Dios a todo aquel que cree.

> Y nosotros no hemos recibido el espíritu del mundo, sino el Espíritu que proviene de Dios, para que sepamos lo que Dios nos ha concedido.

Hagamos nuestro ese texto, tomémoslo como nuestro texto de agradecimiento, como nuestra oración a la que digamos: 'Amén'. Efesios 3:14-21:

> Por esta causa doblo mis rodillas ante el Padre de nuestro Señor Jesucristo [¿lo haremos?] (de quien toma nombre toda familia en los cielos y en la tierra)... que habite Cristo por la fe en vuestros corazones, a fin de que, arraigados y cimentados en amor, seáis plenamente capaces de comprender con todos los santos cuál sea la anchura, la longitud, la profundidad y la altura.

¿Con qué objeto? A fin de que podamos conocer lo que nos ha dado; para que podamos comprender, asirnos, aferrarnos y gozarnos por siempre en todo aquello que nos ha dado gratuitamente en Cristo.

> Y de conocer el amor de Cristo, que excede a todo conocimiento, para que seáis llenos de toda la plenitud de Dios. Y a Aquel que es poderoso para hacer todas las cosas mucho más abundantemente de lo que pedimos o entendemos, según el poder que actúa en nosotros, a Él sea la gloria en la iglesia de Cristo Jesús por todas las edades, por los siglos de los siglos. Amén.

Digamos todos por siempre: 'Amén'.

Capítulo 22

El poder en Cristo

Hoy comenzaremos en Efesios 1, versículos 18 al 21. Continuamos en el estudio de aquello que es nuestro en Cristo, allí donde Él está. Constituye una parte de esa oración elevada "para que sepáis... cuál [es] la extraordinaria grandeza de su poder para con nosotros los que creemos, según la acción de su fuerza poderosa. Esta fuerza operó en Cristo, resucitándolo de los muertos y sentándolo a su derecha en los lugares celestiales", o en la existencia celestial, como vimos en el capítulo 2, versículo 6. Y lo mismo encontramos en Filipenses 3:8-10:

> Estimo todas las cosas como pérdida por la excelencia del conocimiento de Cristo Jesús, mi Señor. Por amor a Él lo he perdido todo y lo tengo por basura, para ganar a Cristo y ser hallado en Él, no teniendo mi propia justicia, que se basa en la Ley, sino la que se adquiere por la fe de Cristo, la justicia que procede de Dios y se basa en la fe. Quiero conocerlo a Él y el poder de su resurrección.

Se trata de aquello que el Señor quiere que conozcamos, como hemos leído en el texto: "para que sepáis... cuál [es] la extraordinaria grandeza de su poder para con nosotros los que creemos, según la acción de su fuerza poderosa. Esta fuerza operó en Cristo, resucitándolo de los muertos". Y ahora dice Pablo: "A fin de conocerlo a Él y el poder de su resurrección". Ved que no se trata simplemente del poder que habría de resucitar a Pablo de entre los muertos, una vez que hubiera muerto y descendido al sepulcro. No se trata de eso, sino del poder de la resurrección de Cristo ahora, mientras vivimos. Se trata del poder que en Él nos es otorgado, el poder por el que somos crucificados con Él, por el que somos muertos y enterrados con Él, y también resucitados y sentados con Él a la diestra de Dios en los cielos. Tal es el poder al que se refería el apóstol. Continuemos leyendo, y veréis como es así:

> A fin de conocerlo a Él y el poder de su resurrección, y participar de sus padecimientos hasta llegar a ser semejante a Él en su muerte, si es que de alguna manera logro llegar a la resurrección de los muertos.

Pablo quiere conocer el poder de la resurrección de Cristo, a fin de alcanzar él mismo la resurrección de entre los muertos. Aquel que no conoce en esta vida el poder de la resurrección de Cristo, nunca lo conocerá en la vida venidera. Es cierto que resucitará de entre los muertos [Hech. 24:15], pero sin conocer *el poder* que lo resucitó, de forma que cualquiera que no esté familiarizado con el poder de la resurrección de Cristo antes de morir, no conocerá jamás el poder que tiene la resurrección de Cristo sobre dicha muerte.

Tenemos ahí la oración del Señor, a fin que conozcamos la sobreabundante grandeza de su poder para todo el que cree, de acuerdo con la operación de su poder prodigioso, que fue el que actuó en Cristo cuando resucitó de entre los muertos y lo sentó allí. En Cristo conocemos el poder que nos eleva juntamente con Él a partir de la posición de muertos en delitos y pecados, para sentarnos con Él en la existencia celestial. Leemos ahora Efesios 1:20 y 21:

> Esta fuerza operó en Cristo, resucitándolo de los muertos y sentándolo a su derecha en los lugares celestiales, sobre todo principado y autoridad, poder y señorío, y sobre todo nombre que se nombra, sólo en este mundo, sino también en el venidero.

Ese poder de Dios que nos elevó en Cristo sobre todo principado, autoridad, poder y señorío de este mundo, es hoy el objeto de nuestro estudio. Por lo tanto, hemos de comenzar por saber en qué consisten la naturaleza de dichos principados y autoridades en este mundo. Antes de ello, no obstante, recordemos una vez más el hecho de que en Cristo encontramos –y hemos de conocer– ese poder que nos eleva en Él y con Él sobre todo principado y autoridad de este mundo. Hay una separación entre iglesia y estado; hay una separación del mundo; eso nos coloca en una posición en la que gozamos de una protección mucho mayor que la que pueden prestar los poderes de este mundo. Ahí está el hecho de fe.

Para saber más a propósito de esos poderes, leamos en el segundo capítulo:

> Y Él os dio vida a vosotros, cuando estabais muertos en vuestros delitos y pecados, en los cuales anduvisteis en otro tiempo, siguiendo la corriente de este mundo, conforme al príncipe de la potestad del aire, el espíritu que ahora opera en los hijos de desobediencia.

Hay un espíritu que obra en este mundo en los hijos de desobediencia, y ese espíritu es el espíritu del príncipe del poder del aire. El alemán dice: "que sigue al príncipe que gobierna en los aires; es decir, siguen el espíritu que en este tiempo ha trabajado en los hijos de la incredulidad".

El término, "príncipe", se deriva del concepto de "principado". En las formas monárquicas de gobierno hay principados, ducados, reinos e imperios. Se entiende por principado el territorio, jurisdicción o dominio de un príncipe; ducado el de un duque, reino el de un rey e imperio el de un emperador. El texto afirma que Cristo nos ha elevado por sobre todo principado y poder que hay en este mundo, o que sea de este mundo. Nos ha situado más allá del mando de ese espíritu que rige en los hijos de desobediencia.

Podemos, por lo tanto, sentirnos dichosos y agradecer al Señor por habernos elevado –en Cristo– por encima de ese príncipe, por encima de toda su jurisdicción y de todo su poder. Esa es la idea, puesto que en Cristo nos ha colocado por encima de todo principado, autoridad, poder y señorío existente en este mundo.

Leamos ahora en Efesios 6:10,11 y siguientes:

> Por lo demás, hermanos míos, fortaleceos en el Señor y en su fuerza poderosa. Vestíos de toda la armadura de Dios, para que podáis estar firmes contra las asechanzas del diablo.

¿Contra quién ha de contender el cristiano en este mundo? En relación con los principados, potestades, dominios e imperios de este mundo, ¿contra quién ha de contender el cristiano? –Contra el diablo. "Para que podáis estar firmes contra las asechanzas del diablo".

Por lo tanto, cuando el gobierno que sea se dispone en contra de un cristiano e interfiere con él persiguiéndolo, ¿está realmente el cristiano en lucha con ese gobierno? –No. Es contra el diablo con quien está en conflicto. Quisiera llamar vuestra atención a ese particular. Hemos de comprender que cuando los gobiernos, reinos, emperadores y administradores persiguen a los cristianos –cuando nos persiguen–, nada tenemos que hacer con *ellos* como tales. No estamos guerreando contra ellos. No estamos midiendo nuestras fuerzas contra ellos. Luchamos y guerreamos contra el diablo.

Esto recuerda un testimonio que nos llegó esta primavera, afirmando que los pastores debían mantener siempre ante las personas en todo tiempo y lugar, que las contiendas, luchas, conmociones y conflictos que afloran al exterior en este mundo, no proceden simplemente de este mundo –de las cosas que vemos– sino que son el resultado o manifestación exterior de los poderes espirituales invisibles; que todos esos elementos del mal que están en acción y que vemos venir tan prestamente, son simplemente las manifestaciones de ese poder, de ese espíritu que está detrás de ellas. Y los instrumentos que vemos esparcir por doquier el mensaje del Señor y llevar su obra adelante, demuestran igualmente ser las manifestaciones externas del Espíritu y poder de Dios, quien está detrás de ellas. Se nos dio palabra al efecto de que nosotros, los pastores, llamemos la atención de la gente al hecho de que todos esos conflictos, conmociones y contiendas entre el bien y el mal son en realidad el conflicto entre Cristo y Satanás –el conflicto de los siglos [ver ese Testimonio al principio del próximo tema, el 23].

¡Nos resulta tan fácil centrar la atención en personas, gobernantes y poderes, pensando que estamos contendiendo contra ellos! No; no tenemos lucha alguna contra los gobiernos. Nada hemos de hacer nada en contra de ellos, pues está escrito: "Sométase toda persona a las autoridades superiores" (Rom. 13:1). No debemos contender contra ninguna autoridad. Todo cristiano estará siempre en armonía con toda ley justa que un gobierno pueda establecer. No se preguntará a sí mismo en cuanto a qué ley se va a elaborar, en si será de una forma o de otra, con tal que el gobierno legisle dentro de la jurisdicción que le corresponde. No le preocupa la ley que se pueda proclamar, puesto que su vida cristiana, en el temor de Dios, jamás estará en conflicto con ley alguna que se establezca; con toda ley que "César" pueda promulgar en la jurisdicción que Dios le ha asignado.

Si "César" pasa de ese límite e invade la jurisdicción del reino de Dios, entonces toda ley que proclame estará en conflicto con el cristiano, dado que *él* camina en rectitud, y dicha ley es *inicua*. Pero no es que el cristiano haya cambiado su actitud: es el otro poder quien cambió. Por lo tanto, nuestras mentes no deben estar puestas en si luchamos o no contra el gobierno. Nada tenemos que ver con eso. Hemos de pensar en el hecho de que, si el gobierno se aparta de la rectitud, entrando en un curso de acción que entre en conflicto con nosotros, no estamos para nada luchando contra él: nuestra lucha es siempre contra el diablo. Nuestra lucha no es contra carne ni sangre. Los gobiernos son sangre y carne; los hombres, los jueces, los legisladores, son sangre y carne.

> No tenemos lucha contra sangre y carne, sino contra principados, contra potestades, contra los gobernadores de las tinieblas de este mundo, contra huestes espirituales de maldad en las regiones celestes (Efe. 6:12).

Esas "regiones celestes" se refieren a los "lugares celestiales", o jurisdicción en la que sólo Jesucristo rige. Se trata de los mismos "lugares celestiales" a los que Dios nos ha elevado juntamente con Él; habiéndonos establecido allí por sobre todo principado, poder, poderío, y dominio que hay sobre la tierra.

No tenemos, pues, lucha contra carne y sangre, sino contra el dios de este mundo, contra Satanás, quien gobierna en las tinieblas de este mundo. Nuestra lucha no es contra carne, ni sangre, sino contra el señor de este mundo: "contra los gobernadores de las tinieblas de este mundo, contra malicias espirituales en las alturas". Eso es fuerte, mucha fuerza se necesita. Él es el señor de este mundo, el príncipe, que gobierna en la oscuridad, y contra él es nuestra lucha.

Ahora sabemos, o al menos debiéramos saber, que no va a pasar mucho tiempo antes de que todo dominio de esta tierra pase a manos del señor de este mundo, quien reina en las tinieblas; y todos van a venir a formar parte de un solo ente que va a luchar contra la verdad de Dios y contra aquellos que lo representan en este mundo. ¡Cuánto me gustaría que todos supieran en qué situación vamos a encontrarnos muy pronto! Quisiera que todo adventista del séptimo día conociera el hecho de que estamos a punto de que todos los reinos y dominios de la tierra, como tales, se dispongan en contra de la verdad de Dios. Pero si hubiera (no digo que los haya) aquellos que no sepan esto, en vista de la rapidez con que están desarrollándose los acontecimientos *ahora*, no pasará mucho tiempo antes de que se vean obligados a reconocerlo.

Como ya he mencionado antes, los Estados Unidos se han tenido siempre ante el mundo como el estandarte de la libertad de los derechos y la libertad de conciencia. Y la pequeña nación de Suiza, esa pequeña república, ha venido siendo el lugar en donde la libertad ha sido más plena, en Europa. Pues bien, Estados Unidos y Suiza son ahora las dos naciones de entre toda la tierra que están obrando más eficazmente en contra del remanente y la simiente de la iglesia que guarda los mandamientos de Dios y tiene el testimonio de Jesucristo. Inglaterra se ha sumado activamente a los dos citados. Cuando esos países, que han sido en el mundo como un ejemplo, en lo relativo a los derechos humanos y a la libertad de conciencia, se dispongan en contra de Dios y de su verdad, ¿no es acaso el tiempo de que nos demos cuenta de que todo el mundo se está poniendo bajo el mando de Satanás, presto a ser arrastrado en contra de la verdad de Dios y del poder de Jesucristo?

A la vista de todo lo anterior, es un hecho que en Cristo estamos seguros, pues en Él obra ese poder que nos resucita de entre los muertos juntamente con Él, y que nos ha hecho sentar a la diestra de Dios en la existencia celestial, muy por encima de cualquier potestad, dominio y principado que haya en esta tierra, y que esté en las manos de Satanás. Y ahora, cuando hemos de hacer frente a ese conflicto, ¿no es maravilloso que el Señor venga con su bendita verdad brillando ante nosotros, elevándonos hasta el lugar en donde Él está sentado, de forma que podamos saber que estamos en todo momento por encima de esas cosas terrenas, triunfando sobre ellas?

Estudiemos estas cosas en mayor profundidad. Lo anterior se refería a los principados. Pero hemos leído que nos ha puesto por sobre todo principado y poder. El original griego emplea una palabra para "poder" que podréis comprobar idiomáticamente que se refiere a un poder o autoridad ejercidos en "contra del derecho". La traducción literal es "autoridad". Es cierto que hay acepciones secundarias, aparte de su significado absoluto. En un empleo más libre del término, el carácter de ese poder viene determinado por el contexto en el que se ejerce. Por ejemplo, referido al poder de Cristo y la autoridad del Señor, tendría una connotación legítima y apropiada, pues a Él pertenece en todo derecho el poder y la autoridad. Pero si se refiere a los poderes de este mundo, adquiere necesariamente la connotación mundana y el espíritu que en él rige, retornando a su significado absoluto, que es el ejercicio del poder o autoridad en "contra del derecho".

¿Dónde comenzó en el universo la asunción de poder o autoridad en contra del derecho? Se originó con la rebelión de Lucifer, en su exaltación de sí mismo, desde aquel entonces. Satanás trajo ese poder a nuestro mundo y lo introdujo aquí mediante el engaño, al tomar posesión de este mundo. Por lo tanto, el término es usado con total propiedad para mostrar que cuando Dios nos elevó en Cristo por encima de todo principado y poder en este mundo, lo hizo precisamente por encima de ese poder que ejerce su autoridad en contra del derecho, y que no es otro que el poder de Satanás, de la forma en que obra en este mundo.

Eso no hace sino enfatizar el punto que acabamos de mencionar: que nuestro conflicto es en realidad el que se ha venido dando desde el principio entre los dos poderes espirituales: entre los poderes legítimos y los ilegítimos, entre el poder del derecho contra la fuerza y el de la fuerza contra el derecho. Jesucristo nos trajo el conocimiento del poder del derecho contra la fuerza, que es el poder del amor. Nosotros abandonamos el dominio y poder de la fuerza en contra del derecho, y nos hemos alistado con el poder del derecho contra la fuerza, que es el poder del amor. El conflicto tiene ahora lugar entre esos dos poderes, y nos concierne a nosotros. Se trata siempre de una lucha entre esos dos poderes espirituales. Sean cuales sean los instrumentos que utilice este mundo como manifestación externa de ese poder, la contienda tiene siempre lugar entre esos dos poderes espirituales: Jesucristo, y el príncipe caído.

Avancemos algo más en el tema y veamos dónde está nuestra victoria, y la forma en que el Señor nos ha traído esa victoria sobre los poderes ilegítimos, o poder de la fuerza en contra del derecho. Leamos en Colosenses 2, a partir del versículo 9:

> Porque en Cristo habita corporalmente toda la plenitud de la Deidad. Y vosotros estáis completos en Él, el cual es la cabeza de todo principado y potestad. En quien también fuisteis circuncidados de circuncisión no hecha de mano, en el despojamiento del cuerpo del pecado de la carne, en la circuncisión de Cristo. Sepultados con Él en el bautismo, en el cual también sois resucitados con Él, mediante la fe en el poder de Dios que le levantó de los muertos. Y a vosotros, estando muertos en pecados y en la incircuncisión de vuestra carne, os dio vida juntamente con Cristo; perdonándoos todos los pecados.

Os dio vida juntamente con Cristo. Es lo que leímos en el segundo capítulo de Efesios el otro día: que nos ha dado vida, nos ha resucitado y hecho sentar allí donde Él está. Pero ahora nos llega la clave de cómo nos fue otorgada esa victoria en Él. "Y despojando a los principados y a las potestades, los exhibió públicamente, triunfando sobre ellos *en sí mismo*" (Col. 2:15). La palabra griega traducida como "potestades" que ya hemos analizado anteriormente, y que hace referencia al poder de la fuerza en contra del derecho. Acude a la mente aquella parábola que Jesús presentó: "Mientras el hombre fuerte y armado guarda su palacio, en paz está lo que posee. Pero cuando viene otro más fuerte que él y lo vence, le quita todas las armas en que confiaba y reparte el botín" (Luc. 11:21 y 22). Satanás es quien originó la autoridad de la fuerza en contra del derecho. Mediante el engaño se apoderó del dominio de este mundo, viniendo a ser su poder controlador, es decir, vino a ser la cabeza de aquel que era la cabeza de este mundo. Y habiendo puesto Adán bajo su control y su dominio, se erigió él mismo en cabeza de este mundo, y de toda principalidad y poder que hay en el mundo.

Pero a este mundo vino alguien más poderoso que él. Sabemos que es más poderoso, porque que peleó y ganó la batalla. Llegó el segundo Adán, no de la forma en que vino el primero, sino de la condición en que el primer Adán había hecho que fueran sus descendientes en el momento de llegar el segundo Adán. El segundo Adán vino en el punto de degeneración de la raza a la que ésta había llegado como consecuencia de la caída del primer Adán. El segundo Adán vino así, y disputó el dominio a aquel que había tomado posesión. Entre ellos dos ha venido teniendo lugar la contienda en esta tierra. Se trataba de ver si el botín sería repartido, o bien si debía quedar íntegramente en las manos de aquel que lo había arrebatado mediante la fuerza en contra del derecho. El que vino a este dominio rebelde, demostró ser más poderoso que el que había tomado posesión, venciéndolo a cada paso mientras vivió aquí. Entonces, a fin de mostrar a todo el universo cuánto más poderoso es que su enemigo, Jesús no sólo venció a Satanás a cada paso mientras vivió aquí, sino que después se puso, una vez muerto, en las manos del poder de aquel otro que había usurpado la posesión. Éste se apresuró a encerrarlo en su prisión–fortaleza. Pero Jesús, aun estando muerto, saqueó el poder de Satanás. Ha demostrado así, no sólo que es más poderoso que Satanás cuando está vivo, sino que aun *estando muerto* es más poderoso que Satanás. Cuando estaba muerto era más fuerte que Satanás, y por lo tanto, se levantó de la tumba, y proclamó ante el universo: "Yo soy el primero y el último, y el que vivo, y estuve muerto; y he aquí que vivo para siempre, amén. Y tengo las llaves de la muerte y del infierno" (Apoc. 1:17 y 18). ¡El Señor vive hoy! ¡Alabado sea su nombre!

Bien, teniendo presente que cuando Cristo estuvo muerto fue más poderoso que todo el poder del diablo, ¿qué no será capaz de hacer el Cristo viviente, el que está ahora sentado a la diestra de Dios? ¿Qué motivo podríamos tener para el desánimo? ¿Os parece que deberíamos estar temerosos, aun en presencia de todos los principados, poderes y dominios que el diablo pueda convocar en esta tierra? –No ciertamente, pues Aquel que está ahora vivo con nosotros, cuando estuvo muerto fue más poderoso que Satanás con todo su poder. Pero Cristo vive por los siglos de los siglos; nosotros vivimos en Él, y todo su poder está dispuesto en favor nuestro, todo su poder *viviente*. Bastaría con su poder estando muerto, ¿no es así? Pero no se detiene ahí, se trata de su poder viviente. Cobrad ánimo, alegraos y sed en Él vencedores. Jesús irrumpió en el dominio del enemigo y descendió finalmente hasta la propia sede de la fortaleza, y hasta la fortaleza de la sede de ese poder ilegítimo, el de aquel que ejerce la fuerza en contra del derecho en este mundo. El que es más poderoso que él, entró y tomó posesión, teniendo las llaves entonces y ahora. ¡Gracias sean dadas al Señor! Por lo tanto, si ese poder ilegítimo nos llevara a algunos de nosotros a esa misma prisión–fortaleza, a ese cautiverio, no hay ningún problema; no podrá retenernos allí, pues nuestro Amigo posee las llaves. Cuando Él quiera hacernos regresar, dará vuelta a la llave, la puerta se abrirá de par en par, y saldremos felizmente. Para mostrar cuán completamente había tomado posesión de las llaves, cuando Cristo ascendió, las llevó consigo, siendo su segura y eterna posesión. Es por eso que declara:

> A cada uno de nosotros fue dada la gracia conforme a la medida del don de Cristo. Por lo cual dice: "Subiendo a lo alto, llevó cautiva la cautividad, y dio dones a los hombres" (Efe. 4:7 y 8).

Despojó a los principados y potestades. Cuando ascendió llevó consigo una multitud de cautivos que habían estado en ese dominio de la muerte y de Satanás. En referencia al tiempo de la crucifixión de Cristo, leemos en Mateo 27:51-53:

> La tierra tembló, las rocas se partieron, los sepulcros se abrieron y muchos cuerpos de santos que habían dormido, se levantaron; y después que Él resucitó, salieron de los sepulcros.

En la crucifixión de Cristo, los sepulcros se abrieron. ¿Cuándo salieron de ellos? Después de la resurrección de Jesús. Ciertamente, cuando ascendió repartió "el botín". Llevó una multitud de cautivos, y al ascender a lo alto ellos también ascendieron, de forma que aquella comitiva de cautivos fue rescatada del territorio del enemigo. Tal es la escena que aquí se invoca, habiendo despojado a los principados y potestades, exponiéndolos públicamente y haciendo patente su triunfo. El término "triunfo", en Col. 2:15, se refiere al triunfo tal como lo entendían los romanos. Se reconocía ese triunfo al general que había incursionado en un país enemigo, lo había combatido, había tomado el botín y también cautivos de aquel territorio, exhibiéndolos a su regreso. En el caso de haber ciudadanos romanos cautivos en el país enemigo, los liberaba y traía de regreso a casa. Y una vez que la victoria era completa y había retornado, el senado le reconocía el triunfo sentándolo en un magnífico carro tirado por entre seis y ocho de los mejores caballos, todos de un mismo color. Llevando tras de sí el botín y los cautivos, se paseaba de una parte a otra de la ciudad, exhibiéndolos por las calles de Roma y recibiendo de la gente los honores propios de un gladiador triunfante.

Jesucristo, nuestro Conquistador, el que venció en nuestro favor, vino a esta tierra del enemigo y peleó nuestras batallas. Nosotros estábamos prisioneros bajo ese poder ilegítimo; nuestro Amigo vino aquí, nuestro General disputó nuestras luchas, llegó hasta la ciudadela del enemigo, demolió su fortaleza dejándola abierta de par en par, tomó las llaves y el botín, liberó a los cautivos y los condujo triunfante a lo alto, a su gloriosa ciudad. "Gracias a Dios, que nos lleva siempre en triunfo en Cristo Jesús" (2ª Cor. 2:14). En Él somos triunfadores de ese poder ilegítimo, ejercido como fuerza en contra del derecho. Y en ese triunfo sobre Satanás queda manifiesto ante el universo expectante el poder del derecho sobre la fuerza.

Observad bien: el poder del derecho contra la fuerza no puede nunca recurrir a dicha fuerza. ¿Podéis ver ahí el principio de la no-resistencia por parte del cristiano, que es el propio espíritu de Jesucristo? ¿Podía Jesús recurrir a la fuerza, para demostrar el poder del derecho contra la fuerza? –No.

Para mantener el poder de la fuerza contra el derecho, es necesario que dicha fuerza se ejerza en toda oportunidad, puesto que es su único recurso para vencer. En ese caso, el derecho sólo tiene una consideración secundaria, si es que la tiene.

En contraste, el poder del derecho contra la fuerza *radica en el derecho*, y no en la fuerza. El poder está en el propio derecho. Y aquel que se alista con el poder del derecho en contra de la fuerza, y en el que se debe demostrar, no puede evocar ninguna clase de fuerza. No puede recurrir a la fuerza para defender el derecho. Al contrario, en su lucha contra todo el poder de la fuerza que pueda ejercerse en su contra, él dependerá del poder del *derecho mismo* para ganar. Ahí se encuentra la clave.

Lo anterior explica por qué el comportamiento de Cristo fue como el de un cordero, en presencia de esos poderes y de esa fuerza ejercidos contra Él. De ningún modo tenía que hacerles frente mediante la fuerza. Cuando Pedro desenvainó la espada y la empleó en su defensa, Jesús le dijo: "Vuelve tu espada a su lugar; porque todos los que tomaren espada, a espada perecerán" (Mat. 26:52).

Una vez comprendamos eso, todas las cosas se aclararán en cuanto a la conducta que debemos observar aquí, allí y en cualquier lugar. Estamos comprometidos fielmente con el poder del derecho en contra de la fuerza, que es el poder del amor. Jesucristo murió como un malhechor, fue vilipendiado, fue zarandeado, se lo insultó y fue objeto de burla, se le escupió en el rostro y se le colocó una corona de espinas, acumulando sobre Él cuanto encontraron de ofensivo y despectivo, y *murió bajo esa* dolorosa carga, fiel al poder del derecho en contra de la fuerza. Y ese poder en fidelidad al cual murió Cristo, ha revolucionado desde entonces al mundo, y lo tiene que revolucionar en nuestros días como nunca antes lo hiciera. Tan pronto como Dios pueda tener un pueblo comprometido de corazón con ese principio, que esté dispuesto a no apoyarse en ninguna cosa que no sea el principio absoluto del derecho y el sólo poder de éste –que es el santo y seña con el que estamos comprometidos–, veremos, y todo el mundo verá, a ese poder obrando como nunca antes lo hiciera.

Capítulo 23

La abnegación de Cristo

En el tema precedente hice referencia a un Testimonio relativo a esa lucha entre los poderes espirituales. Lo vamos a leer ahora, dado que no sólo se refiere a dicho conflicto, sino particularmente a un aspecto de nuestro estudio: la necesidad que tenemos de obtener la victoria dependiendo exclusivamente del poder del derecho. No debemos excitarnos, actuar con desmesura ni cosa similar. Al contrario, debemos aferrarnos al principio y dejar que permanezca, confiando en ello mismo para obtener la victoria.

> En estos tiempos de especial interés, los guardianes del rebaño de Dios debieran enseñar a la gente que los poderes espirituales se hallan en controversia. No son seres humanos los que están creando la intensidad de sentimientos existente en el mundo religioso. El poder de la sinagoga espiritual de Satanás está inspirando a los elementos religiosos del mundo, haciendo que hombres tomen acciones decididas para imponer los avances que Satanás ha obtenido, dirigiendo al mundo religioso en decidida lucha contra aquellos que hacen de la Palabra de Dios su guía y único fundamento de doctrina. Los esfuerzos maestros de Satanás tienen ahora por objeto convocar a todo principado y poder que pueda emplear para controvertir las demandas obligatorias de la ley de Jehová, especialmente el cuarto mandamiento, que define quién es el Creador de los cielos y la tierra.
>
> El hombre de pecado ha intentado cambiar los tiempos y la ley; pero ¿lo ha logrado? Esa es la gran cuestión. Roma, junto a todas las iglesias que han bebido de su copa de iniquidad al procurar cambiar los tiempos y la ley, se han exaltado por encima de Dios y han derribado el gran memorial de Dios, el sábado del séptimo día. El sábado debía representar el poder de Dios en su creación del mundo en seis días, y en su reposar en el séptimo. "Por tanto, Jehová bendijo el sábado y lo santificó" (Éxo. 20:11), debido a que en él reposó Dios de todas las obras que había hecho y creado. El objetivo de la obra maestra del gran engañador ha sido suplantar a Dios. En sus esfuerzos por cambiar los tiempos y la ley, ha estado obrando para mantener un poder en oposición a Dios, y por encima de Él.
>
> Esa es la gran cuestión. Ahí están los dos grandes poderes confrontados entre sí: el Príncipe de Dios, Jesucristo; y el príncipe de las tinieblas, Satanás. Aquí está el conflicto declarado. Sólo hay dos bandos en el mundo, y cada ser humano se alistará bajo una de estas dos banderas: la bandera del príncipe de las tinieblas o la bandera de Jesucristo (E. White, *General Conference Bulletin*, 4 de marzo, 1895).

Pero si recurrimos a cualquier forma de fuerza a fin de lograr el derecho, significa ponernos ¿de qué lado, en el conflicto? Del lado del poder de la fuerza contra el derecho. Y eso nos lleva a ponernos en el lado equivocado, al margen de cuál sea nuestra profesión. Pero adherirse firmemente al principio del derecho en contra de la fuerza, al principio del derecho en sí mismo para el logro de la victoria, eso es estar del lado de la divinidad.

> Dios inspirará con su Espíritu a sus hijos leales y verdaderos. El Espíritu Santo es el representante de Dios, y será el poderoso agente en nuestro mundo para ligar a los leales y verdaderos en fardos para el granero del Señor. También Satanás se halla en intensa actividad, reuniendo sus fardos de cizaña, de entre medio del trigo.
>
> La enseñanza de todo verdadero embajador de Cristo es ahora el asunto más serio y solemne. Estamos implicados en una contienda que no ha de cesar hasta que se haya tomado la decisión final por la eternidad. Recuerde todo discípulo de Cristo que "no tenemos lucha contra sangre y carne, sino contra principados, contra potestades, contra los gobernadores de las tinieblas de este mundo, contra huestes espirituales de maldad en las regiones celestes" (Efe. 6:12). En ese conflicto hay implicados intereses eternos, y ninguna obra superficial o experiencia barata deben tener ahí lugar. "El Señor sabe librar de tentación a los piadosos, y reservar a los injustos para ser castigados en el día del juicio... mientras que los ángeles, que son mayores en fuerza y en poder, no pronuncian juicio de maldición contra ellos delante del Señor" (2ª Ped. 2:9-11).

Veis aquí el principio de que no tenemos reproche alguno, ninguna acusación que presentar contra nadie, o contra cualquier oposición que se ejerza en nuestra contra. Creemos en la verdad que predicamos. El poder está en ella, no en nosotros. No provee solamente su defensa, sino la nuestra. Y para nada debemos defenderla condenando a otros.

> El Señor quiere que toda inteligencia humana puesta a su servicio se abstenga de la severa acusación y de la amarga queja. Se nos instruye a que caminemos prudentemente para con los de fuera. Dejad a Dios la obra de condenar y juzgar.

Se trata siempre de lo mismo: la propia verdad ha de ser su defensa; el propio derecho ha de sustentarse a sí mismo, *y a nosotros.*

> Cristo nos invita: "Venid a mí todos los que estáis trabajados y cargados, y yo os haré descansar. Llevad mi yugo sobre vosotros y aprended de mí, que soy manso y humilde de corazón, y hallaréis descanso para vuestras almas" (Mat. 11:28 y 29). Todo aquel que oye esta invitación tomará su yugo de Cristo. Hemos de manifestar en todo tiempo y lugar la mansedumbre y humildad de Cristo. Entonces el Señor asistirá a sus mensajeros y los hará sus portavoces, y aquel que es portavoz de Dios no pondrá jamás en labios de seres humanos palabras que la Majestad del cielo no emplearía en su contienda con el diablo. Nuestra única seguridad está en recibir divina inspiración del cielo. Sólo eso puede calificar a los hombres para ser colaboradores con Cristo.

Avancemos ahora algo más en el estudio de ese principio. Como vimos en el tema precedente, el poder de la fuerza en contra del derecho tomó posesión de este mundo mediante el engaño, sometiendo a su poder a aquel bajo cuyo dominio había sido puesto el mundo. El Señor, el Dios de los cielos, no se propuso a usar ese poder de la fuerza para quitar ese dominio de las manos de Satanás, a pesar de que éste lo ostenta de forma ilegítima. No habría habido injusticia en caso de recuperarlo por la fuerza. Pero esa no es la forma de proceder de Dios, y ese es el tema de nuestro estudio.

Voy a hacer una afirmación en la que se podrá meditar por la eternidad: El universo de Dios se fundamenta en el principio del sacrificio propio. El soporte, la columna vertebral del universo mismo, es el principio del sacrificio del yo como medio de victoria. Es decir, vencer sin ofrecer resistencia, mediante el puro ejercicio del poder del derecho *en sí mismo*. Eso es lo que sostiene el universo. En eso consiste. Tal es la esencia del evangelio. Se puede decir con toda propiedad que el evangelio mantiene en orden al universo. Pero el principio del evangelio es el principio del sacrificio de Jesucristo y del carácter abnegado de Dios, quien se da en su Hijo.

Por lo tanto, el Señor, en la recuperación del dominio perdido, se abstiene de emplear cualquier clase de poder que no sea justo en sí mismo. Así, cuando se dispuso a recuperar la totalidad del dominio y de la raza humana, lo hizo con una justicia tal, que ni el mismo Satanás y sus huestes pueden alegar en contra.

Se perdió por el hombre, y se recupera mediante el Hombre. Eso es lo que vimos al inicio de nuestro estudio, en el segundo capítulo de Hebreos:

> Porque Dios no sujetó a los ángeles el mundo venidero, acerca del cual estamos hablando. Al contrario, alguien testificó en cierto lugar, diciendo: "¿Qué es el hombre para que te acuerdes de él, o el ser humano para que lo visites? Lo hiciste un poco menor que los ángeles, lo coronaste de gloria y de honra y lo pusiste sobre las obras de tus manos. Todo lo sujetaste bajo sus pies". En cuanto le sujetó todas las cosas, nada dejó que no le sea sujeto, aunque todavía no vemos que todas las cosas le sean sujetas. *Pero vemos a... Jesús* (vers. 5-9).

Vemos a Jesús en el lugar del hombre, y como el hombre. Dios no ha sujetado el mundo venidero a los ángeles, sino al hombre. Y Jesucristo es ese Hombre. Hay un segundo Adán. Así pues, por el hombre se perdió, y por el Hombre se recupera. Por Adán se perdió, y por Adán fuer recuperado. El Adán que lo recupera *no* lo hace a partir del lugar en donde estaba el primer Adán cuando lo perdió, sino a partir del lugar al que habían llegado los descendientes del primer Adán en su degeneración bajo la influencia y el poder del pecado, en el momento en que entró en el campo de batalla para disputarle a Satanás el derecho.

Me refiero a cuando entró en el combate abierto cuerpo a cuerpo. De hecho, entró en el combate antes de que fuese creado el universo; y entró también cuando el hombre pecó.

Pero no había tomado la carne ni había entrado plenamente en la contienda hasta que vino al mundo en carne humana. El Señor Jesús entró en combate abierto con Satanás en carne humana, en el punto de degeneración que había alcanzado dicha carne en el momento en que Él nació en este mundo. Peleó la batalla en la debilidad de la naturaleza humana tal como existía al venir en la carne.

La naturaleza humana nunca será más débil, el mundo no será peor en sí mismo, la naturaleza humana no alcanzará una condición más baja que la que tenía cuando Jesucristo vino a este mundo. La única forma en la que la naturaleza humana pueda empeorar aún más, es si ese mismo grado de iniquidad hace profesión de cristianismo. Una persona puede no ser más que iniquidad, tal como lo era el mundo cuando Cristo nació en él; mientras ese hombre no haga profesión de cristianismo, si no pretende estar sujetándose a los principios del evangelio, Dios puede alcanzar la perdida condición de esa persona mediante el evangelio, salvándola de ese modo.

Pero si esa persona en su condición inicua profesa el evangelio, y se atiene a dicha profesión únicamente como una forma, como una cobertura para disimular su iniquidad, desprovee a Dios del único medio que tiene el Señor de salvar al hombre, pervirtiéndolo al convertirlo en apoyo de su maldad. Eso lo convierte en peor en ese sentido, destituyéndose a sí mismo de la salvación al tomar el método divino de salvación y convertirlo en una tapadera y apoyo para su maldad. Pero en sí mismo, en la carne, su propia maldad carnal práctica no es en realidad mayor: se trata sólo de que ahora, además de inicuo es hipócrita. En los últimos días el mundo no será en *sí mismo* peor de lo que fue cuando Cristo nació en él. Será peor en el sentido de que tendrá la apariencia de piedad, pero habiendo negado la eficacia de ella, puesto que utiliza la profesión de cristianismo para cubrir su iniquidad, pervirtiendo así el único medio de salvación de Dios, lo que implica su destrucción irremediable.

Jesucristo vino al mundo en ese estado de máxima debilidad de la carne humana, y en esa carne, como hombre, peleó la batalla con Satanás.

Así, ni el propio Satanás puede presentar queja alguna respecto a la justicia del plan de la salvación. Satanás engañó y venció al hombre, tal como éste estaba a gloria e imagen de Dios, con toda bendición, poder y bondad divina de su parte. Cuando ese segundo Adán viene en carne humana, en el punto al que Satanás había llevado a toda la raza humana mediante el pecado, entrando en la contienda en esa situación de debilidad, Satanás no puede objetar injusticia alguna. No puede decir: 'Has tomado una ventaja injusta. Has venido rodeado de un despliegue colosal; has traído demasiadas salvaguardas como para que sea una contienda justa'. No lo puede decir, puesto que Cristo se tuvo en la debilidad misma de la carne a la que el propio Satanás había conducido al hombre. Cristo vino en la debilidad que Satanás había traído sobre la raza; y en esa debilidad dijo: "Aquí estamos para la contienda". ¡Y nuestro Hermano venció! ¡Alabado sea su nombre!

Veamos ahora otra fase del mismo hecho: Recordaréis que uno de los temas en "Lecturas para la semana de oración", tenía que ver con la lealtad a Dios, y estudiaba el pasaje en el que los hijos de Dios comparecieron ante el Señor, y entre ellos vino también Satanás (Job 1:6).

Se comentó que esos hijos de Dios venían de otros mundos –de las diferentes partes del universo–, en correspondencia con lo que fue Adán cuando se tenía a la cabeza de este mundo en la creación, cuando se le dio señorío y dominio. La Escritura declara que Adán era el hijo de Dios. Cuando Satanás vino a este mundo y asumió el poder, enseñoreándose sobre él como cabeza, tomó el lugar en el que debió haber permanecido Adán. Por lo tanto, cuando vinieron los hijos de Dios desde otros mundos a presentarse ante el Señor, Satanás vino también con ellos y se presentó ante el Señor como representante de este mundo, que está bajo su dominio. Os lo recuerdo simplemente para llamar vuestra atención a ese tema como objeto de posterior estudio.

Desde que Satanás obtuvo su dominio aquí, Dios ha estado llamando a las personas de este mundo a sí mismo. Desde que Satanás tomó el control de este mundo y Dios dijo: "Pondré enemistad entre ti y la mujer, y entre tu simiente y la simiente suya" (Gén. 3:15), Dios ha estado llamando a personas, de entre las filas de Satanás, a su dominio. Y muchos han respondido. Pero Satanás no ha cesado de hacer la acusación de injusticia en ello. Esta ha sido su continua protesta: 'Estos son *mi* legítima conquista, y tú los estás llevando a ti. ¿Con qué derecho lo haces, siendo que fui yo quien ganó?' Así, cuestiona siempre el derecho de Dios a obrar de ese modo, tanto como a aquellos a quienes Dios llama de este mundo a sí mismo. Los acusa día y noche delante de Dios, diciendo: 'Son míos; me pertenecen en por derecho; están cargados de pecados y su maldad es evidente. Sin embargo, Tú los llamas, los justificas y los sostienes ante el universo, pretendiendo presentarlos como si hubiesen sido buenos todo el tiempo. No es justo. Son pecadores; son inicuos; son exactamente igual que el resto de nosotros'. Es, pues, el acusador de los hermanos, acusando noche y día ante Dios a todo aquel que se volvió de su autoridad a la de Dios.

Entonces, ahora Jesús vino a este mundo a demostrar que tenía el derecho para hacer así, que era justo en sus caminos. Y vino en ese punto de debilidad que ya hemos considerado antes, entrando en el conflicto con Satanás para recuperar, por el derecho, el señorío de este dominio perdido. Ahora observad: Satanás había ganado, *no por derecho*, sino *por la fuerza* en contra del derecho, el señorío de este dominio del primer Adán, a quien le había sido dado en derecho. Viene el segundo Adán, *no* por el derecho de la fuerza, sino por la fuerza del *derecho,* y recupera la dirección de este mundo y su dominio. Por lo tanto, cuando resucitó de los muertos, resucitó a la cabeza de todo principado, poder y dominio, no sólo de este mundo sino también del venidero.

Vayamos ahora al capítulo 12 de Apocalipsis; ahí está el pasaje del que deriva todo cuanto os he venido diciendo. La visión comienza con el nacimiento de Cristo en este mundo, y allí estaba Satanás dispuesto a devorarlo tan pronto como naciera. Versículo 7:

> Entonces, hubo una gran batalla en el cielo: Miguel y sus ángeles luchaban contra el dragón; y luchaban el dragón y sus ángeles.

Versículos 9 y 10:

> Y fue lanzado fuera el gran dragón, la serpiente antigua, que se llama Diablo y Satanás, el cual engaña a todo el mundo; fue arrojado en tierra, y sus ángeles fueron arrojados con él. Entonces oí una gran voz en el cielo que decía: "Ahora ha venido la salvación, el poder y el reino de nuestro Dios y la autoridad de su Cristo, porque ha sido expulsado el acusador de nuestros hermanos, el que los acusaba delante de nuestro Dios día y noche".

La palabra "acusador" se refiere en griego a aquel que acusa judicialmente a alguien. En los tribunales de este mundo es frecuente que uno acuse a otro con falsedad, contando mentiras sobre él. Por supuesto, en eso no hacen más que seguir el camino de Satanás. Pero el texto no trata de eso. Aquí este acusador es uno que viene como abogado fiscal a un tribunal.

Ved la situación: Tenemos aquí a Satanás, quien tenía este dominio. Dios ha estado llamando y recibiendo a aquellos que acudieron a Él, abandonando el poder de Satanás; pero éste [Satanás] reclamaba su dominio sobre todos ellos. Ahora, imaginadlo entrando en el tribunal de Dios, como abogado acusador, persiguiéndolos como corresponde a esclavos que se fugaron, según las leyes de la esclavitud que regían en los Estados Unidos de hace años. Él los persigue judicialmente en ese tribunal, reclamando que vuelvan a serle restituidos bajo su autoridad, pues no le fueron arrebatados en derecho, sino de forma injusta.

Y tenía cierta plausibilidad presentando esa acusación, tenía un aparente viso de verdad debido a que no se había producido aún la confrontación; aún no se había librado la batalla ni ganado la victoria tan plenamente como para que su argumento y supuesto derecho como abogado acusador resultaran aniquilados. Ahora, es verdad que la promesa era cierta, la victoria segura y la promesa de Dios inamovible; pero tenían aún que ser probadas en abierto conflicto en la carne. Así, cuando Cristo vino en la carne, Satanás lo tentó tan poderosamente como si nunca hubiera habido promesa alguna de redención. ¿Podemos afirmar eso? ¿Podemos afirmar que cuando Cristo vino en la carne tuvo que afrontar tentaciones tan poderosas y reales como si nunca hubiera habido promesa alguna de redención? –Ciertamente, podemos. En caso contrario habría sido resguardado contra la tentación, y el conflicto no hubiera tenido realidad alguna; habría sido imaginario.

Cristo vino al mundo para exponer la injusticia de esa acusación que Satanás estaba presentando ante el tribunal de Dios, como abogado acusador de este mundo.

Ese es el pensamiento. Es legítimo de principio a final. Jesús vino aquí, al territorio de Satanás, y tomó la naturaleza humana en el punto al que el propio Satanás la había llevado. En esa naturaleza humana se enfrentó a Satanás en el propio terreno de éste, y a pesar de su poder, lo derrotó totalmente confiando sólo en el poder del derecho contra la fuerza. No amparó en derecho alguno procedente de sí mismo, a fin de ayudarse o protegerse. Confió plenamente en ese poder divino del derecho en contra de la fuerza, con todo lo que conlleva. Y venció, volviendo a ser en todo derecho la cabeza de este dominio y de todos cuantos fueran redimidos de él, tanto como artífice de la redención del dominio mismo.

El texto griego, cuando afirma que el acusador de los hermanos "ha sido expulsado", expresa la idea de que el abogado acusador es repudiado al haber perdido toda oportunidad de presentar su acusación.

¿Por qué es así? Porque ahora tenemos un Abogado en el tribunal, a Jesucristo el justo. ¡Gracias sean dadas al Señor!

Antes que Jesús viniese en la carne, comparecía el acusador de los hermanos como abogado acusador en el tribunal, alegando sus derechos legales sobre los súbditos de su dominio que decidían abandonarlo para pasarse al otro. Podía entonces esgrimir el argumento con cierto viso de credibilidad, puesto que su dominio y autoridad aún no le habían sido positivamente disputados. Pero vino Cristo y se lo disputó en toda justicia y buena lid a cada paso, y de forma tan consistente que el propio Satanás no puede aducir injusticia alguna en ello.

Habiendo vencido, Cristo ocupa ahora el lugar en el tribunal, no como abogado acusador, sino como abogado defensor. Y al comparecer ante el tribunal como abogado en derecho, el otro, el acusador, es expulsado. No tiene acusación alguna que presentar; no tiene ningún caso en absoluto contra aquellos a quienes acusaría. Es así de maravilloso.

"Estas cosas os escribo para que no pequéis; y si alguno hubiere pecado", ¿puede actuar todavía el acusador?, ¿puede intervenir aún como abogado acusador?; pero ahora, "abogado tenemos para con el Padre, a Jesucristo, el justo", y mediante su oficio en el tribunal, resulta repudiado y expulsado aquel abogado acusador. Me alegro de que sea así. Tal es el valor de nuestro Abogado en el tribunal. Expulsa al acusador, tomando el caso en sus manos. ¡Alabado sea el Señor!

Llegamos ahora a otro punto, a propósito de la cuestión que se ha suscitado en las mentes de algunos cuando la otra noche afirmamos que el Señor Jesús no volverá a ser en el cielo *en todo respecto* igual que antes.

La cuestión es la siguiente: La Escritura dice –la leímos la otra noche–: "Padre, glorifícame tú al lado tuyo, con aquella gloria que tuve contigo antes que el mundo existiera" (Juan 17:5).

Eso se cumplirá. Esa gloria que tuvo antes que el mundo existiera es ahora suya, y lo será por la eternidad. En las páginas 171 y 172 de este *Bulletin* encontraréis el Testimonio que os leí acerca de la humillación de Cristo. El que era en forma de Dios tomó la forma de hombre. "Fue todo el tiempo Dios en la carne, pero no se manifestó como Dios". "Se despojó de su forma de Dios, y en su lugar tomó la forma y apariencia de hombre". "Depuso temporalmente la forma de las glorias de Dios".

Observad la distinción: Depuso *temporalmente* la forma de las *glorias* de Dios. Pero la *forma* de Dios, en sí mismo, se despojó por la eternidad. Ese es también el contraste que encontramos en las Escrituras. Siendo en forma de Dios, tomó la forma de hombre. En este *Bulletin*, en su página 207, leemos estas palabras del Testimonio: "Llevando *nuestra forma humana* ante el trono del Padre *por las edades eternas*". ¿Lo comprendéis? La diferencia no está en la *gloria*, sino en la *forma* sobre la que se manifiesta y reposa esa gloria, y mediante la cual resulta reflejada.

Hay algo más que viene junto a ese pensamiento. Cristo era en la forma de Dios; y se despojó de eso, se vació de ello. Y en la versión en el francés nos dice: "Él se aniquilo a sí mismo". Por cuanto a la *forma* que Él llevaba, se aniquiló a sí mismo, y en esa forma nunca más volverá a aparecer. Lo abandonó para siempre. Nunca más aparecerá en esa forma. Llevará "nuestra forma *humana* ante el trono del Padre por las edades eternas". Y la gloria de Dios, que tuvo cuando estuvo en la forma de Dios, la trae a nuestra forma humana. "Yo les he dado la gloria que me diste" (Juan 17:22). Nos ha concedido la gloria de Dios por la eternidad a nosotros, a la forma humana, a la carne humana.

En lugar de que Cristo sea rebajado, somos exaltados. En lugar de que la divinidad sea rebajada o disminuida, la humanidad es exaltada y glorificada. En vez de denigrarlo a toda la eternidad a donde estamos nosotros, nos eleva a toda la eternidad a donde Él está. Lejos de privarlo de su gloria y de situarlo donde estamos nosotros –sin gloria de ninguna clase–, Él dejó su gloria por un tiempo y vino a ser nosotros, tomando nuestra forma para siempre a fin de que Él, en esa forma, y nosotros en Él, seamos exaltados a la gloria que tuvo antes que el mundo existiera.

Todavía hay algo más:

¿Cómo se llevó a cabo la controversia con Satanás? En nuestra forma humana, en mi forma, en mi naturaleza, en la vuestra. ¿En favor de qué parte del universo de Dios tuvo lugar esa controversia? ¿Cuánto de él estaba implicado? –La totalidad del mismo. Así, en este mundo, y en nuestra forma y carne, es como se desarrolló el conflicto y peleó la batalla. Así fue como se ganó la victoria que afecta a todo el universo. Todo el universo estaba ahí implicado. De una forma u otra habría de ser afectado por sus resultados.

Por consiguiente, a fin de llevar a cabo el eterno propósito de Dios, Él tenía que venir a este mundo y tomar nuestra forma y naturaleza, ya que es en este mundo, y en nuestra forma y naturaleza donde se había desafiado el propósito y centrado el debate.

Aquel que era uno con Dios se vació de sí mismo, y tomó nuestra forma y naturaleza, y peleó la batalla en esa forma y naturaleza, obteniendo en ellas la victoria. ¿A qué forma y naturaleza pertenece la victoria? –A las nuestras. En la naturaleza de las cosas, pertenece a nuestra forma y naturaleza en Jesucristo, y unidos a Él la victoria es nuestra. Podéis pues ver que esa controversia, esa victoria, no sólo nos devuelve al universo en el que estaba Adán, o al que hubiera podido alcanzar, sino a aquel en el que está Jesucristo por derecho divino. Es así de maravilloso, y así de *cierto*.

Demasiado a menudo perdemos de vista la gloria de lo anterior, concentrándonos solamente en la desgraciada entrada del pecado. Fue ciertamente una desgracia que el pecado irrumpiera en el universo. Y en el mismo sentido lo fue que afectara a este mundo, de manera que la batalla a favor de todo el universo hubiera de pelearse en este mundo. Pero habiendo afectado a este mundo, os afectó a vosotros y a mí, de forma que tuvo que pelearse en favor del universo aquí, en nuestra naturaleza. Y podemos agradecer a Dios por la victoria obtenida, y por lo que compartimos en ella. Podéis, pues, ver que no todo es una desgracia, puesto que Dios es poderoso para convertir nuestros grandes infortunios en las mayores victorias. Habría constituido la peor desgracia para nosotros *si no hubiera habido redención*. Pero cuando Dios interviene, convierte nuestras peores desgracias en las mayores victorias. Y esa gran desgracia para el universo, Dios la convierte en la mayor victoria en su favor. ¡La convierte en el más absoluto y eterno triunfo del universo!

Cristo se vació a sí mismo de la forma de Dios, y tomó nuestra forma humana. Se vació de la naturaleza de Dios, y tomó nuestra naturaleza humana. En ello trajo la divinidad a la humanidad, propició que la humanidad conquistara a Satanás y al pecado. En contra de todo el poder de Satanás, Cristo obtuvo la victoria en nuestra naturaleza humana, por lo tanto, no sólo dice: "Padre, glorifícame tú al lado tuyo, con aquella gloria que tuve contigo antes que el mundo existiera" (Juan 17:5), sino también: "Yo *les he dado* la gloria que me diste" (vers. 22). En lugar de llevarlo a Él por la eternidad al lugar en que estábamos, lo que hizo fue llevarnos por la eternidad al sitio en donde Él está.

"¡Gracias a Dios por su don inefable!" (2ª Cor. 9:15).

Tenemos un Abogado la corte celestial que actúa allí en pleno derecho en favor nuestro, expulsando al abogado acusador que de otra forma nos acusaría ante Dios día y noche. Él gana nuestras causas debido a que *ganó ya*. Siendo en forma de Dios, se anonadó a sí mismo y tomó la forma de siervo, y "hallándose en la condición de hombre, se humilló a sí mismo, haciéndose obediente hasta la muerte, y muerte de cruz. Por lo cual Dios también le exaltó hasta lo sumo [y en Él nos ha exaltado a nosotros], y le dio un nombre que es sobre todo nombre, para que en el nombre de Jesús se doble toda rodilla; de los que están en los cielos, en la tierra y debajo de la tierra; y toda lengua confiese que Jesucristo es el Señor, para gloria de Dios Padre" (Fil. 2:8-11).

Es ahora nuestra delicia arrodillarnos ante Él; pues en aquel día nos regocijaremos ciertamente, para gloria suya. Pero sea que lo haga ahora, o que no, en aquel día en que a Jesucristo le sea colocada su triunfal corona ante todo el universo y en favor del mismo, toda rodilla, desde la de Lucifer hasta la del último ser humano que lo haya rechazado, se doblarán igualmente y confesarán que Jesucristo es el Señor, y lo harán para gloria de Dios el Padre. Y en aquel día toda lengua confesará ante el universo la divinidad de la verdad y la eterna justicia del principio del derecho en contra de la *fuerza*.

Capítulo 24

Nuestro más sublime llamamiento: Predicar el evangelio al mundo

El texto para esta noche lo encontramos en Hechos 10:28: "Les dijo: –Vosotros sabéis cuán abominable es para un judío juntarse o acercarse a un extranjero".

El griego interlineal que tengo aquí, muestra que esto se hablaba realmente más fuerte de lo que nuestra traducción le da. "Les dijo: sabéis cuán abominable es para un hombre, un judío, unirse a sí mismo, o venir cerca, a alguien de otra raza". No simplemente, sabéis que es una cosa abominable; pero, "vosotros sabéis *cuán* abominable es hacerlo".

¿Lo era? ¿Era abominable para un judío acompañar o asociarse con alguien de otra raza? Los judíos lo consideraban prohibido, pero ¿lo era realmente? Los judíos eran el pueblo de Dios. Desde hacía años habían venido profesado serlo. Por aquel tiempo debían haber aprendido ya que cualquier cosa que Dios diga, *y solamente si Dios la dice,* es legítima. Nada de lo que algún otro pueda decir tiene fuerza de la ley, motivo por el cual no merece en propiedad el calificativo de legítimo; en consecuencia, nunca podrá llamarse ilegítima la violación de una aserción como esa. Debieran haber aprendido eso, pero en su lugar aprendieron todo lo contrario, y hasta tal punto, que llegaron a considerar los dichos del hombre como de cumplimiento más obligatorio que los de Dios mismo. Los mandamientos humanos, las costumbres y los caminos del hombre anularon la propia palabra de Dios, tal como Jesús declaró:

"Habéis invalidado el mandamiento de Dios por vuestra tradición" (Mat. 15:6).

Cristo, en la obra que desarrolló en el mundo, y en la que ha realizado en sí mismo a favor de todos los que están en Él, significó exactamente lo contrario a ese orden de cosas que hemos descrito. Se esforzó para que los hombres vieran que los dichos humanos, o los de cualquier colectivo de personas, no pueden jamás definir lo legítimo, y no tienen lugar para el cristiano en la categoría de lo legítimo, como tampoco en lo ilegítimo si se obra contrariamente a ellos. Por el contrario, sólo lo que Dios dice define la legitimidad; y sólo la transgresión de lo que Él dice define la ilegitimidad.

Ese es el principio que queremos examinar en uno o dos estudios –quizá más–. Interesa que lo hagamos ahora, pues hemos llegado al final de los tiempos, y pronto hemos de encontrarnos en ese tiempo cuando el mundo va a estar enteramente bajo mandamientos, tradiciones y prejuicios humanos que invalidarán la ley de Dios, tal como sucedió a su pueblo cuando Cristo vino al mundo. Por lo tanto, si es que hemos de serle leales, y ciertamente lo debemos ser, habremos de atenernos tan estrechamente a lo que Dios dice, que esa sea nuestra única regla y norma de conducta. Esa será nuestra única guía, y eso en Cristo, tal como estuvo en su vida y experiencia.

Cuando suceda así, estando el mundo entregado a formas, ceremonias y tradiciones que invalidarán la ley de Dios, tratará de igual forma en que trató a Cristo, a quienes acepten las tradiciones del mundo como Cristo las aceptó. Así pues, nunca fue el propósito de Dios que se tuviera por ilegítima la asociación o trato con alguien de otra raza o nación. Sólo cerrando voluntariamente sus ojos y dando la espalda desde el principio a la enseñanza divina, pudieron llegar a una situación como aquella.

Prestad atención por un momento a la posición de los judíos, tal como Pedro expresa en ese texto que representa la posición global de la nación judía al respecto. Según ellos, Dios había desechado a todas las naciones y no tenían ningún lugar junto a Él. No obstante, el Señor no había cesado de mostrarles que eso no era de ningún modo así.

En los días de Jonás y de la gloria del reino de Asiria, antes de que irrumpiera en la historia el imperio de Babilonia, Dios llamó a uno de su pueblo –Jonás– para que fuera a esa nación pagana a fin de advertir acerca de la condenación que sobre ella se cernía y de su pronta destrucción, con el objeto de que esa advertencia pudiera llevarla al arrepentimiento, escapando así a la ruina. Jonás dijo al Señor: 'De nada sirve que lleve el mensaje, puesto que eres un Dios misericordioso y te arrepientes del mal. Y si voy allí y les digo lo que me has encargado que les diga, si se arrepienten del mal y se vuelven de su maldad, Tú no destruirás la ciudad. ¿De qué sirve, pues, que haga ese viaje y les anuncie que la ciudad va a ser destruida? Tú no la vas a destruir si se vuelven de sus malos caminos'.

Pero el Señor insistió en que debía ir a Nínive. No obstante, el profeta, aferrándose a sus objeciones, se dirigió a Jope con la intención de huir a Tarsis. El Señor le hizo regresar, llevándolo al convencimiento de que sería mejor ir a Nínive. Fue a Nínive y atravesó aquella ciudad –por tres días– predicando: "¡Dentro de cuarenta días Nínive será destruida!" (Jonás 3:4). La noticia llegó al rey de Nínive, quien dio palabra a fin de que todos se volvieran de sus malos caminos; se puso en saco y ceniza, y decretó un ayuno que incluía hasta a los animales, ordenando a los ciudadanos que clamaran a Dios. El Señor dio oído a la súplica de ellos, aceptó su arrepentimiento y salvó la ciudad. Jonás se apartó, sentándose en un lugar elevado para divisar la ciudad y ver si Dios la destruiría. Para gran disgusto de Jonás no sucedió tal cosa. El profeta se lamentó: 'Eso es justamente lo que te dije desde el principio que iba a pasar. Ya sabía que si venía a la ciudad y le decía lo que me has comisionado, se arrepentirían del mal y los perdonarías, no destruyendo la ciudad. Eso es lo que ha sucedido. ¡Cuánto mejor si me hubiera quedado en casa!'

> Y vio Dios lo que hicieron, que se convirtieron de su mal camino, y se arrepintió del mal que había anunciado hacerles, y no lo hizo. Pero Jonás se disgustó en extremo, y se enojó. Así que oró a Jehová y le dijo: –¡Ah Jehová!, ¿no es esto lo que yo decía cuando aún estaba en mi tierra?
>
> Por eso me apresuré a huir a Tarsis, porque yo sabía que tú eres un Dios clemente y piadoso, tardo en enojarte y de gran misericordia, y que te arrepientes del mal. Ahora, pues, Jehová, te ruego que me quites la vida, porque mejor me es la muerte que la vida. Y Jehová le dijo: ¿Haces tú bien en enojarte tanto?" (Jonás 3:10-4:1-4).

Sigue a continuación el relato de cómo Jonás se construyó una cabaña al Este de la ciudad para contemplar qué sucedería. El Señor le preparó una calabacera, e hizo luego que se secara, para gran enfado en Jonás, quien oró pidiendo su muerte.

> Entonces dijo Dios a Jonás: –¿Tanto te enojas por la calabacera? –Mucho me enojo, hasta la muerte –respondió él. Entonces Jehová le dijo: –Tú tienes lástima de una calabacera en la que no trabajaste, ni a la cual has hecho crecer, que en espacio de una noche nació y en espacio de otra noche pereció, ¿y no tendré yo piedad de Nínive, aquella gran ciudad donde hay más de ciento veinte mil personas que no saben discernir entre su mano derecha y su mano izquierda, y muchos animales? (vers. 9-11).

Es de suponer que el propio Jonás aprendió por fin la lección. Su libro quedó registrado y fue preservado como uno de los libros sagrados a partir del cual el pueblo habría de recibir instrucción. Y debieran haber aprendido la lección que el libro contiene: que el Señor cuidaba de las otras naciones, y que esperaba que su pueblo cuidara asimismo de ellas.

Jonás sabía, y dijo que sabía, "que tú eres Dios clemente y piadoso, tardo a enojarte, y de grande misericordia, y que te arrepientes del mal" (Jonás 4:2). Sabiendo tal cosa debiera haber estado en mucha mejor disposición de ir a esas naciones y predicarles el mensaje del Señor, a fin de que pudieran arrepentirse y ser liberadas. Pero a pesar de disponer de ese libro, a pesar de esa lección que positivamente enseñaba, a partir de ese día fueron en la dirección opuesta. Pensaron que Dios no se preocupaba de los paganos, excepto a que se convirtieran judíos; y el Salvador dijo a quienes pensaban así, que el "prosélito" por el cual habían recorrido "mar y tierra" venía a ser "dos veces más hijo del infierno" que ellos mismos. Tal era la situación.

Después de eso, se quedaron ese camino desviado y alejado de la idea de Dios concerniente a ellos y a las naciones a su alrededor, vinieron a ser tan egoístas, tan cerrados en ellos mismos y tan malvados como para convertirse en peores que los paganos que los rodeaban. El Señor los esparció entonces entre todas las naciones que estaban a su alrededor, y se vieron obligados a asociarse con otras gentes; lo tuvieron que hacer. Y aun así Pedro afirma: "Sabéis cuán abominable es para un judío juntarse o acercarse a un extranjero" –a un incircunciso (Hech. 10:28).

En el capítulo 11 los hermanos en Jerusalén acusaron así a Pedro: "¿Por qué has entrado en casa de hombres incircuncisos y has comido con ellos?"

Daniel y sus tres hermanos habían comido en la pagana mesa del rey, y lo habían hecho junto a paganos, diariamente durante años. Y Dios había estado siempre con ellos, haciendo de Daniel uno de los mayores profetas y librando a los tres jóvenes del horno ardiente. ¿Cuál era el propósito de que eso quedara registrado, y dispusieran de ese libro a fin de que lo estudiaran constantemente? Podéis ver que era para enseñarles precisamente lo contrario de aquello que estaban diciendo y haciendo.

Más aún. Vayamos al capítulo 4 del libro de Daniel:

> Nabucodonosor, rey, a todos los pueblos, naciones y lenguas que moran en toda la tierra: Paz os sea multiplicada. Conviene que yo declare las señales y milagros que el Dios Altísimo ha hecho conmigo. ¡Cuán grandes son sus señales y cuán poderosas sus maravillas! Su reino, reino sempiterno; su señorío, de generación en generación (vers. 1-3).

Encontramos aquí a Nabucodonosor predicando la verdad acerca del verdadero Dios, la grandeza de su bondad y de sus maravillas, a todas las naciones, pueblos y lenguas. Eso lo tenían los judíos en sus manos. Lo tenían en sus propios registros; el que Dios había dado un sueño a Nabucodonosor y había proporcionado a Daniel la interpretación de aquel sueño del rey, y que de esa forma Dios había llevado a Nabucodonosor a la situación en la que haría una proclamación dirigida a todas las naciones y lenguas acerca de la gran bondad y grandeza del verdadero Dios, y de cuán bueno es confiar en Él. Veamos los últimos versículos del capítulo. Nabucodonosor viene de narrar su experiencia; cómo se había rebelado contra Dios y se había descarriado; y cómo el Señor lo había traído de nuevo en Él, momento en que consideró oportuno:

> En el mismo tiempo mi razón me fue devuelta, la majestad de mi reino, mi dignidad y mi grandeza volvieron a mí, y mis gobernadores y mis consejeros me buscaron; fui restablecido en mi reino, y mayor grandeza me fue añadida. Ahora yo, Nabucodonosor, alabo, engrandezco y glorifico al Rey del cielo, porque todas sus obras son verdaderas y sus caminos justos; y Él puede humillar a los que andan con soberbia.

Había, pues, una lección constantemente ante ellos, mediante la cual el Señor intentaba enseñarles que todas aquellas nociones que tenían estaban en directa oposición con la verdad. Les estaba enseñando que estaba dispuesto a alcanzar a los gentiles, y que quería alcanzarlos; y que había apartado al pueblo de Israel de entre las naciones a fin de que pudiera conocerlo más para poder comunicarlo a todas las naciones. Y si desde el principio hubieran permanecido en el lugar en el que Dios quería que hubiesen estado, esa tarea jamás habría recaído sobre un rey pagano, puesto que el propio pueblo de Dios habría proclamado su gloria a todas las naciones. Pero cuando se apartaron de Dios, y también de las naciones, entonces Dios se vio obligado a emplear a los dirigentes de tales naciones paganas para difundir el conocimiento de sí mismo.

Veamos también el capítulo 6. Nos habla de Darío, de la persecución de Daniel y de su liberación. Leamos el decreto de Darío en el versículo 25:

> Entonces el rey Darío escribió a todos los pueblos, naciones y lenguas que habitan en toda la tierra: "Paz os sea multiplicada. De parte mía es promulgada esta ordenanza: que, en todo el dominio de mi reino, todos teman y tiemblen ante la presencia del Dios de Daniel. Porque Él es el Dios viviente y permanece por todos los siglos, su reino no será jamás destruido y su dominio perdurará hasta el fin. Él salva y libra, y hace señales y maravillas en el cielo y en la tierra; el cual libró a Daniel del poder de los leones".

Una vez más se da a conocer a todos los pueblos, naciones y lenguas el conocimiento del verdadero Dios, por parte de uno que para los judíos era un paria, por demás desechado y repudiado por Dios. Pero ahí lo tenían, en su propio lenguaje, a su alcance, año tras año, indicándoles siempre el camino opuesto a lo que estaban enseñando y haciendo.

Leeremos un último episodio del primer capítulo de Esdras, en relación con los dos últimos versículos del último capítulo de segunda de Crónicas:

> En el primer año de Ciro, rey de los persas, para que se cumpliera la palabra de Jehová, dada por boca de Jeremías, Jehová despertó el espíritu de Ciro, rey de los persas, el cual hizo pregonar de palabra y también por escrito, por todo su reino, este decreto: "Así dice Ciro, rey de los persas: Jehová, el Dios de los cielos, me ha dado todos los reinos de la tierra, y me ha mandado que le edifique Casa en Jerusalén, que está en Judá. Quien de entre vosotros pertenezca a su pueblo, que sea Jehová, su Dios, con él, y suba allá".

Leamos ahora los primeros tres versículos de Esdras 1:

> En el primer año de Ciro, rey de Persia, para que se cumpliera la palabra de Jehová anunciada por boca de Jeremías, despertó Jehová el espíritu de Ciro, rey de Persia, el cual hizo pregonar de palabra y también por escrito en todo su reino, este decreto: "Así ha dicho Ciro, rey de Persia: Jehová, el Dios de los cielos, me ha dado todos los reinos de la tierra y me ha mandado que le edifique una casa en Jerusalén, que está en Judá. Quien de entre vosotros pertenezca a su pueblo, sea Dios con él, suba a Jerusalén, que está en Judá, y edifique la casa a Jehová, Dios de Israel (Él es el Dios), la cual está en Jerusalén".

Lo anterior es evidencia suficiente, si bien las Escrituras están repletas de pasajes al objeto de ilustrar hasta qué punto los judíos habían cerrado sus ojos y dado sus espaldas al Señor, hasta llegar a la situación en la que estaban cuando Cristo vino al mundo, y en la que Él los encontró.

Es cierto que según los libros de Moisés y otras Escrituras, cuando el Señor sacó de Egipto a los hijos de Israel les ordenó que se mantuvieran separados de todas las naciones. También les había indicado cómo debía llevarse a cabo dicha separación. En Éxodo 33, versículos 14-16 leemos:

> Y Él dijo: Mi presencia irá contigo, y te daré descanso. Y Moisés respondió: –Si tu presencia no ha de ir conmigo, no nos saques de aquí. Pues, ¿en qué se conocerá aquí que he hallado gracia a tus ojos, yo y tu pueblo, sino en que tú andas con nosotros, y que yo y tu pueblo hemos sido apartados de entre todos los pueblos que están sobre la faz de la tierra?

Así debiéramos también nosotros ser separados. ¿Cómo? –"*Tú andas con nosotros*". Fueron, pues, instruidos en cuanto a la forma en la que debían estar separados de todas las demás naciones.

Ahora bien, si hubieran buscado su presencia y la hubieran tenido entre ellos, habrían estado realmente separados de todos los pueblos, de corazón y de vida. Sin embargo, habrían estado asociados con todos los pueblos de la tierra. Habrían ido a todo pueblo, nación y lengua para hablarles de las glorias de Dios, de su bondad y poder, tal como hicieron Nabucodonosor, Darío y Ciro.

Pero no desearon su presencia, ni tenerlo siempre con ellos a fin de que los santificara –puesto que estar separados del mundo para el Señor es lo mismo que estar santificados. Si hubieran tenido la presencia del Señor para santificarlos, podrían haber ido a cualquier parte en la tierra, y seguir estando separados de todos los pueblos.

Pero careciendo de lo único que podría haberlos mantenido separados, si es que tenían que permanecer separados del mundo, ¿cómo habría de realizarse?, ¿de qué única forma habría de tener lugar? Sabemos que no tenían a Aquel cuya presencia es la única que puede efectuarlo. La única forma, pues, en que podía suceder, era si ellos mismos lo efectuaban. Y es lo que hicieron: se separaron a sí mismos de acuerdo con sus propias ideas al respecto de lo que Dios quería, al decirles que debían estar separados. Pero las ideas humanas acerca de lo que Dios quiere, sabemos qué proximidad guardan con la verdad de Dios: "Mis pensamientos no son vuestros pensamientos ni vuestros caminos mis caminos, dice Jehová. Como son más altos los cielos que la tierra, así son mis caminos más altos que vuestros caminos y mis pensamientos más que vuestros pensamientos" (Isa. 55:8 y 9). Es decir, está tan lejos de la verdad como sea posible al hombre imaginar.

No teniendo la presencia de Dios para obrar esa separación a favor de ellos y en ellos, la asumieron por sí mismos, y sólo de esa forma podían hacer si es que querían estar separados.

Pero no teniendo la presencia de Dios, que es la única que puede lograrlo, su esfuerzo por separarse a ellos mismos, ¿qué es lo único que podía conseguir? Pensad. ¿Cuál había de ser el único resultado posible? No podía terminar de otra forma que no fuese en la afirmación, el sobre-crecimiento, el ensanchamiento del *yo*. La confianza propia, el orgullo, la auto-exaltación, la justicia propia –toda clase de egoísmo auto-alimentándose más y más. Y todo en su vano esfuerzo por cumplir ellos mismos las Escrituras, en las que el Señor les había dicho que debían estar separados de todas las naciones.

Cuando alcanzaron el punto de llegar a ser peores que los paganos que los rodeaban, el Señor hubo de sacarlos de la tierra y esparcirlos por doquier entre todas las naciones. Y habiendo sido de esa forma esparcidos, estuvieron más separados de las naciones de lo que jamás hubieran estado con anterioridad, desde el día en que llegaron a aquella tierra. Eso fue así debido a que cuando fueron esparcidos por entre las naciones buscaron al Señor como no lo habían hecho en su propia tierra; confiaron en Él como no lo habían hecho en su propia tierra; lo apreciaron como no habían hecho en su propia tierra, y su presencia con ellos los separó de los paganos cuando estuvieron esparcidos *entre* los paganos.

El Señor intentaba enseñarles de todas esas maneras que no estaban andando por el camino correcto, a fin de llevarlos al único modo correcto en el que podrían conseguirlo. Pero a pesar de ello, tomaron el camino equivocado. Y aún más: No gozando de la presencia de Dios que diera sentido a todo lo que había dicho y dispuesto que observaran en sus servicios y adoración, ese camino de procura del yo les llevó a pervertir las formas de adorar ordenadas por el Señor. Les llevó a convertirlas en medios de salvación. Tras haberlas practicado, sostenían que los hacían justos; y dado que las otras gentes no las poseían, no podían ser justas. Afirmaban que Dios les había dado aquellas formas con ese propósito, pero no las había prescrito para el resto de naciones; por lo tanto, deducían que Dios les tenía una consideración superior a la de todos los demás.

De esa forma, no sólo se pusieron en el lugar de Dios, sino que pervirtieron todos los servicios que Él había instituido con un propósito distinto, terminando en el servicio de la justicia propia, de la exaltación de ellos mismos y del exclusivismo.

Si hubieran tenido su presencia, tal como Dios había dispuesto, todas esas formas que Él ordenó habrían tenido para ellos un significado divino, una vida divina en cada fase de los servicios ordenados por Dios. Entonces, hubieran encontrado de ese modo al propio Jesucristo con su presencia viviente y su poder para convertir; y eso les habría proporcionado energía viviente para cada una de las formas y símbolos puestos ante ellos. Todas esas cosas habrían entonces cobrado para ellos un interés viviente, pues habrían representado al propio Cristo vivo y presente con ellos.

Así pues, la falta de la presencia de Cristo en la vida mediante un corazón convertido, los llevó a engrandecerse ellos mismos en lugar de a Dios, y a convertir las divinas formas que Dios había señalado en *meras* formas y ceremonias exteriores mediante las cuales esperaban obtener la vida. Les llevó a poner esas cosas en el lugar de Cristo, como medios de salvación.

Creo que disponemos ahora del tiempo necesario para leer algunos pasajes relativos a lo que habían llegado a hacer en el tiempo de Cristo. Os pido que les prestéis cuidadosa atención.

Dispongo de algunos de los capítulos del nuevo libro "Life of Christ", de E.G. White, y en ellos se dedica mucha atención al tema que nos ha estado ocupando esta noche. Creo que será valioso, especialmente para todos nuestros pastores y obreros, y también para los demás, el que traigamos aquí estas declaraciones, de forma que podamos tenerlas juntas ante nosotros en el *Bulletin* y las podamos emplear en lo futuro.

Así pues, las he traído y voy a leer pasajes de ellas, sin añadir comentario alguno por esta noche, si bien la predicación siguiente será la consecuencia lógica de dicha lectura, y todos esos puntos serán necesarios para nuestro estudio posterior. Dado que "Life of Christ" no está todavía impreso, sino que está aún en forma de manuscrito, es imposible daros referencia alguna.

> Los dirigentes judíos se abstuvieron de asociarse con ninguna otra clase, fuera de la suya propia. Se mantuvieron apartados, no sólo de los gentiles, sino de la mayoría de su pueblo, no procurando beneficiarlos ni ganar su amistad. Sus enseñanzas llevaron a los judíos de todas las clases a separarse del resto del mundo, de una forma en que tendía a llenarlos de justicia propia, egoísmo e intolerancia. Ese fanatismo y riguroso aislamiento de los fariseos había mermado su influencia y había creado un prejuicio que el Salvador deseaba quitar a fin de que todos pudieran sentir la influencia de su misión. Tal fue el propósito de Jesús al asistir a aquella fiesta de bodas: *comenzar la obra de derribar* el exclusivismo de los dirigentes judíos y abrir el camino de la libre asociación con el pueblo común.
>
> Los judíos habían caído de las antiguas enseñanzas de Jehová hasta el punto de sostener que serían justos a los ojos de Dios y recibirían el cumplimiento de sus promesas si observaban estrictamente la letra de la ley que les había sido dada mediante Moisés. El celo con el que seguían las enseñanzas de los ancianos les confería una apariencia de gran piedad. No contentos con la realización de esos servicios que Dios había especificado para ellos mediante Moisés, se esforzaban por idear obligaciones estrictas y difíciles. Medían su santidad según el número y multitud de sus ceremonias, mientras que sus corazones estaban llenos de hipocresía, orgullo y avaricia. Mientras que profesaban ser la única nación justa de la tierra, la maldición de Dios pesaba sobre ellos debido a sus iniquidades.
>
> Habían acogido interpretaciones profanas y confusas acerca de la ley que les había dado Moisés; habían añadido una tradición a la otra; habían restringido la libertad de pensamiento y acción hasta que los mandamientos, ordenanzas y servicios de Dios se perdieron en una exhibición incesante de ritos y ceremonias sin sentido. Su religión era *un yugo de servidumbre*. Vivían en el continuo temor de resultar contaminados. La continua ocupación en esos temas había empequeñecido sus mentes y estrechado el campo de acción de sus vidas.

Pregunto: ¿Cuál fue la raíz de todo lo anterior? –El yo, yo; el egoísmo todo el tiempo.

> Jesús inició la obra de reforma poniéndose en estrecha simpatía con la humanidad. Él era judío, y era su propósito vivir el perfecto ejemplo de quien es judío en lo interior. Si bien demostró la mayor reverencia hacia la ley de Dios y enseñó la obediencia a

sus preceptos, reprendió a los fariseos por su piedad pretendida, y luchó por liberar al pueblo de las estipulaciones carentes de sentido que los ataban.

Jesús reprendió la intemperancia, la indulgencia del yo y la insensatez; sin embargo, su naturaleza fue social. Aceptó las invitaciones para ir a comer con los nobles e instruidos, tanto como con los pobres y afligidos. En tales ocasiones su conversación fue elevada e instructiva. No dio licencia a escenarios de disipación y desenfreno, sin embargo, se complacía en la alegría inocente. El casamiento entre los judíos era una ocasión solemne e impresionante, cuya alegría no desagradaba al Hijo del hombre. El milagro realizado en la fiesta tenía por expreso propósito *derribar* los prejuicios de los judíos. De él aprendieron los discípulos de Jesús una lección de simpatía y de humildad.

En otro capítulo dedicado a la visita que Nicodemo hizo a Jesús, encontramos lo siguiente:

Durante todo ese tiempo los israelitas habían llegado a ver el sistema de los sacrificios como poseyendo en sí mismo virtud para hacer expiación por el pecado; de esa forma perdieron de vista a Jesús, que es a quien señalaban. Dios quería enseñarles que todos sus servicios eran tan carentes de valor en ellos mismos como lo era la serpiente ardiente; pero lo mismo que ella, tenían el propósito de llevar sus mentes a Cristo, la gran ofrenda por el pecado.

A propósito de la mujer junto al pozo de Samaria:

Pecaminosa como era, esa mujer estaba en una posición más favorable para venir a ser hecha heredera del reino de Cristo, que los judíos que hacían una gran profesión de piedad, mientras que confiaban su salvación a la observancia de formas y ceremonias exteriores. No se sentían en necesidad de Salvador ni de instructor, pero esta pobre mujer anhelaba ser librada de la carga del pecado...

Jesús era judío, sin embargo, se mezclaba libremente entre los samaritanos, dejando a un lado las costumbres y fanatismo de su nación. Había comenzado ya a derribar la pared intermedia de separación entre los judíos y los gentiles, y a predicar la salvación al mundo. En el comienzo mismo de su ministerio reprendió abiertamente la moralidad superficial y la piedad ostentosa de los judíos...

En el templo de Jerusalén había una pared intermedia que separaba el patio exterior del recinto del templo propiamente dicho. A los gentiles se les permitía acceder al patio exterior, pero sólo los judíos estaban legitimados para entrar en el interior del recinto. Si un gentil hubiera atravesado esa frontera sagrada, el templo habría resultado contaminado, y habría debido pagar con su vida por aquella contaminación. Pero Jesús, quien era virtualmente el origen y fundamento del templo, atrajo a los gentiles hacia sí mediante vínculos humanos de simpatía y asociación, mientras que su divina gracia y poder les traía la salvación que los judíos rehusaban aceptar.

La estancia de Jesús en Samaria no tenía como único fin el dar luz a las almas que tan ansiosamente escuchaban sus palabras. Tenía también el propósito de instruir a sus discípulos. Por sincera que fuese su devoción hacia Cristo, permanecían aún bajo la influencia de su instrucción precedente: la del fanatismo y estrechez de los judíos.

Su sentir era que, a fin de demostrar lealtad a su nación, debían albergar enemistad contra los samaritanos.

¿Veis la relación entre las dos citas precedentes? En su conversación con la mujer samaritana Jesús había comenzado a derribar la pared de separación entre los judíos y las otras naciones; pero los discípulos se creían en la obligación de albergar "enemistad" hacia ellas. ¿Habéis observado que cuando Jesús quiso derribar esa pared de separación, lo hizo aboliendo la enemistad?

Les extrañaba sobremanera la conducta de Jesús, que estaba derribando el muro de separación entre judíos y samaritanos, y dejando abiertamente de lado la enseñanza de los escribas y fariseos.

Los discípulos no pudieron negarse a seguir el ejemplo de su Maestro, si bien sus sentimientos protestaban a cada instante. El impulsivo Pedro, y hasta el amante Juan, a duras penas lograban someterse a ese nuevo orden de cosas. Les costaba aceptar el pensamiento de tener que efectuar labores a favor de una clase como la de aquellos samaritanos.

Durante los dos días en que compartieron el ministerio del Señor en Samaria, su fidelidad a Cristo mantuvo los prejuicios bajo control. No habían fallado en mostrar reverencia hacia Él, pero sus corazones no estaban reconciliados; sin embargo, había una lección que les era esencial aprender. Como discípulos y embajadores de Cristo, sus antiguos sentimientos de orgullo, desdén y aborrecimiento debían dejar paso al amor, piedad y simpatía. Sus corazones debían estar abiertos ante todos los que, como ellos mismos, estaban en necesidad de amor y de amable y paciente instrucción...

Jesús no vino al mundo a rebajar la dignidad de la ley, sino a exaltarla. Los judíos la habían pervertido mediante sus prejuicios y falsas interpretaciones. Sus absurdas exigencias y requerimientos habían llegado a convertirse en proverbios en boca de habitantes de otras naciones. El sábado había sido especialmente acotado por toda clase de restricciones carentes de sentido. Era imposible considerarlo como delicia, santo, glorioso de Jehová; ya que los escribas y fariseos habían convertido su observancia en un yugo de servidumbre. Un judío no podía encender fuego en sábado, ni siquiera podía prender un candil en ese día. Tan estrecha era su visión que se habían convertido en *esclavos de sus propias reglas inútiles*. En consecuencia, dependían de los gentiles para muchas actividades que sus ordenanzas les prohibían realizar personalmente.

No tenían en cuenta que, si esas tareas necesarias de la vida eran pecaminosas, quienes se servían de otros para realizarlas eran tan plenamente culpables como si las hubieran realizado ellos mismos. Creían que la salvación estaba confinada a los judíos, y que, dado que la condición de todos los demás era desesperada, era imposible mejorarla o empeorarla. Pero Dios no ha dado mandamiento alguno que no pueda ser guardado consistentemente por todos. Sus leyes no aprueban aplicaciones irrazonables ni restricciones egoístas...

La sencillez de su enseñanza atraía a multitudes que no se interesaban por las arengas carentes de vida de los rabinos. Siendo ellos mismos escépticos y amadores del mundo, hablaban de forma dubitativa cuando intentaban explicar la palabra de Dios, como si su enseñanza pudiera ser interpretada significando una cosa, o bien exactamente la opuesta... Tanto por sus palabras como por sus actos de misericordia y benevolencia, [Jesús] estaba quebrantando el poder opresivo de las viejas tradiciones y los mandamientos inventados por los hombres, y en lugar de ellos presentaba el amor de Dios en su plenitud inagotable...

El sábado, en lugar de ser la bendición para la cual había sido instituido, se había convertido en una maldición a causa de los requerimientos que los judíos le habían añadido. Jesús quería liberarlo de esos gravámenes...

Las Escrituras del Antiguo Testamento, que ellos profesaban creer, describían con llaneza cada detalle del ministerio de Cristo... Pero las mentes de los judíos se habían vuelto enanas y estrechas a causa de sus prejuicios injustos y de su fanatismo irrazonable...

Los dirigentes judíos estaban llenos de orgullo espiritual. Su deseo de glorificar el yo se ponía de manifiesto incluso en el servicio del santuario. Amaban las salutaciones ostentosas en las plazas y se complacían cuando labios humanos pronunciaban sus titulaciones. A medida que declinaba la auténtica piedad se iban haciendo más celosos de sus tradiciones y ceremonias.

Leeremos una cita más:

Estas admoniciones tuvieron su efecto, y al venir sobre ellos una tras otra calamidad y persecución de parte de sus enemigos paganos, los judíos se volvieron a la estricta observancia de todas las formas externas que la santa ley estipulaba. No satisfechos con ello, añadieron gravosas regulaciones a esas ceremonias. Su orgullo y fanatismo les llevaron a la interpretación más restrictiva posible de los requerimientos de Dios. Con el paso del tiempo se fueron gradualmente acantonando en las tradiciones y costumbres de sus antecesores hasta percibir los requerimientos que ellos mismos habían inventado como poseyendo toda la santidad de la ley original. Esa confianza en ellos mismos y en sus propios reglamentos, junto a sus prejuicios contra todas las demás naciones, les hicieron resistir el Espíritu de Dios que habría corregido sus errores, y de esa forma se separaron aún más de ellas.

En los días de Cristo, esas obligaciones y restricciones se habían hecho tan fatigosas que Jesús afirmó: "Atan cargas pesadas y difíciles de llevar, y las ponen sobre los hombros de los hombres" (Mat. 23:4). Su falsa concepción del deber y sus exhibiciones superficiales de piedad y bondad oscurecían los requerimientos positivos y reales de Dios. A su rígida ejecución de las ceremonias externas se asociaba la negligencia del servicio del corazón.

Capítulo 25

Quitando el velo de incredulidad; ceguera espiritual

Voy a repetir unas pocas expresiones contenidas en los versículos con los que anoche terminamos la reunión, a fin de que el tema –o más bien este punto particular– resulte claro para todos:

> En las bodas de Caná, Jesús comenzó la obra de demoler la exclusividad que existía entre los judíos.
>
> La religión de estos era un yugo de servidumbre.
>
> El milagro en la fiesta apuntaba directamente en la dirección de derribar los prejuicios de los judíos.
>
> Jesús era judío, aun así, se relacionó con los samaritanos, contrarrestando así las costumbres y el fanatismo de su nación. Había comenzado ya a derribar el muro de separación entre judíos y gentiles, y a predicar la salvación al mundo.

Leemos a propósito de los discípulos en Samaria:

> Consideraron que a fin de demostrarse leales a su nacionalidad debían manifestar enemistad hacia los samaritanos. La conducta de Jesús les sorprendía mucho, ya que estaba derribando el muro de separación entre judíos y samaritanos, y dejaba claramente de lado las enseñanzas de los escribas y fariseos… Mientras compartieron el ministerio del Señor en Samaria, la fidelidad de ellos a Cristo mantuvo bajo control aquel prejuicio; no dejarían de reverenciarlo. Pero en sus corazones no estaban reconciliados, y era esencial que aprendieran aquella lección.
>
> Cristo no vino al mundo a socavar la dignidad de la ley, sino a exaltarla. Los judíos la habían pervertido mediante sus prejuicios y falsas concepciones. Sus exacciones y requerimientos absurdos se habían convertido en objeto de burla entre los pobladores de otras naciones. El sábado estaba particularmente rodeado de todo tipo de restricciones carentes de sentido. No se lo podía considerar "delicia", "santo", "glorioso de Jehová" ni venerable, dado que los escribas y fariseos habían convertido su observancia en un yugo de servidumbre. El judío tenía prohibido encender fuego en sábado, e incluso prender un candil en ese día.

La mente del pueblo se había estrechado de tal modo que se habían convertido en esclavos de sus propias normas inútiles.

El sábado, lejos de ser la bendición para la que fue instituido, se había convertido en una maldición mediante los requerimientos que los judíos habían añadido.

Los dirigentes judíos estaban llenos de orgullo espiritual. Su deseo de glorificación del yo se manifestaba incluso en el servicio del santuario.

Cuando se vieron afligidos por sucesivas calamidades y persecuciones de parte de sus enemigos, los judíos se volvieron a la observancia estricta de todas las *formas externas* que prescribía la ley sagrada. No satisfechos con eso, añadieron condiciones gravosas a esas ceremonias. Su orgullo y cerrazón les llevó a la interpretación más restrictiva posible de los requerimientos divinos. Con el paso del tiempo se fueron rodeando de las tradiciones y costumbres de sus antepasados hasta que llegaron a considerar los requerimientos de los hombres como si poseyeran toda la santidad de la ley original. Esa confianza en ellos mismos y en sus propios estatutos, junto a los prejuicios que albergaban hacia todas las demás naciones, les llevaron a resistir al Espíritu de Dios.

Leamos ahora algunas otras citas cortas:

En todas sus lecciones Jesús presentaba a los hombres la inutilidad de una obediencia meramente ceremonial… Al no discernir las cosas espirituales, los judíos se habían vuelto terrenales. En consecuencia, cuando Cristo les presentó las verdades mismas que eran el alma de sus servicios, ellos, mirando sólo a lo exterior, le acusaron de procurar derribarlas… Él sabía que sacarían partido de aquellas obras de misericordia como poderosos argumentos para influir en la mente de las masas que habían estado toda su vida aprisionadas por las restricciones y exacciones judías. Pero su conocimiento del hecho no le impidió derribar el muro de superstición carente de sentido con el que ponían barreras al sábado.

Su acto de misericordia honraba al día, mientras que aquellos que se quejaban contra él estaban deshonrando el sábado mediante sus ritos y ceremonias inútiles.

Los judíos acusaban a Cristo de pisotear el sábado, cuando Él realmente buscaba restaurar su significado original. Las interpretaciones de la ley que daban los rabinos, todas sus gravosas y minuciosas exacciones, despojaban al sábado de su auténtico propósito y daban al mundo una concepción falsa de la ley divina y del carácter de Dios. Las enseñanzas de ellos representaban virtualmente a Dios como dando leyes que resultaban imposibles de obedecer para los judíos, y con mayor razón para los demás. Así, en su mundanalidad, se separaban de Dios en espíritu mientras que hacían profesión de servirle; estaban haciendo exactamente la obra que Satanás quería que hicieran; su curso de acción era una acusación contra el carácter de Dios, a quien presentaban como un tirano. Daban la impresión de que la observancia del sábado, tal como Dios la requería, endurecía el corazón del hombre y lo convertía en antipático y cruel.

Cristo no vino para menospreciar lo que habían dicho los patriarcas y profetas, puesto que Él mismo había hablado por medio de aquellos hombres representativos. Él mismo era el originador de toda verdad. Toda gema de verdad provenía de Cristo. Pero esas gemas preciosas se habían enmarcado en esquemas falsos. La preciosa luz que de ellas brillaba se había empleado para fomentar el error. Los hombres las habían tomado para adornar la tradición y la superstición. Jesús vino para extraerlas de los falsos esquemas del error, engastándolas en el marco de la verdad.

¿Dónde se podría expresar más plenamente lo que significa la expresión: "tendrán apariencia de piedad, pero negarán la eficacia de ella", si no es en aquel pueblo y en sus servicios? Cada una de esas declaraciones es simplemente otra forma de expresar el hecho de que poseían la forma de la piedad, pero careciendo del poder de ella. Actualmente estamos en un tiempo de la historia en que tener una apariencia de piedad mientras se niega la eficacia de ella es una maldición para el mundo. Las mismas verdades que se escribieron *entonces* en la Escritura en contra de aquella condición, constituyen la luz y la verdad de Jesucristo contra esa misma condición *en nuestro día*. Lo que salvaba entonces a la gente de la apariencia de piedad desprovista de poder –lo que los salvaba de aquella absurda sucesión de formas y ceremonias, del ceremonialismo y de la ley ceremonial que es simplemente ceremonialismo–, lo mismo que los salvaba de ello entonces, ha de salvarlos hoy.

¿Qué es lo que los salvaba entonces? "Él es nuestra paz, que de ambos pueblos hizo uno, derribando la pared intermedia de separación, aboliendo en su carne las enemistades (la ley de los mandamientos expresados en ordenanzas) [o ceremonias, que eran una forma de piedad desprovista del poder de ella], para crear en sí mismo de los dos un solo y nuevo hombre, haciendo así la paz". Fue rendir a Jesucristo absolutamente todo interés en el universo –logrando así la destrucción de esa enemistad– lo que los salvó del ceremonialismo; y nada menos que eso nos salvará hoy de él. Nada menos que eso va a salvar a los adventistas del séptimo día del ceremonialismo y de seguir hoy la misma pista de la antigua ley ceremonial.

[Profesor Prescott: Quisiera asegurarme de que comprendamos claramente la idea, ya que todo parece centrarse en este punto. ¿Hemos de comprender que Jesucristo, en aquel tiempo, realmente no sólo abolió aquella ley ceremonial, sino que hizo mucho más que eso, aboliendo la ley ceremonial en todo lugar y para siempre, sin importar cómo estuviera expresada?]

Así es; ese es exactamente el punto.

Lo abordaremos desde otra perspectiva. ¿Cuál era la causa de toda esa separación entre judíos y gentiles? ¿Por qué tenían una forma de piedad sin el poder de ella? ¿Cuál fue el problema de los discípulos cuando fueron con Jesús a Samaria? –La "enemistad", el pecado, el yo. Pero en la enemistad, el pecado y el yo, *todo pertenece al yo*. Fue poner el yo en lugar de Dios lo que pervirtió, no solamente los servicios y las formas de servir que Dios había señalado, sino que añadió ceremonias y normativas humanas, tal como hemos leído ya. ¿Qué propósito buscaban? –Ser salvos, ser justos. Pero no hay una sola forma de ceremonia –ni siquiera las que el propio Dios prescribió– que pueda salvar al hombre. Ahí es donde se confundieron y donde se confunden miles de personas. Eso es, tener "apariencia de piedad, pero [negando] la eficacia de ella", y es ceremonialismo. Si te atienes a ello, te estás adhiriendo a la ley ceremonial, que fue abolida cuando Cristo abolió la enemistad en su carne, derribando el muro de separación.

Fue por carecer de la presencia de Jesucristo en el corazón mediante una fe viviente, por lo que depositaron su confianza en esas otras cosas para la salvación. Careciendo de Cristo para efectos de salvación, se entregaron a esas otras cosas, a fin de alcanzar la justicia mediante ellas. De esa forma, tomaron los medios que Dios había señalado para otros propósitos: tomaron los diez mandamientos, la circuncisión, los sacrificios y ofrendas, los holocaustos y las ofrendas por el pecado; tomaron todo eso que Dios había dado con otro propósito, y lo emplearon para obtener la salvación por su medio, para lograr la justicia mediante aquellas prácticas.

Ahora bien, no podían obtener justicia alguna en la realización de aquellas cosas; no podían encontrar paz ni satisfacción para el anhelo del corazón, ya que [la justicia] no está allí; todo procedía de ellos mismos. En consecuencia, a fin de poder estar seguros, tuvieron que expandir aquellas cosas que Dios había señalado y dispuesto, multiplicándolas hasta resultar en diez mil minucias y distinciones particulares, y eso a fin de asegurarse de poseer exactamente esa justicia por la que se esforzaban. Pero no había satisfacción en ninguna de aquellas cosas; seguía faltándoles la paz del corazón, lo que les llevó a añadir innumerables regulaciones de su propia invención. Todo era ceremonialismo de principio a fin, y la finalidad buscada era hacerse justos en la realización de aquellas cosas.

Pero fuera de la fe en Jesucristo no hay nada que pueda hacer al hombre justo, y ninguna otra cosa puede mantenerlo así. Pero ellos carecían de dicha fe; no tenían a Cristo morando en el corazón mediante una fe viva, de forma que la virtud del propio Cristo brillase en sus vidas mediante aquellas cosas que Dios había dispuesto, que el propio Cristo había dispuesto con ese propósito. En consecuencia, cuando procuraban obtener la justicia por medio de aquellas cosas que eran simplemente la expresión de su propio yo puesto a la obra, se perdían la auténtica justicia y el *yo* iba edificando eso que el testimonio identifica tan a menudo como el "muro de separación", la "pared divisoria", "exacciones arbitrarias", "levantar un cerco", según expresiones repetidas una y otra vez en toda forma concebible.

¿Qué hizo que se levantara tal muro? ¿Fue Dios quien lo erigió? –No. ¿Quién fue? –Ellos mismos. ¿Y qué había en ellos que era la base de todo esto? –El yo. Y ese yo, como tantas veces hemos visto, es enemistad contra Dios; no se sujeta a la ley de Dios ni puede realmente hacerlo. Leímos que los discípulos "consideraron que a fin de demostrarse leales a su nacionalidad debían manifestar enemistad hacia los samaritanos". ¿Adquirirla? –No: manifestarla, adherirse a ella.

Puesto que esa enemistad –que es simplemente la expresión del yo– fue la responsable del levantamiento de ese muro de separación, cuando Jesús quiso derribarlo y destruirlo, es decir, aniquilarlo, ¿cuál podría ser la única manera efectiva de lograrlo? ¿Es comenzando por arriba, nivel a nivel, como se derriba un muro o un edificio, o quizá comenzando la demolición hacia la mitad de su altura? –No. Si usted quiere derribar todo, tiene que empezar con la demolición del fundamento y así se hace caer toda la estructura; la pared es destruida. Es así como se logra la demolición de un muro o de un edificio.

Jesucristo quería abolir todo aquello, quería eliminar totalmente aquel muro y convertirlo en ruinas, por lo tanto, atacó sus fundamentos. Y puesto que el motor, el fundamento de aquella absurda pared era la enemistad, Jesús la hizo caer "aboliendo en su carne *la enemistad*", y junto con ella "la ley de los mandamientos expresados en ordenanzas".

[Sr. Gilbert: La propia palabra "justicia" resultó pervertida, de modo que ahora se considera que el justo es quien da limosna: al darla, obtiene en ello la justicia].

El hermano Gilbert, quien es hebreo de nacimiento y ciertamente judío, nos hace saber que esa misma idea persiste aún hoy entre los judíos; que la palabra "justicia" y el concepto de justicia se ha pervertido, significando simplemente lo que uno recibe como consecuencia de haber hecho algo, de haber dado limosna u otro tipo de buena obra. Se trata de justicia por las obras, por lo que uno hace *sin Jesucristo*. Es puro ceremonialismo, y es tan malo para los adventistas del séptimo día hoy como lo fue para cualquier fariseo en Judea hace mil ochocientos años. Esa es la posesión de todo el que hace profesión de cristianismo sin Cristo; es la apariencia de piedad desprovista del poder; es solamente el fruto de la enemistad, eso es todo.

Allí donde esté presente la enemistad, habrá ceremonialismo. No se lo puede desechar sin eliminar la enemistad, y por tanto tiempo como la enemistad esté allí, se hará notar. En algunos ámbitos se manifiesta como racismo, en otros como nacionalismo, como la línea germánica, la línea escandinava, etc. Si se les permitiera desarrollarse en su plenitud, habría tantas líneas en el mensaje del tercer ángel como colores y nacionalidades hay en el mundo. Pero en Jesucristo jamás puede darse una cosa así, y si no estamos en Jesucristo, ciertamente no estamos en el mensaje del tercer ángel.

La enemistad queda abolida en Jesucristo; en consecuencia, en Él no existen líneas divisorias; no hay una línea germánica, escandinava o la línea que sea. No hay blanco ni negro, no hay alemán, francés, escandinavo, inglés o nacionalidad alguna, sino Jesucristo manifestado en todos, mediante todos y en todos vosotros. Pero esas divisiones no serán erradicadas –ni siquiera entre los adventistas del séptimo día– a menos que previamente se haya eliminado la enemistad mediante una fe viva en Jesucristo que le entregue a Él la voluntad a fin de recibir esa imagen divina viviente de la que nos habló el hermano Prescott anoche. Ese es el punto en el que estamos, y eso es verdad presente tanto para los adventistas del séptimo día como para los demás. Continúa tratándose del mismo clamor: "¡Salid de ella, pueblo mío, para que no seáis partícipes de sus pecados ni recibáis parte de sus plagas!, porque sus pecados han llegado hasta el cielo y Dios se ha acordado de sus maldades".

Tenemos otra palabra al respecto. Presenta el cuadro completo en sus dos fases:

> Por aquel tiempo los israelitas habían llegado a considerar los servicios relacionados con los sacrificios como si tuvieran en ellos mismos virtud para expiar el pecado. De esa forma habían perdido de vista a Cristo, a quien señalaban esos servicios. Dios les enseñaría que todos esos servicios carecían por ellos mismos de valor tal como sucedía con la serpiente de bronce. Igual que en el caso de esta, habían de dirigir sus mentes a Cristo, la gran ofrenda por el pecado. Fuese para sanar de la picadura [de la serpiente] o para el perdón de los pecados, nada podían hacer por ellos mismos excepto manifestar fe en el remedio que Dios había provisto. Habían de mirar y vivir [*GCB* 5 de marzo, 1895].

Observad ahora la verdad *presente*:

> En la era cristiana se cuentan por miles los que han caído en un error similar al del pueblo judío. Creen que han de depender de su obediencia a la ley de Dios para recomendarse a su favor [*ibíd.*].

¿Quiénes son los que han caído en un error similar al de los judíos? –Los que piensan que han de depender de su obediencia a la ley a fin de recomendarse al favor de Dios. ¿Es vuestro caso? ¿Habéis conocido a alguien así en algún momento de vuestra vida? Gracias a Dios por haber derribado el muro de separación.

> Se ha perdido de vista la naturaleza e importancia de la fe, y ese es el motivo por el que a tantos les cuesta creer que Cristo es su Salvador personal [*ibíd.*].

Es la fuerte pulsión de esa enemistad –que no cesará hasta haber sido crucificada, muerta y enterrada con Jesucristo– la que exclama: 'Tengo que hacer algo: no soy lo suficientemente bueno como para que Dios se agrade de mí. Él no tiene la bondad suficiente como para atender a alguien tan malo como yo. Tengo que hacer algo para pavimentar el camino, tengo que hacer algo para romper las barreras que hay entre Él y yo; he de hacerme lo suficientemente bueno como para que Él me mire con favor. Por consiguiente, debo guardar los mandamientos y los voy a guardar; voy a firmar un pacto, voy a establecer un acuerdo y lo voy a cumplir'. Y entonces tratáis de llevarlo a efecto con toda la determinación de que sois capaces.

Voy a leer un pasaje del libro "Vida de Pablo", de Farrar (p. 40):

> Los sacerdotes judíos habían deducido –y enseñaban– que, si alguien no se sentía inclinado a hacer tal o cual cosa, debía obligarse a sí mismo mediante un voto.

Era literalmente así: aunque tu corazón no quiera, tienes que hacerlo de todas formas puesto que es lo correcto –y tú quieres hacer lo correcto–, por lo tanto, firmamos un pacto, hacemos un voto. 'Puesto que he firmado el pacto, ahora estoy obligado a cumplirlo, no me queda otro remedio. No tengo placer alguno de realizarlo, es como un yugo de servidumbre, pero dado que me he comprometido, he de ser fiel al voto'. Eso es ceremonialismo y surge de la enemistad que se origina en el yo.

> Se cuentan por miles los que en la era cristiana han caído en un error similar al del pueblo judío. Creen que han de depender de su obediencia a la ley de Dios a fin de recomendarse a su favor. Se ha perdido de vista la naturaleza e importancia de la fe, y ese es el motivo por el que a muchos les cuesta creer en Cristo como su Salvador personal [*GCB* 5 de marzo, 1895].

Cuando crees en Cristo como tu Salvador personal, cuando en tu corazón vive y reina la fe verdadera, no necesitas votos para forzarte a hacer esto o aquello. No; el corazón exclamará siempre con alegría: "El hacer tu voluntad, Dios mío, me ha agradado, y tu ley está en medio de mi corazón".

Pero Jesucristo derribó la pared divisoria. Abolió en su carne esa enemistad que se opone a la fe y que mantiene al hombre separado de Dios. Abolió esa enemistad que habría mantenido al hombre alejado de Cristo, que habría interpuesto alguna otra cosa, cualquier cosa en lugar de Cristo; ya que eso causo que el hombre dependiera de cualquier cosa y de todo lo que está debajo del sol para ser salvo –cualquier cosa que no sea Cristo–; pero fuera de Él, nada hay bajo el sol, sea en el cielo, en la tierra o en cualquier otro lugar, capaz de salvar. Sólo Cristo y la fe en Cristo pueden hacerlo. Sólo en Él hay salvación. Y si alguien tiene la expectativa de ser salvo por lo que llama fe en Cristo, *más alguna otra cosa*, sigue tratándose del mismo viejo ceremonialismo; sigue siendo el fruto de la enemistad. El hombre no se salva por la fe en Cristo *y algo más*.

A algunos puede parecerles exagerado, por lo tanto, leeré la continuación:

> Cuando se les pide que miren a Jesús por la fe y que crean que sin ninguna buena obra de su parte Él los salva únicamente por los méritos de su sacrificio expiatorio, muchos comienzan a dudar. Como Nicodemo, exclaman: "¿Cómo puede ser eso así?"
>
> Sin embargo, nada se enseña con mayor claridad en las Escrituras. Aparte de Cristo, "en ningún otro hay salvación, porque no hay otro nombre bajo el cielo, dado a los hombres, en que podamos ser salvos" (Hech 4:12). El hombre no tiene nada que presentar como expiación, nada con que satisfacer la justicia divina, única a la que la ley dará su aprobación. Incluso si fuera capaz de guardar perfectamente la ley a partir de cierto momento, eso no podría expiar sus transgresiones pasadas.
>
> La ley exige del hombre obediencia perfecta durante toda su vida, por lo tanto, a él le resulta imposible mediante su futura obediencia expiar siquiera un solo pecado. Si la gracia de Cristo no renueva el corazón, somos incapaces de obedecer la ley de Dios. Nuestros corazones son malos por naturaleza, ¿cómo, pues, podrían producir lo que

es bueno? "¿Quién podrá sacar algo limpio de lo inmundo? ¡Nadie!" (Job 14:4). Todo cuanto el hombre puede hacer sin Cristo está contaminado con el egoísmo y el pecado. Por consiguiente, todo el que pretende alcanzar el cielo mediante sus obras al guardar la ley, está procurando una imposibilidad. Es cierto que el hombre no puede ser salvo en la desobediencia, pero sus obras no han de ser suyas. Cristo ha de obrar en él el querer y el hacer según su buena voluntad. Si el hombre pudiera salvarse a sí mismo mediante sus propias obras, podría tener algo en sí mismo de qué jactarse, pero es sólo mediante la gracia de Cristo como podemos recibir poder para realizar una acción justa.

Algunos se equivocan al pensar que el arrepentimiento posee un valor tal como para expiar el pecado, pero eso no es posible. De ninguna forma se puede aceptar el arrepentimiento como una expiación. Y hay más: es imposible que se dé el arrepentimiento sin la influencia del Espíritu de Dios. Se ha de impartir la gracia, el sacrificio expiatorio ha de hacerse efectivo en el hombre antes que este pueda arrepentirse.

El apóstol Pedro declaró respecto a Cristo: "A este, Dios ha exaltado con su diestra por Príncipe y Salvador, para dar a Israel arrepentimiento y perdón de pecados" (Hech 5:31). El arrepentimiento viene de Cristo tan ciertamente como el perdón. El pecador no puede dar el primer paso en el arrepentimiento sin la asistencia de Cristo. Dios hace que primeramente se arrepientan aquellos a quienes perdona.

Nada, nada, nada excepto la fe en Jesucristo –y solamente en Él–, nada fuera de *eso* salva el alma, y ninguna otra cosa la mantiene salva.

El gran problema con los judíos de principio a final consistió en tener tan alejado al Señor, que incluso hasta las cosas que les había dado para enfatizar su perfecta *cercanía*, fueron tomadas y utilizadas como indicativos de que estaba *muy alejado*. Los sacrificios, las ofrendas, el tabernáculo, el templo, sus servicios, todas esas cosas fueron empleadas por parte de los instructores judíos y por el pueblo, de forma que para ellos todos esos servicios apuntaran a un Cristo que estaría en alguna parte lejana. Se las comprendió como señalando al Mesías, pero un Mesías muy alejado. Se requería que se hicieran buenos a fin de traerlo cerca, y esas cosas eran vistas como si poseyeran virtud por ellas mismas, y por consiguiente dotadas con la capacidad de proporcionarles justicia.

No estoy seguro de que los adventistas del séptimo día hayan superado esos conceptos que se resumen en un Cristo alejado. No estoy sugiriendo que los adventistas del séptimo día piensen que Cristo está ahora alejado. Al considerar el santuario [terrenal] y sus servicios, con sus sacrificios y ofrendas, temo que sigan creyendo que el propósito de ello era enseñarles acerca de un Cristo oculto en algún lugar remoto. Solemos repetir que todas esas cosas señalaban a Cristo, y ciertamente es así; pero evocaban a un Cristo cercano, no alejado. Era el propósito de Dios que captasen la idea de Cristo viviendo en sus corazones, no alejado 1800 años atrás, no tan distante como los cielos de la tierra, sino presente en su experiencia vital cotidiana.

Cuando comprendamos y nos atengamos a ese concepto, y posteriormente estudiaremos el tema del antuario, los sacrificios y ofrendas: el evangelio tal cual lo presenta Levítico, veremos que se centraba en un Cristo vivo y presente como su Salvador en el día a día. Y veremos que lo mismo sucede también para nosotros hoy.

Hay evangelio, hay experiencia cristiana para nosotros hoy en Levítico, en Deuteronomio, en Génesis, en Éxodo y en toda la Biblia. Pero cuando leemos esos pasajes y afirmamos que esos sacrificios y ofrendas se referían a un Cristo que estaba alejado de los judíos, y que era de esperar que mirando a través de esos servicios pudieran divisar a un Cristo que vendría de alguna forma en un futuro incierto y distante; cuando leemos esas escrituras y las interpretamos de ese modo, entonces las estaremos leyendo precisamente de la forma en que lo hicieron los judíos, y tomaremos la misma postura que ellos sostuvieron acerca de esas escrituras.

Eso nunca funcionará. No debemos mirar al santuario con su mobiliario y parafernalia, tal como Dios lo estableció, estando su propia presencia en Él, y pensar que todo eso les había de enseñar que Dios moraba solamente en el santuario celestial. Cuando lo vemos de esa forma es inevitable que pensemos que eso es todo lo cerca que puede estar también de nosotros ahora, puesto que eso es todo lo cerca que le concedemos haber estado de ellos. Si en su caso lo vemos de esa forma, de habernos encontrado allí personalmente en la misma situación, ¿cómo lo habríamos comprendido nosotros? –Igual que ellos, lo que demuestra que de habernos encontrado allí habríamos seguido la misma conducta que ellos.

Existe la tendencia, incluso entre nosotros, a considerar el santuario y sus servicios, a Dios morando en el santuario, a leer el texto: "Harán un santuario para mí, y habitaré en medio de ellos", y pensar: 'Sí, Dios moraba entre ellos en el santuario, lo que dirigía la atención al santuario en el cielo, y llegará el momento en que Dios volverá a morar con su pueblo, ya que dice en referencia a la tierra nueva: "El tabernáculo de Dios está ahora con los hombres. Él morará con ellos, ellos serán su pueblo", por lo tanto, en la tierra nueva Dios va a morar de nuevo con su pueblo'. Pero ¿*dónde está Dios ahora*? Eso es lo que queremos saber. ¿Qué importancia tiene para mí que Él morara con los judíos en Jerusalén hace dos o tres mil años? ¿Qué importancia tiene que Él vaya a morar con su pueblo en la tierra nueva? ¿Qué importa todo eso, si ahora Él no mora en mí? Porque si Él no puede morar conmigo ahora, es seguro que nunca puede morar conmigo en la nueva tierra ni en ningún otro lugar; puesto que Él no cambia. Lo que quiero saber, y lo que cada alma necesita saber, es, ¿Él vive conmigo *ahora*? Si lo ponemos de vuelta allá en los días de los judíos, y luego lo alejamos hasta la nueva tierra, ¿qué bien hace eso por nosotros ahora? ¿Cómo afecta eso ahora al ser humano? De esa manera, ¿cómo está Él con nosotros ahora? Tal ha de ser el objeto constante de nuestro estudio.

Podéis, pues, ver que aquel sistema de ceremonialismo encerraba mucho más que simplemente algo pasajero que inquietó a los judíos por algún tiempo, para desvanecerse después. La naturaleza humana sigue siendo constantemente asediada de forma semejante mientras el diablo viva, tan ciertamente como el corazón humano albergue esa enemistad. Esa mente que no se sujeta a la ley de Dios ni puede hacerlo, tan ciertamente como exista en el mundo y por tanto tiempo como esté en él, lo maldecirá con el ceremonialismo. Y por tanto tiempo como haya algo de eso en mi corazón, pesará sobre él la maldición del ceremonialismo.

Lo que se espera de nosotros es que hallemos tal liberación en Jesucristo, una victoria y una exaltación hasta la diestra de Dios en el cielo tan absolutas *en Él*, que esa enemistad sea completamente aniquilada en nosotros en Él. Entonces estaremos libres de ceremonialismo, de tradiciones y mandamientos de hombres, y de hombres que pretenden ser nuestra conciencia. Que dice: 'Tienes que hacer esto o aquello, o de lo contrario no puedes ser salvo'. Pero la realidad es otra: 'Cree en Jesucristo, o de lo contrario no puedes ser salvo. Ten verdadera fe en Jesucristo y serás salvo'.

Se trata de la misma batalla que se luchaba en los días y en la obra de Pablo. El apóstol predicaba solamente a Jesucristo para la salvación. Pero le vigilaban ciertos fariseos "que habían creído", protestando así: 'Está bien creer en Jesucristo, pero hay algo más. Has de ser circuncidado y guardar la ley de Moisés; en caso contrario no puedes ser salvo'. Aquel desafío perduró por años, y Pablo luchó siempre contra eso. No cedería ni por el espesor de un cabello, no admitiría compromiso alguno al respecto: "Si os circuncidáis, de nada os aprovechará Cristo". "Los que por la ley os justificáis, de la gracia habéis caído". ¡Nada; nada excepto Cristo y la fe en Él! Finalmente lo hicieron comparecer ante el concilio y allí el Espíritu de Dios decidió que Cristo, y no el ceremonialismo, es el camino de la salvación. Esos son los hechos. De una parte, el intento por imponer el ceremonialismo en la cristiandad, o mejor dicho: implantarlo en lugar de la cristiandad; de la otra parte, el principio vital de Jesucristo mediante una fe viva que actúa en la vida y corazón de quienes creen en Él.

Hay una gran diferencia entre el ceremonialismo y ese principio. Jesucristo quiere que lo encontremos a Él de una forma tan plena y personal, que los principios vitales de la verdad de Dios tales como son en Jesucristo sean nuestra guía, y que esos principios vivientes, brillando en la vida del hombre mediante la gloria de Jesucristo, nos guíen a cada instante, de forma que sepamos qué hacer en toda ocasión. Entonces no será necesario que tomemos resoluciones o votos para obligarnos a hacer esto o lo otro. Esa es la diferencia entre el ceremonialismo y el principio de la presencia viviente de Cristo en el corazón. El primero es todo él formalismo y servicio exterior desprovisto de Cristo; el otro es todo en Cristo: Cristo, el todo y en todos.

A fin de comprenderlo mejor, veamos de nuevo lo que los judíos estaban entonces haciendo en los servicios del templo –en los sacrificios y ofrendas–. Bien sabemos que el santuario –el templo– era una representación del santuario celestial, que los sacrificios eran una representación del sacrificio de Cristo y que el sacerdocio con sus servicios eran una representación del sacerdocio de Cristo. En todas esas cosas Dios les estaba instruyendo –a ellos y a nosotros– acerca de sí mismo tal como queda revelado en Cristo. Primeramente, se trató de un santuario, para venir a ser más tarde el templo que estuvo sobre el monte Sión en Jerusalén. A partir de lo anterior Dios les enseñó que allá lejos está el verdadero templo, en el monte Sión de la Nueva Jerusalén. Dios moró en aquel templo edificado sobre el monte Sión en Jerusalén –en Palestina–; y en ello les mostró que Él moraba allá lejos, en el templo del monte Sión, en la Jerusalén celestial.

Y declaró también –y es cierto de ambos lugares y en los dos aspectos–: "Así dijo el Alto y Sublime, el que habita la eternidad y cuyo nombre es el Santo: 'Yo habito en la altura y la santidad...' ¿Habita en algún otro lugar?: "...pero habito también con el quebrantado y humilde de espíritu, para reavivar el espíritu de los humildes y para vivificar el corazón de los quebrantados'" (Isa 57:15). ¿Cuándo es eso cierto? Estamos retrotrayéndonos muy atrás en el tiempo. ¿Cuándo es que moraba "con el quebrantado y humilde de espíritu" tanto como "en la altura y la santidad"? ¿Era eso cierto setecientos años antes de Cristo, cuando Isaías hablaba? –Efectivamente. Pero ¿comenzó Dios solamente *entonces* a morar con el quebrantado y humilde de espíritu tanto como en la altura y la santidad en el monte de Sión? –No.

¿Era cierto mil años antes de Cristo, cuando hablaba David? –Sí. ¿Fue entonces cuando comenzó a hacerlo? –No. Mil cuatrocientos años antes de Cristo, cuando Moisés escribía y enseñaba al pueblo, ¿moraba Dios ya con el quebrantado y humilde de espíritu? –Sí. ¿Fue entonces cuando comenzó a hacerlo? –No. Dios mora siempre –eternamente– en ambos lugares: con el quebrantado y humilde de espíritu, y en la altura y la santidad.

¿Acaso Dios, en aquel templo terrenal, no les enseñaba acerca de su morada en el país celestial, tanto como en el templo que había en esta tierra? –Ciertamente. Ante sus ojos se elevaba el monte Sión de esta tierra, en representación de su homónimo celestial, tal como Dios lo presentó ante los ojos de ellos por la fe. En el monte Sión, en la zona más alta y exaltada de la Jerusalén terrenal, se erigía el templo en el que moraba Dios. Y en ello les estaba mostrando que Él no sólo moraba allí, sino en el templo del corazón, en el santuario del alma del quebrantado y humilde de espíritu. Estableciendo aquel templo entre los hombres pecaminosos y morando Él mismo entre ellos, les estaba enseñando también la forma en que iba a morar en el templo del cuerpo de Cristo, rodeado de hombres pecadores y en carne pecaminosa.

Existía asimismo el sacerdocio del templo terrenal situado sobre el monte Sión en Jerusalén. También hubo sacerdote en el santuario de Silo, en el desierto. Eso, es cierto, representó el sacerdocio de Cristo, pero ¿eso representaba cualquier sacerdocio de Cristo antes del año 1?, ¿debiéramos pensar que representaba solamente un futuro sacerdocio de Cristo que estaba aún alejado en el tiempo? –No. Aquel sacerdocio en Jerusalem y en el santuario del desierto, ¿representaba un sacerdocio que existía ya según el orden de Melquisedec? ¿Acaso la Escritura dice: "Tú *serás* sacerdote para siempre, según el orden de Melquisedec"? –¡No dice eso! "Tú *eres* sacerdote para siempre, según el orden de Melquisedec". ¿No era Melquisedec sacerdote en los días de Abraham? ¿No es acaso eterno el sacerdocio de Cristo, según orden de Melquisedec?

¿No veis, pues, que todo ese sistema de servicios dado a Israel tenía por objeto enseñarles la presencia de Cristo *allí y entonces* para salvación presente de sus almas, y no para la salvación de sus almas mil ochocientos, dos mil o cuatro mil años más tarde?

Oh, siempre ha sido el engaño de Satanás, y siempre ha sido el trabajo de su poder, conseguir que los hombres, todos los hombres, piensen que Cristo está lo más lejos posible, como sea imaginar. Cuanto más lejos pongan los hombres a Cristo –incluso los que profesan creer en Él– tanto más satisfecho está el diablo. Entonces despertará la enemistad que hay en el corazón natural y la pondrá a la obra de fomentar el ceremonialismo, que quedará establecido en el lugar de Cristo.

Existía también la circuncisión. ¿Era la señal de algo que vendría más tarde en algún tiempo? –No. Era la señal de la justicia de Dios que obtenían por la fe, y que estaba allí presente en quienes creían y cuando creían. Así lo fue para Abraham, y era el propósito de Dios que lo fuese igualmente para todo hombre. Pero en lugar de eso lo habían tomado y lo habían hecho una señal de la justicia, por la circuncisión misma, por las propias obras. Haciendo así dejaron a Cristo totalmente al margen, poniendo la circuncisión en lugar de Él. La circuncisión era una señal de la justicia de la fe (Rom 4:11). Pero ellos no tuvieron fe, y en consecuencia la convirtieron en una señal de la justicia obtenida de alguna otra forma. Entonces vino a ser solamente una señal de egoísmo.

Dios les dio su ley –los diez mandamientos–, ¿lo hizo a fin de que obtuvieran la justicia mediante ella? –No, sino para que dicha ley testificara de la justicia que habían obtenido mediante la fe en Jesucristo morando en el corazón. Esa era entonces la función de los diez mandamientos: precisamente la misma que ahora.

¿Acaso los sacrificios que se ofrecían no eran un tipo de Cristo? –Ciertamente. Pero eran un tipo de Cristo en el presente, mediante la fe. ¿Acaso no estaba Cristo presente ahí mismo? ¿No es Cristo el cordero inmolado desde el principio del mundo? ¿No fue Cristo el don de Dios desde antes que el mundo existiera? Entonces, cuando llamó a los hombres desde Adán a todos – mientras los sacrificios se ofrecieran de esa manera –, cuando les enseñó a ofrecer esos sacrificios; ¿qué estaba haciendo, excepto enseñarles que eso simbolizaba el gran sacrificio que Dios había hecho ya por ellos, y del que estaban ya disfrutando la bendición al tener en el corazón ese don que es Jesucristo?

No es preciso que continuemos. Lo dicho basta para ilustrar el punto. ¿No está claro que todo cuanto Dios les dio en su día tenía por objeto enseñarles acerca del Salvador personal, viviente y presente con ellos, con tal que lo recibieran? Y todo cuanto tenían que hacer para recibirlo es creer en Él. Les fue predicado el evangelio, pero "a ellos de nada les sirvió haber oído la palabra, por no ir acompañada de fe en los que la oyeron" (Heb 4:2). "Temamos, pues, no sea que, permaneciendo aún la promesa de entrar en su reposo, alguno de vosotros parezca no haberlo alcanzado" (vers. 1). ¿Por qué no la alcanzaron entonces? –Porque no vieron a Cristo presente, crucificado juntamente con ellos, en los servicios que estaban realizando.

Cuando leemos acerca de esas cosas y las estudiamos –el santuario, por ejemplo– y vemos esos tablones, encajes y cortinas, siendo todo ello simbólico de algo alejado en el cielo, si es eso todo cuanto vemos, no apercibiendo ni reconociendo en ello a Cristo en nuestra experiencia personal, ¿en qué somos diferentes a ellos? No me refiero a que seamos como ellos en el desempeño de aquel ritual; mi reflexión es que cuando alguien lo observa hoy *viéndolo de esa misma manera*, ¿en qué se diferencia de los judíos de antaño? –En nada. ¿Está Cristo aún alejado? –No: "Ciertamente no está lejos de cada uno de nosotros". ¿Qué significa "lejos"? No dice que no esté *muy* lejos, sino que *no está lejos*. Tan pronto como encontremos la definición de no estar lejos, hemos hallado el significado de "cerca". Cristo está cercano a cada uno de nosotros, y siempre lo ha estado. Estaba igualmente cerca de ellos, y siempre lo estuvo. Pero la incredulidad les impidió verlo cercano. En todos esos servicios que Él les dio, así como en los que nos ha dado a nosotros, quiere que todos veamos la proximidad del Cristo viviente morando en el corazón y brillando en la vida cotidiana. Eso es lo que quiere que todos veamos; y que lo veamos todo. y es la forma en que Él quiere que lo veamos.

Otra cuestión: ¿Cuál fue la causa de todo el problema? ¿Qué hizo que Cristo quedara alejado, convirtiendo en ceremonialismo los servicios sagrados y vivientes de Dios? –La "enemistad". Fue el yo, la enemistad del yo, la que causó todo aquello. Ese *yo* se expresó en incredulidad, dado que no se sujeta a la ley de Dios ni puede hacer tal cosa. Eso puso un velo delante de sus ojos, de forma que fueran incapaces de ver más allá de lo que estaba ante ellos, incapacitándolos así para comprender cuál era el objetivo final.

No podían comprender cuál era *la finalidad*, "*el fin* de aquello que había de desaparecer" (2ª Cor 3:13). Y no es porque la finalidad pretendida estuviera tan alejada como para impedir que la divisaran desde el punto en que ellos estaban; de ninguna forma estaba ahí la dificultad. No podían ver el objetivo final de todo aquello, no podían ver cuál era el propósito en lo relativo a ellos mismos en aquel momento. Tenemos una gran facilidad para dar a esa expresión [de 2ª Cor 3:13] el sentido de estar señalando algún acontecimiento tan lejano como para imposibilitar que se hicieran una idea de cuál podía ser su finalidad. Esa comprensión es totalmente incorrecta. No; esas cosas que estaban ante sus ojos tenían el propósito de hacerles ver lo que estaba muy próximo a ellos: el propio Cristo presente de forma personal con ellos, morando en sus corazones en aquel mismo tiempo. Tal era el objeto buscado, la finalidad y el propósito de todo ello.

Así, por medio de la enemistad, la incredulidad que llevaba al formalismo cegó su vista y puso un velo ante sus ojos, de forma que no pudieran captar el significado, el propósito de aquello que sería abolido. Y por tanto tiempo como el corazón del hombre albergue aún hoy esa enemistad, se manifestará en incredulidad y pondrá un velo ante *su* vista, impidiéndole ver la finalidad de aquellas cosas que fueron abolidas. No podrá comprender que el propósito de ellas era la presencia viviente de Cristo en el templo del corazón de forma cotidiana, mientras tenía lugar el servicio. Cristo es el significado de todo ello, y Cristo no está alejado.

El objetivo y finalidad de todas aquellas cosas es algo muy cercano, sin embargo, no pueden verlo. ¿Por qué? Leamos ahora segunda de Corintios capítulo tres, comenzando por el primer versículo:

> ¿Comenzamos otra vez a recomendarnos a nosotros mismos? ¿O tenemos necesidad, como algunos, de cartas de recomendación para vosotros o de recomendación de vosotros? Nuestras cartas sois vosotros, escritas en nuestros corazones, conocidas y leídas por todos los hombres. Y es manifiesto que sois carta de Cristo expedida por nosotros, escrita no con tinta, sino con el Espíritu del Dios vivo; no en tablas de piedra, sino en tablas de carne del corazón. Esta confianza la tenemos mediante Cristo para con Dios. No que seamos suficientes de nosotros mismos para pensar algo como de nosotros mismos, sino que nuestra suficiencia viene de Dios, el cual también nos ha hecho ministros suficientes del nuevo testamento; no de la letra…

"Letra…" ¿de qué? –Del "nuevo pacto [testamento]".

Ellos tenían la letra de ese pacto, ¿no es así? Tenían la letra de ambos, el viejo y el nuevo; pero la letra es todo cuanto tenían, y era en la letra como lo tenían.

> El cual también nos ha hecho ministros suficientes del nuevo testamento; no de la letra, sino del espíritu; porque la letra mata…

¿Cuál es la letra que mata? –¡La del nuevo pacto o testamento, lo mismo que cualquier otra letra!

Aquí tengo un libro. Contiene bastantes letras, que no son más que formas que expresan ideas. Esas letras no son las ideas, sino las formas que las contienen y que nos las transmiten a nosotros. Aquellas cosas eran la letra: las formas que contenían las ideas, el espíritu y la gracia de Dios. Es así, pero en todas ellas no vieron más que la letra. ¿Captaron la idea, la gracia, el espíritu? –No; sólo la forma, la letra, tal como leemos en Romanos 2:20: "Tienes en la ley *la forma* del conocimiento y de la verdad".

Tenemos la ley de Dios. Considerémosla tal como la ve el hombre en la letra: esa es la *forma* –la perfecta forma– del conocimiento y de la verdad. Considerémosla ahora tal cual es en Jesucristo, y entonces obtenemos la propia *substancia*, la idea completa, con toda su gracia y espíritu.

A fin de que lo podáis ver leeré una de las mejores expresiones que he encontrado al respecto: "Al mundo le fue presentada la justicia de la ley en el carácter de Cristo" [*ST* 9 de junio, 1890].

En la letra de la ley encontramos la forma de esta. Cuando el hombre la mira tal como está escrita en tablas de piedra o en una hoja de papel, aprecia la forma del conocimiento y la verdad, pero en Cristo tenemos la perfecta substancia y la idea misma. En la letra encontramos el perfecto patrón, la forma perfecta del conocimiento y la verdad; no obstante, se trata sólo de la forma.

En Cristo obtenemos la substancia y la idea misma del conocimiento y de la verdad expresados en las palabras, en la letra, que constituye la forma que contiene la verdad. Así pues, mientras que la letra mata, "el espíritu vivifica". ¡Gracias a Dios por ello!

> Y si el ministerio de muerte escrito y grabado en piedras fue glorioso, tanto que los hijos de Israel no podían fijar los ojos en el rostro de Moisés a causa del resplandor de su rostro, la cual había de fenecer, ¿cómo no será más glorioso el ministerio del espíritu?... y no como Moisés, que ponía un velo sobre su rostro.

¿Qué hacía necesario que hubiera un velo ante su rostro? ¿Se trataba de evitar que los israelitas pudieran discernir? ¿Era para impedirles que comprendieran el propósito de aquello? –No. El velo se debía a que "el entendimiento de ellos se embotó".

Cuando Moisés descendió del monte, su rostro brillaba con la gloria de Dios. Pero la pecaminosidad de ellos era la consecuencia de su incredulidad, que a su vez estaba causada por la enemistad; eso hacía que aquel brillo que reflejaba la gloria de Dios los atemorizara y que huyeran de él. Cuando Moisés descubrió por qué rehusaban acercarse, se cubrió el rostro con un velo. Y aquel velo estaba allí solamente *debido al velo que tenían en sus corazones* mediante la incredulidad. ¿Lo captáis?

Ellos no podían entender el propósito de aquel resplandor en el rostro de Moisés. ¿Por qué? –Porque sus mentes estaban cegadas ["el entendimiento de ellos se embotó"].

Ahora, ¿estaban cegadas sus mentes solamente allí y en aquella ocasión? –No, "porque hasta el día de hoy… les queda el mismo velo sin descorrer". ¿Cuándo? ¿Dónde? –El velo sigue estando allí "cuando leen el antiguo pacto".

"Pero cuando se conviertan al Señor, el velo será quitado", porque en Cristo queda abolida la enemistad que tuvo su origen en la incredulidad.

> Pero sus mentes fueron cegadas; porque hasta el día de hoy cuando leen el antiguo testamento, permanece sin ser quitado el mismo velo, el cual Cristo abolió. Y aun hasta el día de hoy, cuando se lee a Moisés, el velo está puesto sobre el corazón de ellos. Pero cuando se conviertan al Señor, el velo será quitado.

¿A cuántos corazones afecta ese velo? —A todo corazón natural, ya que la mente del corazón natural ["los designios de la carne"] es enemistad contra Dios; no se sujeta a la ley de Dios ni puede hacerlo. "El Señor es el Espíritu; y donde está el Espíritu del Señor, allí hay libertad". ¿Dónde? —En Él, en quien encontramos la abolición de esa enemistad, la demolición de ese formalismo, la aniquilación de todo ceremonialismo, en quien encontramos vida y luz: la brillante gloria de Jesucristo. En Él hay libertad. En el antiguo testamento, en los servicios que el Señor había dispuesto, en los derechos y formas que les dio, vemos a Cristo; y en la práctica de todo lo que se había estipulado veremos sólo la expresión del amor de Cristo que mora ya en el corazón por la fe.

> Por tanto, nosotros todos, mirando con el rostro descubierto y reflejando como en un espejo la gloria del Señor, somos transformados de gloria en gloria en su misma imagen, por la acción del Espíritu del Señor.

Me alegra sobremanera que el Señor haya abolido el formalismo. Él ha derribado, demolido y convertido en ruinas el muro divisivo que separaba a unos hombres de otros, quitándolo del camino, clavándolo en la cruz. Cuando nosotros somos clavados en Él y con Él en la cruz, queda abolida nuestra enemistad y derribado el muro, de forma que todos somos uno en Jesucristo; Cristo lo es todo en todos; y eso es así a fin de que Dios pueda ser el todo en todos.

Capítulo 26

El pecado no se enseñoreará de vosotros; pues no estáis bajo la ley, sino bajo la gracia

Comenzamos hoy allí donde terminamos la lección precedente: en 2ª Corintios 3. Quisiera referirme primero al hecho de que los hijos de Israel no podían fijar "la vista en *el fin* de aquello que había de desaparecer". Vimos que el significado de "el fin" no es el de final, sino el de finalidad o propósito. La palabra griega *telos* significa "el cumplimiento o logro final de alguna cosa; su consumación, realización o resultado, NO su cese o terminación. En sentido estricto, *telos* no es la *finalización* de un estadio precedente, sino el logro, la plenitud o perfección del mismo".

Podéis por lo tanto ver que lo que estaba oculto a los ojos de ellos era el objetivo –o propósito– de aquellos tipos, ceremonias u ordenanzas dadas por Dios, de forma que eran incapaces de verlo. Y la razón por la que les estaba oculto era la incredulidad y dureza de sus corazones.

La incredulidad había puesto un velo en sus corazones, y en correspondencia, Moisés se cubrió el rostro con un velo, ocultando la gloria que de él irradiaba. Eso era una representación del velo que había en los corazones de ellos, que les hacía temer la visión del resplandor de aquella gloria. Leeré 2ª de Corintios 3 de la Biblia en alemán, comenzando por el versículo 3:

> Sois una carta de Cristo mediante nuestro servicio, preparada y escrita, no con tinta, sino con el Espíritu del Dios viviente; no en tablas de piedra, sino en las tablas de carne de los corazones. Esa es la confianza que tenemos mediante Cristo en Dios. No que nosotros seamos capaces por nosotros mismos (o en nosotros mismos), como si fuera algo nuestro, sino que somos capaces mediante Dios (es decir, nuestra capacidad viene de Dios), el cual nos ha hecho capaces para desempeñar ese ministerio –el nuevo testamento–, no la letra, sino el Espíritu, ya que la letra mata, pero el Espíritu vivifica.

Ahora el versículo 7:

> Si el ministerio de la letra que mataba y estaba grabado en piedra tenía gloria, de manera que los hijos de Israel no podían mirar al rostro de Moisés debido a la gloria, la cual cesaría, cuánta más gloria tendrá el ministerio del Espíritu.

Si aquello que cesó tuvo gloria, cuánta más gloria tendrá lo que permanece. Si tuvo gloria aquello que mataba mediante la letra, cuánta más gloria tendrá lo que da vida mediante el Espíritu.

> Porque si el ministerio que predicaba la condenación tuvo gloria, mucha más gloria sobreabundante tiene el ministerio que predica la justicia. Aquella primera parte que fue gloriosa no es de comparar con la gloria sobreabundante. Si bien tuvo gloria lo que cesó, mucha más gloria tendrá lo que permanece.

Queremos estudiar por un momento en qué consistió el ministerio de muerte. La versión King James de la Biblia traduce: "El ministerio de muerte grabado con letras en piedras fue glorioso".

La ministración de la letra, que era la muerte, fue gloriosa. Si comprendemos en qué consiste ese ministerio de muerte, podemos continuar con el resto del texto y comprender todo el asunto. A fin de comprender mejor el ministerio de muerte, leeré de nuevo unas pocas líneas del Testimonio de Jesús.

> Los dirigentes judíos estaban llenos de orgullo espiritual. Sus deseos de glorificación del yo se hacían manifiestos incluso en los servicios del santuario.

Según lo leído, ¿cómo era su servicio del santuario?, ¿qué tipo de ministración era la suya? Era una ministración del yo, ¿no es así? Ahora, ¿qué es el yo? –Pertenece a la enemistad; es pecado. ¿Cuál es el final del mismo? –La muerte. Por lo tanto, ¿en qué consistió el ministerio de muerte?, ¿cuál fue el ministerio de la letra? –Sólo muerte. En él no había salvación. Lo veremos más claramente a medida que avancemos.

> Así, en su mundanalidad se separaron de Dios en espíritu. Aunque que profesaban servirle, estaban haciendo precisamente la obra que Satanás quería que hicieran.

En el santuario y en su ofrecimiento de los sacrificios, ¿a quién estaban sirviendo? –A Satanás. ¿Cuál era entonces su ministración? –Sólo podía ser un ministerio de muerte.

> Estaban haciendo precisamente la obra que Satanás quería que hicieran, estaban tomando un curso de acción que ponía en entredicho el carácter de Dios y hacía que el pueblo lo viera como un tirano.

En su ministerio, en su desempeño de los servicios, tomaban un curso de acción que daba al pueblo la impresión de que Dios era un tirano. Un ministerio como ese ha de ser necesariamente un ministerio de muerte, condenación. Un ministerio de condenación.

Ved esta frase terrible:

> Al presentar sus ofrendas de sacrificio en el templo, eran como actores en una obra de teatro.

Leo todo lo anterior del "Espíritu de profecía" [reproducido en *R&H*, 23 de mayo, 1899]. ¿Qué tipo de adoración era?, ¿qué tipo de ministerio?

> Los rabinos, los sacerdotes y dirigentes, habían dejado de ver más allá (del símbolo), hacia la verdad que estaba representada en sus ceremonias externas.

Ministraban solamente la ceremonia exterior, y lo hacían tal como hace un actor de teatro. Lograban que el pueblo viera a Dios como un tirano. Se trataba de un ministerio de condenación a muerte.

> En las ofrendas de los sacrificios y en los tipos levíticos estaba prefigurado el evangelio de Cristo.

En consecuencia, era glorioso. ¿Lo comprendéis? En sí mismo era glorioso, pero mediante el velo que había en sus corazones ocultaron aquella gloria de su vista. No la vieron ni permitieron que brillara. Aquel ministerio de muerte fue glorioso, pues en todo lo que estaban realizando estaba representada la gloria del evangelio de Cristo, si tan solo permitieran que se les retirara el velo de los ojos, ellos podrían ver. De esa forma propiciarían que se manifestara el ministerio del Espíritu, y por consiguiente de la vida. El ministerio de muerte era glorioso en virtud de la verdad que encerraba; no en virtud de la manera en que lo ministraban. La carencia de Cristo que caracterizaba todo su ministerio, lo convertía para ellos en un ministerio de muerte. No obstante, en sí mismo era glorioso por la verdad que contenía, y que no permitirían que se evidenciara.

> En las ofrendas de los sacrificios y en los tipos levíticos estaba prefigurado el evangelio de Cristo. Los profetas tenían conceptos elevados, santos y nobles, y habían esperado poder ver la espiritualidad de las doctrinas entre el pueblo en sus días; pero había pasado un siglo tras otro y los profetas habían muerto sin ver cumplidas sus expectativas. La verdad moral que presentaban y que tan significativa era para la nación judía, perdió su carácter sagrado en gran medida para ellos. Habiendo perdido de vista la doctrina espiritual, multiplicaron las ceremonias. No manifestaron adoración espiritual en pureza, bondad, y en amor hacia Dios y hacia su prójimo. No guardaron los primeros cuatro ni los últimos seis mandamientos, sin embargo, incrementaron sus requerimientos externos.

Como ha dicho hoy el hermano Gilbert: "Sólo al cuarto mandamiento, se le añadieron cuatrocientos uno requerimientos".

> No conocieron que entre ellos había Uno que estaba prefigurado en el servicio del templo. No podían discernir el Camino, la Verdad y la Vida.

No podían ver la finalidad, el propósito y objeto de aquello que fue abolido.

> Se habían implicado en la idolatría y adoraban formas externas. Hacían continuos añadidos al tedioso sistema de obras en el que confiaban para la salvación.

Me alegra que el hermano Gilbert haya podido dar hoy esa charla, pues a lo largo de toda ella he comprobado que era la mejor preparación posible para la lección de esta noche. Los que han estado aquí han visto a partir de las pocas ilustraciones que ha dado, que hasta el día de hoy hay una profunda verdad espiritual escondida bajo esas formas que los judíos practican en la actualidad. Bajo esas formas, en su mismo centro, está la verdad misma de la justicia y la vida de Jesucristo; pero está completamente oculta a la vista de ellos. No ven nada, excepto la mera forma externa, que es en la que confían para la salvación.

La enemistad que hay en el corazón natural ciega sus mentes respecto a lo que fue abolido, eso que en caso de que sus corazones se volvieran hacia el Señor, verían claramente que fue abolido. Nosotros, cuyos corazones se han vuelto hacia el Señor, debemos ver ahora esas cosas, o de lo contrario caeremos en un sistema semejante de formas y ceremonias, por más que estemos observando aquello que Cristo ha establecido.

Cuando el hermano Gilbert estaba hablándonos hoy de esas cosas, me parecía la preparación perfecta para nuestro estudio, a fin de que podamos ver la verdad relativa al ministerio de muerte en este tercer capítulo de la segunda carta a los Corintios. Dicha ministración fue gloriosa debido a las verdades en ella contenidas –aun estando escondidas–; no obstante, no tenían una gloria comparable a la que viene mediante una fe viviente en Cristo, quien derribó la pared, abolió la enemistad y liberó a su pueblo para que contemplara con el rostro descubierto, como en un espejo, la gloria del Señor que los transformaría según esa misma imagen de gloria en gloria, como por el Espíritu del Señor. La enemistad de la mente carnal es el fundamento de toda esa pared, del muro intermedio de separación, del ceremonialismo que fue erigido y que era ciertamente la ley ceremonial tal como existía en los días de Cristo en esta tierra. Y aboliendo esa enemistad, derribó –aniquiló– por siempre esa pared para todos los que están en Él, ya que sólo en Él se ve eso realizado.

Una palabra más al respecto: siempre existió una *verdadera ley ceremonial* además de la ley de Dios, y aparte del ceremonialismo del pueblo de Israel en su enceguecido corazón. Aquellos servicios que ellos pervirtieron convirtiéndolos en meras formas, era Dios quien los había dispuesto a fin de que a través ellos las personas pudieran ver a Cristo revelado más plenamente, a fin de que pudieran ver la presencia cotidiana de Dios y que de esta forma pudieran apreciar la gloriosa salvación del pecado –que es transgresión de la ley de Dios–.

Pero no sólo pervirtieron todas esas disposiciones ceremoniales que Dios había instituido con tan bendito propósito, sino que pervirtieron la totalidad de la propia ley de Dios convirtiéndola en un sistema de ceremonialismo, de forma que todo se centrara en la justicia y la salvación por la *ley*, todo por las *obras*, mediante ceremonias. Aun así todas esas cosas que el Señor había instituido, una vez pervertidas eran incapaces de satisfacer el corazón, tuvieron que añadirles multitud de invenciones suyas a fin de suplir la carencia si fuese posible, y asegurarse de la salvación; pero era todo un asunto sólo de muerte. Al respecto, por lo tanto, era también cierto que "el mandamiento intimado para vida", para ellos "era mortal".

Por lo tanto, siempre existió una verdadera ley ceremonial. De haber sido fieles a Dios, siempre habrían dispuesto de ella. Y si se hubieran mantenido fieles, aquella verdadera ley ceremonial les habría llevado a ver a Cristo siempre presente y tan perfectamente aliado con ellos –y viviendo en ellos– que al venir Él, toda la nación lo habría recibido con gran alegría y Él se habría visto reflejado en ellos tal como sucederá cuando regrese por segunda vez. Así pues, había una auténtica ley ceremonial que Dios dispuso con ese propósito: el de que mediante ella pudieran ver la espiritualidad de la ley de Dios, que es el reflejo del carácter de Cristo y su justicia tal como se encuentran únicamente en Él. Esas cosas debieran haberles ayudado a comprender a Cristo, de forma que lo vieran como el cumplimiento, la gloria y la expresión genuina de los diez mandamientos mismos. De esa forma Él sería el fin, el objeto y propósito de todo ello: de los diez mandamientos y de todo lo demás. Pero cuando sus corazones se apartaron y sus mentes se cegaron a esas cosas, lo convirtieron todo en una formalidad, como siempre sucederá allá donde haga incursión el enemigo.

El mismo asunto malvado discurre por todo. Pero gracias al Señor permanece la bendita palabra de que, *si el corazón se vuelve al Señor*, será retirado el velo y verán a rostro descubierto la gloria del Señor. ¿No es eso acaso un encargo directo de parte de Dios, para que llevemos al pueblo judío la preciosa verdad y el poder de Cristo a fin de mostrarles que el fin, el objeto y propósito de todas esas cosas es la salvación en Cristo? Predíquese eso a todo el mundo, haciendo lo posible para que el corazón se vuelva al Señor, y así se pueda quitar el velo y todos puedan ver la gloria del Señor con el rostro descubierto.

Pero observad: no podemos empeñarnos en tal misión a menos que el velo haya sido retirado antes de nuestros propios corazones –a menos que ese ceremonialismo sea extirpado de nuestras vidas–. ¿Qué sentido tendría que alguien aferrado al ceremonialismo fuera a salvar a otros del mismo ceremonialismo?

En consecuencia, Dios nos ha traído esta palabra en este tiempo: "aboliendo en su carne las enemistades, la ley de los mandamientos contenidos en ordenanzas" –en ceremonias– "para hacer en sí mismo de los dos un nuevo hombre, haciendo así la paz".

De esa forma, tanto los judíos como nosotros tenemos acceso mediante un mismo Espíritu al Padre.

No creo que tengamos necesidad de seguir examinando el tema desde ese lado, ya que podemos ilustrarlo de este otro lado de la cruz. El asunto se ha perfeccionado en nuestros días casi al máximo en el misterio de iniquidad contra el que habremos de contender a partir de ahora como nunca antes.

Observad: cuando Cristo quitó esas formas y ceremonias, incluso las que Él mismo había dispuesto; una vez que hallaron su cumplimiento en Él mismo, siendo Él su finalidad, objeto y propósito, encomendó el asunto a otros de este lado de la cruz. Dispuso la cena del Señor, dispuso el bautismo, y sigue en vigencia la totalidad de la ley *tal cual es en Él mismo;* no tal cual es en la letra, dado que la enemistad que hay en el corazón humano la convertirá hoy en un ministerio de muerte, tanto como lo hizo entonces y en cualquier época. Quien intente encontrar la vida en la observancia de los mandamientos y que enseñe de esa manera a otros, está aún hoy en el ministerio de muerte. Es una verdad universal la que expresó Pablo al respecto de que cuando fue fariseo, cuando estaba centrado en el ceremonialismo: "Hallé que el mismo mandamiento que era para vida, a mí me resultó para muerte".

De este lado de la cruz, Jesús dispuso la cena del Señor, el bautismo y otras cosas, entre las cuales está el sábado con el reposo. Todas ellas tienen *en Él* [Cristo] un significado profundo y divino. Pero ¿qué fue lo que les impidió ver a Cristo en esas cosas, utilizándolas en lugar de eso para lograr sus propósitos de exaltación y glorificación propias? –Fue esa enemistad que no se sujeta a la ley de Dios ni tampoco puede, ese deseo del yo por resultar glorificado y magnificado. ¿Estaba profetizada una exaltación del yo, una magnificación y glorificación del yo de este lado de la cruz? –Ciertamente. Se habría de manifestar "el hombre de pecado, el hijo de perdición, el cual se opone y *se exalta sobre todo* lo que se llama Dios" (2ª Tes 2:3-4, la biblia de las Américas). Sabemos que el yo –la enemistad–, del otro lado de la cruz, pervirtió las ordenanzas divinas convirtiéndolas en ceremonialismo. ¿Qué va a hacer el yo –la enemistad–, de este lado de la cruz? –Lo mismo. Lo hará siempre y en todo lugar.

De este lado de la cruz, la enemistad se manifestó en aquellos cuyos corazones no se volvieron al Señor: en los inconversos. El sentido de esta escritura: "el corazón se vuelve al Señor", es el de la conversión. No es *volver* en el sentido simplemente de dar vueltas. Tanto en griego como en alemán, el significado es volverse al Señor en la *conversión*. Aquellos cuyos corazones no se han convertido, y que aún profesan ser cristianos; tienen la forma de piedad sin el poder. Tienen la profesión, pero no la sustancia. De este lado de la cruz, eso sucedió a hombres que tenían la forma del cristianismo desprovisto de su poder: una profesión, un nombre, y nada más. Ahí estaban las ordenanzas que el Señor había dispuesto, y que han de hallar en Él su aplicación. Pero esos formalistas, no teniendo en ellos mismos la salvación de Jesucristo mediante una fe viviente, no estando en Él, esperan obtener la salvación *mediante las formas* que observan. Así, según el papado, la regeneración se logra *mediante el bautismo*. Y viniendo esa regeneración por el bautismo y no por Cristo, dicho bautismo se convierte en lo esencial en la salvación. El papado lo pone en el lugar de Cristo, tal como hicieron los judíos con la circuncisión. Eso explica el frenesí con el que los sacerdotes abordan el lecho hasta de un bebé moribundo, a fin de trazar la señal de la cruz y asperjar el agua, de forma que el infante sea regenerado y salvo.

La búsqueda de la regeneración y salvación mediante el bautismo, de la forma que sea, significa enemistad, ceremonialismo. De este lado de la cruz constituye ciertamente el misterio de iniquidad.

Refiriéndose a la cena del Señor, Jesús dijo: "La muerte del Señor anunciáis hasta que venga", y "Haced esto en memoria de mí". Pero el papado la convierte en el propio Cristo, de forma que al tomar de ella creen estar tomando a *Cristo*; no, "haced esto en memoria de mí". Y así, al tomarlo, esperan ser salvos.

Cristo enseñó que su presencia continuaría aún con su pueblo: "Yo estoy con vosotros todos los días, hasta el fin del mundo". Eso sucede mediante el Espíritu Santo; y es *por la fe* como se recibe el Espíritu Santo. Pero el papado, careciendo de fe, y por lo tanto, no teniendo el Espíritu Santo y no teniendo la presencia de Cristo con él, convierte la cena del Señor –que es un recordatorio de Él– en el Señor mismo. Según eso, al tomarla, el Señor está en ellos.

Tal es el sistema del papado respecto a esas ordenanzas. Y respecto a los mandamientos, careciendo de la vida del Señor Jesús, que es en ella misma una expresión de todos los mandamientos, recurren a multitud de regulaciones y finas distinciones de su propia invención, de toda clase imaginable. Precisamente, y por idéntico motivo, tal como hizo el fariseísmo antes de Cristo.

Así lo expresa Farrar en su obra: "Vida de Pablo", p. 26, en referencia al sistema farisaico del tiempo de Pablo y de Cristo en el mundo. Es una descripción literal del papado en cada una de sus fases, tal como es hoy:

> Por fariseísmo entendemos obediencia petrificada en formalismo, religión degradada en ritualismo, moral corroída por sofismas; el triunfo y perpetuidad de los peores y más débiles elementos de un grupo religioso sectario.
>
> Su sistema de "moral" es la ciudadela misma de la sofistería. También ahí la moral genuina resulta corroída y convertida en elementos de muerte y sofisma.

Lo dicho explica cómo obró la enemistad –la historia del formalismo y el ceremonialismo– de ambos lados de la cruz de Cristo. ¿Cuál es la diferencia entre antes y después de la cruz?, ¿en qué es diferente el papado? En esto: previamente a la cruz, Cristo no se había manifestado en su plenitud tal cual es y tal como apareció en el mundo. Había ceremonias –formas– que se habían dado con el fin de instruir al pueblo acerca de Cristo, formas que su pueblo pervirtió. Posteriormente, al llegar la plenitud del tiempo, vino el propio Cristo, y entonces el papado pervirtió al mismo Cristo, convirtiéndolo en formalismo.

Es decir: antes que viniera Cristo, el fariseísmo –esa enemistad, esa exaltación propia– pervirtió *las formas* que Dios dispuso a fin de que supieran acerca de Cristo hasta que Él viniera en su plenitud. Pero el papado toma a Cristo después que vino en su plenitud, y lo pervierte a Él, tanto como a las formas que Él dispuso. Pervierte la verdad que se manifiesta en Él en su plenitud, convirtiéndola totalmente en ceremonialismo y formalismo.

Pero Cristo, tal como se manifestó al mundo, es el misterio de Dios. Dios se manifestó en carne, y Cristo fue la ministración del misterio de Dios en su plenitud. Él es la ministración de justicia excelsamente gloriosa. Cuando todo eso resultó pervertido por esa enemistad originada en Satanás y que es en ella misma enemistad contra Dios, no sujetándose a la ley de Dios ni pudiendo hacerlo, cuando el misterio de Dios resulta pervertido de ese modo, eso es también un misterio. Ahora bien, ¿de qué misterio puede únicamente tratarse? –Del misterio de iniquidad. Esa es la razón de que sea el misterio de iniquidad de este lado de la cruz, y en mucha menor medida del otro lado. Se trata siempre de la operación del mismo espíritu, pero no en el mismo grado de desarrollo. Es siempre y en cada momento la ministración de muerte.

Dediquemos los pocos minutos restantes al cristianismo genuino. Gál 5:6. Leeré de los versículos uno al seis: "Estad, pues, firmes en la libertad con que Cristo nos hizo libres y no estéis otra vez sujetos al yugo de esclavitud".

Hemos leído con anterioridad en qué consiste ese yugo de servidumbre –toda esa esclavitud a la que ellos mismos se habían encadenado–, esas formas y ceremonias que habían convertido en un yugo de servidumbre (ver pp. 244-247).

Según Colosenses 2, Efesios 2 y 2ª Corintios 3, Cristo nos ha librado de todo eso. Nos ha librado del formalismo y del ceremonialismo, de estar bajo reglamentos, decretos y todo ese asunto. Es el principio viviente de la vida del propio Jesucristo el que nos inspirará, guiará y actuará en nosotros por siempre. La diferencia entre un principio y un reglamento es que el principio contiene la propia vida de Cristo, mientras que un reglamento es una *forma* que el hombre elabora con la intención de expresar *su idea* acerca del principio. Ese hombre lo impondrá a la fuerza, no sólo para sí mismo, sino para todos los demás, que deben hacer exactamente como él. Esa es la diferencia entre el cristianismo y el ceremonialismo; la diferencia entre el principio y el reglamento. El primero es vida y libertad; el segundo, esclavitud y muerte.

Leeré una frase de "Obreros evangélicos", p. 350. Se refiere a Cristo: "No hay en la tierra orden monástica de la cual Él [Cristo] no se lo habría excluido por violar los reglamentos prescritos".

Así es. No podéis atar *la vida de Dios* con reglamentos; especialmente, no con reglamentos de manufactura humana. Por consiguiente, Él quiere que estemos de tal modo imbuidos de la vida *misma* de Jesucristo, de la vida de Cristo *mismo*, para que la vida vivificadora de Jesucristo y los principios de la verdad de Dios brillen y obren en la vida, de forma que la vida de Cristo se siga manifestando en carne humana.

Ahí es donde Dios nos ha llevado en Cristo. Y en Él llegamos hasta ese punto al ser crucificados con Él por la fe, al ser muertos y enterrados con Él; resucitados con Él, levantados con Él, sentándonos con Él en lugares celestiales allí donde está Él sentado en su gloria, a la diestra de Dios.

La Biblia no es un libro de reglamentos sino de *principios*.

Las declaraciones de la Biblia no son de modo alguno reglamentos. Son los principios de la vida de Jesucristo, de la vida de Dios. Consisten en Jesucristo manifestado de esa forma. Es deber de la cristiandad extraer a Cristo a partir de la forma, y mediante la obra del Espíritu de Dios reproducir a Jesucristo nuevamente en forma humana. Cuando Cristo estuvo en el mundo, Él era la Biblia –la Palabra de Dios– en forma humana. Antes que Él viniera al mundo, la Palabra de Dios existía en forma de Biblia. Ahora tras haber ascendido al cielo y a Dios, nos dice: "Cristo en vosotros, la esperanza de gloria". Cristo plenamente formado en vosotros. Cristo: el todo, en todos vosotros. Esto es todo cuanto seréis: Cristo en vosotros. Ahora cuando Cristo sea plenamente formado en vosotros y en mí, la Palabra de Dios –Jesucristo– resultará una vez más transformada desde la forma de la Biblia a la forma humana. Entonces Dios pondrá sobre ella su sello y la glorificará, tal como la glorificó ya anteriormente en aquella transformación, o más bien *transfiguración* de la Palabra de Dios.

Este es el punto por el cual Cristo nos ha elevado en esta serie de estudios. ¿Nos sentaremos junto a Él en los lugares celestiales hasta los cuales nos ha elevado?

> Estad, pues, firmes en la libertad con que Cristo nos hizo libres y no estéis otra vez sujetos al yugo de esclavitud. Ciertamente, yo, Pablo, os digo que, si os circuncidáis, de nada os aprovechará Cristo. Y otra vez testifico a todo hombre que se circuncida, que está obligado a cumplir toda la ley.

¿Qué es lo que buscaban aquellos predicadores de la circuncisión? –La salvación. Por consiguiente, tenían la obligación de cumplir todo lo que Dios hubiera estipulado jamás para la salvación.

> De Cristo os desligasteis, los que por la ley os justificáis; de la gracia habéis caído.

Eso mismo es cierto hoy, ¿no os parece? ¿No veis que esas mismas escrituras que se empleaban para defender el ceremonialismo entonces, son el poder viviente de Dios en contra del ceremonialismo y el papado, en contra de la forma de piedad desprovista del poder que maldice al mundo en los últimos días y hasta la venida de Jesucristo?

> De Cristo os desligasteis, los que por la ley os justificáis; de la gracia habéis caído. Nosotros, por el Espíritu aguardamos por fe la esperanza de la justicia.

El versículo 6, que comienza así: "Porque en Cristo Jesús...", ¿qué implica?: ¿mirar *a* Cristo desde la distancia?, ¿acudir a Él como si fuera una fuente o depósito, para tomar algo de Él y llevarlo externamente? –No. Es "*en* Cristo Jesús". En Él "ni la circuncisión vale algo ni la incircuncisión, sino la FE que obra por el amor". Eso es cristianismo. Cualquier cosa que no lo alcance, es ceremonialismo, hoy tanto como entonces. Es el misterio de iniquidad y es la marca de la bestia. Y cualquiera que carezca de ese principio vital –del poder viviente en su vida–, adorará a la bestia y a su imagen. Eso significa que la adorarán todos aquellos cuyos nombres no estén escritos en el libro de la vida del Cordero que fue inmolado desde el principio del mundo. Gracias sean dadas a Dios por su Don inefable.

¿Qué representaba para ellos la circuncisión? –Lo representaba todo. Era en ella misma el sello de la perfección de la justicia por las obras. De hecho, reemplazo el lugar de Jesucristo. Pero eso, en Cristo, de nada aprovecha. Circuncisión significa obras; únicamente obras para lograr la justicia y la salvación.

Pablo había sido un fariseo del tipo "dame algo más que hacer, y lo haré". Eso es lo que significaba la circuncisión. Esa palabra resumía todo el sistema de salvación por obras. Pero en Cristo Jesús, ¿qué es lo que cuenta para salvación? La circuncisión no vale nada, como tampoco las obras –del tipo que sean–; lo que vale es la *fe que obra*. La fe permite que la salvación en Jesucristo sea un poder viviente en la vida, obrando en ella la justicia de Dios mediante su amor, y el amor de Dios consiste en que guardemos sus mandamientos. ¡Permitid que el cristianismo prevalezca y se extienda por doquier! "Id por todo el mundo y predicad el evangelio a toda criatura".

Para la última parte de nuestro estudio leeré algunos pasajes de Colosenses. Leamos acerca del misterio del evangelio, comenzando por el versículo 25 del primer capítulo y avanzando hacia el segundo y tercer capítulos:

> De la cual soy hecho ministro según la dispensación de Dios que me fue dada en orden a vosotros, para que cumpla la palabra de Dios; A saber, el misterio que había estado oculto desde los siglos y edades, mas ahora ha sido manifestado a sus santos: A los cuales quiso Dios hacer notorias las riquezas de la gloria de este misterio entre los Gentiles; que es Cristo en vosotros la esperanza de gloria: el cual nosotros anunciamos

¿Quién anuncia –predica–?, ¿dónde? –*Vosotros*; y predicáis allá donde vais. "Nosotros anunciamos a Cristo, amonestando a todo hombre y enseñando a todo hombre en toda sabiduría, a fin de presentar perfecto en Cristo Jesús a todo hombre".

Presentar a todo hombre perfecto *en Él*, siempre *en Él*, "presentar perfecto *en* Cristo Jesús a todo hombre". Se espera que llevemos las personas a Jesús, de forma que puedan morar en Él, vivir en Él, andar en Él.

> En lo cual aún trabajo, combatiendo según la operación de Él, la cual obra en mí poderosamente. Porque quiero que sepáis cuán gran solicitud tengo por vosotros, y por los que están en Laodicea, y por todos los que nunca vieron mi rostro en la carne.

¿Quiénes son esos que nunca vieron su rostro en carne? Se refiere a *nosotros*, que estamos aquí. ¿Cómo sigue? "Para que sean confortados sus corazones, unidos en amor". Todos unidos, y una sola hebra que los une a todos: Cristo y su amor.

> Unidos en amor, y en todas riquezas de cumplido entendimiento para conocer el misterio de Dios, y del Padre, y de Cristo.

¿De qué misterio se trata? —De Cristo en vosotros, de la aniquilación del ceremonialismo, de la abolición de la enemistad, del derribo de toda pared que separa los corazones de los hombres.

"En el cual están escondidos todos los tesoros de sabiduría y conocimiento. Y esto digo…" ¿Lo dijo a vosotros y a mí, que no hemos visto su rostro en la carne? "Esto digo, *para que nadie os engañe* con palabras persuasivas" que os lleven al ceremonialismo, al formalismo y a falsos dogmas y doctrinas. "Esto digo, para que nadie os engañe con palabras persuasivas". "De la manera que habéis recibido al Señor Jesucristo, andad en Él". En Él; siempre en Él. Creo que esa expresión se ha venido repitiendo entre nosotros hasta el punto de que podemos considerarla como el lema de esta asamblea ministerial. Sea "en Él" nuestro santo y seña. No considero exagerado que salgamos con esa expresión resonando aún en nuestros oídos y fijada en nuestras mentes: en Él, en Él; solamente en Él. Predicar en Él, orar en Él, trabajar en Él, enseñar en Él, llevarle a Él las personas de forma que puedan estar en Él. De esa forma caminaremos siempre en Él, arraigados y sobreedificados en Él.

> Arraigados y sobreedificados en Él, y confirmados en la fe, así como habéis sido enseñados, abundando en ella con acciones de gracias. Mirad que nadie os engañe por medio de filosofías y vanas sutilezas, según las tradiciones de los hombres, conforme a los rudimentos del mundo, y no según Cristo.

Preparaos: nos vamos a enfrentar cara a cara con el misterio de iniquidad. Preparaos para la falsa filosofía, las vanas sutilezas, las tradiciones y los elementos del mundo —elementos de la mente natural y del corazón carnal—. Estad apercibidos. Cristo, Cristo; en él; sólo en Jesucristo, sólo en Él. No hay nada que valga, excepto la fe que obra por el amor. Y se trata del amor de Dios que guarda los mandamientos de Dios.

> Porque en Él habita corporalmente toda la plenitud de la Deidad, y vosotros estáis completos en Él, el cual es la cabeza de todo principado y potestad. En quien también sois circuncidados de circuncisión no hecha de mano, en el despojamiento del cuerpo del pecado de la carne, en la circuncisión de Cristo.

Abolió el cuerpo de carne al destruir la enemistad en carne pecaminosa; al vencer todas las tendencias de la carne pecaminosa y sujetar la totalidad del hombre a la ley de Dios. Tal es la circuncisión que trae Cristo, que es llevada a cabo por el propio Espíritu de Dios. Y esa misma obra bendita tiene lugar en todos los que están en Él.

> El Espíritu Santo vendrá sobre ti, y la virtud del Altísimo te hará sombra; por lo cual también lo Santo que nacerá, será llamado Hijo de Dios.
>
> Mirad cuál amor nos ha dado el Padre, que seamos llamados hijos de Dios: por esto el mundo no nos conoce, porque no le conoce a Él.
>
> Sepultados juntamente con Él en el bautismo, en el cual también resucitasteis con Él, por la fe de la operación de Dios que le levantó de los muertos.

"Ya vosotros, estando muertos..." ¿Estáis muertos? ¿Estáis muertos con Él?, ¿en Él? Estando muertos en pecados y en la incircuncisión de vuestra carne, ¿os ha resucitado juntamente con Él? "Perdonándoos todos los pecados". Gracias a Dios.

El registro ha quedado limpio; Dios quitó las transgresiones que nos eran contrarias, anuló el acta de los decretos que había contra nosotros, y nos ha imputado su propia justicia. ¿Qué fue lo que tenía esa acta de decretos en contra nuestra? –La enemistad, que convierte en servicio al yo todo lo que Dios había dado. Eliminó todo lo que iba contra nosotros, lo que nos era contrario, quitándolo de en medio, clavándolo en la cruz. Y habiendo despojado a los principados y a las potestades, los exhibió públicamente, triunfando sobre ellos en la cruz. Por lo tanto, no permitan que ningún ser humano sea vuestra conciencia; no permitas, que nadie os juzgue o decida en vuestro lugar. Permite que sea el amor de Cristo en el corazón quien decida y obre lo que es correcto. No permitas, que nadie sea vuestra conciencia en comida o en bebida, o respecto a días de fiesta, luna nueva o días de reposo, todo lo cual es sombra de lo que ha de venir; pero el cuerpo es de Cristo.

¡No permitas, que ningún ser humano os arrebate el premio! No permitas, que nadie os aparte de vuestra meta, tal como la tenemos expuesta en las páginas 166 y 167 de este *Bulletin*. "No permitas, que nadie os prive de vuestro premio, afectando humildad". ¿En qué consiste la humildad afectada, si no es en seguir reglamentos de manufactura humana, y en la perversión de las disposiciones divinas en favor de nuestros propios caminos? "Vanamente hinchado por su propia mente carnal". ¿Qué es la mente carnal? –Es "enemistad contra Dios, porque no se sujeta a la ley de Dios, ni tampoco puede". Pero Cristo Jesús abolió en su carne la enemistad, y en Él queda abolida en nuestra carne y obtenemos la victoria.

> Vanamente hinchado por su propia mente carnal, y no asiéndose de la Cabeza, en virtud de quien todo el cuerpo, nutriéndose y uniéndose por las coyunturas y ligamentos, crece con el crecimiento que da Dios. Pues si habéis muerto con Cristo en cuanto a los rudimentos del mundo, ¿por qué, entonces, como si vivieseis en el mundo, os sometéis a ordenanzas tales como: No manejes, ni gustes, ni aun toques (todas las cuales habrán de perecer con el uso), según mandamientos y doctrinas de hombres? cosas que todas se destruyen con el uso? Tales cosas tienen a la verdad cierta reputación de sabiduría en culto voluntario, en humildad y en duro trato del cuerpo; pero no tienen ningún valor para la satisfacción de la carne. Si, pues, habéis resucitado con Cristo, buscad las cosas de arriba.

¿Habéis resucitado con Él? ¿Nos ha resucitado? ¿Estáis allí con Él? Si es así, entonces:

> Buscad las cosas de arriba, donde está Cristo sentado a la diestra de Dios. Poned la mira en las cosas de arriba, no en las de la tierra. Porque habéis muerto, y vuestra vida está escondida con Cristo en Dios. Cuando Cristo, vuestra vida, se manifieste, entonces vosotros también seréis manifestados con Él en gloria.
>
> Mirad cuál amor nos ha dado el Padre, para que seamos llamados hijos de Dios; por esto el mundo no nos conoce, porque no lo conoció a Él. Amados, ahora somos hijos de Dios y aún no se ha manifestado lo que hemos de ser; pero sabemos que cuando Él se manifieste, seremos semejantes a Él, porque lo veremos tal como Él es.

Ese día se acerca; lo está trayendo cada vez más cerca. Gracias a Dios por su Don inefable; y "gracias a Dios, que nos lleva siempre en triunfo en Cristo Jesús, y que por medio de nosotros manifiesta en todo lugar el olor de su conocimiento".

Amén.

www.ingramcontent.com/pod-product-compliance
Lightning Source LLC
Chambersburg PA
CBHW060458010526
44118CB00018B/2455

9780994558541